문제풀이와 성경공부를 동시에

SPEEDY & DEEP 성경문제집

구약 1
창세기~에스더

문제풀이와 성경공부를 동시에

SPEEDY & DEEP 성경문제집

순복음영산신학원 지음

교회성장연구소

추천사

하나님의 사람은 말씀을 통해 하나님을 더욱 깊이 알아가고, 말씀을 통해 성령의 인도하심을 받아야 합니다. 디모데후서 3장 16-17절은 "모든 성경은 하나님의 감동으로 된 것으로 교훈과 책망과 바르게 함과 의로 교육하기에 유익하니 이는 하나님의 사람으로 온전하게 하며 모든 선한 일을 행할 능력을 갖추게 하려 함이라"고 말씀합니다. 하나님의 말씀인 성경을 읽고 기도할 때 하나님의 말씀이 우리를 변화시키고 우리 삶을 이끌어 감으로 하나님께 영광 돌리는 삶을 살아가게 되는 것입니다.

제가 지난 1986년에 설립한 순복음영산신학원은 오순절신학에 기초를 둔 성경 교육을 철저하게 실시하고 있는데, 그에 따른 일환으로 이번에 성경문제집을 출간하게 되었습니다. 특별히 이 책은 기존의 성경문제집들과는 달리 문제마다 각주에 해답을 표기하고 필요에 따라 주석을 곁들였기 때문에 누구나 쉽고 편리하게 효과적으로 성경을 공부할 수 있을 것입니다.

따라서 본서가 신학생들은 물론 성도님들에게도 많은 도움이 될 것이라 생각하며 기쁘게 추천하는 바입니다. 이 책을 통해 많은 분들이 하나님의 말씀을 더욱 가까이하고 하나님의 마음을 깊이 알아가게 되시기를 바랍니다.

2015년 8월

여의도순복음교회 원로 목사

추천사

오늘날 교회가 직면한 큰 문제 중 하나는 성경을 왜곡하여 사람들을 현혹하는 이단과 사설의 도전입니다. 이단은 하나님의 말씀을 자의적으로 해석하여 성경에 대해 깊은 지식이 없는 일반 성도들을 유혹합니다. 심지어 목회자나 교회가 성경의 진리 위에 굳게 서지 못한 결과로 이단의 유혹에 적절하게 대처하지 못하고 넘어가기도 합니다.

이러한 상황에서 신학생과 목회자들이 올바른 성경 지식을 쌓고 그것을 기초로 성령의 감동하심을 받아 하나님의 말씀을 선포하는 것은 매우 중요한 과제가 아닐 수 없습니다. 그러므로 부름 받은 신학생과 목회자들은 늘 말씀을 읽고, 말씀을 사랑하고, 주야로 말씀을 묵상하고, 언제나 말씀과 함께해야 합니다. 그리하여 하나님의 진리의 말씀을 강단에서 명확하게 선포할 때, 교회는 말씀에 굳게 선 건강한 교회가 되어 세상에서 빛과 소금의 역할을 감당할 수 있을 것입니다.

이러한 소중한 사명을 감당하기 위해 이번에 순복음영산신학원에서 『성경문제집』을 새롭게 출간한 것은 매우 고무적인 일입니다. 무엇보다 본서는 문제마다 각주에 답을 제시하고 필요에 따라 해석을 곁들였기 때문에 성경을 공부하고자 하는 평신도들에게도 매우 유익한 책이 될 것입니다. 이 책을 통해 하나님의 말씀을 바로 알고 새로운 깨달음과 유익을 얻으시기 바랍니다.

2015년 8월

여의도순복음교회 담임 목사 이영훈

머리말

성경은 헬라어로 '카논'Κανών이라고 하며 이는 표준, 기준, 규범이라는 뜻을 지니고 있습니다. 이처럼 성경은 선과 악을 가리는 표준이 되고, 진리와 비진리를 분별하는 기준이 되며 축복과 저주, 구원과 멸망의 길을 깨닫게 하는 규범이 됩니다. 다윗은 "주의 말씀은 내 발에 등이요 내 길에 빛이니이다"시 119:105라고 고백함으로 성경 말씀이 우리 삶의 기준과 지침이 된다는 것을 말하고 있습니다. 그러므로 우리가 하나님의 뜻을 따라 올바른 삶을 살기 위해서는 성경 말씀을 읽고, 듣고, 묵상하고, 공부하고, 암송하는 데 힘써야 합니다.

목회자는 무엇보다 성경 말씀을 잘 알아야 합니다. 디모데는 어려서부터 그의 외조모 로이스와 어머니 유니게를 통해 성경 말씀을 잘 배워 초대 교회의 모범적인 목회자가 되었습니다딤후 1:5. 이처럼 오늘날도 목회자가 성경 말씀을 잘 알아야 목회 현장에서 성도들을 하나님의 말씀으로 올바르게 양육할 수 있습니다. 그렇기 때문에 우리 학교는 성경 말씀을 철저하게 교육하는 데 힘쓰고 있습니다. 저는 이것이 다른 신학교들과 차별화되는 우리 학교의 강점이라고 자부하고 있습니다.

성경 말씀을 잘 알기 위해서 성경을 읽거나 강의를 듣는 것도 좋지만, 성경 문제를 하나하나 풀어 가며 공부하는 것 역시 놀라운 효과가 있습니다. 이런 취지에서 금번 우리

학교에서는 신학생들뿐만 아니라 성경에 대하여 알고자 하는 모든 성도가 보다 효과적으로 공부하는 데 도움을 드리고자 심혈을 기울여 본서를 발간하게 되었습니다.

특별히 본서는 시중에 나와 있는 성경 문제집들과는 확연하게 다른 특징을 가지고 있는데, 그것은 문제에 대한 답을 찾는 데 번거롭지 않도록 해당 성경 본문을 문제와 같은 페이지에 실었으며 그에 대한 주석을 각주로 처리하였다는 것입니다. 따라서 성경책과 주석책이 없이 본 문제집만 가지고도 성경을 편리하고 쉽게 공부할 수 있기 때문에 본서는 지금까지 발간된 어느 성경 문제집보다 더 유익하고 뛰어난 책이라고 확신합니다.

아무쪼록 이 책이 성경 말씀을 공부하고자 하는 모든 분에게 큰 도움이 되기를 바랍니다. 아울러 본 문제집의 출간을 위해 수고를 아끼지 않으신 이에스더 교수님을 비롯한 본교 교수님들, 그리고 교회성장연구소 식구들에게 깊이 감사드립니다.

2015년 8월

순복음영산신학원

특징 및 활용

I. 특징

1. 해답을 찾는 데 번거롭지 않도록 각주로 처리하였다.
2. 해답에 해당되는 성구를 각주에 실었다.
3. 문제집만 가지고도 성경을 쉽고 편리하게 공부할 수 있도록 하였다.
4. 성경 각 권의 개론을 한눈에 살펴볼 수 있게 하였다.
5. 문제를 쉽게 알아볼 수 있도록 문장을 간략하게 표현하였다.
6. 필요한 경우 각주에 표를 만들어 성경을 공부하는 데 도움이 되도록 하였다.
7. 풍성한 성경 공부를 위해 비교적 많은 문제를 출제하였다.

II. 활용

1. 성경 시험 대비
2. 신학교의 성경 시험 문제 출제
3. 각 교회의 교역자 시험 문제 출제
4. 각 교단의 목사 및 장로 고시 문제 출제
5. 각종 성경 퀴즈 문제 출제
6. 각 교회 평신도 성경 교육 과정에서 공부하시는 분들
7. 구약성경의 요지를 쉽고 편리하게 공부하고자 하는 분들

* 본서는 개역개정 성경을 인용하였습니다.

* '여호와'와 '세례'는 각각 '야훼(여호와)'와 '침례(세례)'로 병행하여 기록하였습니다.

CONTENTS 구약1

모세 오경

창세기

출애굽기

레위기

민수기

신명기

창세기 Genesis

연대 및 저자

B.C. 1440년경 모세에 의해 기록된 것으로 추정된다.

중심 내용

본서는 우주와 만물의 기원, 인류 역사의 시작, 이스라엘 민족의 기원, 하나님께서 족장들과 맺으신 언약 등을 다루고 있다.

특징

1. 성경 66권 전체의 서론 역할을 한다.
2. 아담이 범죄함으로 온 인류가 죄인이 되었음을 밝히고 있다.
3. 아브라함의 후손을 통한 구원의 약속이 기록되어 있다.

내용 분해

1. 창조와 심판 (1:1–11:32)

1) 천지 창조와 인간의 기원 (1:1–2:25)
2) 인간의 타락 (3:1–4:26)
3) 아담에서 노아까지의 계보 (5:1–32)
4) 홍수 심판 (6:1–9:29)
5) 바벨탑 사건 (10:1–11:32)

2. 이스라엘 족장들의 역사 (12:1–50:26)

1) 아브라함 (12:1–25:18)
2) 이삭 (25:19–26:35)
3) 야곱 (27:1–36:43)
4) 요셉 (37:1–50:26)

memo

객관식

1. 모세오경에 해당되지 않는 책은?
   ① 창세기 ② 출애굽기 ③ 레위기 ④ 여호수아

2. 창세기의 내용과 관계없는 것은?
   ① 우주와 만물의 기원 ② 인류 역사의 시작
   ③ 진화론의 기원 ④ 이스라엘 민족의 기원

3. 창세기가 기록된 연대로 추정되는 때는?
   ① B.C. 1340년경 ② B.C. 1440년경
   ③ B.C. 1540년경 ④ B.C. 1640년경

4. 창세기를 기록한 사람은?
   ① 아담 ② 아브라함 ③ 야곱 ④ 모세

5. 하나님께서 천지 만물을 창조하신 순서로 올바른 것은?
   ① 빛 / 궁창 / 바다, 땅, 식물 / 해, 달, 별 / 새, 물고기 / 짐승, 사람
   ② 빛 / 궁창 / 해, 달, 별 / 바다, 땅, 식물 / 새, 물고기 / 짐승, 사람
   ③ 빛 / 해, 달, 별 / 궁창 / 바다, 땅, 식물 / 새, 물고기 / 짐승, 사람
   ④ 빛 / 해, 달, 별 / 바다, 땅, 식물 / 궁창 / 새, 물고기 / 짐승, 사람

1. ④ 모세오경은 창세기, 출애굽기, 레위기, 민수기, 신명기이다.
2. ③ 창세기는 우주와 만물의 기원, 인류 역사의 시작, 이스라엘 민족의 기원, 하나님께서 족장들과 맺으신 언약 등을 다루고 있다.
3. ② 창세기는 B.C. 1440년경 기록된 것으로 추정된다.
4. ④ 창세기는 모세에 의해 기록되었다.
5. ①

창조 순서

혼돈 ▶ 질서		공허 ▶ 채움	
첫째 날	빛(창 1:3-5)	넷째 날	해, 달, 별(창 1:14-19)
둘째 날	궁창(창 1:6-8)	다섯째 날	새, 물고기(창 1:20-23)
셋째 날	바다, 땅, 식물(창 1:9-13)	여섯째 날	짐승, 사람(창 1:24-31)

memo

6. 하나님께서 사람을 창조하시고 그들에게 복을 주시며 선포하신 말씀이 아닌 것은?
① 땅에 충만하라 ② 땅을 정복하라
③ 땅을 경작하라 ④ 모든 생물을 다스리라

7. 하나님께서 사람을 지으실 때 사용하신 두 가지 재료는?
① 흙과 빛 ② 흙과 물 ③ 물과 불 ④ 흙과 생기

8. 에덴에서 흘러나와 네 근원이 된 강의 이름이 아닌 것은?
① 비손 ② 기손 ③ 기혼 ④ 힛데겔

9. 하나님께서 아담에게 먹지 말라고 하신 것은?
① 선악을 알게 하는 나무의 열매
② 믿음을 주는 나무의 열매
③ 사랑을 알게 하는 나무의 열매
④ 생명을 주는 나무의 열매

10. 하나님께서 창조하신 각종 들짐승과 공중의 새의 이름을 지어 부른 사람은?
① 아담 ② 하와 ③ 노아 ④ 예수님

6. ③ (창 1:28) 하나님이 그들에게 복을 주시며 하나님이 그들에게 이르시되 생육하고 번성하여 땅에 충만하라, 땅을 정복하라, 바다의 물고기와 하늘의 새와 땅에 움직이는 모든 생물을 다스리라 하시니라
7. ④ (창 2:7) 야훼(여호와) 하나님이 땅의 흙으로 사람을 지으시고 생기를 그 코에 불어넣으시니 사람이 생령이 되니라
8. ② (창 2:10-14) 강이 에덴에서 흘러나와 동산을 적시고 거기서부터 갈라져 네 근원이 되었으니 첫째의 이름은 비손이라 금이 있는 하윌라 온 땅을 둘렀으며 그 땅의 금은 순금이요 그 곳에는 베델리엄과 호마노도 있으며 둘째 강의 이름은 기혼이라 구스 온 땅을 둘렀고 셋째 강의 이름은 힛데겔이라 앗수르 동쪽으로 흘렀으며 넷째 강은 유브라데더라
9. ① (창 2:16-17) 야훼(여호와) 하나님이 그 사람에게 명하여 이르시되 동산 각종 나무의 열매는 네가 임의로 먹되 선악을 알게 하는 나무의 열매는 먹지 말라 네가 먹는 날에는 반드시 죽으리라 하시니라
10. ① (창 2:19) 야훼(여호와) 하나님이 흙으로 각종 들짐승과 공중의 각종 새를 지으시고 아담이 무엇이라고 부르나 보시려고 그것들을 그에게로 이끌어 가시니 아담이 각 생물을 부르는 것이 곧 그 이름이 되었더라

memo

11. 아담과 하와가 선악을 알게 하는 나무의 실과를 먹고 난 후 달라진 것은?
① 머리 ② 능력 ③ 생각 ④ 눈

12. 사탄과 그의 세력에 대한 예수님의 최후 승리가 처음으로 선포된 곳은?
① 창 3:15 ② 창 3:21 ③ 창 9:3–4 ④ 창 9:11–13

13. 야훼(여호와) 하나님께서 범죄한 아담과 그의 아내를 위하여 지어 입히신 옷은?
① 채색옷 ② 가죽옷
③ 무화과나무 잎을 엮어 만든 옷 ④ 베옷

14. 가인이 야훼(여호와)께 제물로 드린 것은?
① 땅의 소산 ② 양의 첫 새끼
③ 염소의 첫 새끼 ④ 양의 기름

15. 아벨이 야훼(여호와)께 제물로 드린 것은?
① 염소의 첫 새끼와 기름 ② 염소의 첫 새끼와 곡식
③ 양의 첫 새끼와 그 기름 ④ 양의 첫 새끼와 곡식

11. ④ (창 3:6–7) 여자가 그 나무를 본즉 먹음직도 하고 보암직도 하고 지혜롭게 할 만큼 탐스럽기도 한 나무인지라 여자가 그 열매를 따먹고 자기와 함께 있는 남편에게도 주매 그도 먹은지라 이에 그들의 눈이 밝아져 자기들이 벗은 줄을 알고 무화과나무 잎을 엮어 치마로 삼았더라

12. ① (창 3:15) 내가 너로 여자와 원수가 되게 하고 네 후손도 여자의 후손과 원수가 되게 하리니 여자의 후손은 네 머리를 상하게 할 것이요 너는 그의 발꿈치를 상하게 할 것이니라 하시고

13. ② (창 3:21) 야훼(여호와) 하나님이 아담과 그의 아내를 위하여 가죽옷을 지어 입히시니라

14. ① (창 4:3) 세월이 지난 후에 가인은 땅의 소산으로 제물을 삼아 야훼(여호와)께 드렸고

15. ③ (창 4:4) 아벨은 자기도 양의 첫 새끼와 그 기름으로 드렸더니 야훼(여호와)께서 아벨과 그의 제물은 받으셨으나

memo

16. 자기 아우 아벨을 쳐 죽임으로 인류 최초의 살인자가 된 사람은?
① 에노스 ② 가인 ③ 라멕 ④ 두발가인

17. 가인의 자손 중 수금과 퉁소를 잡는 자의 조상이 된 사람은?
① 유발 ② 씰라 ③ 두발가인 ④ 나아마

18. 하나님께서 아벨 대신 아담에게 주신 아들은?
① 셈 ② 함 ③ 야벳 ④ 셋

19. 아담 이후 사람들이 비로소 야훼(여호와)의 이름을 부른 때는?
① 가인이 아들을 낳은 후
② 야벳이 아들을 낳은 후
③ 셋이 아들을 낳은 후
④ 에노스가 아들을 낳은 후

16. ② (창 4:8) 가인이 그의 아우 아벨에게 말하고 그들이 들에 있을 때에 가인이 그의 아우 아벨을 쳐 죽이니라

17. ① (창 4:21) 그의 아우의 이름은 유발이니 그는 수금과 퉁소를 잡는 모든 자의 조상이 되었으며

각 시조(始祖)

야발	가축을 치는 자의 조상	창 4:20
유발	수금과 퉁소를 잡는 자의 조상	창 4:21
두발가인	구리와 쇠로 여러 가지 기구를 만드는 자의 조상	창 4:22

18. ④ (창 4:25) 아담이 다시 자기 아내와 동침하매 그가 아들을 낳아 그의 이름을 셋이라 하였으니 이는 하나님이 내게 가인이 죽인 아벨 대신에 다른 씨를 주셨다 함이며

19. ③ (창 4:26) 셋도 아들을 낳고 그의 이름을 에노스라 하였으며 그 때에 사람들이 비로소 야훼(여호와)의 이름을 불렀더라
* 여기서 '야훼(여호와)의 이름을 불렀다'는 것은 공적으로 하나님을 예배한 것을 의미한다. 가인의 자손들이 악기와 무기를 개발하는 등 세속 문화를 발전시키는 동안 셋의 자손들은 야훼(여호와)를 예배함으로 하나님의 나라를 세우기 시작했던 것이다.

memo

20. 3백 년을 하나님과 동행하며 자녀를 낳은 사람은?
① 아담 ② 셋 ③ 야렛 ④ 에녹

21. 아담의 자손으로서 가장 오래 산 사람인 므두셀라는 몇 세까지 살았는가?
① 669세 ② 699세 ③ 969세 ④ 996세

22. 하나님께서는 노아에게 어떤 나무로 방주를 만들라고 하셨는가?
① 소나무 ② 아카시아나무
③ 상수리나무 ④ 고페르나무

23. 하나님께서는 노아에게 며칠 동안 땅에 비를 내리시겠다고 하셨는가?
① 20주야 ② 30주야 ③ 40주야 ④ 60주야

24. 방주로 들어간 사람은 모두 몇 명인가?
① 8명 ② 10명 ③ 13명 ④ 15명

20. ④ (창 5:21-22) 에녹은 육십오 세에 므두셀라를 낳았고 므두셀라를 낳은 후 삼백 년을 하나님과 동행하며 자녀들을 낳았으며

21. ③ (창 5:25-27) 므두셀라는 백팔십칠 세에 라멕을 낳았고 라멕을 낳은 후 칠백팔십이 년을 지내며 자녀를 낳았으며 그는 구백육십구 세를 살고 죽었더라

홍수 이전 시대 인간의 수명(壽命)

아담	930세	창 5:3-5	셋	912세	창 5:6-8
에노스	905세	창 5:9-11	게난	910세	창 5:12-14
마할랄렐	895세	창 5:15-17	야렛	962세	창 5:18-20
에녹	365세	창 5:21-24	므두셀라	969세	창 5:25-27
라멕	777세	창 5:28-31	노아	950세	창 9:28-29

22. ④ (창 6:14) 너는 고페르나무로 너를 위하여 방주를 만들되 그 안에 칸들을 막고 역청을 그 안팎에 칠하라
* '고페르나무'는 정확히 어떤 나무를 가리키는지 알 수 없지만, 배 건조에 적합한 침엽수 중 한 종류일 것으로 생각된다.

23. ③ (창 7:1-4) 야훼(여호와)께서 노아에게 이르시되 … 지금부터 칠 일이면 내가 사십주야를 땅에 비를 내려 내가 지은 모든 생물을 지면에서 쓸어버리리라

24. ① (창 7:13) 곧 그 날에 노아와 그의 아들 셈, 함, 야벳과 노아의 아내와 세 며느리가 다 방주로 들어갔고

memo

25. 노아 홍수 때 물이 며칠 동안 땅에 넘쳤는가?

① 150일 ② 170일 ③ 180일 ④ 190일

26. 노아는 무엇을 보고 땅에 물이 줄어든 줄 알았는가?

① 까마귀가 물고 온 감람나무 새 잎사귀

② 비둘기가 물고 온 감람나무 새 잎사귀

③ 참새가 물고 온 감람나무 새 잎사귀

④ 독수리가 물고 온 감람나무 새 잎사귀

27. 노아가 방주에서 나온 후 제일 먼저 한 일은?

① 하늘을 쳐다보았다 ② 야훼(여호와)께 번제를 드렸다

③ 집을 지었다 ④ 동물들을 밖으로 내보냈다

28. 하나님께서 다시는 모든 생물을 홍수로 멸하지 않겠다고 주신 증거는?

① 방주 ② 비둘기 ③ 무지개 ④ 이슬

25. ① (창 7:24) 물이 백오십 일을 땅에 넘쳤더라

26. ② (창 8:11) 저녁때에 비둘기가 그에게로 돌아왔는데 그 입에 감람나무 새 잎사귀가 있는지라 이에 노아가 땅에 물이 줄어든 줄을 알았으며

27. ② (창 8:18-20) 노아가 그 아들들과 그의 아내와 그 며느리들과 함께 … 방주에서 나왔더라 노아가 야훼(여호와)께 제단을 쌓고 모든 정결한 짐승과 모든 정결한 새 중에서 제물을 취하여 번제로 제단에 드렸더니

28. ③ (창 9:11-13) 내가 너희와 언약을 세우리니 다시는 모든 생물을 홍수로 멸하지 아니할 것이라 … 내가 내 무지개를 구름 속에 두었나니 이것이 나와 세상 사이의 언약의 증거니라

memo

29. 구스가 낳은 아들로서 세상에 첫 용사는?
① 라아마 ② 스바 ③ 니므롯 ④ 드단

30. 노아의 자손들이 성읍과 탑을 건설하여 그들의 이름을 내고 온 지면에 흩어짐을 면하자고 한 곳은?
① 소라 평지 ② 시날 평지
③ 싯딤 평지 ④ 모압 평지

31. 야훼(여호와)께서 누구에게 "너로 큰 민족을 이루고 네게 복을 주어 네 이름을 창대하게 하리니 너는 복이 될지라"고 말씀하셨는가?
① 노아 ② 셈 ③ 아브람 ④ 이삭

32. 아브람이 하란을 떠날 때에 나이는?
① 70세 ② 75세 ③ 85세 ④ 99세

33. 아브람이 애굽에 거류하려고 내려간 이유는?
① 가나안 땅에 우상숭배가 심해서
② 가나안 땅에 지진이 심해서
③ 가나안 땅에 불량배가 많아서
④ 가나안 땅에 기근이 심해서

29. ③ (창 10:8) 구스가 또 니므롯을 낳았으니 그는 세상에 첫 용사라
30. ② (창 11:2-4) 이에 그들이 동방으로 옮기다가 시날 평지를 만나 거기 거류하며 … 말하되 자, 성읍과 탑을 건설하여 그 탑 꼭대기를 하늘에 닿게 하여 우리 이름을 내고 온 지면에 흩어짐을 면하자 하였더니
31. ③ (창 12:1-2) 야훼(여호와)께서 아브람에게 이르시되 너는 너의 고향과 친척과 아버지의 집을 떠나 내가 네게 보여 줄 땅으로 가라 내가 너로 큰 민족을 이루고 네게 복을 주어 네 이름을 창대하게 하리니 너는 복이 될지라
32. ② (창 12:4) 이에 아브람이 야훼(여호와)의 말씀을 따라갔고 롯도 그와 함께 갔으며 아브람이 하란을 떠날 때에 칠십오 세였더라
33. ④ (창 12:10) 그 땅에 기근이 들었으므로 아브람이 애굽에 거류하려고 그리로 내려갔으니 이는 그 땅에 기근이 심하였음이라

memo

34. 롯이 바라본 곳으로, 야훼(여호와)의 동산 같고 애굽 땅과 같았던 지역은?
① 요단 ② 싯딤 ③ 시날 ④ 벧엘

35. 롯이 장막을 옮긴 곳으로, 야훼(여호와) 앞에 악하며 큰 죄인들이 살았던 곳은?
① 헤브론 ② 요단 ③ 엘바란 ④ 소돔

36. 아브람은 조카 롯이 사로잡혔음을 듣고 몇 명을 거느리고 쫓아가서 찾아왔는가?
① 118명 ② 218명 ③ 318명 ④ 418명

37. 야훼(여호와)께서는 아브람 자손이 이방에서 객이 되어 그들을 섬기다가 몇 대 만에 돌아온다고 하셨는가?
① 3대 ② 4대 ③ 6대 ④ 7대

38. 야훼(여호와)께서 아브람과 더불어 세우신 언약은?
① 애굽 강에서부터 그 큰 강 유브라데까지 네 자손에게 주겠다
② 기혼 강에서부터 그 큰 강 티그리스까지 네 자손에게 주겠다
③ 앗수르 강에서부터 바벨론 강까지 네 자손에게 주겠다
④ 엘람 강에서부터 힛데겔 강까지 네 자손에게 주겠다

34. ① (창 13:10) 이에 롯이 눈을 들어 요단 지역을 바라본즉 소알까지 온 땅에 물이 넉넉하니 야훼(여호와)께서 소돔과 고모라를 멸하시기 전이었으므로 야훼(여호와)의 동산 같고 애굽 땅과 같았더라

35. ④ (창 13:12–13) 아브람은 가나안 땅에 거주하였고 롯은 그 지역의 도시들에 머무르며 그 장막을 옮겨 소돔까지 이르렀더라 소돔 사람은 야훼(여호와) 앞에 악하며 큰 죄인이었더라

36. ③ (창 14:14–16) 아브람이 그의 조카가 사로잡혔음을 듣고 집에서 길리고 훈련된 자 삼백십팔 명을 거느리고 단까지 쫓아가서 … 롯과 그의 재물과 또 부녀와 친척을 다 찾아왔더라

37. ② (창 15:13–16) 야훼(여호와)께서 아브람에게 이르시되 너는 반드시 알라 네 자손이 이방에서 객이 되어 그들을 섬기겠고 … 사대 만에 이 땅으로 돌아오리니

38. ① (창 15:18) 그 날에 야훼(여호와)께서 아브람과 더불어 언약을 세워 이르시되 내가 이 땅을 애굽 강에서부터 그 큰 강 유브라데까지 네 자손에게 주노니

memo

39. '아브람'은 몇 세 때 이름이 '아브라함'으로 바뀌었는가?
① 86세 ② 90세 ③ 99세 ④ 100세

40. 아브라함과 그의 후손이 대대로 지켜야 할 하나님과의 언약의 표징은?
① 무화과나무 잎 ② 가죽옷
③ 할례 ④ 피

41. 할례는 태어난 지 며칠 만에 받아야 하는가?
① 4일 ② 6일 ③ 8일 ④ 10일

42. 하나님께서는 아브라함에게 누구와 언약을 세운다고 하셨는가?
① 하갈이 낳은 아들 이스마엘
② 사라가 낳은 아들 이삭
③ 이삭이 낳은 아들 에서
④ 이삭이 낳은 아들 야곱

43. 아브라함이 포피를 벤 때, 즉 할례를 받은 때의 나이는?
① 75세 ② 99세 ③ 100세 ④ 120세

39. ③ (창 17:1–5) 아브람이 구십구 세 때에 … 이제 후로는 네 이름을 아브람이라 하지 아니하고 아브라함이라 하리니 이는 내가 너를 여러 민족의 아버지가 되게 함이니라
40. ③ (창 17:9–11) 하나님이 또 아브라함에게 이르시되 … 너희 중 남자는 다 할례를 받으라 … 이것이 나와 너희 사이의 언약의 표징이니라
41. ③ (창 17:12) 너희의 대대로 모든 남자는 집에서 난 자나 또는 너희 자손이 아니라 이방 사람에게서 돈으로 산 자를 막론하고 난 지 팔 일 만에 할례를 받을 것이라
42. ② (창 17:19) 하나님이 이르시되 아니라 네 아내 사라가 네게 아들을 낳으리니 너는 그 이름을 이삭이라 하라 내가 그와 내 언약을 세우리니 그의 후손에게 영원한 언약이 되리라
43. ② (창 17:24) 아브라함이 그의 포피를 벤 때는 구십구 세였고

memo

44. 아브라함이 소돔 성읍의 멸망을 막기 위해 하나님께 마지막으로 아뢴 의인의 수는?

① 50명 ② 45명 ③ 20명 ④ 10명

45. 소돔 성이 멸망할 때 롯의 아내가 소금 기둥이 된 이유는?

① 소알 성읍으로 도망했기 때문이다
② 소알 성읍으로 도망하지 않았기 때문이다
③ 소알 성읍으로 도망할 때 뒤를 돌아보았기 때문이다
④ 소돔 성에 머물렀기 때문이다

46. 아브라함이 100세에 사라에게서 낳은 아들의 이름은?

① 이삭 ② 야곱 ③ 이스마엘 ④ 요셉

47. 이삭이 젖을 떼는 날에 아브라함이 큰 잔치를 베풀었을 때 이삭을 놀린 사람은?

① 모압 ② 벤암미 ③ 하갈 ④ 이스마엘

48. 아브라함과 아비멜렉이 우물을 두고 맹세한 곳의 이름은?

① 헤브론 ② 엘림 ③ 요단 ④ 브엘세바

44. ④ (창 18:32) 아브라함이 또 이르되 주는 노하지 마옵소서 내가 이번만 더 아뢰리이다 거기서 십 명을 찾으시면 어찌 하려 하시나이까 이르시되 내가 십 명으로 말미암아 멸하지 아니하리라
* 아브라함이 소돔 성읍의 멸망을 막기 위해 하나님께 아뢴 의인의 수는 50명, 45명, 40명, 30명, 20명, 10명 순이다(창 18:22-32 참조).

45. ③ (창 19:23-26) 롯이 소알에 들어갈 때에 … 성에 거주하는 모든 백성과 땅에 난 것을 다 엎어 멸하셨더라 롯의 아내는 뒤를 돌아보았으므로 소금 기둥이 되었더라

46. ① (창 21:3-5) 아브라함이 그에게 태어난 아들 곧 사라가 자기에게 낳은 아들을 이름하여 이삭이라 하였고 … 아브라함이 그의 아들 이삭이 그에게 태어날 때에 백 세라

47. ④ (창 21:8-9) 아이가 자라매 젖을 떼고 이삭이 젖을 떼는 날에 아브라함이 큰 잔치를 베풀었더라 사라가 본즉 아브라함의 아들 애굽 여인 하갈의 아들이 이삭을 놀리는지라

48. ④ (창 21:27-31) 아브라함이 양과 소를 가져다가 아비멜렉에게 주고 두 사람이 서로 언약을 세우니라 … 두 사람이 거기서 서로 맹세하였으므로 그 곳을 브엘세바라 이름하였더라

memo

49. 아브라함은 브엘세바에 어떤 나무를 심고 영원하신 야훼(여호와)의 이름을 불렀는가?

① 무화과나무 ② 에셀나무
③ 감람나무 ④ 포도나무

50. 사라가 127세를 살고 죽은 곳은?

① 브엘세바 ② 헤브론 ③ 모리아 ④ 막벨라

51. 아브라함의 종이 이삭의 아내를 얻기 위해 메소보다미아로 가서 이른 곳은?

① 밀가의 성 ② 나홀의 성
③ 암몬의 성 ④ 에돔의 성

52. 리브가의 오라버니는 누구인가?

① 라반 ② 브두엘 ③ 밀가 ④ 나홀

49. ② (창 21:33) 아브라함은 브엘세바에 에셀나무를 심고 거기서 영원하신 야훼(여호와)의 이름을 불렀으며
* '에셀나무'는 상록수로서 재질이 단단하고 키가 크며 생명력이 왕성한 나무이다. 따라서 아브라함이 아비멜렉과 작별한 뒤 이 나무를 심고 영원하신 야훼(여호와)의 이름을 부른 것은, 변함없이 은혜를 베푸시는 하나님을 기념하고 아비멜렉과의 언약이 지속되기를 바라는 의미가 담겨 있다.

50. ② (창 23:1-2) 사라가 백이십칠 세를 살았으니 이것이 곧 사라가 누린 햇수라 사라가 가나안 땅 헤브론 곧 기럇아르바에서 죽으매 아브라함이 들어가서 사라를 위하여 슬퍼하며 애통하다가
* '기럇아르바'는 헤브론의 옛 이름이다(수 14:15 참조).

51. ② (창 24:10) 이에 종이 그 주인의 낙타 중 열 필을 끌고 떠났는데 곧 그의 주인의 모든 좋은 것을 가지고 떠나 메소보다미아로 가서 나홀의 성에 이르러
* '나홀의 성'은 아브라함의 동생인 나홀이 거주한 데서 유래한 명칭이다(창 24:15 참조).

52. ① (창 24:29) 리브가에게 오라버니가 있어 그의 이름은 라반이라 그가 우물로 달려가 그 사람에게 이르러

memo

53. 아브라함이 낳은 아들이 아닌 사람은?

① 시므란 ② 미디안 ③ 수아 ④ 야곱

54. 아브라함이 가족의 매장지로 삼기 위해 헷 족속에게서 산 막벨라 굴에 장사되지 않은 사람은?

① 아브라함 ② 사라 ③ 이삭 ④ 나홀

55. 에서가 가볍게 여긴 것은 무엇인가?

① 아버지의 사랑 ② 장자의 명분

③ 떡과 팥죽 ④ 사냥한 고기

53. ④ (창 25:1–2 참조)

아브라함이 낳은 아들

하갈 → 이스마엘	창 16:15-16
사라 → 이삭	창 21:3
그두라 → 시므란, 욕산, 므단, 미디안, 이스박, 수아	창 25:1-2

54. ④ (창 25:7–10) 아브라함의 향년이 백칠십오 세라 … 자기 열조에게로 돌아가매 … 그를 마므레 앞 헷 족속 소할의 아들 에브론의 밭에 있는 막벨라 굴에 장사하였으니 이것은 아브라함이 헷 족속에게서 산 밭이라 아브라함과 그의 아내 사라가 거기 장사되니라

* 막벨라 굴에 장사된 사람은 아브라함, 사라, 이삭, 리브가, 야곱, 레아 등 구약의 3대 족장 부부이다(창 49:29–31 참조).

55. ② (창 25:34) 야곱이 떡과 팥죽을 에서에게 주매 에서가 먹으며 마시고 일어나 갔으니 에서가 장자의 명분을 가볍게 여김이었더라

* 장자는 아버지의 소유에서 두 몫을 받는데(신 21:15–17 참조), 창세기에서 차자로서 장자의 축복을 받은 사람은 야곱과 에브라임이다(창 27:27–30; 48:14 참조). 한편 성경은 장자의 명분을 판 에서를 '망령된 자'(히 12:16 참조)로 묘사한다.

memo

56. 창세기 26장에서, 이삭이 받은 축복이 아닌 것은?
① 농사하여 그 해에 백 배나 얻게 됨
② 자녀를 많이 낳게 됨
③ 양과 소가 떼를 이루게 됨
④ 종이 심히 많아지게 됨

57. 이삭의 종들이 샘 근원을 얻었을 때 자기들의 것이라고 주장하며 이삭의 목자와 다툰 사람들은?
① 그랄 목자들 ② 소돔 목자들
③ 암몬 목자들 ④ 에돔 목자들

58. 이삭과 아비멜렉이 우물의 소유권 문제로 다툰 후 계약을 맺은 성읍은?
① 그랄 ② 브엘세바 ③ 네게브 ④ 마므레

56. ② (창 26:12-14) 이삭이 그 땅에서 농사하여 그 해에 백 배나 얻었고 야훼(여호와)께서 복을 주시므로 그 사람이 창대하고 왕성하여 마침내 거부가 되어 양과 소가 떼를 이루고 종이 심히 많으므로 블레셋 사람이 그를 시기하여

57. ① (창 26:19-20) 이삭의 종들이 골짜기를 파서 샘 근원을 얻었더니 그랄 목자들이 이삭의 목자와 다투어 이르되 이 물은 우리의 것이라 하매 이삭이 그 다툼으로 말미암아 그 우물 이름을 에섹이라 하였으며

58. ② (창 26:26-33) 아비멜렉이 그 친구 아훗삿과 군대 장관 비골과 더불어 그랄에서부터 이삭에게로 온지라 … 그들이 이르되 야훼(여호와)께서 너와 함께 계심을 우리가 분명히 보았으므로 우리의 사이 곧 우리와 너 사이에 맹세하여 너와 계약을 맺으리라 … 그가 그 이름을 세바라 한지라 그러므로 그 성읍 이름이 오늘까지 브엘세바더라

* '브엘세바'는 하갈이 집에서 쫓겨나 방황하던 곳이며(창 21:8-14 참조), 아브라함이 아비멜렉과 맹세한 후 에셀나무를 심고 야훼(여호와)의 이름을 부른 곳이기도 하다(창 21:33 참조).

memo

59. 이삭과 리브가가 근심하게 된 이유는?

① 에서가 헷 족속의 딸들을 아내로 맞이했기 때문이다
② 에서가 그랄 족속의 딸들을 아내로 맞이했기 때문이다
③ 야곱이 헷 족속의 딸들을 아내로 맞이했기 때문이다
④ 야곱이 그랄 족속의 딸들을 아내로 맞이했기 때문이다

60. 야곱의 외삼촌 이름은?

① 브두엘 ② 라반 ③ 에브라임 ④ 그두라

61. 야곱이 하나님께서 자신에게 주신 모든 것에서 십분의 일을 드리겠다고 한 곳은?

① 벧엘 ② 밧단아람 ③ 브엘라해로이 ④ 브엘세바

62. 레아가 야곱에게서 낳은 아들이 아닌 사람은?

① 르우벤 ② 시므온 ③ 레위 ④ 아셀

59. ① (창 26:34-35) 에서가 사십 세에 헷 족속 브에리의 딸 유딧과 헷 족속 엘론의 딸 바스맛을 아내로 맞이하였더니 그들이 이삭과 리브가의 마음에 근심이 되었더라

* 헷 족속은 우상을 숭배하는데 에서가 헷 족속의 딸들을 아내로 맞이했기 때문에 이삭과 리브가가 근심하게 되었던 것이다.

60. ② (창 28:2) 일어나 밧단아람으로 가서 네 외조부 브두엘의 집에 이르러 거기서 네 외삼촌 라반의 딸 중에서 아내를 맞이하라

61. ① (창 28:18-22) 야곱이 아침에 일찍이 일어나 베개로 삼았던 돌을 가져다가 기둥으로 세우고 그 위에 기름을 붓고 그 곳 이름을 벧엘이라 하였더라 … 내가 기둥으로 세운 이 돌이 하나님의 집이 될 것이요 하나님께서 내게 주신 모든 것에서 십분의 일을 내가 반드시 하나님께 드리겠나이다 하였더라

* '벧엘'은 '하나님의 집'이란 뜻이다.

62. ④ (창 29:32-35 참조)

야곱이 낳은 아들

레아	르우벤(보라 아들이다), 시므온(들으심), 레위(연합함), 유다(찬송함), 잇사갈(값), 스불론(거함), * 디나 - 딸
실바(레아의 종)	갓(복됨), 아셀(기쁨)
라헬	요셉(더함), 베냐민(오른손의 아들)
빌하(라헬의 종)	단(억울함을 푸심), 납달리(경쟁함)

memo

63. 야곱이 얼룩얼룩하며 점이 있고 아롱진 짐승을 얻기 위해 사용한 나무가 아닌 것은?

① 버드나무 ② 살구나무 ③ 신풍나무 ④ 감람나무

64. 라반은 야곱을 속여 품삯을 몇 번 변경하였는가?

① 6번 ② 7번 ③ 9번 ④ 10번

65. 야곱이 가나안 땅으로 가려 할 때 라헬이 아버지 집에서 도둑질한 것은?

① 금궤 ② 드라빔 ③ 합환채 ④ 장식품

66. 야곱은 외삼촌 라반의 집에 총 몇 년 동안 있었는가?

① 7년 ② 14년 ③ 20년 ④ 28년

67. 야곱이 고향으로 가는 길에 하나님의 사자들을 만난 곳은?

① 마하나임 ② 벧엘 ③ 헤브론 ④ 가나안

63. ④ (창 30:37-39) 야곱이 버드나무와 살구나무와 신풍나무의 푸른 가지를 가져다가 그것들의 껍질을 벗겨 흰 무늬를 내고 … 가지 앞에서 새끼를 배므로 얼룩얼룩한 것과 점이 있고 아롱진 것을 낳은지라

64. ④ (창 31:7) 그대들의 아버지가 나를 속여 품삯을 열 번이나 변경하였느니라 그러나 하나님이 그를 막으사 나를 해치지 못하게 하셨으며

65. ② (창 31:17-19) 야곱이 … 가나안 땅에 있는 그의 아버지 이삭에게로 가려 할새 그 때에 라반이 양털을 깎으러 갔으므로 라헬은 그의 아버지의 드라빔을 도둑질하고

* '드라빔'은 사람 형상을 한 우상으로, 족장 시대에 가정의 수호신이었으며 재산 상속권의 증표로도 사용되었다. 따라서 라헬이 드라빔을 훔친 것은 그것을 우상으로 섬길 뿐만 아니라 라반이 죽은 후 야곱에게 상속권이 있음을 보증하기 위함이었을 것으로 추측할 수 있다.

66. ③ (창 31:41) 내가 외삼촌의 집에 있는 이 이십 년 동안 외삼촌의 두 딸을 위하여 십사 년, 외삼촌의 양 떼를 위하여 육 년을 외삼촌에게 봉사하였거니와 외삼촌께서 내 품삯을 열 번이나 바꾸셨으며

67. ① (창 32:1-2) 야곱이 길을 가는데 하나님의 사자들이 그를 만난지라 야곱이 그들을 볼 때에 이르기를 이는 하나님의 군대라 하고 그 땅 이름을 마하나임이라 하였더라

memo

68. 에서는 야곱을 만나기 위해 몇 명을 거느리고 왔는가?
① 200명 ② 400명 ③ 600명 ④ 800명

69. 야곱이 "내가 하나님과 대면하여 보았으나 내 생명이 보전되었다"라고 말한 곳은?
① 헤브론 ② 벧엘 ③ 세일 ④ 브니엘

70. 야곱의 딸 디나를 강간한 사람은?
① 하몰 ② 세겜 ③ 라반 ④ 아비멜렉

71. 세겜 성읍을 기습하여 모든 남자를 죽이고 디나를 세겜의 집에서 데려온 사람은?
① 디나의 아버지 야곱
② 디나의 오라버니 르우벤
③ 디나의 오라버니 시므온과 레위
④ 디나의 오라버니 유다

72. 라헬이 난산하고 혼이 떠나려 할 때에 부른 아들의 이름은?
① 르우벤 ② 시므온 ③ 요셉 ④ 베냐민

68. ② (창 32:6) 사자들이 야곱에게 돌아와 이르되 우리가 주인의 형 에서에게 이른즉 그가 사백 명을 거느리고 주인을 만나려고 오더이다

69. ④ (창 32:30) 그러므로 야곱이 그 곳 이름을 브니엘이라 하였으니 그가 이르기를 내가 하나님과 대면하여 보았으나 내 생명이 보전되었다 함이더라
* '브니엘'은 얼굴을 의미하는 '브니'와 하나님을 의미하는 '엘'의 합성어로, '하나님의 얼굴'이라는 뜻이다.

70. ② (창 34:2) 히위 족속 중 하몰의 아들 그 땅의 추장 세겜이 그를 보고 끌어들여 강간하여 욕되게 하고

71. ③ (창 34:25-26) 야곱의 두 아들 디나의 오라버니 시므온과 레위가 각기 칼을 가지고 가서 몰래 그 성읍을 기습하여 그 모든 남자를 죽이고 … 디나를 세겜의 집에서 데려오고

72. ④ (창 35:18) 그가 죽게 되어 그의 혼이 떠나려 할 때에 아들의 이름을 베노니라 불렀으나 그의 아버지는 그를 베냐민이라 불렀더라

memo

73. 라헬이 죽어 장사된 곳은?
① 에브랏 ② 헤브론 ③ 막게디 굴 ④ 벧엘

74. 야곱의 아들 중 아버지의 첩 빌하와 동침한 사람은?
① 스불론 ② 르우벤 ③ 유다 ④ 시므온

75. 라헬이 낳은 아들들은?
① 시므온과 요셉 ② 시므온과 베냐민
③ 유다와 레위 ④ 요셉과 베냐민

76. 야곱이 요셉을 여러 아들들보다 더 사랑한 이유는?
① 잘 생기고 똑똑해서 ② 지혜롭고 총명해서
③ 자신의 모습을 닮아서 ④ 노년에 얻은 아들이므로

77. 형들이 요셉을 더욱 미워하게 된 이유는?
① 이간질을 했기 때문이다
② 거짓말을 했기 때문이다
③ 교만했기 때문이다
④ 꿈을 꾸고 형들에게 말했기 때문이다

73. ① (창 35:19) 라헬이 죽으매 에브랏 곧 베들레헴 길에 장사되었고
* 에브랏의 다른 이름이 '베들레헴'이다.
74. ② (창 35:22) 이스라엘이 그 땅에 거주할 때에 르우벤이 가서 그 아버지의 첩 빌하와 동침하매 이스라엘이 이를 들었더라
75. ④ (창 35:24) 라헬의 아들들은 요셉과 베냐민이며
76. ④ (창 37:3) 요셉은 노년에 얻은 아들이므로 이스라엘이 여러 아들들보다 그를 더 사랑하므로 그를 위하여 채색옷을 지었더니
77. ④ (창 37:5) 요셉이 꿈을 꾸고 자기 형들에게 말하매 그들이 그를 더욱 미워하였더라

memo

78. 형제들이 요셉을 죽이려 할 때 "그의 생명은 해치지 말자"라고 한 형제는?
① 르우벤 ② 스불론 ③ 납달리 ④ 아셀

79. 요셉을 죽이지 말고 이스마엘 사람들에게 팔자고 말한 형제는?
① 르우벤 ② 유다 ③ 시므온 ④ 레위

80. 형제들은 요셉을 얼마에 팔았는가?
① 은 십 ② 은 이십 ③ 은 삼십 ④ 은 사십

81. 미디안 사람들은 요셉을 애굽으로 데려가 누구에게 팔았는가?
① 이스마엘 사람들 ② 바로
③ 보디발 ④ 보디발의 아내

82. 다말이 시아버지 유다에게 달라고 한 담보물이 아닌 것은?
① 도장 ② 도장의 끈 ③ 지팡이 ④ 염소 새끼

78. ① (창 37:20-21) 자, 그를 죽여 한 구덩이에 던지고 우리가 말하기를 악한 짐승이 그를 잡아먹었다 하자 … 르우벤이 듣고 요셉을 그들의 손에서 구원하려 하여 이르되 우리가 그의 생명은 해치지 말자

79. ② (창 37:26-27) 유다가 자기 형제에게 … 자 그를 이스마엘 사람들에게 팔고 그에게 우리 손을 대지 말자 그는 우리의 동생이요 우리의 혈육이니라 하매 그의 형제들이 청종하였더라

80. ② (창 37:28) 그 때에 미디안 사람 상인들이 지나가고 있는지라 형들이 요셉을 구덩이에서 끌어올리고 은 이십에 그를 이스마엘 사람들에게 팔매 그 상인들이 요셉을 데리고 애굽으로 갔더라

81. ③ (창 37:36) 그 미디안 사람들은 그를 애굽에서 바로의 신하 친위대장 보디발에게 팔았더라

82. ④ (창 38:18) 유다가 이르되 무슨 담보물을 네게 주랴 그가 이르되 당신의 도장과 그 끈과 당신의 손에 있는 지팡이로 하라 유다가 그것들을 그에게 주고 그에게로 들어갔더니 그가 유다로 말미암아 임신하였더라

memo

83. 요셉이 보디발의 아내의 유혹을 거절한 이유는?
① 보디발에게 미안해서
② 보디발이 두려워서
③ 사람들에게 들킬까 봐
④ 하나님께 죄를 짓는 것이기 때문에

84. 요셉의 꿈 해석대로 사흘 안에 전직을 회복한 사람은?
① 보디발 ② 바로의 술 맡은 관원장
③ 바로의 떡 굽는 관원장 ④ 보디발의 아내

85. 창세기 41장에서, 애굽 왕 바로가 꿈에 본 것은 무엇인가?
① 아름답고 살진 일곱 숫양과 흉하고 파리한 일곱 숫양
② 아름답고 살진 일곱 암양과 흉하고 파리한 일곱 암양
③ 아름답고 살진 일곱 숫소와 흉하고 파리한 일곱 숫소
④ 아름답고 살진 일곱 암소와 흉하고 파리한 일곱 암소

86. 요셉이 애굽 왕 바로 앞에 설 때의 나이는?
① 30세 ② 40세 ③ 50세 ④ 60세

83. ④ (창 39:9) 이 집에는 나보다 큰 이가 없으며 주인이 아무것도 내게 금하지 아니하였어도 금한 것은 당신뿐이니 당신은 그의 아내임이라 그런즉 내가 어찌 이 큰 악을 행하여 하나님께 죄를 지으리이까

84. ② (창 40:21) 바로의 술 맡은 관원장은 전직을 회복하매 그가 잔을 바로의 손에 받들어 드렸고

85. ④ (창 41:1–3) 만 이 년 후에 바로가 꿈을 꾼즉 … 아름답고 살진 일곱 암소가 강 가에서 올라와 갈밭에서 뜯어먹고 그 뒤에 또 흉하고 파리한 다른 일곱 암소가 나일 강 가에서 올라와 그 소와 함께 나일 강 가에 서 있더니
* 바로가 꾼 꿈은 7년 동안 풍년이 든 후에 7년 동안 흉년이 들 것을 의미한다(창 41:25–31 참조).

86. ① (창 41:46) 요셉이 애굽 왕 바로 앞에 설 때에 삼십 세라 그가 바로 앞을 떠나 애굽 온 땅을 순찰하니

memo

87. 베냐민을 대신하여 인질이 되겠다고 말한 형제는?
① 시므온 ② 잇사갈 ③ 유다 ④ 레위

88. 야곱이 요셉을 보기 위해 모든 소유를 이끌고 떠나 하나님께 희생제사를 드린 곳은?
① 갈릴리 ② 세겜 ③ 브엘세바 ④ 예루살렘

89. 야곱이 브엘세바에서 희생제사를 드린 날 밤에 하나님께서 야곱에게 하신 말씀이 아닌 것은?
① 애굽으로 내려가기를 두려워하지 말라
② 애굽에서 너로 큰 민족을 이루게 하리라
③ 내가 너와 함께 애굽으로 내려가겠다
④ 요셉이 너를 인도하여 다시 올라올 것이다

90. 야곱의 집 사람으로 애굽에 이른 자는 모두 몇 명인가?
① 40명 ② 50명 ③ 60명 ④ 70명

87. ③ (창 44:16-33) 유다가 말하되 … 이제 주의 종으로 그 아이를 대신하여 머물러 있어 내 주의 종이 되게 하시고 그 아이는 그의 형제들과 함께 올려 보내소서

88. ③ (창 45:28-46:1) 이스라엘이 이르되 족하도다 내 아들 요셉이 지금까지 살아 있으니 내가 죽기 전에 가서 그를 보리라 하니라 이스라엘이 모든 소유를 이끌고 떠나 브엘세바에 이르러 그의 아버지 이삭의 하나님께 희생제사를 드리니

* '맹세의 우물'이란 뜻을 가진 '브엘세바'는 하나님께서 하갈(창 21:14-19 참조), 이삭(창 26:23-24 참조), 야곱(창 46:1-4 참조), 엘리야(왕상 19:3-7 참조)에게 나타나신 곳이다.

89. ④ (창 46:3-4) 하나님이 이르시되 … 애굽으로 내려가기를 두려워하지 말라 내가 거기서 너로 큰 민족을 이루게 하리라 내가 너와 함께 애굽으로 내려가겠고 반드시 너를 인도하여 다시 올라올 것이며 요셉이 그의 손으로 네 눈을 감기리라 하셨더라

90. ④ (창 46:27) 애굽에서 요셉이 낳은 아들은 두 명이니 야곱의 집 사람으로 애굽에 이른 자가 모두 칠십 명이었더라

memo

91. 야곱이 바로를 만났을 때의 나이는?

① 100세 ② 110세 ③ 120세 ④ 130세

92. 요셉이 바로의 명령대로 그의 아버지와 형들에게 거주할 곳으로 준 땅은?

① 에돔 ② 모압 ③ 하란 ④ 라암셋

93. 야곱이 요셉의 두 아들을 안수하여 축복할 때 오른손을 누구의 머리에 얹었는가?

① 차남 에브라임 ② 장자 므낫세
③ 장자 에브라임 ④ 차남 므낫세

94. "당신들은 나를 해하려 하였으나 하나님은 그것을 선으로 바꾸사 오늘과 같이 많은 백성의 생명을 구원하게 하시려 하셨나니" 라고 말한 사람은?

① 르우벤 ② 유다 ③ 요셉 ④ 베냐민

91. ④ (창 47:9) 야곱이 바로에게 아뢰되 내 나그네 길의 세월이 백삼십 년이니이다 내 나이가 얼마 못 되니 우리 조상의 나그네 길의 연조에 미치지 못하나 험악한 세월을 보내었나이다 하고

92. ④ (창 47:11) 요셉이 바로의 명령대로 그의 아버지와 그의 형들에게 거주할 곳을 주되 애굽의 좋은 땅 라암셋을 그들에게 주어 소유로 삼게 하고

* '라암셋'은 야곱의 가족이 살게 된 고센 지역의 한 성읍이다.

93. ① (창 48:14) 이스라엘이 오른손을 펴서 차남 에브라임의 머리에 얹고 왼손을 펴서 므낫세의 머리에 얹으니 므낫세는 장자라도 팔을 엇바꾸어 얹었더라

94. ③ (창 50:20 참조)

memo

주관식

1. 창세기 1장 1절을 쓰시오.

2. 에덴동산 가운데에 있는 두 나무의 이름은?

3. "선악을 알게 하는 나무의 열매는 (   ) 네가 먹는 날에는 (   ) 하시니라"

4. "여자가 그 나무를 본즉 (   )도 하고 (   )도 하고 지혜롭게 할 만큼 (   ) 한 나무인지라 여자가 그 열매를 따먹고 자기와 함께 있는 남편에게도 주매 그도 먹은지라"

5. "내가 너로 여자와 (   )가 되게 하고 네 후손도 여자의 후손과 (   )가 되게 하리니 여자의 후손은 네 (   )를 상하게 할 것이요 너는 그의 (   )를 상하게 할 것이니라 하시고"

6. '하와' 라는 이름의 뜻은?

1. **태초에 하나님이 천지를 창조하시니라**
2. **생명 나무와 선악을 알게 하는 나무** (창 2:8-9) 야훼(여호와) 하나님이 동방의 에덴에 동산을 창설하시고 그 지으신 사람을 거기 두시니라 … 동산 가운데에는 생명 나무와 선악을 알게 하는 나무도 있더라
3. **먹지 말라, 반드시 죽으리라** (창 2:17 참조)
4. **먹음직, 보암직, 탐스럽기도** (창 3:6 참조)
5. **원수, 원수, 머리, 발꿈치** (창 3:15 참조)
6. **모든 산 자의 어머니** (창 3:20) 아담이 그의 아내의 이름을 하와라 불렀으니 그는 모든 산 자의 어머니가 됨이더라

memo

7. 하나님께서 범죄한 아담과 하와를 위하여 지어 입히신 옷은?

8. 3백 년을 하나님과 동행하다 하나님께서 데려가시므로 세상에 있지 않게 된 사람은?

9. '노아' 라는 이름의 뜻은?

10. 노아가 5백 세 된 후에 낳은 세 아들의 이름은?

11. 물이 땅에서 물러간 후 방주가 머무른 산은?

12. 하나님께서 노아와 그 아들들에게 모든 산 동물을 먹으라고 허용하시되 금하신 것은?

7. **가죽옷** (창 3:21) 야훼(여호와) 하나님이 아담과 그의 아내를 위하여 가죽옷을 지어 입히시니라
8. **에녹** (창 5:21-24) 에녹은 … 삼백 년을 … 하나님과 동행하더니 하나님이 그를 데려가시므로 세상에 있지 아니하였더라
9. **안위** (창 5:29) 이름을 노아라 하여 이르되 야훼(여호와)께서 땅을 저주하시므로 수고롭게 일하는 우리를 이 아들이 안위하리라 하였더라
10. **셈, 함, 야벳** (창 5:32) 노아는 오백 세 된 후에 셈과 함과 야벳을 낳았더라
11. **아라랏 산** (창 8:3-4) 물이 땅에서 물러가고 점점 물러가서 백오십 일 후에 줄어들고 일곱째 달 곧 그 달 열이렛날에 방주가 아라랏 산에 머물렀으며
12. **고기를 그 생명 되는 피째 먹는 것** (창 9:1-4) 하나님이 노아와 그 아들들에게 복을 주시며 그들에게 이르시되 … 모든 산 동물은 너희의 먹을 것이 될지라 채소 같이 내가 이것을 다 너희에게 주노라 그러나 고기를 그 생명 되는 피째 먹지 말 것이니라

memo

13. 포도주를 마시고 취하여 벌거벗은 아버지의 하체를 보고 두 형제에게 알린 노아의 아들은?

14. 세상에 첫 용사이며 야훼(여호와) 앞에서 용감한 사냥꾼이었던 사람은?

15. 세상이 나뉘게 된 때, 즉 인종이 갈라진 때는?

16. 사람들이 바벨탑을 건설한 이유는?

17. 바벨탑을 건설하는 사람들에게 하나님께서 하신 일은?

18. 아브람의 아버지 이름은 무엇인가?

13. **함** (창 9:22) 가나안의 아버지 함이 그의 아버지의 하체를 보고 밖으로 나가서 그의 두 형제에게 알리매
14. **니므롯** (창 10:8–9) 구스가 또 니므롯을 낳았으니 그는 세상에 첫 용사라 그가 야훼(여호와) 앞에서 용감한 사냥꾼이 되었으므로 속담에 이르기를 아무는 야훼(여호와) 앞에 니므롯 같이 용감한 사냥꾼이로다 하더라
15. **셈의 후손인 에벨이 벨렉을 낳은 때**(창 11:10–16 참조) (창 10:25) 에벨은 두 아들을 낳고 하나의 이름을 벨렉이라 하였으니 그 때에 세상이 나뉘었음이요 벨렉의 아우의 이름은 욕단이며
    * '세상이 나뉘었다'는 것은 바벨탑 사건(창 11:1–9 참조)으로 언어가 혼잡하게 되어 사람들이 세계 각처로 분산되었음을 의미한다. 한편 '벨렉'은 '나눔'이라는 뜻이다.
16. **자기들의 이름을 내고 온 지면에 흩어짐을 면하기 위함이다** (창 11:4) 또 말하되 자, 성읍과 탑을 건설하여 그 탑 꼭대기를 하늘에 닿게 하여 우리 이름을 내고 온 지면에 흩어짐을 면하자 하였더니
17. **언어를 혼잡하게 하시고, 그들을 온 지면에 흩으셨다** (창 11:9) 그러므로 그 이름을 바벨이라 하니 이는 야훼(여호와)께서 거기서 온 땅의 언어를 혼잡하게 하셨음이니라 야훼(여호와)께서 거기서 그들을 온 지면에 흩으셨더라
18. **데라** (창 11:27) 데라의 족보는 이러하니라 데라는 아브람과 나홀과 하란을 낳고 하란은 롯을 낳았으며

memo

19. 야훼(여호와)께서 아브람의 자손에게 주리라고 한 땅에 거주하고 있던 사람은?

20. 아브람은 바로에게 자신의 아내를 누구라고 말했는가?

21. 아브람은 조카 롯을 구한 후 그가 얻은 것에서 십분의 일을 누구에게 주었는가?

22. 자식이 없던 아브람이 하나님께 자신의 상속자라고 말한 사람은?

23. "아브람이 야훼(여호와)를 (　　　　) 야훼(여호와)께서 이를 그의 (　　　) 여기시고"

24. "야훼(여호와)께서 아브람에게 이르시되 너는 반드시 알라 네 자손이 (　　　　　　)이 되어 그들을 섬기겠고 그들은 (　　　) 동안 네 자손을 괴롭히리니"

19. 가나안 사람 (창 12:6-7) 아브람이 그 땅을 지나 세겜 땅 모레 상수리나무에 이르니 그 때에 가나안 사람이 그 땅에 거주하였더라 야훼(여호와)께서 아브람에게 나타나 이르시되 내가 이 땅을 네 자손에게 주리라 하신지라

20. 누이 (창 12:18-19) 바로가 아브람을 불러서 이르되 … 네가 어찌 그를 누이라 하여 내가 그를 데려다가 아내를 삼게 하였느냐 네 아내가 여기 있으니 이제 데려가라 하고

* 아브람은 그랄 왕 아비멜렉에게도 자신의 아내를 누이라고 말했다(창 20:2 참조).

21. 멜기세덱 (창 14:20) 너희 대적을 네 손에 붙이신 지극히 높으신 하나님을 찬송할지로다 하매 아브람이 그 얻은 것에서 십분의 일을 멜기세덱에게 주었더라

22. 엘리에셀 (창 15:2) 아브람이 이르되 주 야훼(여호와)여 무엇을 내게 주시려 하나이까 나는 자식이 없사오니 나의 상속자는 이 다메섹 사람 엘리에셀이니이다

23. 믿으니, 의로 (창 15:6 참조)

24. 이방에서 객, 사백 년 (창 15:13 참조)

memo

25. 사래가 남편 아브람에게 첩으로 준 사람은?

26. 야훼(여호와)의 사자가 지어 준 하갈의 아들 이름은?

27. 하갈이 '나를 살피시는 하나님'이란 뜻으로 부른 샘의 이름은?

28. 하갈이 이스마엘을 낳았을 때에 아브람은 몇 세였는가?

29. "아브람이 구십구 세 때에 야훼(여호와)께서 아브람에게 나타나서 그에게 이르시되 나는 전능한 하나님이라 너는 내 앞에서 행하여 (　　　　)하라 내가 내 (　　　　)을 나와 너 사이에 두어 너를 크게 (　　　　)하게 하리라 하시니"

30. '아브라함'이란 이름의 뜻은?

25. **(자신의 여종) 애굽 사람 하갈** (창 16:3) 아브람의 아내 사래가 그 여종 애굽 사람 하갈을 데려다가 그 남편 아브람에게 첩으로 준 때는 아브람이 가나안 땅에 거주한 지 십 년 후였더라
26. **이스마엘** (창 16:11) 야훼(여호와)의 사자가 또 그에게 이르되 네가 임신하였은즉 아들을 낳으리니 그 이름을 이스마엘이라 하라 이는 야훼(여호와)께서 네 고통을 들으셨음이니라
27. **브엘라해로이** (창 16:13-14) 하갈이 자기에게 이르신 야훼(여호와)의 이름을 나를 살피시는 하나님이라 하였으니 … 그 샘을 브엘라해로이라 불렀으며 그것은 가데스와 베렛 사이에 있더라
28. **86세** (창 16:16) 하갈이 아브람에게 이스마엘을 낳았을 때에 아브람이 팔십육 세였더라
29. **완전, 언약, 번성** (창 17:1-2 참조)
30. **여러 민족의 아버지** (창 17:5) 이제 후로는 네 이름을 아브람이라 하지 아니하고 아브라함이라 하리니 이는 내가 너를 여러 민족의 아버지가 되게 함이니라

memo

31. 하나님께서 아브라함과 그 후손에게 주어 영원한 기업이 되게 하신 땅은?

32. "너희 중 남자는 다 (   )를 받으라 이것이 나와 너희와 너희 후손 사이에 지킬 내 (   )이니라"

33. 할례는 난 지 며칠 만에 받는가?

34. '사라'란 이름의 뜻은?

35. 소돔과 고모라가 멸망할 때 롯과 그의 두 딸이 도망한 성읍의 이름은?

36. 롯의 두 딸이 아버지와 동침하여 낳은 아들들은 어느 족속의 조상이 되었는가?

31. **가나안** (창 17:8) 내가 너와 네 후손에게 네가 거류하는 이 땅 곧 가나안 온 땅을 주어 영원한 기업이 되게 하고 나는 그들의 하나님이 되리라

32. **할례, 언약** (창 17:10 참조)

33. **8일** (창 17:12) 너희의 대대로 모든 남자는 집에서 난 자나 또는 너희 자손이 아니라 이방 사람에게서 돈으로 산 자를 막론하고 난 지 팔 일 만에 할례를 받을 것이라

34. **여러 민족의 어머니** (창 17:15-16) 하나님이 또 아브라함에게 이르시되 네 아내 사래는 이름을 사래라 하지 말고 사라라 하라 … 내가 그에게 복을 주어 그를 여러 민족의 어머니가 되게 하리니 민족의 여러 왕이 그에게서 나리라

35. **소알** (창 19:22) 그리로 속히 도망하라 네가 거기 이르기까지는 내가 아무 일도 행할 수 없노라 하였더라 그러므로 그 성읍 이름을 소알이라 불렀더라

36. **모압과 암몬** (창 19:36-38) 롯의 두 딸이 아버지로 말미암아 임신하고 큰 딸은 아들을 낳아 이름을 모압이라 하였으니 오늘날 모압의 조상이요 작은 딸도 아들을 낳아 이름을 벤암미라 하였으니 오늘날 암몬 자손의 조상이었더라

memo

37. '이삭'이란 이름의 뜻은?

38. 하나님께서 아브라함에게 이삭을 번제로 드리라고 말씀하신 사건이 기록된 성경과 장은?

39. 하나님께서 아브라함에게 이삭을 데리고 가서 번제로 드리라고 하신 곳은?

40. "아브라함이 눈을 들어 살펴본즉 한 (   )이 뒤에 있는데 뿔이 수풀에 걸려 있는지라 아브라함이 가서 그 (   )을 가져다가 아들을 대신하여 번제로 드렸더라 아브라함이 그 땅 이름을 (   )라 하였으므로 오늘날까지 사람들이 이르기를 야훼(여호와)의 산에서 준비되리라 하더라"

41. '야훼(여호와) 이레'의 뜻은?

37. 웃음 (창 21:5-6) 아브라함이 그의 아들 이삭이 그에게 태어날 때에 백 세라 사라가 이르되 하나님이 나를 웃게 하시니 듣는 자가 다 나와 함께 웃으리로다
38. 창세기 22장
39. 모리아 땅의 한 산 (창 22:2) 야훼(여호와)께서 이르시되 네 아들 네 사랑하는 독자 이삭을 데리고 모리아 땅으로 가서 내가 네게 일러 준 한 산 거기서 그를 번제로 드리라
40. 숫양, 숫양, 야훼(여호와) 이레 (창 22:13-14 참조)
41. 야훼(여호와)께서 준비하신다 (창 22:14) 아브라함이 그 땅 이름을 야훼(여호와) 이레라 하였으므로 오늘날까지 사람들이 이르기를 야훼(여호와)의 산에서 준비되리라 하더라

memo

42. "내가 네게 큰 복을 주고 네 씨가 크게 번성하여 (   ) 과 같고 (   )와 같게 하리니 네 씨가 그 대적의 성문을 차지하리라"

43. 이삭이 아내로 삼고 사랑한 여인은?

44. 이삭은 몇 세에 리브가를 맞이하여 아내를 삼았는가?

45. "야훼(여호와)께서 그에게 이르시되 두 국민이 네 태중에 있구나 두 민족이 네 복중에서부터 나누이리라 이 족속이 저 족속보다 강하겠고 (   )가 (   )를 섬기리라 하셨더라"

46. 이삭의 쌍둥이 아들의 이름은?

47. 야곱의 이름의 뜻은?

42. **하늘의 별, 바닷가의 모래** (창 22:17 참조)
43. **리브가** (창 24:67) 이삭이 리브가를 인도하여 그의 어머니 사라의 장막으로 들이고 그를 맞이하여 아내로 삼고 사랑하였으니 이삭이 그의 어머니를 장례한 후에 위로를 얻었더라
44. **40세** (창 25:20) 이삭은 사십 세에 리브가를 맞이하여 아내를 삼았으니 리브가는 밧단 아람의 아람 족속 중 브두엘의 딸이요 아람 족속 중 라반의 누이였더라
45. **큰 자, 어린 자** (창 25:23 참조)
46. **에서와 야곱** (창 25:24-26) 그 해산 기한이 찬즉 태에 쌍둥이가 있었는데 먼저 나온 자는 붉고 전신이 털옷 같아서 이름을 에서라 하였고 후에 나온 아우는 손으로 에서의 발꿈치를 잡았으므로 그 이름을 야곱이라 하였으며 리브가가 그들을 낳을 때에 이삭이 육십 세였더라
47. **발꿈치를 잡았다** (창 25:26) 후에 나온 아우는 손으로 에서의 발꿈치를 잡았으므로 그 이름을 야곱이라 하였으며 리브가가 그들을 낳을 때에 이삭이 육십 세였더라

memo

48. '붉다'라는 뜻으로 에서에게 붙여진 별명은?

49. 이삭이 그랄에 거주할 때 자기 아내를 누구라고 말했는가?

50. 야곱이 베개로 삼았던 돌을 가져다가 기둥으로 세우고 그 위에 기름을 부은 곳의 이름은?

51. 라반의 두 딸 이름은?

52. 레아를 아내로 얻은 야곱은 라헬을 아내로 얻기 위해 다시 몇 년 동안 라반을 섬겼는가?

48. 에돔 (창 25:30) 야곱에게 이르되 내가 피곤하니 그 붉은 것을 내가 먹게 하라 한지라 그러므로 에서의 별명은 에돔이더라

49. 누이 (창 26:6-7) 이삭이 그랄에 거주하였더니 그 곳 사람들이 그의 아내에 대하여 물으매 그가 말하기를 그는 내 누이라 하였으니 리브가는 보기에 아리따우므로 그 곳 백성이 리브가로 말미암아 자기를 죽일까 하여 그는 내 아내라 하기를 두려워함이었더라

* 아브라함도 두 번이나 자기 아내를 누이라고 말한 적이 있다(창 12:10-13; 20:1-2 참조).

50. 벧엘 (창 28:18-19) 야곱이 아침에 일찍이 일어나 베개로 삼았던 돌을 가져다가 기둥으로 세우고 그 위에 기름을 붓고 그 곳 이름을 벧엘이라 하였더라 이 성의 옛 이름은 루스더라

51. 레아와 라헬 (창 29:16) 라반에게 두 딸이 있으니 언니의 이름은 레아요 아우의 이름은 라헬이라

52. 7년 (창 29:30) 야곱이 또한 라헬에게로 들어갔고 그가 레아보다 라헬을 더 사랑하여 다시 칠 년 동안 라반을 섬겼더라

* 야곱은 라헬을 아내로 얻기 위해 7년 동안 외삼촌을 섬겼으나(창 29:18 참조), 외삼촌에게 속아(창 29:25 참조) 다시 7년 동안 외삼촌을 섬겨야 했다.

memo

53. 라헬이 남편을 하룻밤 언니에게 동침하도록 내주는 대신 요구한 것은?

54. 집을 떠나 지팡이만 가지고 요단을 건넜으나 가축이 두 떼나 되는 축복을 받은 사람은?

55. 야곱이 홀로 남아 천사와 날이 새도록 씨름한 곳은?

56. 하나님께서 새로 지어 주신 야곱의 이름은 무엇이며, 그 뜻은 무엇인가?

57. "이 날에 에서는 세일로 돌아가고 야곱은 (　　　　)에 이르러 자기를 위하여 집을 짓고 그의 가축을 위하여 우릿간을 지었으므로 그 땅 이름을 (　　　　)이라 부르더라"

53. **합환채** (창 30:15) 레아가 그에게 이르되 네가 내 남편을 빼앗은 것이 작은 일이냐 그런데 네가 내 아들의 합환채도 빼앗고자 하느냐 라헬이 이르되 그러면 언니의 아들의 합환채 대신에 오늘 밤에 내 남편이 언니와 동침하리라 하니라
* '합환채'는 노란색의 열매로서, 당시 고대 근동 지역에서는 이 열매가 임신을 촉진시킨다고 믿었다.

54. **야곱** (창 32:9-10) 야곱이 또 이르되 … 나는 주께서 주의 종에게 베푸신 모든 은총과 모든 진실하심을 조금도 감당할 수 없사오나 내가 내 지팡이만 가지고 이 요단을 건넜더니 지금은 두 떼나 이루었나이다

55. **얍복 나루** (창 32:22-24) 밤에 일어나 두 아내와 두 여종과 열한 아들을 인도하여 얍복 나루를 건널새 … 야곱은 홀로 남았더니 어떤 사람이 날이 새도록 야곱과 씨름하다가

56. **이스라엘, 하나님과 겨루어 이긴 자** (창 32:28) 그가 이르되 네 이름을 다시는 야곱이라 부를 것이 아니요 이스라엘이라 부를 것이니 이는 네가 하나님과 및 사람들과 겨루어 이겼음이니라

57. **숙곳, 숙곳** (창 33:16-17 참조)

memo

58. 디나 사건에 대해 복수한 야곱의 두 아들은?

59. 에돔 족속의 조상은?

60. 요셉의 형들이 요셉에게 붙여 준 별명은?

61. 담보물을 받고 시아버지 유다와 관계하여 임신한 여자는?

58. 시므온과 레위 (창 34:25) 제삼일에 아직 그들이 아파할 때에 야곱의 두 아들 디나의 오라버니 시므온과 레위가 각기 칼을 가지고 가서 몰래 그 성읍을 기습하여 그 모든 남자를 죽이고

59. 에서 (창 36:43) 막디엘 족장, 이람 족장이라 이들은 그 구역과 거처를 따른 에돔 족장들이며 에돔 족속의 조상은 에서더라

60. 꿈 꾸는 자 (창 37:18-19) 요셉이 그들에게 가까이 오기 전에 그들이 요셉을 멀리서 보고 죽이기를 꾀하여 서로 이르되 꿈 꾸는 자가 오는도다

61. 다말 (창 38:24-25) 석 달쯤 후에 어떤 사람이 유다에게 일러 말하되 네 며느리 다말이 행음하였고 그 행음함으로 말미암아 임신하였느니라 유다가 이르되 그를 끌어내어 불사르라 여인이 끌려나갈 때에 사람을 보내어 시아버지에게 이르되 이 물건 임자로 말미암아 임신하였나이다 청하건대 보소서 이 도장과 그 끈과 지팡이가 누구의 것이니이까 한지라

memo

62. 요셉의 두 아들의 이름은?

63. 야곱이 곡식을 사기 위해 아들들을 애굽으로 처음 보낼 때 함께 보내지 않은 아들은?

64. 야곱 가족의 생업은 무엇인가?

65. 요셉의 형제들은 바로에게 '어디에서' 살게 해 달라고 청했는가?

66. "야곱이 (　　　　)에게 아뢰되 내 (　　　　　　)의 세월이 백 삼십 년이니이다 내 나이가 얼마 못 되니 우리 조상의 나그네 길의 연조에 미치지 못하나 (　　　　　　)을 보내었나이다 하고"

67. 야곱은 요셉의 아들 중 누구의 머리에 오른손을 얹고 축복하였는가?

62. 므낫세와 에브라임

요셉이 낳은 아들

장남	므낫세	하나님이 내게 내 모든 고난과 내 아버지의 온 집 일을 잊어버리게 하셨다	창 41:51
차남	에브라임	하나님이 나를 내가 수고한 땅에서 번성하게 하셨다	창 41:52

63. 베냐민 (창 42:4) 야곱이 요셉의 아우 베냐민은 그의 형들과 함께 보내지 아니하였으니 이는 그의 생각에 재난이 그에게 미칠까 두려워함이었더라

64. 목축업 (창 46:34) 당신들은 이르기를 주의 종들은 어렸을 때부터 지금까지 목축하는 자들이온데 우리와 우리 선조가 다 그러하니이다 하소서 애굽 사람은 다 목축을 가증히 여기나니 당신들이 고센 땅에 살게 되리이다

65. 고센 땅 (창 47:4) 그들이 또 바로에게 고하되 가나안 땅에 기근이 심하여 종들의 양 떼를 칠 곳이 없기로 종들이 이 곳에 거류하고자 왔사오니 원하건대 종들로 고센 땅에 살게 하소서

66. 바로, 나그네 길, 험악한 세월 (창 47:9 참조)

67. 에브라임 (창 48:14) 이스라엘이 오른손을 펴서 차남 에브라임의 머리에 얹고 왼손을 펴서 므낫세의 머리에 얹으니 므낫세는 장자라도 팔을 엇바꾸어 얹었더라

memo

68. 야곱이 '축복 대신 저주를 받을 것'이라고 말한 아들들은?

69. "(　　　)가 (　　　)를 떠나지 아니하며 통치자의 지팡이가 그 발 사이에서 떠나지 아니하기를 (　　　)가 오시기까지 이르리니 그에게 모든 백성이 복종하리로다"

70. "야곱의 아들들이 아버지가 그들에게 명령한 대로 그를 위해 따라 행하여 그를 가나안 땅으로 메어다가 마므레 앞 (　　　) 밭 굴에 장사하였으니 이는 (　　　)이 헷 족속 에브론에게 밭과 함께 사서 매장지를 삼은 곳이더라"

71. "당신들은 나를 (　　　) 하였으나 하나님은 그것을 (　　　) 바꾸사 오늘과 같이 많은 백성의 생명을 (　　　)하게 하시려 하셨나니"

72. "요셉이 그의 형제들에게 이르되 나는 죽을 것이나 하나님이 당신들을 돌보시고 당신들을 (　　　)에서 인도하여 내사 아브라함과 이삭과 야곱에게 (　　　)에 이르게 하시리라 하고"

68. **시므온과 레위** (창 49:1-7) 야곱이 그 아들들을 불러 이르되 너희는 모이라 너희가 후일에 당할 일을 내가 너희에게 이르리라 … 시므온과 레위는 … 그 노여움이 혹독하니 저주를 받을 것이요 분기가 맹렬하니 저주를 받을 것이라 내가 그들을 야곱 중에서 나누며 이스라엘 중에서 흩으리로다

69. **규, 유다, 실로** (창 49:10 참조)
  * '규'는 왕권이나 통치권을 상징하는 작은 지팡이를 말하며, '실로'는 '메시아'를 의미한다. 따라서 본 절은 메시아가 유다의 후손으로 오실 것을 말한다.

70. **막벨라, 아브라함** (창 50:12-13 참조)

71. **해하려, 선으로, 구원** (창 50:20 참조)

72. **이 땅, 맹세하신 땅** (창 50:24 참조)

출애굽기 Exodus

연대 및 저자 B.C. 1440년경 모세에 의해 기록된 것으로 추정된다.

중심 내용 본서는 하나님께서 이스라엘 백성을 애굽에서 구원하여 약속하신 땅으로 인도하시는 과정과 율법과 언약을 주신 사실을 다루고 있다.

특징

1. 이스라엘 백성이 출애굽 하는 과정을 통해 하나님께서 역사의 주인이시며 구원자이심을 보여 주고 있다.
2. 구원받은 백성이 지켜야 할 삶의 원리(율법)를 제시하고 있다.

내용 분해

1. 이스라엘 백성을 출애굽시키시는 하나님 (1:1–18:27)

1) 학대받는 이스라엘 백성 (1:1–4:31)
2) 모세와 바로의 대결 (5:1–7:13)
3) 열 가지 재앙 (7:14–11:10)
4) 유월절과 출애굽 (12:1–15:21)
5) 광야에서의 이스라엘 백성 (15:22–18:27)

2. 이스라엘 백성에게 율법을 주신 하나님 (19:1–40:38)

1) 율법과 언약 (19:1–24:11)
2) 성막 계시 (24:12–31:18)
3) 금송아지 숭배 사건 (32:1–34:35)
4) 성막 제작 (35:1–40:38)

memo

객관식

1. 출애굽기의 내용과 관계없는 것은?
   ① 하나님께서 이스라엘 백성을 애굽에서 구원하심
   ② 하나님께서 이스라엘 백성을 약속하신 땅으로 인도하심
   ③ 하나님께서 이스라엘 백성에게 율법과 언약을 주심
   ④ 하나님께서 이스라엘 백성에게 도피성 제도를 주심

2. 출애굽기가 기록된 연대로 추정되는 때는?
   ① B.C. 1340년경 ② B.C. 1440년경
   ③ B.C. 1540년경 ④ B.C. 1640년경

3. 출애굽기를 기록한 사람은?
   ① 아브라함 ② 이삭 ③ 야곱 ④ 모세

4. 애굽 왕 바로가 이스라엘 백성을 학대한 이유는?
   ① 이스라엘 자손이 애굽 사람들과 통혼했기 때문이다
   ② 이스라엘 자손이 애굽에 장기간 거주했기 때문이다
   ③ 이스라엘 자손이 애굽 자손보다 착했기 때문이다
   ④ 이스라엘 자손이 애굽 자손보다 많고 강했기 때문이다

1. ④ 출애굽기는 하나님께서 이스라엘 백성을 애굽에서 구원하여 약속하신 땅으로 인도하시는 과정과 율법과 언약을 주신 사실을 다루고 있다.
2. ② 출애굽기는 B.C. 1440년경 기록된 것으로 추정된다.
3. ④ 출애굽기는 모세에 의해 기록되었다.
4. ④ (출 1:8-9) 요셉을 알지 못하는 새 왕이 일어나 애굽을 다스리더니 그가 그 백성에게 이르되 이 백성 이스라엘 자손이 우리보다 많고 강하도다

memo

5. 애굽 왕이 히브리 산파들에게 명령한 것은?

① 히브리 여인이 해산할 때 아들이거든 죽이고 딸이거든 살려두라

② 히브리 여인이 해산할 때 딸이거든 죽이고 아들이거든 살려두라

③ 히브리 여인이 해산할 때 아들이나 딸이나 모두 죽여라

④ 히브리 여인이 해산할 때 아들이나 딸이나 모두 살려두라

6. 모세의 아버지 아므람과 어머니 요게벳은 어느 지파에 속하는가?

① 단 ② 르우벤 ③ 레위 ④ 갓

7. 미디안 제사장 르우엘이 모세에게 준 딸의 이름은?

① 라헬 ② 사라 ③ 십보라 ④ 리브가

8. 출애굽기 2장에서, 이스라엘 백성의 고통 소리를 들으신 하나님께서 제일 먼저 하신 일은?

① 애굽 사람들에게 재앙을 내리셨다

② 애굽 왕 바로를 심판하셨다

③ 산파들에게 아이들을 돌보라고 명하셨다

④ 아브라함과 이삭과 야곱에게 세운 그의 언약을 기억하셨다

9. 야훼(여호와)의 사자가 떨기나무 불꽃 안에서 모세에게 나타나신 산은?

① 헤르몬 산 ② 호르 산 ③ 느보 산 ④ 호렙 산

5. ① (출 1:15–16) 애굽 왕이 히브리 산파 십브라라 하는 사람과 부아라 하는 사람에게 말하여 이르되 너희는 히브리 여인을 위하여 해산을 도울 때에 그 자리를 살펴서 아들이거든 그를 죽이고 딸이거든 살려두라

6. ③ (출 2:1) 레위 가족 중 한 사람이 가서 레위 여자에게 장가 들어

7. ③ (출 2:16–21) 미디안 제사장에게 일곱 딸이 있었더니 … 그들이 그들의 아버지 르우엘에게 이를 때에 … 모세가 그와 동거하기를 기뻐하매 그가 그의 딸 십보라를 모세에게 주었더니

8. ④ (출 2:23–24) 이스라엘 자손은 고된 노동으로 말미암아 탄식하며 부르짖으니 … 하나님이 그들의 고통 소리를 들으시고 하나님이 아브라함과 이삭과 야곱에게 세운 그의 언약을 기억하사

9. ④ (출 3:1–2) 모세가 … 하나님의 산 호렙에 이르매 야훼(여호와)의 사자가 떨기나무 가운데로부터 나오는 불꽃 안에서 그에게 나타나시니라 그가 보니 떨기나무에 불이 붙었으나 그 떨기나무가 사라지지 아니하는지라

memo

10. 하나님께서 이스라엘 백성을 데려가려 하신 땅에 거주하고 있던 족속이 아닌 것은?
① 가나안 족속 ② 아모리 족속
③ 블레셋 족속 ④ 브리스 족속

11. 출애굽기 4장에서, 이스라엘 백성이 모세의 말을 듣도록 하기 위해 하나님께서 행하신 표적이 아닌 것은?
① 모세의 지팡이가 뱀이 됨
② 모세의 손에 나병이 생겨 눈같이 됨
③ 애굽 온 땅이 흑암으로 캄캄해짐
④ 나일 강물이 땅에서 피가 됨

12. 하나님께서는 누가 모세를 대신하여 백성에게 말할 것이라고 하셨는가?
① 여호수아 ② 아론 ③ 훌 ④ 갈렙

10. ③ (출 3:8) 내가 내려가서 그들을 애굽인의 손에서 건져내고 그들을 그 땅에서 인도하여 아름답고 광대한 땅, 젖과 꿀이 흐르는 땅 곧 가나안 족속, 헷 족속, 아모리 족속, 브리스 족속, 히위 족속, 여부스 족속의 지방에 데려가려 하노라

11. ③

하나님께서 모세에게 행하신 표적

모세의 지팡이가 뱀이 됨	출 4:2-4
모세의 손에 나병이 생겨 눈같이 됨	출 4:6-7
나일 강물이 땅에서 피가 됨	출 4:9

12. ② (출 4:14-16) 야훼(여호와)께서 모세를 향하여 노하여 이르시되 레위 사람 네 형 아론이 있지 아니하냐 … 그가 너를 대신하여 백성에게 말할 것이니 그는 네 입을 대신할 것이요 너는 그에게 하나님 같이 되리라

memo

13. 모세가 길을 가다가 숙소에 있을 때에 야훼(여호와)께서 모세를 죽이려 하신 이유는?
   ① 표적을 더 보여 달라고 해서
   ② 부정적인 말을 해서
   ③ 아들에게 할례를 행하지 않아서
   ④ 아내의 충고를 듣지 않아서

14. 십보라가 모세를 피 남편이라고 한 이유는?
   ① 할례 때문이었다　　② 언약 때문이었다
   ③ 표적 때문이었다　　④ 재앙 때문이었다

15. 모세와 아론이 바로에게 가서 '이스라엘 백성을 보내라'는 하나님의 말씀을 전했을 때 바로가 한 말은?
   ① 야훼(여호와)가 애굽의 신이라면 보내겠다
   ② 야훼(여호와)가 바벨론의 신이라면 보내겠다
   ③ 야훼(여호와)의 말씀대로 이스라엘을 보내겠다
   ④ 나는 야훼(여호와)를 알지 못하니 이스라엘을 보내지 않겠다

16. 다음 중 레위의 아들이 아닌 사람은?
   ① 게르손　② 고핫　③ 여무엘　④ 므라리

13. ③ (출 4:24-26) 모세가 길을 가다가 숙소에 있을 때에 야훼(여호와)께서 그를 만나사 그를 죽이려 하신지라 십보라가 돌칼을 가져다가 그의 아들의 포피를 베어 그의 발에 갖다 대며 이르되 당신은 참으로 내게 피 남편이로다 하니 야훼(여호와)께서 그를 놓아 주시니라 그 때에 십보라가 피 남편이라 함은 할례 때문이었더라

* 하나님께서 모세를 죽이려고 하신 이유는 모세가 그의 아들에게 할례를 행하지 않았기 때문이다. 할례는 하나님께서 아브라함과 맺은 언약의 증표이다(창 17:9-14 참조). 따라서 하나님께서 모세의 생명을 위협하면서까지 할례를 행하게 하신 것이다.

14. ① (출 4:26) 야훼(여호와)께서 그를 놓아 주시니라 그 때에 십보라가 피 남편이라 함은 할례 때문이었더라

15. ④ (출 5:1-2) 그 후에 모세와 아론이 바로에게 가서 이르되 이스라엘의 하나님 야훼(여호와)께서 이렇게 말씀하시기를 내 백성을 보내라 … 바로가 이르되 야훼(여호와)가 누구이기에 내가 그의 목소리를 듣고 이스라엘을 보내겠느냐 나는 야훼(여호와)를 알지 못하니 이스라엘을 보내지 아니하리라

16. ③ (출 6:16) 레위의 아들들의 이름은 그들의 족보대로 이러하니 게르손과 고핫과 므라리요 레위의 나이는 백삼십칠 세였으며

memo

17. 다음 중 아론의 아들이 아닌 사람은?
① 나답　② 아비후　③ 이다말　④ 게르손

18. 모세와 아론이 바로에게 말할 때에 그들의 나이는?
① 모세는 80세였고 아론은 82세였다
② 모세는 85세였고 아론은 88세였다
③ 모세는 83세였고 아론은 85세였다
④ 모세는 80세였고 아론은 83세였다

19. 하나님께서 애굽 땅에 내리신 열 가지 재앙에 해당되지 않는 것은?
① 지팡이가 뱀이 됨　② 티끌이 이가 됨
③ 우박이 내림　④ 물이 피가 됨

20. 애굽 땅이면서 이스라엘 백성이 거주하는 고센 땅에는 임하지 않은 재앙은?
① 파리 재앙　② 이 재앙
③ 개구리 재앙　④ 피 재앙

17. ④ (출 6:23) 아론은 암미나답의 딸 나손의 누이 엘리세바를 아내로 맞이하였고 그는 나답과 아비후와 엘르아살과 이다말을 낳았으며
18. ④ (출 7:7) 그들이 바로에게 말할 때에 모세는 팔십 세였고 아론은 팔십삼 세였더라
19. ①

열 가지 재앙

1	피	출 7:14-25	6	악성 종기	출 9:8-12
2	개구리	출 8:1-15	7	우박	출 9:13-35
3	이	출 8:16-19	8	메뚜기	출 10:1-20
4	파리	출 8:20-32	9	흑암	출 10:21-29
5	가축의 죽음	출 9:1-7	10	장자의 죽음	출 12:29-30

* 열 가지 재앙 중 첫째와 둘째 재앙은 애굽의 요술사들도 행하였다.

20. ① (출 8:22) 그 날에 나는 내 백성이 거주하는 고센 땅을 구별하여 그 곳에는 파리가 없게 하리니 이로 말미암아 이 땅에서 내가 야훼(여호와)인 줄을 네가 알게 될 것이라
* 고센 땅에는 넷째 재앙부터 내리지 않았다.

memo

21. 야훼(여호와)께서 마지막 재앙을 내리시기 전에 이스라엘 백성이 애굽 사람에게 구하도록 하신 것은?
① 은금 패물 ② 옷 ③ 가축 ④ 신발

22. 유월절 규례로 잘못된 것은?
① 어린 양은 흠 없고 일 년 된 암컷으로 한다
② 해의 첫 달 열흘에 어린 양을 잡는다
③ 해의 첫 달 열나흗날까지 간직하였다가 해 질 때에 잡는다
④ 밤에 고기를 불에 구워 무교병과 쓴 나물과 아울러 먹는다

23. 이스라엘 백성이 허리에 띠를 띠고 발에 신을 신고 손에 지팡이를 잡고 음식을 급히 먹었던 절기는?
① 유월절 ② 수장절 ③ 칠칠절 ④ 초막절

24. 이스라엘 백성은 얼마 동안 무교병을 먹어야 했는가?
① 4일 ② 5일 ③ 6일 ④ 7일

21. ① (출 11:1-2) 야훼(여호와)께서 모세에게 이르시기를 내가 이제 한 가지 재앙을 바로와 애굽에 내린 후에야 그가 너희를 여기서 내보내리라 … 백성에게 말하여 사람들에게 각기 이웃들에게 은금 패물을 구하게 하라 하시더니

22. ①

유월절 규례

해의 첫 달 열흘에 어린 양을 잡는다	출 12:2-3
어린 양은 흠 없고 일 년 된 수컷으로 한다	출 12:5
해의 첫 달 열나흗날까지 간직하였다가 해 질 때에 잡는다	출 12:6
피를 집 좌우 문설주와 인방에 바른다	출 12:7
밤에 고기를 불에 구워 무교병과 쓴 나물과 아울러 먹는다	출 12:8
아침까지 남겨두지 말며 아침까지 남은 것은 불사른다	출 12:10

23. ① (출 12:11) 너희는 그것을 이렇게 먹을지니 허리에 띠를 띠고 발에 신을 신고 손에 지팡이를 잡고 급히 먹으라 이것이 야훼(여호와)의 유월절이니라

24. ④ (출 12:15) 너희는 이레 동안 무교병을 먹을지니 그 첫날에 누룩을 너희 집에서 제하라 무릇 첫날부터 일곱째 날까지 유교병을 먹는 자는 이스라엘에서 끊어지리라

memo

25. 이스라엘 자손이 애굽을 탈출할 때 출발지는?

① 시내 산 ② 라암셋 ③ 숙곳 ④ 미디안

26. 이스라엘 자손은 애굽에 거주한 지 몇 년 만에 그 땅에서 나왔는가?

① 400년 ② 430년 ③ 460년 ④ 500년

27. 유월절 규례 중 잘못된 것은?

① 이방 사람도 먹을 수 있다
② 돈으로 산 종은 할례를 받은 후에 먹는다
③ 거류인과 타국 품꾼은 먹지 못한다
④ 한 집에서 먹되 고기를 집 밖으로 내지 말고 뼈도 꺾지 말아야 한다

25. ② (출 12:37) 이스라엘 자손이 라암셋을 떠나서 숙곳에 이르니 유아 외에 보행하는 장정이 육십만 가량이요
* 애굽의 국고성인 '라암셋'은 나일 강 동편 지역으로 추정되며, '숙곳'은 라암셋의 정남쪽에 위치한 것으로 추정된다.

26. ② (출 12:40-41) 이스라엘 자손이 애굽에 거주한 지 사백삼십 년이라 사백삼십 년이 끝나는 그 날에 야훼(여호와)의 군대가 다 애굽 땅에서 나왔은즉

27. ①

유월절 규례

이방 사람은 먹지 못한다	출 12:43
돈으로 산 종은 할례를 받은 후에 먹는다	출 12:44
거류인과 타국 품꾼은 먹지 못한다	출 12:45
한 집에서 먹되 고기를 집 밖으로 내지 말고 뼈도 꺾지 말아야 한다	출 12:46
타국인 모든 남자는 할례를 받은 후에 지킨다	출 12:48
이방인도 할례를 받은 후에 지킨다	출 12:49

* 출애굽기 12:43-51에 기록된 유월절 규례는 출애굽기 12:1-14에 언급된 유월절 규례를 보완한 것이다.

memo

28. 블레셋 땅의 길이 가까울지라도 하나님께서 출애굽 한 이스라엘 백성을 그 길로 인도하시지 않은 이유는?
① 전쟁을 하게 되면 마음을 돌이켜 애굽으로 돌아갈까 하여
② 광야 길을 가는 동안 하나님을 더욱 의지하도록 하기 위해
③ 지름길로 가면 산이 험하기 때문에
④ 지름길로 가면 훈련이 안 되기 때문에

29. 이스라엘 자손은 애굽에서 나올 때에 누구의 유골을 가지고 나왔는가?
① 아브라함 ② 이삭 ③ 야곱 ④ 요셉

30. 바로의 군대가 추격하자 이스라엘 백성이 모세를 원망한 곳은?
① 비하히롯 ② 숙곳 ③ 싯딤 ④ 라암셋

28. ① (출 13:17) 바로가 백성을 보낸 후에 블레셋 사람의 땅의 길은 가까울지라도 하나님이 그들을 그 길로 인도하지 아니하셨으니 이는 하나님이 말씀하시기를 이 백성이 전쟁을 하게 되면 마음을 돌이켜 애굽으로 돌아갈까 하셨음이라

29. ④ (출 13:18-19) 이스라엘 자손이 애굽 땅에서 대열을 지어 나올 때에 모세가 요셉의 유골을 가졌으니 이는 요셉이 이스라엘 자손으로 단단히 맹세하게 하여 이르기를 하나님이 반드시 너희를 찾아오시리니 너희는 내 유골을 여기서 가지고 나가라 하였음이더라

30. ① (출 14:9-11) 애굽 사람들과 바로의 말들, 병거들과 그 마병과 그 군대가 그들의 뒤를 따라 바알스본 맞은편 비하히롯 곁 해변 그들이 장막 친 데에 미치니라 … 그들이 또 모세에게 이르되 애굽에 매장지가 없어서 당신이 우리를 이끌어 내어 이 광야에서 죽게 하느냐

memo

31. 바로의 군대를 두려워하는 이스라엘 백성에게 모세가 한 말이 아닌 것은?
   ① 너희는 두려워하지 말라
   ② 가만히 서서 야훼(여호와)께서 오늘 너희를 위하여 행하시는 구원을 보라
   ③ 야훼(여호와)께서 너희를 위하여 싸우시리니 너희는 가만히 있을지니라
   ④ 최선을 다했으니 기다려 보라

32. 야훼(여호와)께서 무엇으로 바닷물을 물러가게 하셨는가?
   ① 큰 동풍　② 큰 남풍
   ③ 모세의 지팡이　④ 큰 폭풍

33. 이스라엘 자손이 바다 가운데를 육지로 걸어갈 때 바닷물은?
   ① 좌우로 흘러감　② 좌우에 벽이 됨
   ③ 앞뒤로 흘러감　④ 완전히 없어짐

34. 모세와 아론의 누이로서 바다를 건넌 후 먼저 소고를 잡고 춤을 춘 여선지자는?
   ① 미리암　② 드보라　③ 훌다　④ 노아댜

31. ④ (출 14:13–14) 모세가 백성에게 이르되 너희는 두려워하지 말고 가만히 서서 야훼(여호와)께서 오늘 너희를 위하여 행하시는 구원을 보라 너희가 오늘 본 애굽 사람을 영원히 다시 보지 아니하리라 야훼(여호와)께서 너희를 위하여 싸우시리니 너희는 가만히 있을지니라

32. ① (출 14:21) 모세가 바다 위로 손을 내밀매 야훼(여호와)께서 큰 동풍이 밤새도록 바닷물을 물러가게 하시니 물이 갈라져 바다가 마른 땅이 된지라

33. ② (출 14:22) 이스라엘 자손이 바다 가운데를 육지로 걸어가고 물은 그들의 좌우에 벽이 되니

34. ① (출 15:20) 아론의 누이 선지자 미리암이 손에 소고를 잡으매 모든 여인도 그를 따라 나오며 소고를 잡고 춤추니
   * 성경에 나오는 여선지자는 드보라(삿 4:4–10 참조), 훌다(왕하 22:14 참조), 노아댜(느 6:14 참조), 안나(눅 2:36–38 참조), 빌립의 딸(행 21:8–9 참조) 등이 있다.

memo

35. 야훼(여호와)께서 가리키신 나무를 물에 던지니 쓴 물이 달게 된 곳은?
    ① 르비딤 ② 마라 ③ 엘림 ④ 숙곳

36. 이스라엘 자손이 엘림을 떠나 신 광야에 이르렀을 때 취한 태도는?
    ① 감사함 ② 원망함 ③ 기도함 ④ 찬양함

37. 하나님께서 이스라엘 백성이 일용할 것을 날마다 거두도록 하신 이유는?
    ① 이스라엘 백성이 범사에 감사하는지 알아보기 위해서
    ② 이스라엘 백성이 탐욕을 갖지 않도록 하기 위해서
    ③ 이스라엘 백성에게 하나님의 살아 계심을 나타내기 위해서
    ④ 이스라엘 백성이 율법을 준행하나 아니하나 시험하기 위해서

38. 출애굽 한 이스라엘 자손이 광야에서 만나를 먹은 기간은?
    ① 20년 ② 30년 ③ 40년 ④ 50년

39. 이스라엘 백성이 마실 물이 없어 모세와 다투고 야훼(여호와)를 시험한 곳은?
    ① 라암셋 ② 숙곳 ③ 엘림 ④ 르비딤

35. ② (출 15:22-25) 모세가 홍해에서 이스라엘을 인도하매 그들이 … 마라에 이르렀더니 그 곳 물이 써서 마시지 못하겠으므로 그 이름을 마라라 하였더라 … 야훼(여호와)께서 그에게 한 나무를 가리키시니 그가 물에 던지니 물이 달게 되었더라

36. ② (출 16:1-2) 이스라엘 자손의 온 회중이 엘림에서 떠나 엘림과 시내 산 사이에 있는 신 광야에 이르니 애굽에서 나온 후 둘째 달 십오일이라 이스라엘 자손 온 회중이 그 광야에서 모세와 아론을 원망하여

37. ④ (출 16:4) 그 때에 야훼(여호와)께서 모세에게 이르시되 보라 내가 너희를 위하여 하늘에서 양식을 비 같이 내리리니 백성이 나가서 일용할 것을 날마다 거둘 것이라 이같이 하여 그들이 내 율법을 준행하나 아니하나 내가 시험하리라

38. ③ (출 16:35) 사람이 사는 땅에 이르기까지 이스라엘 자손이 사십 년 동안 만나를 먹었으니 곧 가나안 땅 접경에 이르기까지 그들이 만나를 먹었더라

39. ④ (출 17:1-2) 이스라엘 자손의 온 회중이 야훼(여호와)의 명령대로 신 광야에서 떠나 그 노정대로 행하여 르비딤에 장막을 쳤으나 백성이 마실 물이 없는지라 백성이 모세와 다투어 이르되 우리에게 물을 주어 마시게 하라 모세가 그들에게 이르되 너희가 어찌하여 나와 다투느냐 너희가 어찌하여 야훼(여호와)를 시험하느냐

memo

40. 이스라엘 백성에게 물을 주기 위해 하나님께서 모세에게 명하신 것은?
① 지팡이로 반석을 치라고 하심
② 지팡이로 땅을 치라고 하심
③ 지팡이로 산을 치라고 하심
④ 지팡이로 연못을 치라고 하심

41. 이스라엘 백성은 르비딤에서 어느 족속과 싸웠는가?
① 가나안 ② 헷 ③ 아말렉 ④ 아모리

42. 모세의 두 아들의 이름은?
① 아몬과 게르솜 ② 홉니와 비느하스
③ 욕산과 홉니 ④ 게르솜과 엘리에셀

43. 모세가 효과적으로 재판하기 위해 세운 사람의 조건이 아닌 것은?
① 능력 있는 사람
② 하나님을 두려워하며 진실한 사람
③ 재주가 많은 사람
④ 불의한 이익을 미워하는 사람

40. ① (출 17:5-6) 야훼(여호와)께서 모세에게 이르시되 백성 앞을 지나서 이스라엘 장로들을 데리고 나일 강을 치던 네 지팡이를 손에 잡고 가라 내가 호렙 산에 있는 그 반석 위 거기서 네 앞에 서리니 너는 그 반석을 치라 그것에서 물이 나오리니 백성이 마시리라
41. ③ (출 17:8) 그 때에 아말렉이 와서 이스라엘과 르비딤에서 싸우니라
42. ④ (출 18:3-4) 그의 두 아들을 데리고 왔으니 그 하나의 이름은 게르솜이라 이는 모세가 이르기를 내가 이방에서 나그네가 되었다 함이요 하나의 이름은 엘리에셀이라 이는 내 아버지의 하나님이 나를 도우사 바로의 칼에서 구원하셨다 함이더라
43. ③ (출 18:21) 너는 또 온 백성 가운데서 능력 있는 사람들 곧 하나님을 두려워하며 진실하며 불의한 이익을 미워하는 자를 살펴서 백성 위에 세워 천부장과 백부장과 오십부장과 십부장을 삼아

memo

44. 이스라엘 자손이 애굽 땅을 떠난 지 3개월이 되던 날 하나님께서 그들과 언약을 맺으신 곳은?
① 수르 광야 ② 신 광야 ③ 르비딤 ④ 시내 광야

45. 모세가 시내 산에서 하나님을 만나기 위해 백성에게 준비하라고 당부한 것은?
① 부르짖어 기도하라
② 재를 덮어쓰고 금식하라
③ 옷을 빨고 음식을 가까이 하지 말라
④ 여인을 가까이 하지 말라

44. ④ (출 19:1-6) 이스라엘 자손이 애굽 땅을 떠난 지 삼 개월이 되던 날 그들이 시내 광야에 이르니라 … 모세가 하나님 앞에 올라가니 야훼(여호와)께서 산에서 그를 불러 말씀하시되 … 세계가 다 내게 속하였나니 너희가 내 말을 잘 듣고 내 언약을 지키면 너희는 모든 민족 중에서 내 소유가 되겠고 너희가 내게 대하여 제사장 나라가 되며 거룩한 백성이 되리라 너는 이 말을 이스라엘 자손에게 전할지니라
45. ④ (출 19:14-15) 모세가 산에서 내려와 백성에게 이르러 백성을 성결하게 하니 그들이 자기 옷을 빨더라 모세가 백성에게 이르되 준비하여 셋째 날을 기다리고 여인을 가까이 하지 말라 하니라

memo

46. 십계명에서 첫 번째 계명은?

① 나 외에는 다른 신들을 네게 두지 말라
② 네 부모를 공경하라
③ 안식일을 기억하여 거룩하게 지키라
④ 살인하지 말라

47. 하나님께 돌로 단을 쌓을 때 금지한 사항은?

① 검은 돌로 쌓지 말라　② 모난 돌로 쌓지 말라
③ 다듬은 돌로 쌓지 말라　④ 흰 돌로 쌓지 말라

48. 종에 관한 법에서 히브리 종은 몇 년째에 자유인이 될 수 있다고 했는가?

① 3년째　② 5년째　③ 7년째　④ 10년째

46. ①

십계명

하나님과의 관계	나 외에는 다른 신들을 네게 두지 말라	출 20:3
	우상을 만들어 절하지 말며 섬기지 말라	출 20:4
	야훼(여호와)의 이름을 망령되게 부르지 말라	출 20:7
	안식일을 기억하여 거룩하게 지키라	출 20:8
인간과의 관계	네 부모를 공경하라	출 20:12
	살인하지 말라	출 20:13
	간음하지 말라	출 20:14
	도둑질하지 말라	출 20:15
	이웃에 대하여 거짓 증거하지 말라	출 20:16
	네 이웃의 소유를 탐내지 말라	출 20:17

47. ③ (출 20:25) 네가 내게 돌로 제단을 쌓거든 다듬은 돌로 쌓지 말라 네가 정으로 그것을 쪼면 부정하게 함이니라

* 하나님께 제단을 쌓을 때 '다듬은 돌로 쌓지 말라'고 하신 이유는, 인위적으로 조각하여 우상적 요소를 가미하는 것은 하나님의 거룩함을 훼손하고 예배의 본질을 손상시킬 수 있기 때문이다.

48. ③ (출 21:2) 네가 히브리 종을 사면 그는 여섯 해 동안 섬길 것이요 일곱째 해에는 몸값을 물지 않고 나가 자유인이 될 것이며

memo

49. 사형에 해당하는 죄가 아닌 것은?
   ① 이웃을 고의로 죽인 자
   ② 아버지나 어머니를 치는 자
   ③ 아버지나 어머니를 저주하는 자
   ④ 아버지나 어머니를 속인 자

50. 배상에 관한 법 중 다섯 배로 갚아야 하는 경우는?
   ① 소 한 마리를 도둑질하여 잡거나 팔았을 때
   ② 도둑질한 것이 살아 그의 손에 있을 때
   ③ 양 한 마리를 도둑질하였을 때
   ④ 곡식이나 밭을 태웠을 때

51. 출애굽기 22장에서 '반드시 죽여야 할 자'가 아닌 자는?
   ① 무당
   ② 야훼(여호와) 외에 다른 신에게 제사를 드리는 자
   ③ 짐승과 행음하는 자
   ④ 거짓말하는 자

49. ④ (출 21:14-17) 사람이 그의 이웃을 고의로 죽였으면 너는 그를 내 제단에서라도 잡아내려 죽일지니라 자기 아버지나 어머니를 치는 자는 반드시 죽일지니라 사람을 납치한 자가 그 사람을 팔았든지 자기 수하에 두었든지 그를 반드시 죽일지니라 자기의 아버지나 어머니를 저주하는 자는 반드시 죽일지니라

50. ①

배상에 관한 법

소 한 마리를 도둑질하여 잡거나 팔면 다섯 마리로 갚는다	출 22:1
양 한 마리를 도둑질하여 잡거나 팔면 네 마리로 갚는다	출 22:1
도둑질한 것이 살아 그의 손에 있으면 갑절을 배상한다	출 22:4
자기 짐승이 남의 것을 먹으면 자기 것의 가장 좋은 것으로 배상한다	출 22:5
불이 나서 남의 곡식이나 밭을 태우면 불 놓은 자가 배상한다	출 22:6

51. ④ (출 22:18-20) 너는 무당을 살려두지 말라 짐승과 행음하는 자는 반드시 죽일지니라 야훼(여호와) 외에 다른 신에게 제사를 드리는 자는 멸할지니라

memo

52. 출애굽기 22장에서, 누가 부르짖으면 야훼(여호와)께서 반드시 들으신다고 하셨는가?

① 과부나 고아　② 가난한 자나 어린이
③ 무죄한 자나 나그네　④ 의인이나 병든 자

53. 공평에 관한 법 중 맞지 않는 것은?

① 가난한 자의 송사라고 정의를 굽게 하지 말아야 한다
② 무죄한 자와 의로운 자를 죽이지 말아야 한다
③ 뇌물을 받지 말아야 한다
④ 이방 나그네는 집에 들이지 말아야 한다

54. 안식년은 몇 년째 해인가?

① 3년째　② 5년째　③ 7년째　④ 10년째

55. 이스라엘 남자들이 매년 지켜야 할 3대 절기가 아닌 것은?

① 무교절　② 맥추절　③ 수장절　④ 나팔절

52. ① (출 22:22-23) 너는 과부나 고아를 해롭게 하지 말라 네가 만일 그들을 해롭게 하므로 그들이 내게 부르짖으면 내가 반드시 그 부르짖음을 들으리라

53. ④

공평에 관한 법

가난한 자의 송사라고 정의를 굽게 하지 말아야 한다	출 23:6
거짓 일을 멀리해야 한다	출 23:7
무죄한 자와 의로운 자를 죽이지 말아야 한다	출 23:7
뇌물을 받지 말아야 한다	출 23:8
이방 나그네를 압제하지 말아야 한다	출 23:9

54. ③ (출 23:11) 일곱째 해에는 갈지 말고 묵혀두어서 네 백성의 가난한 자들이 먹게 하라 그 남은 것은 들짐승이 먹으리라 네 포도원과 감람원도 그리할지니라

55. ④ (출 23:14-16) 너는 매년 세 번 내게 절기를 지킬지니라 너는 무교병의 절기를 지키라 … 이는 그 달에 네가 애굽에서 나왔음이라 빈 손으로 내 앞에 나오지 말지니라 맥추절을 지키라 이는 네가 수고하여 밭에 뿌린 것의 첫 열매를 거둠이니라 수장절을 지키라 이는 네가 수고하여 이룬 것을 연말에 밭에서부터 거두어 저장함이니라

memo

56. 출애굽기 23장에서, 하나님께서 왕벌을 보내어 쫓아내겠다고 하신 족속이 아닌 족속은?
① 히위 족속 ② 가나안 족속
③ 헷 족속 ④ 브리스 족속

57. 모세와 함께 시내 산에 올라가 하나님을 뵙고 먹고 마셨던 사람이 아닌 사람은?
① 아론 ② 훌 ③ 나답 ④ 아비후

58. 모세가 율법과 계명이 기록된 돌판을 받으러 갈 때 함께 간 사람은?
① 아론 ② 훌 ③ 여호수아 ④ 장로 70명

59. 모세는 하나님의 계명이 기록된 돌판을 받기 위해 얼마 동안 산에 있었는가?
① 20주야 ② 30주야 ③ 40주야 ④ 50주야

56. ④ (출 23:28) 내가 왕벌을 네 앞에 보내리니 그 벌이 히위 족속과 가나안 족속과 헷 족속을 네 앞에서 쫓아내리라

57. ② (출 24:9-11) 모세와 아론과 나답과 아비후와 이스라엘 장로 칠십 인이 올라가서 이스라엘의 하나님을 보니 그의 발 아래에는 청옥을 편 듯하고 하늘 같이 청명하더라 하나님이 이스라엘 자손들의 존귀한 자들에게 손을 대지 아니하셨고 그들은 하나님을 뵙고 먹고 마셨더라

58. ③ (출 24:12-13) 야훼(여호와)께서 모세에게 이르시되 너는 산에 올라 내게로 와서 거기 있으라 네가 그들을 가르치도록 내가 율법과 계명을 친히 기록한 돌판을 네게 주리라 모세가 그의 부하 여호수아와 함께 일어나 모세가 하나님의 산으로 올라가며

59. ③ (출 24:18) 모세는 구름 속으로 들어가서 산 위에 올랐으며 모세가 사십 일 사십 야를 산에 있으니라

memo

60. 야훼(여호와)께서 성소를 지을 예물로 지정해 주신 재료가 아닌 것은?
① 납 ② 은 ③ 금 ④ 놋

61. 출애굽기 25장에서 '궤'는 무엇으로 만들라고 하셨는가?
① 상수리나무 ② 백향목 ③ 조각목 ④ 잣나무

62. 속죄소는 무엇으로 만들라고 하셨는가?
① 순금 ② 은 ③ 동 ④ 철

63. 성막의 휘장을 만드는 데 사용한 실이 아닌 것은?
① 가늘게 꼰 베 실 ② 녹색 실
③ 청색 실 ④ 홍색 실

64. 성소와 지성소를 구분하는 것은?
① 등잔대 ② 떡상 ③ 휘장 ④ 번제단

60. ① (출 25:1-3) 야훼(여호와)께서 모세에게 말씀하여 이르시되 이스라엘 자손에게 명령하여 내게 예물을 가져오라 하고 … 너희가 그들에게서 받을 예물은 이러하니 금과 은과 놋과

61. ③ (출 25:10) 그들은 조각목으로 궤를 짜되 길이는 두 규빗 반, 너비는 한 규빗 반, 높이는 한 규빗 반이 되게 하고
* '궤'는 증거궤(출 26:33 참조), 법궤(레 16:2 참조), 언약궤(민 10:33 참조)로도 불렸다. 한편 '조각목'은 중근동 지역에 널리 서식하던 아카시아나무를 말한다.

조각목으로 만든 것들

증거궤	출 25:10	진설병을 두는 상	출 25:23
성막을 위한 널판	출 26:15	띠	출 26:26
금 갈고리의 네 기둥	출 26:32	휘장 문을 위한 기둥	출 26:37
제단	출 27:1	제단을 위한 채	출 27:6

62. ① (출 25:17) 순금으로 속죄소를 만들되 길이는 두 규빗 반, 너비는 한 규빗 반이 되게 하고

63. ② (출 26:1) 너는 성막을 만들되 가늘게 꼰 베 실과 청색 자색 홍색 실로 그룹을 정교하게 수 놓은 열 폭의 휘장을 만들지니

64. ③ (출 26:33) 그 휘장을 갈고리 아래에 늘어뜨린 후에 증거궤를 그 휘장 안에 들여놓으라 그 휘장이 너희를 위하여 성소와 지성소를 구분하리라

memo

65. 지성소에 있는 증거궤 위에 두는 것은?
① 등잔대 ② 떡상 ③ 속죄소 ④ 번제단

66. 회막 안 등불에 사용하라고 한 기름은?
① 무화과로 짠 기름 ② 포도씨로 짠 기름
③ 감람으로 짠 기름 ④ 살구씨로 짠 기름

67. 회막 안 등불을 저녁부터 아침까지 항상 보살펴야 하는 사람은?
① 모세와 그 아들들 ② 아론과 그의 아들들
③ 모세와 여호수아 ④ 여호수아와 갈렙

68. 제사장을 위하여 지을 옷이 아닌 것은?
① 흉패 ② 에봇 ③ 겉옷 ④ 조끼

65. ③ (출 26:34) 너는 지성소에 있는 증거궤 위에 속죄소를 두고
66. ③ (출 27:20) 너는 또 이스라엘 자손에게 명령하여 감람으로 짠 순수한 기름을 등불을 위하여 네게로 가져오게 하고 끊이지 않게 등불을 켜되
67. ② (출 27:21) 아론과 그의 아들들로 회막 안 증거궤 앞 휘장 밖에서 저녁부터 아침까지 항상 야훼(여호와) 앞에 그 등불을 보살피게 하라 이는 이스라엘 자손이 대대로 지킬 규례이니라
68. ④ (출 28:4) 그들이 지을 옷은 이러하니 곧 흉패와 에봇과 겉옷과 반포 속옷과 관과 띠라 그들이 네 형 아론과 그 아들들을 위하여 거룩한 옷을 지어 아론이 내게 제사장 직분을 행하게 하라

memo

69. 제사장의 옷을 지을 때 이스라엘 아들들의 이름을 어디에 새기라고 하셨는가?
① 호마노 ② 관 ③ 겉옷 ④ 조끼

70. 제사장의 복장에서 판결 흉패 안에 넣는 것은?
① 남보석 ② 우림과 둠밈
③ 녹보석 ④ 홍보석

71. 제사장 위임식 규례에 맞지 않는 것은?
① 어린 수소 하나와 흠 없는 숫양 둘을 택한다
② 아론과 그의 아들들을 회막 문으로 데려다가 물로 씻긴다
③ 아론에게 제사장 의복을 입히고 머리에 관유를 바른다
④ 아론의 아들들에게 제사장 의복을 입히고 머리에 관유를 바른다

69. ① (출 28:9) 호마노 두 개를 가져다가 그 위에 이스라엘 아들들의 이름을 새기되
* '호마노'는 여러 색깔이 어우러져 있는 보석으로, 에봇의 양 어깨받이에 단다. 한편 호마노에 이스라엘 12지파의 이름을 새긴 것은 대제사장이 호마노가 달린 에봇을 입고 하나님 앞에 나아갈 때마다 하나님께서 12지파를 기억하시고 은혜 베풀어 주시기를 간구하는 의미가 있다(출 28:12 참조).

70. ② (출 28:30) 너는 우림과 둠밈을 판결 흉패 안에 넣어 아론이 야훼(여호와) 앞에 들어갈 때에 그의 가슴에 붙이게 하라 아론은 야훼(여호와) 앞에서 이스라엘 자손의 흉패를 항상 그의 가슴에 붙일지니라
* '우림과 둠밈'은 하나님의 뜻을 알고자 할 때 사용되었던 도구로서, '우림'이란 '빛들'이란 뜻이고, '둠밈'은 '완전'을 의미한다. 한편 이것의 크기, 모양, 재료 등에 대해서는 정확히 알려진 바 없으나 매끈한 주사위 모양의 돌이나 금속으로 추측된다.

71. ④

제사장 위임식 규례

어린 수소 하나와 흠 없는 숫양 둘을 택한다	출 29:1
무교병과 무교 과자와 기름 바른 무교 전병을 고운 밀가루로 만든다	출 29:2
무교 과자와 전병을 광주리에 담은 채 송아지와 두 양을 가져온다	출 29:3
아론과 그의 아들들을 회막 문으로 데려다가 물로 씻긴다	출 29:4
아론에게 제사장 의복을 입히고 머리에 관유를 바른다	출 29:5-7
아론의 아들들을 데려다가 속옷을 입히고 띠를 띠우며 관을 씌운다	출 29:8-9

memo

72. 제사장 위임식 때 수송아지로 드리는 제사는?
① 번제 ② 속죄제 ③ 속건제 ④ 화목제

73. 아론과 그의 아들들은 제사장 위임식을 며칠 동안 행하였는가?
① 4일 ② 5일 ③ 7일 ④ 10일

74. 이스라엘 자손의 수효를 조사할 때에 하나님께 생명의 속전을 드린 이유는?
① 폭풍이 없게 하려고 ② 전쟁이 없게 하려고
③ 질병이 없게 하려고 ④ 기근이 없게 하려고

75. 속전은 무엇을 하는 데 써야 하는가?
① 회막 봉사 ② 구제 사업
③ 이웃 사랑 ④ 공동 사업

72. ② (출 29:10-14) 너는 수송아지를 회막 앞으로 끌어오고 아론과 그의 아들들은 그 송아지 머리에 안수할지며 너는 회막 문 야훼(여호와) 앞에서 그 송아지를 잡고 … 그 수소의 고기와 가죽과 똥을 진 밖에서 불사르라 이는 속죄제니라

73. ③ (출 29:35) 너는 내가 네게 한 모든 명령대로 아론과 그의 아들들에게 그같이 하여 이레 동안 위임식을 행하되

74. ③ (출 30:12) 네가 이스라엘 자손의 수효를 조사할 때에 조사 받은 각 사람은 그들을 계수할 때에 자기의 생명의 속전을 야훼(여호와)께 드릴지니 이는 그것을 계수할 때에 그들 중에 질병이 없게 하려 함이라
* '생명의 속전'이란 죄를 사해 주신 하나님의 은혜에 감사하여 드리는 일종의 헌금 제도를 말한다.

75. ① (출 30:16) 너는 이스라엘 자손에게서 속전을 취하여 회막 봉사에 쓰라 이것이 야훼(여호와) 앞에서 이스라엘 자손의 기념이 되어서 너희의 생명을 대속하리라

memo

76. 물두멍은 어디에 두어야 하는가?

① 제단 앞 ② 회막과 제단 사이

③ 제단 우측 ④ 제단 좌측

77. 거룩한 관유를 만들 때 사용하는 상등 향품이 아닌 것은?

① 몰약 ② 육계 ③ 유향 ④ 창포

78. 하나님께서 이스라엘에 처음으로 세우신 제사장은?

① 모세 ② 아론과 그의 아들들

③ 여호수아 ④ 갈렙

79. 거룩한 향을 만들 때 유향에 섞는 향품이 아닌 것은?

① 소합향 ② 나감향 ③ 풍자향 ④ 창포향

76. ② (출 30:18) 너는 물두멍을 놋으로 만들고 그 받침도 놋으로 만들어 씻게 하되 그것을 회막과 제단 사이에 두고 그 속에 물을 담으라

77. ③ (출 30:23-25) 너는 상등 향품을 가지되 액체 몰약 오백 세겔과 그 반수의 향기로운 육계 이백오십 세겔과 향기로운 창포 이백오십 세겔과 계피 오백 세겔을 성소의 세겔로 하고 감람 기름 한 힌을 가지고 그것으로 거룩한 관유를 만들되 향을 제조하는 법대로 향기름을 만들지니 그것이 거룩한 관유가 될지라

* '거룩한 관유'는 몰약, 육계, 창포(출 30:23 참조)와 계피, 감람 기름(출 30:24 참조)을 섞어서 만든 기름으로, 제사장이나 성소의 기물들을 성별할 때 사용하였다.

78. ② (출 30:30) 너는 아론과 그의 아들들에게 기름을 발라 그들을 거룩하게 하고 그들이 내게 제사장 직분을 행하게 하고

79. ④ (출 30:34-36) 야훼(여호와)께서 모세에게 이르시되 너는 소합향과 나감향과 풍자향의 향품을 가져다가 그 향품을 유향에 섞되 각기 같은 분량으로 하고 그것으로 향을 만들되 … 이 향은 너희에게 지극히 거룩하니라

memo

80. 이스라엘 백성이 모세가 산에서 내려옴이 더딤을 보고 아론에게 말하여 만든 것은?

① 송아지 형상　　② 돼지 형상
③ 독수리 형상　　④ 메뚜기 형상

81. 이스라엘 백성이 원망했던 곳이 아닌 곳은?

① 비하히롯　② 엘림　③ 르비딤　④ 시내 산

82. 모세가 금송아지 우상을 숭배한 백성에게 "야훼(여호와)의 편에 있는 자는 내게로 나아오라"고 했을 때 나온 자손은?

① 잇사갈 자손　　② 레위 자손
③ 유다 자손　　④ 요셉 자손

83. 광야에서 금송아지를 섬기다가 레위 자손에게 죽임을 당한 자의 수는?

① 1,500명 가량　　② 3,000명 가량
③ 5,000명 가량　　④ 6,000명 가량

80. ① (출 32:1-4) 백성이 모세가 산에서 내려옴이 더딤을 보고 모여 백성이 아론에게 이르러 말하되 일어나라 우리를 위하여 우리를 인도할 신을 만들라 … 아론이 그들의 손에서 금 고리를 받아 부어서 조각칼로 새겨 송아지 형상을 만드니 그들이 말하되 이스라엘아 이는 너희를 애굽 땅에서 인도하여 낸 너희의 신이로다 하는지라

81. ②

* 이스라엘 백성은 비하히롯(출 14:1-14 참조), 마라(출 15:22-25 참조), 신 광야(출 16:1-3 참조), 르비딤(출 17:1-7 참조), 시내 산(출 32:1-10 참조) 등에서 모세를 원망했다.

82. ② (출 32:26) 이에 모세가 진 문에 서서 이르되 누구든지 야훼(여호와)의 편에 있는 자는 내게로 나아오라 하매 레위 자손이 다 모여 그에게로 가는지라

83. ② (출 32:28) 레위 자손이 모세의 말대로 행하매 이 날에 백성 중에 삼천 명 가량이 죽임을 당하니라

memo

84. 하나님께서는 이스라엘 백성이 젖과 꿀이 흐르는 땅에 이르도록 하기 위해 누구를 모세보다 앞서 보내신다고 하셨는가?
① 아론 ② 여호수아 ③ 갈렙 ④ 사자

85. 이스라엘 백성이 가나안 땅에 들어가서 헐고 깨뜨리고 찍어야 할 것이 아닌 것은?
① 가나안 주민들의 제단들
② 가나안 주민들의 주상
③ 가나안 주민들의 아세라 상
④ 가나안 주민들의 등대

86. 모세가 십계명을 받기 위해 두 번째 시내 산에 올라가서 머무른 기간은?
① 1주야 ② 3주야 ③ 21주야 ④ 40주야

87. 성소에 쓸 모든 일을 하는 사람들은 누구의 명령대로 해야 하는가?
① 모세 ② 여호수아 ③ 제사장 ④ 야훼(여호와)

84. ④ (출 33:2-3) 내가 사자를 너보다 앞서 보내어 가나안 사람과 아모리 사람과 헷 사람과 브리스 사람과 히위 사람과 여부스 사람을 쫓아내고 너희를 젖과 꿀이 흐르는 땅에 이르게 하려니와
* '사자'는 대개 '하나님의 대리자'나 '천사'를 가리키지만(창 19:1 참조), 여기서는 성육신 이전의 예수 그리스도를 가리킨다고 볼 수 있다.

85. ④ (출 34:12-13) 너는 스스로 삼가 네가 들어가는 땅의 주민과 언약을 세우지 말라 그것이 너희에게 올무가 될까 하노라 너희는 도리어 그들의 제단들을 헐고 그들의 주상을 깨뜨리고 그들의 아세라 상을 찍을지어다

86. ④ (출 34:28) 모세가 야훼(여호와)와 함께 사십 일 사십 야를 거기 있으면서 떡도 먹지 아니하였고 물도 마시지 아니하였으며 야훼(여호와)께서는 언약의 말씀 곧 십계명을 그 판들에 기록하셨더라

87. ④ (출 36:1) 브살렐과 오홀리압과 및 마음이 지혜로운 사람 곧 야훼(여호와)께서 지혜와 총명을 부으사 성소에 쓸 모든 일을 할 줄 알게 하신 자들은 모두 야훼(여호와)께서 명령하신 대로 할 것이니라

memo

88. 번제단을 만들 때 사용한 재료는?
① 금 ② 은 ③ 백향목 ④ 조각목

89. 이스라엘 자손이 성막 만들기를 마쳤을 때 모세가 한 일은?
① 이스라엘 자손을 축복하였다
② 이스라엘 자손과 함께 성막을 돌았다
③ 이스라엘 자손과 함께 축제를 벌였다
④ 이스라엘 자손에게 할례를 행하였다

90. 성막과 그 안에 있는 모든 것에 발라 거룩하게 하는 것은?
① 몰약 ② 향유 ③ 관유 ④ 포도씨유

91. 성막 공사를 모두 마쳤을 때에 일어난 현상이 아닌 것은?
① 구름이 회막에 덮임
② 하늘로부터 불이 내려와 제단에 떨어짐
③ 야훼(여호와)의 영광이 성막에 충만함
④ 낮에는 구름이 성막 위에 있고 밤에는 불이 그 구름 가운데 있음

88. ④ (출 38:1) 그가 또 조각목으로 번제단을 만들었으니 길이는 다섯 규빗이요 너비도 다섯 규빗이라 네모가 반듯하고 높이는 세 규빗이며

89. ① (출 39:42-43) 야훼(여호와)께서 모세에게 명령하신 대로 이스라엘 자손이 모든 역사를 마치매 모세가 그 마친 모든 것을 본즉 야훼(여호와)께서 명령하신 대로 되었으므로 모세가 그들에게 축복하였더라

90. ③ (출 40:9) 또 관유를 가져다가 성막과 그 안에 있는 모든 것에 발라 그것과 그 모든 기구를 거룩하게 하라 그것이 거룩하리라

91. ②

성막 완공 후 일어난 현상

구름이 회막에 덮임	출 40:34
야훼(여호와)의 영광이 성막에 충만함	출 40:34
낮에는 구름이 성막 위에 있고 밤에는 불이 그 구름 가운데에 있음	출 40:38

memo

주관식

1. 가나안에서 애굽으로 이주한 야곱의 가족은 모두 몇 명인가?

2. 바로가 자신을 위하여 이스라엘 백성에게 건축하게 한 성은?

3. '모세'란 이름의 의미는?

4. 모세가 애굽 사람을 죽이고 바로의 낯을 피하여 간 땅은?

5. 미디안 제사장 르우엘의 딸 중 모세의 아내가 된 사람은?

1. **70명** (출 1:1-5) 야곱과 함께 각각 자기 가족을 데리고 애굽에 이른 이스라엘 아들들의 이름은 이러하니 … 야곱의 허리에서 나온 사람이 모두 칠십이요 요셉은 애굽에 있었더라
   * '허리에서 나온 사람'이란 '후손'을 말하는데, 이는 허리에 후손을 얻을 생명력이 있다고 믿는 히브리인들의 관용적 표현이다(히 7:5 참조).
2. **국고성 비돔과 라암셋** (출 1:11) 감독들을 그들 위에 세우고 그들에게 무거운 짐을 지워 괴롭게 하여 그들에게 바로를 위하여 국고성 비돔과 라암셋을 건축하게 하니라
   * '국고성'이란 전쟁이나 가뭄 등 유사시를 대비해서 무기나 곡식을 보관해 두는 창고를 말한다.
3. **물에서 건져냄** (출 2:10) 그 아기가 자라매 바로의 딸에게로 데려가니 그가 그의 아들이 되니라 그가 그의 이름을 모세라 하여 이르되 이는 내가 그를 물에서 건져내었음이라 하였더라
4. **미디안** (출 2:15) 바로가 이 일을 듣고 모세를 죽이고자 하여 찾는지라 모세가 바로의 낯을 피하여 미디안 땅에 머물며 하루는 우물 곁에 앉았더라
5. **십보라** (출 2:16-21) 미디안 제사장에게 일곱 딸이 있었더니 … 그들이 그들의 아버지 르우엘에게 이를 때에 … 너희가 어찌하여 그 사람을 버려두고 왔느냐 그를 청하여 음식을 대접하라 하였더라 모세가 그와 동거하기를 기뻐하매 그가 그의 딸 십보라를 모세에게 주었더니

memo

6. 모세의 첫째 아들의 이름은?

7. 모세가 소명을 받은 곳은?

8. 하나님께서 떨기나무 가운데서 모세를 부르시며 벗으라고 하신 것은?

9. 하나님의 이름을 묻는 모세에게 하나님께서 대답하신 말씀은?

10. 하나님의 보내심을 받고 '입이 뻣뻣하고 혀가 둔한 자'라고 말한 사람은?

6. **게르솜** (출 2:21–22) 모세가 그와 동거하기를 기뻐하매 그가 그의 딸 십보라를 모세에게 주었더니 그가 아들을 낳으매 모세가 그의 이름을 게르솜이라 하여 이르되 내가 타국에서 나그네가 되었음이라 하였더라
7. **호렙 산** (출 3:1–5) 모세가 그의 장인 미디안 제사장 이드로의 양 떼를 치더니 그 떼를 광야 서쪽으로 인도하여 하나님의 산 호렙에 이르매 야훼(여호와)의 사자가 떨기나무 가운데로부터 나오는 불꽃 안에서 그에게 나타나시니라 … 하나님이 이르시되 이리로 가까이 오지 말라 네가 선 곳은 거룩한 땅이니 네 발에서 신을 벗으라
8. **신** (출 3:4–5) 야훼(여호와)께서 그가 보려고 돌이켜 오는 것을 보신지라 하나님이 떨기나무 가운데서 그를 불러 이르시되 모세야 모세야 하시매 그가 이르되 내가 여기 있나이다 하나님이 이르시되 이리로 가까이 오지 말라 네가 선 곳은 거룩한 땅이니 네 발에서 신을 벗으라
9. **나는 스스로 있는 자이니라** (출 3:13–14) 모세가 하나님께 아뢰되 … 그들이 내게 묻기를 그의 이름이 무엇이냐 하리니 내가 무엇이라고 그들에게 말하리이까 하나님이 모세에게 이르시되 나는 스스로 있는 자이니라
   * 하나님은 영원부터 영원까지 '스스로 존재하시는 분'(I am who I am)으로, 언약하신 바를 변함없이 이루어 가는 분이시다.
10. **모세** (출 4:10–13) 모세가 야훼(여호와)께 아뢰되 오 주여 나는 본래 말을 잘 하지 못하는 자니이다 주께서 주의 종에게 명령하신 후에도 역시 그러하니 나는 입이 뻣뻣하고 혀가 둔한 자니이다 … 보낼 만한 자를 보내소서

memo

11. 하나님께서 모세에게 말씀하신 자신의 이름은?

12. "모세가 하늘을 향하여 손을 내밀매 캄캄한 (　　　)이 삼 일 동안 애굽 온 땅에 있어서 그 동안은 사람들이 서로 볼 수 없으며 자기 처소에서 일어나는 자가 없으되 온 이스라엘 자손들이 거주하는 곳에는 (　　)이 있었더라"

13. 하나님께서 애굽 땅에 내리신 마지막 재앙은?

14. 하나님께서 애굽 땅에 내리신 마지막 재앙과 관계있는 이스라엘의 절기는?

15. "내가 애굽 땅을 칠 때에 그 (　　)가 너희가 사는 집에 있어서 너희를 위하여 표적이 될지라 내가 (　　)를 볼 때에 너희를 넘어가리니 재앙이 너희에게 내려 멸하지 아니하리라"

11. **야훼(여호와)** (출 6:2-3) 하나님이 모세에게 말씀하여 이르시되 나는 야훼(여호와)이니라 내가 아브라함과 이삭과 야곱에게 전능의 하나님으로 나타났으나 나의 이름을 야훼(여호와)로는 그들에게 알리지 아니하였고
12. **흑암, 빛** (출 10:22-23 참조)
13. **처음 난 것(장자)의 죽음** (출 11:1-5) 야훼(여호와)께서 모세에게 이르시기를 내가 이제 한 가지 재앙을 바로와 애굽에 내린 후에야 그가 너희를 여기서 내보내리라 … 애굽 땅에 있는 모든 처음 난 것은 왕위에 앉아 있는 바로의 장자로부터 맷돌 뒤에 있는 몸종의 장자와 모든 가축의 처음 난 것까지 죽으리니
14. **유월절** (출 12:11-12) 너희는 그것을 이렇게 먹을지니 허리에 띠를 띠고 발에 신을 신고 손에 지팡이를 잡고 급히 먹으라 이것이 야훼(여호와)의 유월절이니라 내가 그 밤에 애굽 땅에 두루 다니며 사람이나 짐승을 막론하고 애굽 땅에 있는 모든 처음 난 것을 다 치고 애굽의 모든 신을 내가 심판하리라 나는 야훼(여호와)라
15. **피, 피** (출 12:13 참조)

memo

16. "야훼(여호와)께서 애굽 사람들에게 재앙을 내리려고 지나가실 때에 문 인방과 좌우 문설주의 (　　)를 보시면 야훼(여호와)께서 그 문을 넘으시고 멸하는 자에게 너희 집에 들어가서 너희를 치지 못하게 하실 것임이니라"

17. 이스라엘 자손이 출애굽 할 때 라암셋을 떠나 이른 곳은?

18. 애굽에서 나온 이스라엘 장정은 몇 명 가량인가?

19. 타국인은 할례를 받은 후에야 지킬 수 있는 이스라엘의 절기는?

20. "야훼(여호와)께서 모세에게 일러 이르시되 이스라엘 자손 중에서 사람이나 짐승을 막론하고 태에서 (　　) 난 모든 것은 다 거룩히 (　　)하여 내게 돌리라 이는 내 것이니라 하시니라"

16. 피 (출 12:23 참조)
17. 숙곳 (출 12:37) 이스라엘 자손이 라암셋을 떠나서 숙곳에 이르니 유아 외에 보행하는 장정이 육십만 가량이요
18. 60만 명 (출 12:37) 이스라엘 자손이 라암셋을 떠나서 숙곳에 이르니 유아 외에 보행하는 장정이 육십만 가량이요
19. 유월절 (출 12:48) 너희와 함께 거류하는 타국인이 야훼(여호와)의 유월절을 지키고자 하거든 그 모든 남자는 할례를 받은 후에야 가까이 하여 지킬지니 곧 그는 본토인과 같이 될 것이나 할례 받지 못한 자는 먹지 못할 것이니라
20. 처음, 구별 (출 13:1-2 참조)

memo

21. "야훼(여호와)께서 그들 (　　　　) 가시며 낮에는 (　　　　) 으로 그들의 길을 인도하시고 밤에는 (　　　　)을 그들에게 비추사 낮이나 밤이나 진행하게 하시니"

22. 미리암의 노래가 기록된 성경과 장은?

23. "미리암이 그들에게 화답하여 이르되 너희는 야훼(여호와)를 찬송하라 그는 높고 영화로우심이요 말과 그 탄 자를 (　　　)에 던지셨음이로다 하였더라"

24. "이르시되 너희가 너희 하나님 나 야훼(여호와)의 말을 들어 순종하고 내가 보기에 의를 행하며 내 계명에 귀를 기울이며 내 모든 규례를 지키면 내가 애굽 사람에게 내린 모든 (　　　) 중 하나도 너희에게 내리지 아니하리니 나는 너희를 (　　　)하는 야훼(여호와)임이라"

25. 물 샘 열둘과 종려나무 일흔 그루가 있는 곳으로, 이스라엘 백성이 장막을 친 곳은?

21. **앞에서, 구름 기둥, 불 기둥** (출 13:21 참조)
22. **출애굽기 15장**
23. **바다** (출 15:21 참조)
24. **질병, 치료** (출 15:26 참조)
25. **엘림** (출 15:27) 그들이 엘림에 이르니 거기에 물 샘 열둘과 종려나무 일흔 그루가 있는지라 거기서 그들이 그 물 곁에 장막을 치니라

memo

26. "이스라엘 자손 온 회중이 그 광야에서 모세와 아론을 (   ) 하여 이스라엘 자손이 그들에게 이르되 우리가 애굽 땅에서 고기 가마 곁에 앉아 있던 때와 떡을 배불리 먹던 때에 야훼(여호와)의 손에 죽었더라면 좋았을 것을 너희가 이 광야로 우리를 인도해 내어 이 온 회중이 주려 (   ) 하는도다"

27. "여섯째 날에는 각 사람이 (   )의 식물 곧 하나에 두 오멜씩 거둔지라 회중의 모든 지도자가 와서 모세에게 알리매 모세가 그들에게 이르되 야훼(여호와)께서 이같이 말씀하셨느니라 내일은 휴일이니 야훼(여호와)께 거룩한 (   )이라 너희가 구울 것은 굽고 삶을 것은 삶고 그 나머지는 다 너희를 위하여 아침까지 간수하라"

28. 이스라엘 백성이 신 광야에서 먹었던 '깟씨 같이 희고 맛은 꿀 섞은 과자' 같았던 양식은?

29. 이스라엘 백성이 르비딤에서 아말렉과 싸워 이긴 후 모세가 제단을 쌓고 칭한 하나님의 이름은?

30. 모세가 손을 들면 이스라엘이 이기고 내리면 아말렉이 이기는 상황에서 모세의 손을 붙들어 올린 사람은?

26. **원망, 죽게** (출 16:2–3 참조)
27. **갑절, 안식일** (출 16:22–23 참조)
28. **만나** (출 16:31) 이스라엘 족속이 그 이름을 만나라 하였으며 깟씨 같이 희고 맛은 꿀 섞은 과자 같았더라
29. **야훼(여호와) 닛시** (출 17:8–15) 그 때에 아말렉이 와서 이스라엘과 르비딤에서 싸우니라 … 여호수아가 칼날로 아말렉과 그 백성을 쳐서 무찌르니라 … 모세가 제단을 쌓고 그 이름을 야훼(여호와) 닛시라 하고
30. **아론과 훌** (출 17:11–12) 모세가 손을 들면 이스라엘이 이기고 손을 내리면 아말렉이 이기더니 모세의 팔이 피곤하매 … 아론과 훌이 한 사람은 이쪽에서, 한 사람은 저쪽에서 모세의 손을 붙들어 올렸더니

memo

31. 출애굽기 18장에서, 모세의 아내와 두 아들을 모세에게 데려온 사람은?

32. 이스라엘 자손이 애굽 땅을 떠난 지 3개월 만에 이른 곳은?

33. "세계가 다 내게 속하였나니 너희가 내 말을 잘 듣고 내 (   )을 지키면 너희는 모든 민족 중에서 내 (   )가 되겠고 너희가 내게 대하여 (   )가 되며 거룩한 (   )이 되리라 너는 이 말을 이스라엘 자손에게 전할지니라"

34. "나를 (   )하고 내 (   )을 지키는 자에게는 (   )까지 은혜를 베푸느니라"

35. 출애굽기에서 십계명이 기록된 장은?

31. **이드로** (출 18:2-3) 모세의 장인 이드로가 모세가 돌려 보냈던 그의 아내 십보라와 그의 두 아들을 데리고 왔으니
 * 이드로는 미디안 제사장이었으며 '르우엘'(출 2:16-22 참조), 또는 '호밥'(삿 4:11 참조)으로도 불렸다. 한편 미디안 족속은 아브라함의 후처인 그두라의 아들 미디안의 후손(창 25:1-2 참조)으로, 이들은 이방신을 섬겼기 때문에 이드로도 모세를 만나기 전까지는 야훼(여호와)를 몰랐을 것으로 추정된다.
32. **시내 광야** (출 19:1) 이스라엘 자손이 애굽 땅을 떠난 지 삼 개월이 되던 날 그들이 시내 광야에 이르니라
33. **언약, 소유, 제사장 나라, 백성** (출 19:5-6 참조)
34. **사랑, 계명, 천 대** (출 20:6 참조)
35. **20장**
 * 십계명은 신명기에도 기록되어 있다(신 5:7-21 참조).

memo

36. “너는 매년 세 번 내게 절기를 지킬지니라 너는 (　　　　)의 절기를 지키라 내가 네게 명령한 대로 아빕월의 정한 때에 이레 동안 무교병을 먹을지니 이는 그 달에 네가 애굽에서 나왔음이라 빈 손으로 내 앞에 나오지 말지니라 (　　　　)을 지키라 이는 네가 수고하여 밭에 뿌린 것의 첫 열매를 거둠이니라 (　　　　)을 지키라 이는 네가 수고하여 이룬 것을 연말에 밭에서부터 거두어 저장함이니라 네 모든 남자는 매년 세 번씩 주 야훼(여호와)께 보일지니라”

37. “내 (　　　　)가 네 앞서 가서 너를 아모리 사람과 헷 사람과 브리스 사람과 가나안 사람과 히위 사람과 여부스 사람에게로 인도하고 나는 그들을 끊으리니”

38. 등잔대에서 나온 여섯 가지는 모두 어떤 형상의 잔이 있게 하였는가?

39. 제사장의 관 위에 붙이는 순금 패에 새기는 글자는?

36. **무교병, 맥추절, 수장절** (출 23:14-17 참조)
37. **사자** (출 23:23 참조)
38. **살구꽃 형상의 잔** (출 25:32-33) 가지 여섯을 등잔대 곁에서 나오게 하되 … 이쪽 가지에 살구꽃 형상의 잔 셋과 꽃받침과 꽃이 있게 하고 저쪽 가지에도 살구꽃 형상의 잔 셋과 꽃받침과 꽃이 있게 하여 등잔대에서 나온 가지 여섯을 같게 할지며
    * 살구꽃의 히브리어 ‘솨케드’는 ‘깨우는 자’, ‘지키는 자’라는 뜻이 있으며, 히브리인들은 이 꽃이 부활, 희망, 보호를 상징한다고 여겼다.
39. **야훼(여호와)께 성결** (출 28:36-37) 너는 또 순금으로 패를 만들어 도장을 새기는 법으로 그 위에 새기되 ‘야훼(여호와)께 성결’이라 하고 그 패를 청색 끈으로 관 위에 매되 곧 관 전면에 있게 하라

memo

40. 향을 만들 때 성결하게 하기 위해 넣는 것은?

41. 하나님께서 회막의 기구들을 만들도록 지명하여 부르신 두 사람은?

42. "(　　　　)가 야훼(여호와)께로 다시 나아가 여짜오되 슬프도소이다 이 백성이 자기들을 위하여 금 신을 만들었사오니 큰 죄를 범하였나이다 그러나 이제 그들의 죄를 사하시옵소서 그렇지 아니하시오면 원하건대 주께서 기록하신 책에서 내 (　　　　)을 지워 버려 주옵소서"

43. "야훼(여호와)께서 모세에게 이르시기를 이스라엘 자손에게 이르라 너희는 목이 곧은 백성인즉 내가 한 순간이라도 너희 가운데에 이르면 너희를 (　　　　)하리니 너희는 (　　　　)를 떼어 내라 그리하면 내가 너희에게 어떻게 할 것인지 정하겠노라 하셨음이라 이스라엘 자손이 호렙 산에서부터 그들의 (　　　　)를 떼어 내니라"

44. '사람이 자기의 친구와 이야기함 같이' 야훼(여호와)께서 대면하여 말씀하신 사람은?

40. **소금** (출 30:35) 그것으로 향을 만들되 향 만드는 법대로 만들고 그것에 소금을 쳐서 성결하게 하고

41. **브살렐, 오홀리압**

브살렐	유다 지파	훌의 손자, 우리의 아들	출 31:2
오홀리압	단 지파	아히사막의 아들	출 31:6

42. **모세, 이름** (출 32:31-32 참조)

43. **진멸, 장신구, 장신구** (출 33:5-6 참조)

44. **모세** (출 33:11) 사람이 자기의 친구와 이야기함 같이 야훼(여호와)께서는 모세와 대면하여 말씀하시며 모세는 진으로 돌아오나 눈의 아들 젊은 수종자 여호수아는 회막을 떠나지 아니하니라

memo

45. “야훼(여호와)께서 이르시되 내가 내 모든 선한 것을 네 앞으로 지나가게 하고 야훼(여호와)의 이름을 네 앞에 선포하리라 나는 은혜 베풀 자에게 (　　　　)를 베풀고 긍휼히 여길 자에게 (　　　　)을 베푸느니라”

46. “야훼(여호와)께서 모세에게 이르시되 너는 돌판 둘을 처음 것과 같이 다듬어 만들라 네가 (　　　　) 처음 판에 있던 말을 내가 그 판에 쓰리니”

47. “야훼(여호와)께서 그의 앞으로 지나시며 선포하시되 야훼(여호와)라 야훼(여호와)라 자비롭고 은혜롭고 노하기를 더디하고 인자와 진실이 많은 하나님이라 인자를 (　　　　)까지 베풀며 악과 과실과 죄를 용서하리라 그러나 벌을 면제하지는 아니하고 아버지의 악행을 자손 (　　　　)까지 보응하리라”

48. “너는 다른 신에게 절하지 말라 야훼(여호와)는 (　　　　)라 이름하는 (　　　　)의 하나님임이니라”

49. 모세가 십계명을 손에 들고 시내 산에서 내려올 때 그의 모습은 어떠했는가?

45. 은혜, 긍휼 (출 33:19 참조)
46. 깨뜨린 (출 34:1 참조)
47. 천대, 삼사 대 (출 34:6-7 참조)
48. 질투, 질투 (출 34:14 참조)
49. 얼굴 피부에 광채가 났다 (출 34:29) 모세가 그 증거의 두 판을 모세의 손에 들고 시내 산에서 내려오니 그 산에서 내려올 때에 모세는 자기가 야훼(여호와)와 말하였음으로 말미암아 얼굴 피부에 광채가 나나 깨닫지 못하였더라

memo

50. "마음이 ( )된 모든 자와 ( )하는 모든 자가 와서 회막을 짓기 위하여 그 속에서 쓸 모든 것을 위하여, 거룩한 옷을 위하여 예물을 가져다가 야훼(여호와)께 드렸으니 곧 ( )에 원하는 남녀가 와서 팔찌와 귀고리와 가락지와 목걸이와 여러 가지 금품을 가져다가 사람마다 야훼(여호와)께 금 예물을 드렸으며"

51. 이스라엘 백성은 성막 기구들을 만들기 위해 어떤 자세로 예물을 드렸는가?

52. "성소의 모든 일을 하는 지혜로운 자들이 각기 하는 일을 중지하고 와서 모세에게 말하여 이르되 백성이 너무 ( ) 가져오므로 야훼(여호와)께서 명령하신 일에 쓰기에 ( )이 있나이다"

50. 감동, 자원, 마음 (출 35:21-22 참조)

51. 자원하여 (출 35:29) 마음에 자원하는 남녀는 누구나 야훼(여호와)께서 모세의 손을 빌어 명령하신 모든 것을 만들기 위하여 물품을 드렸으니 이것이 이스라엘 자손이 야훼(여호와)께 자원하여 드린 예물이니라

52. 많이, 남음 (출 36:4-5 참조)

레위기 Leviticus

연대 및 저자 B.C. 1440년경 모세에 의해 기록된 것으로 추정된다.

중심 내용 본서는 성전을 중심으로 이루어지는 제사 의식을 통하여 거룩하신 하나님께 나아가는 법과 성결하게 사는 법을 다루고 있다.

특징
1. 선민인 이스라엘 백성이 행할 제사 의식을 제시하고 있다.
2. 하나님의 뜻과 성품을 가르쳐 준다.
3. 대제사장이신 예수님의 희생과 구속의 의미를 보여 주고 있다.

내용 분해

1. 하나님께 나아가는 법 (1:1–16:34)
1) 제사를 통하여 (1:1–7:38)
2) 제사장의 중보를 통하여 (8:1–10:20)
3) 정결 규례를 통하여 (11:1–15:33)
4) 속죄일을 통하여 (16:1–34)

2. 성결하게 사는 법 (17:1–27:34)
1) 피의 제사를 통하여 (17:1–16)
2) 도덕법을 통하여 (18:1–22:33)
3) 절기 의식을 통하여 (23:1–24:23)
4) 서원과 십일조 규례 (25:1–27:34)

memo

객관식

1. 레위기와 관계없는 것은?
   ① 거룩하신 하나님께 나아가는 법을 다루고 있다
   ② 성결하게 사는 법을 다루고 있다
   ③ 제사 의식을 다루고 있다
   ④ 이스라엘 백성의 광야 생활을 다루고 있다

2. 레위기가 기록된 연대로 추정되는 때는?
   ① B.C. 1240년경 ② B.C. 1340년경
   ③ B.C. 1440년경 ④ B.C. 1540년경

3. 레위기를 기록한 사람은?
   ① 아브라함 ② 이삭 ③ 모세 ④ 여호수아

4. 번제의 예물에 해당되지 않는 것은?
   ① 수소 ② 숫양
   ③ 비둘기 새끼 ④ 암염소

5. 피 없이 드리는 제사는?
   ① 번제 ② 소제 ③ 화목제 ④ 속건제

1. ④ 레위기는 성전을 중심으로 이루어지는 제사 의식을 통하여 거룩하신 하나님께 나아가는 법과 성결하게 사는 법을 다루고 있다.
2. ③ 레위기는 B.C. 1440년경 기록된 것으로 추정된다.
3. ③ 레위기는 모세에 의해 기록되었다.
4. ④ (레 1:3-14) 그 예물이 소의 번제이면 흠 없는 수컷으로 회막 문에서 야훼(여호와) 앞에 기쁘게 받으시도록 드릴지니라 … 만일 그 예물이 가축 떼의 양이나 염소의 번제이면 흠 없는 수컷으로 드릴지니 … 만일 야훼(여호와)께 드리는 예물이 새의 번제이면 산비둘기나 집비둘기 새끼로 예물을 드릴 것이요
5. ② (레 2:1-16 참조)

memo

6. 소제물의 남은 것은 어떻게 하는가?
   ① 불로 태운다
   ② 땅에 파묻는다
   ③ 모세와 그의 아들들에게 돌린다
   ④ 아론과 그의 아들들에게 돌린다

7. 소제물에 넣지 말아야 할 두 가지는?
   ① 누룩, 꿀　　② 꿀, 기름
   ③ 소금, 기름　　④ 소금, 누룩

8. 모든 소제물에 넣어야 하는 것은?
   ① 꿀　　② 소금　　③ 향　　④ 누룩

9. 첫 이삭의 소제는 무엇으로 소제물을 삼아야 하는가?
   ① 삶은 것　　② 기름에 튀긴 것
   ③ 볶아 찧은 것　　④ 구운 것

10. 화목제의 예물이 아닌 것은?
   ① 소　　② 양　　③ 염소　　④ 새

6. ④ (레 2:10) 소제물의 남은 것은 아론과 그의 아들들에게 돌릴지니 이는 야훼(여호와)의 화제물 중에 지극히 거룩한 것이니라
7. ① (레 2:11) 너희가 야훼(여호와)께 드리는 모든 소제물에는 누룩을 넣지 말지니 너희가 누룩이나 꿀을 야훼(여호와)께 화제로 드려 사르지 못할지니라
8. ② (레 2:13) 네 모든 소제물에 소금을 치라 네 하나님의 언약의 소금을 네 소제에 빼지 못할지니 네 모든 예물에 소금을 드릴지니라
9. ③ (레 2:14) 너는 첫 이삭의 소제를 야훼(여호와)께 드리거든 첫 이삭을 볶아 찧은 것으로 네 소제를 삼되
10. ④ (레 3:1-17 참조)

memo

11. 화목제에서 먹지 말아야 하는 것은?

① 기름과 피 ② 내장과 피

③ 기름과 내장 ④ 간과 콩팥

12. 계명 중 하나라도 그릇 범하였을 때 드리는 제사는?

① 번제 ② 화목제 ③ 속건제 ④ 속죄제

13. 속죄제를 드리는 사람으로 맞지 않는 것은?

① 제사장 ② 족장

③ 이방인 ④ 이스라엘 온 회중

14. 이스라엘 온 회중의 속죄제를 드릴 때 수송아지 머리에 안수하는 사람은?

① 모세 ② 제사장 ③ 장로들 ④ 회중

11. ① (레 3:17) 너희는 기름과 피를 먹지 말라 이는 너희의 모든 처소에서 너희 대대로 지킬 영원한 규례니라

12. ④ (레 4:2-3) 이스라엘 자손에게 말하여 이르라 누구든지 야훼(여호와)의 계명 중 하나라도 그릇 범하였으되 만일 기름 부음을 받은 제사장이 범죄하여 백성의 허물이 되었으면 그가 범한 죄로 말미암아 흠 없는 수송아지로 속죄제물을 삼아 야훼(여호와)께 드릴지니

13. ③

속죄제를 드리는 사람과 제물

제사장	수송아지	레 4:3
이스라엘 온 회중	수송아지	레 4:13-14
족장	숫염소	레 4:22-23
평민	암염소, 어린 암양	레 4:27-28, 32

14. ③ (레 4:13-15) 만일 이스라엘 온 회중이 야훼(여호와)의 계명 중 하나라도 부지중에 범하여 허물이 있으나 스스로 깨닫지 못하다가 그 범한 죄를 깨달으면 회중은 수송아지를 속죄제로 드릴지니 … 장로들이 야훼(여호와) 앞에서 그 수송아지 머리에 안수하고 그것을 야훼(여호와) 앞에서 잡을 것이요

memo

15. 힘이 미치지 못하는 자, 즉 가난한 자들이 드리는 속죄제의 제물이 아닌 것은?
① 산비둘기 두 마리 ② 집비둘기 새끼 두 마리
③ 양과 염소 ④ 고운 가루 십분의 일 에바

16. 야훼(여호와)의 성물에 대하여 부지중에 범죄하였을 때 드리는 제사는?
① 번제 ② 소제 ③ 속건제 ④ 속죄제

17. 야훼(여호와)께 신실하지 못하여 범죄하면 그 본래 물건에 얼마를 더하여 돌려보내야 하는가?
① 이분의 일 ② 삼분의 일
③ 사분의 일 ④ 오분의 일

18. 번제의 규례에 대한 설명으로 맞지 않는 것은?
① 번제물은 아침까지 제단 위에 있는 석쇠 위에 둔다
② 제단의 불이 그 위에서 꺼지지 않게 한다
③ 번제물을 벌여 놓고 화목제의 기름을 그 위에서 불사른다
④ 제물의 뒷다리는 제사장의 소득으로 삼는다

15. ③

가난한 자들이 드리는 속죄제의 제물

산비둘기 두 마리	레 5:7
집비둘기 새끼 두 마리	레 5:7
고운 가루 십분의 일 에바	레 5:11

16. ③ (레 5:15) 누구든지 야훼(여호와)의 성물에 대하여 부지중에 범죄하였으면 야훼(여호와)께 속건제를 드리되 네가 지정한 가치를 따라 성소의 세겔로 몇 세겔 은에 상당한 흠 없는 숫양을 양 떼 중에서 끌어다가 속건제로 드려서

17. ④ (레 6:2–5) 누구든지 야훼(여호와)께 신실하지 못하여 범죄하되 곧 … 남의 잃은 물건을 줍고도 사실을 부인하여 거짓 맹세하는 등 사람이 이 모든 일 중의 하나라도 행하여 범죄하면 … 그 본래 물건에 오분의 일을 더하여 돌려보낼 것이니 그 죄가 드러나는 날에 그 임자에게 줄 것이요

18. ④ (레 6:9–12) 번제의 규례는 이러하니라 번제물은 아침까지 제단 위에 있는 석쇠 위에 두고 제단의 불이 그 위에서 꺼지지 않게 할 것이요 … 제사장은 아침마다 나무를 그 위에서 태우고 번제물을 그 위에 벌여 놓고 화목제의 기름을 그 위에서 불사를지며

memo

19. 아론과 그의 자손이 기름 부음을 받는 날에 야훼(여호와)께 예물로 드릴 소제물은?
① 고운 가루 삼분의 일 에바
② 고운 가루 오분의 일 에바
③ 고운 가루 칠분의 일 에바
④ 고운 가루 십분의 일 에바

20. 화목제의 감사제물과 함께 유교병을 예물로 드리는 제사 방법은?
① 화제 ② 거제 ③ 요제 ④ 전제

21. 감사함으로 드리는 화목제물의 고기는 언제 먹어야 하는가?
① 드리는 그 날 ② 이튿날 아침
③ 삼일 후 ④ 일주일 후

22. 감사함으로 드리는 화목제물이 서원이나 자원하는 것이면 그 고기를 언제까지 먹을 수 있는가?
① 제물을 드린 날에 ② 이튿날까지
③ 셋째 날까지 ④ 넷째 날까지

19. ④ (레 6:20) 아론과 그의 자손이 기름 부음을 받는 날에 야훼(여호와)께 드릴 예물은 이러하니라 고운 가루 십분의 일 에바를 항상 드리는 소제물로 삼아 그 절반은 아침에, 절반은 저녁에 드리되
20. ② (레 7:13-14) 또 유교병을 화목제의 감사제물과 함께 그 예물로 드리되 그 전체의 예물 중에서 하나씩 야훼(여호와)께 거제로 드리고 그것을 화목제의 피를 뿌린 제사장들에게로 돌릴지니라

제사 방법

요제	제물을 흔들어서 드린다	출 29:24
거제	제물을 높이 들어올렸다가 내린다	출 29:28
화제	제물을 불로 태워서 드린다	레 1:6-9
전제	번제단 위에 물, 기름, 포도주 등을 부어서 드린다	민 28:7

21. ① (레 7:15) 감사함으로 드리는 화목제물의 고기는 드리는 그 날에 먹을 것이요 조금이라도 이튿날 아침까지 두지 말 것이니라
22. ② (레 7:15-17) 감사함으로 드리는 화목제물의 고기는 … 그의 예물의 제물이 서원이나 자원하는 것이면 그 제물을 드린 날에 먹을 것이요 그 남은 것은 이튿날에도 먹되 그 제물의 고기가 셋째 날까지 남았으면 불사를지니

memo

23. 이스라엘의 5대 제사에 해당되지 않는 것은?
① 번제 ② 화목제 ③ 속건제 ④ 낙헌제

24. 화목제물 중 제사장 아론과 그의 자손에게 주어 영원한 소득이 되게 한 것은?
① 흔든 가슴과 든 뒷다리 ② 흔든 뒷다리와 든 가슴
③ 흔든 가슴과 든 앞다리 ④ 흔든 앞다리와 든 가슴

25. 아론과 그의 아들들의 제사장 위임식은 며칠 동안 행하였는가?
① 3일 ② 5일 ③ 7일 ④ 10일

26. 아론이 드린 첫 번째 제사의 내용과 맞지 않는 것은?
① 아론이 자기를 위해 속죄제와 번제를 드렸다
② 아론이 자기를 위해 소제와 화목제를 드렸다
③ 아론이 온 백성을 위해 속죄제와 번제를 드렸다
④ 아론이 온 백성을 위해 소제와 화목제를 드렸다

23. ④
* 이스라엘의 5대 제사는 번제, 소제, 화목제, 속건제, 속죄제이다(레 6–7장 참조).

24. ① (레 7:34) 내가 이스라엘 자손의 화목제물 중에서 그 흔든 가슴과 든 뒷다리를 가져다가 제사장 아론과 그의 자손에게 주었나니 이는 이스라엘 자손에게서 받을 영원한 소득이니라
* '흔든 가슴'은 요제로 드린 가슴을 가리키며, '든 뒷다리'는 거제로 드린 제물의 오른쪽 뒷다리를 가리킨다.

25. ③ (레 8:31–33) 모세가 아론과 그의 아들들에게 이르되 … 위임식은 이레 동안 행하나니 위임식이 끝나는 날까지 이레 동안은 회막 문에 나가지 말라

26. ②

아론이 드린 첫 번째 제사

아론 자신을 위한 제사 (레 9:8-14)	온 백성을 위한 제사 (레 9:15-21)
속죄제 (레 9:8-11) 번제 (레 9:12-14)	속죄제와 번제 (레 9:15-16) 소제와 화목제 (레 9:17-21)

memo

27. 아론이 야훼(여호와) 앞에 요제로 흔드는 화목제물의 부위는?
① 가슴들과 오른쪽 뒷다리
② 가슴들과 왼쪽 뒷다리
③ 가슴들과 오른 쪽 앞다리
④ 가슴들과 왼쪽 앞다리

28. 분향하다 죽임을 당한 나답과 아비후를 메고 나간 사람은?
① 모세와 아론 ② 웃시엘과 여호수아
③ 엘르아살과 이다말 ④ 미사엘과 엘사반

29. 아론과 그의 자손들이 회막에 들어갈 때 죽음을 면하기 위해 지킬 규례는?
① 누룩 넣은 떡을 먹지 말아야 함
② 꿀을 먹지 말아야 함
③ 포도주나 독주를 마시지 말아야 함
④ 고기를 먹지 말아야 함

30. 화목제물 중 아론과 그 아들들의 소득이 되는 것은?
① 기름진 꼬리와 흔든 뒷다리
② 내장과 흔든 뒷다리
③ 흔든 가슴과 들어올린 뒷다리
④ 내장과 들어올린 뒷다리

27. ① (레 9:18-21) 또 백성을 위하는 화목제물의 수소와 숫양을 잡으매 … 아론이 그 기름을 제단 위에서 불사르고 가슴들과 오른쪽 뒷다리를 그가 야훼(여호와) 앞에 요제로 흔드니 모세가 명령한 것과 같았더라
28. ④ (레 10:1-4) 아론의 아들 나답과 아비후가 각기 향로를 가져다가 야훼(여호와)께서 명령하시지 아니하신 다른 불을 담아 야훼(여호와) 앞에 분향하였더니 … 그들이 야훼(여호와) 앞에서 죽은지라 … 모세가 아론의 삼촌 웃시엘의 아들 미사엘과 엘사반을 불러 그들에게 이르되 나아와 너희 형제들을 성소 앞에서 진영 밖으로 메고 나가라 하매
29. ③ (레 10:9) 너와 네 자손들이 회막에 들어갈 때에는 포도주나 독주를 마시지 말라 그리하여 너희 죽음을 면하라 이는 너희 대대로 지킬 영영한 규례라
30. ③ (레 10:12-14) 모세가 아론과 그 남은 아들 엘르아살에게와 이다말에게 이르되 … 흔든 가슴과 들어올린 뒷다리는 너와 네 자녀가 너와 함께 정결한 곳에서 먹을지니 이는 이스라엘 자손의 화목제물 중에서 네 소득과 네 아들들의 소득으로 주신 것임이니라

memo

31. 정한 짐승이 아닌 것은?
① 굽이 갈라져 쪽발이 되고 새김질하는 것
② 굽이 갈라져 있지 않고 새김질하는 것
③ 지느러미와 비늘이 있는 것
④ 날개가 있고 네 발로 기어 다닐지라도 땅에서 뛰는 것

32. 여인이 임신하여 남자를 낳으면 며칠 동안 부정한가?
① 3일 ② 5일 ③ 7일 ④ 14일

33. 여인이 임신하여 남자를 낳으면 며칠을 지내야 산혈이 깨끗하게 되는가?
① 33일 ② 44일 ③ 55일 ④ 66일

34. 여인이 임신하여 여자를 낳으면 며칠 동안 부정한가?
① 3일 ② 5일 ③ 7일 ④ 14일

31. ②

정한 짐승

굽이 갈라져 쪽발이 되고 새김질하는 것	레 11:2-3
지느러미와 비늘이 있는 것	레 11:9
날개가 있고 네 발로 기어 다닐지라도 땅에서 뛰는 것	레 11:21-22

32. ③ (레 12:1-2) 야훼(여호와)께서 모세에게 말씀하여 이르시되 이스라엘 자손에게 말하여 이르라 여인이 임신하여 남자를 낳으면 그는 이레 동안 부정하리니 곧 월경할 때와 같이 부정할 것이며
33. ① (레 12:2-4) 이스라엘 자손에게 말하여 이르라 여인이 임신하여 남자를 낳으면 … 삼십삼 일을 지내야 산혈이 깨끗하리니 정결하게 되는 기한이 차기 전에는 성물을 만지지도 말며 성소에 들어가지도 말 것이며
34. ④ (레 12:5) 여자를 낳으면 그는 두 이레 동안 부정하리니

memo

35. 여인이 임신하여 여자를 낳으면 며칠을 지내야 산혈이 깨끗하게 되는가?

① 33일 ② 44일 ③ 55일 ④ 66일

36. 나병인지 판명하기 애매한 경우에는 환자를 며칠 동안 격리 수용해야 하는가?

① 5일 ② 7일 ③ 8일 ④ 10일

37. 나병 환자가 해야 할 일이 아닌 것은?

① 옷을 찢고 머리를 풀어야 한다
② 윗입술을 가리고 부정하다고 외쳐야 한다
③ 진영 밖에서 혼자 살아야 한다
④ 밖에 나가지 말고 집에만 있어야 한다

38. 나병이 나은 후 정결함을 받기 위해 일곱째 날에 하는 일이 아닌 것은?

① 머리털과 수염과 눈썹을 다 민다
② 옷을 빤다
③ 몸을 물에 씻는다
④ 제사장에게 예물을 드린다

35. ④ (레 12:5) 여자를 낳으면 … 산혈이 깨끗하게 됨은 육십육 일을 지내야 하리라
36. ② (레 13:4) 피부에 색점이 희나 우묵하지 아니하고 그 털이 희지 아니하면 제사장은 그 환자를 이레 동안 가두어둘 것이며
37. ④ (레 13:45-46) 나병 환자는 옷을 찢고 머리를 풀며 윗입술을 가리고 외치기를 부정하다 부정하다 할 것이요 병 있는 날 동안은 늘 부정할 것이라 그가 부정한즉 혼자 살되 진영 밖에서 살지니라
38. ④ (레 14:2-9) 나병 환자가 정결하게 되는 날의 규례는 이러하니 … 일곱째 날에 그는 모든 털을 밀되 머리털과 수염과 눈썹을 다 밀고 그의 옷을 빨고 몸을 물에 씻을 것이라 그리하면 정하리라

memo

39. 나병이 나은 후 정결함을 받기 위해 여덟째 날에 드리는 예물이 아닌 것은?

① 흠 없는 어린 숫양 두 마리
② 흠 없는 어린 숫염소 두 마리
③ 일 년 된 흠 없는 어린 암양 한 마리
④ 고운 가루 십분의 삼 에바에 기름 섞은 소제물과 기름 한 록

40. 나병이 나은 후 정결함을 받기 위해 속건제를 드리는 제사 방법은?

① 화제 ② 거제 ③ 요제 ④ 전제

41. 나병이 나은 후 정결함을 받기 위해 제사장에게 가져가는 것이 아닌 것은?

① 감람유 ② 백향목 ③ 홍색 실 ④ 우슬초

42. 유출이 깨끗해진 후 정결하게 되기 위해 해야 할 일은?

① 7일이 지난 후에 손과 발을 씻는다
② 7일이 지난 후에 옷을 빨고 흐르는 물에 몸을 씻는다
③ 8일이 지난 후에 집안을 청소한다
④ 8일이 지난 후에 집을 소독한다

43. 유출이 깨끗해진 후 정결하게 되기 위해 드리는 제물은?

① 암염소 ② 비둘기 ③ 어린 양 ④ 고운 가루

39. ② (레 14:2-10) 나병 환자가 정결하게 되는 날의 규례는 이러하니 … 여덟째 날에 그는 흠 없는 어린 숫양 두 마리와 일 년 된 흠 없는 어린 암양 한 마리와 또 고운 가루 십분의 삼 에바에 기름 섞은 소제물과 기름 한 록을 취할 것이요

40. ③ (레 14:2-12) 나병 환자가 정결하게 되는 날의 규례는 이러하니 곧 그 사람을 제사장에게로 데려갈 것이요 … 어린 숫양 한 마리를 가져다가 기름 한 록과 아울러 속건제로 드리되 야훼(여호와) 앞에 흔들어 요제를 삼고

41. ① (레 14:3-4) 제사장은 진영에서 나가 진찰할지니 그 환자에게 있던 나병 환부가 나았으면 제사장은 그 정결함을 받을 자를 위하여 명령하여 살아 있는 정결한 새 두 마리와 백향목과 홍색 실과 우슬초를 가져오게 하고

42. ② (레 15:13) 유출병이 있는 자는 그의 유출이 깨끗해지거든 그가 정결하게 되기 위하여 이레를 센 후에 옷을 빨고 흐르는 물에 그의 몸을 씻을 것이라 그러면 그가 정하리니

43. ② (레 15:13-14) 유출병이 있는 자는 그의 유출이 깨끗해지거든 그가 정결하게 되기 위하여 … 여덟째 날에 산비둘기 두 마리나 집비둘기 새끼 두 마리를 자기를 위하여 가져다가 회막 문 야훼(여호와) 앞으로 가서 제사장에게 줄 것이요

memo

44. 유출이 깨끗해진 후 정결하게 되기 위해 하나님께 드리는 제사는?
① 속죄제와 번제 ② 소제와 화목제
③ 번제와 화목제 ④ 속죄제와 속건제

45. 이스라엘 자손의 모든 죄를 위하여 일 년에 몇 번 속죄해야 하는가?
① 한 번 ② 두 번 ③ 세 번 ④ 네 번

46. 자녀를 몰렉에게 주어 불로 통과하게 하면 누구의 이름을 욕되게 하는 것인가?
① 하나님 ② 모세 ③ 제사장 ④ 부모님

47. 화목제물을 드린 후 먹고 남은 것은 언제 불살라야 하는가?
① 둘째 날 ② 셋째 날 ③ 넷째 날 ④ 다섯째 날

48. 재판할 때 유의해야 할 사항이 아닌 것은?
① 불의를 행하지 말아야 한다
② 가난한 자의 편에서 재판해야 한다
③ 세력 있는 자라고 두둔하지 말아야 한다
④ 공의로 재판해야 한다

44. ① (레 15:13-15) 유출병이 있는 자는 그의 유출이 깨끗해지거든 그가 정결하게 되기 위하여 … 제사장은 그 한 마리는 속죄제로, 다른 한 마리는 번제로 드려 그의 유출병으로 말미암아 야훼(여호와) 앞에서 속죄할지니라

45. ① (레 16:34) 이는 너희가 영원히 지킬 규례라 이스라엘 자손의 모든 죄를 위하여 일 년에 한 번 속죄할 것이니라 아론이 야훼(여호와)께서 모세에게 명령하신 대로 행하니라

46. ① (레 18:21) 너는 결단코 자녀를 몰렉에게 주어 불로 통과하게 함으로 네 하나님의 이름을 욕되게 하지 말라 나는 야훼(여호와)이니라

47. ② (레 19:5-6) 너희는 화목제물을 야훼(여호와)께 드릴 때에 기쁘게 받으시도록 드리고 그 제물은 드리는 날과 이튿날에 먹고 셋째 날까지 남았거든 불사르라

48. ② (레 19:15) 너희는 재판할 때에 불의를 행하지 말며 가난한 자의 편을 들지 말며 세력 있는 자라고 두둔하지 말고 공의로 사람을 재판할지며

memo

49. 이웃 사랑의 법에 해당되지 않는 것은?
① 형제를 마음으로 미워하지 말아야 한다
② 이웃을 견책하지 말아야 한다
③ 원수를 갚지 말아야 한다
④ 동포를 원망하지 말아야 한다

50. 이스라엘 백성은 약속한 땅에 들어가 과목을 심은 후 얼마 동안 그 열매를 할례 받지 못한 것으로 여기고 먹지 말아야 하는가?
① 1년 ② 2년 ③ 3년 ④ 5년

51. 이스라엘 백성이 약속한 땅에 들어가 심은 과목의 열매를 야훼(여호와)께 드려 찬송하는 해는?
① 셋째 해 ② 넷째 해
③ 다섯째 해 ④ 일곱째 해

52. 이스라엘 백성은 약속한 땅에 들어가 심은 과목의 열매를 언제부터 먹을 수 있는가?
① 셋째 해 ② 넷째 해
③ 다섯째 해 ④ 일곱째 해

49. ② (레 19:17-18) 너는 네 형제를 마음으로 미워하지 말며 네 이웃을 반드시 견책하라 그러면 네가 그에 대하여 죄를 담당하지 아니하리라 원수를 갚지 말며 동포를 원망하지 말며 네 이웃 사랑하기를 네 자신과 같이 사랑하라 나는 야훼(여호와)이니라

50. ③ (레 19:23) 너희가 그 땅에 들어가 각종 과목을 심거든 그 열매는 아직 할례 받지 못한 것으로 여기되 곧 삼 년 동안 너희는 그것을 할례 받지 못한 것으로 여겨 먹지 말 것이요

51. ② (레 19:23-24) 너희가 그 땅에 들어가 각종 과목을 심거든 … 넷째 해에는 그 모든 과실이 거룩하니 야훼(여호와)께 드려 찬송할 것이며

52. ③ (레 19:23-25) 너희가 그 땅에 들어가 각종 과목을 심거든 … 다섯째 해에는 그 열매를 먹을지니 그리하면 너희에게 그 소산이 풍성하리라 나는 너희의 하나님 야훼(여호와)이니라

memo

53. 길이나 무게나 양을 잴 때 사용하라고 한 것이 아닌 것은?

① 공평한 저울　　② 공평한 추

③ 공평한 에바　　④ 공평한 자

54. 레위기 20장에서, '반드시 죽여야 하는 죄'가 아닌 것은?

① 자식을 몰렉에게 주는 자

② 자기의 아버지나 어머니를 저주하는 자

③ 남의 아내와 간음하는 자

④ 형제의 아내를 데리고 사는 자

53. ④ (레 19:35-36) 너희는 재판할 때나 길이나 무게나 양을 잴 때 불의를 행하지 말고 공평한 저울과 공평한 추와 공평한 에바와 공평한 힌을 사용하라

* '추'는 중량을 측정하는 도구이고, '에바'는 고체의 부피를 측정하는 단위이며, '힌'은 액체의 부피를 측정하는 단위이다.

54. ④

반드시 죽여야 하는 죄

자식을 몰렉에게 주는 자	레 20:2
자기의 아버지나 어머니를 저주하는 자	레 20:9
남의 아내와 간음하는 자	레 20:10
아버지의 아내와 동침하는 자	레 20:11
며느리와 동침한 자	레 20:12
여인과 동침하듯 남자와 동침한 자	레 20:13
아내와 자기의 장모를 함께 데리고 사는 자	레 20:14
짐승과 교합한 자	레 20:15
접신하거나 박수무당이 된 자	레 20:27

* '몰렉'은 암몬 족속이 섬기던 신으로, 어린아이를 불에 태워 제물로 드린다.

memo

55. 제사장이 지켜야 할 규례가 아닌 것은?
① 부모나 형제자매가 죽어도 만지지 말아야 한다
② 머리털을 깎아 대머리 같게 하지 말아야 한다
③ 수염 양쪽을 깎지 말아야 한다
④ 살을 베지 말아야 한다

56. 대제사장이 지켜야 할 규례가 아닌 것은?
① 머리를 풀지 말아야 한다
② 옷을 찢지 말아야 한다
③ 어떤 시체에든지 가까이 하지 말아야 하지만 부모는 예외다
④ 과부, 이혼 당한 여자, 창녀를 아내로 삼지 말아야 한다

55. ①

제사장이 지켜야 할 규례

죽은 자를 만질 수 없지만 부모나 형제자매는 예외다	레 21:1-3
머리털을 깎아 대머리 같게 하지 말아야 한다	레 21:5
수염 양쪽을 깎지 말아야 한다	레 21:5
살을 베지 말아야 한다	레 21:5
창녀나 이혼당한 여인을 취하지 말아야 한다	레 21:7

56. ③

대제사장이 지켜야 할 규례

머리를 풀지 말아야 한다	레 21:10
옷을 찢지 말아야 한다	레 21:10
어떤 시체에든지 가까이하지 말아야 한다(부모도 예외 아님)	레 21:11
성소에서 나오지 말아야 한다	레 21:12
하나님의 성소를 속되게 하지 말아야 한다	레 21:12
처녀를 아내로 삼아야 한다	레 21:13
과부, 이혼 당한 여자, 창녀를 아내로 삼지 말아야 한다	레 21:14

memo

57. 일반인 가운데 성물을 먹을 수 있는 사람은?
① 제사장의 객
② 제사장이 돈으로 산 사람
③ 제사장의 품꾼
④ 일반인에게 출가한 제사장의 딸

58. 서원제물이나 자원제물로 번제를 드릴 때 쓰이는 예물이 아닌 것은?
① 흠 없는 수소 ② 흠 없는 숫양
③ 흠 없는 숫염소 ④ 산비둘기와 집비둘기

59. 자원제물로 쓸 수 있는 것은?
① 몸에 상처가 난 소나 양
② 눈이 먼 소나 양
③ 지체가 더하거나 덜하거나 한 소나 양
④ 다리를 저는 소나 양

57. ② (레 22:10–12) 일반인은 성물을 먹지 못할 것이며 제사장의 객이나 품꾼도 다 성물을 먹지 못할 것이니라 그러나 제사장이 그의 돈으로 어떤 사람을 샀으면 그는 그것을 먹을 것이며 … 제사장의 딸이 일반인에게 출가하였으면 거제의 성물을 먹지 못하되

58. ④ (레 22:18–19) 이스라엘 자손이나 그 중에 거류하는 자가 서원제물이나 자원제물로 번제와 더불어 야훼(여호와)께 예물로 드리려거든 기쁘게 받으심이 되도록 소나 양이나 염소의 흠 없는 수컷으로 드릴지니

59. ③ (레 22:23) 소나 양의 지체가 더하거나 덜하거나 한 것은 너희가 자원제물로는 쓰려니와 서원제물로 드리면 기쁘게 받으심이 되지 못하리라

memo

60. 하나님께 드리는 제물에 대한 설명 중 틀린 것은?
① 새끼가 태어나면 7일 동안은 제물로 드리지 않는다
② 새끼가 태어난 지 8일 이후에 예물로 드린다
③ 어미와 새끼를 같은 날에 잡아 제물로 드린다
④ 제물은 그 날에 먹고 이튿날까지 두지 말아야 한다

61. 절기에 관한 설명 중 틀린 것은?
① 첫째 달 열나흗날 저녁은 유월절로 지킨다
② 첫째 달 열닷샛날은 무교절로 지킨다
③ 무교절의 마지막 날은 초실절로 지킨다
④ 유월절 이후 오십 일째 되는 안식일은 나팔절이다

62. 초막절은 며칠 동안 지켜야 하는가?
① 3일 ② 5일 ③ 7일 ④ 8일

60. ③ (레 22:27-30) 수소나 양이나 염소가 나거든 이레 동안 그것의 어미와 같이 있게 하라 여덟째 날 이후로는 야훼(여호와)께 화제로 예물을 드리면 기쁘게 받으심이 되리라 암소나 암양을 막론하고 어미와 새끼를 같은 날에 잡지 말지니라 … 제물은 그 날에 먹고 이튿날까지 두지 말라 나는 야훼(여호와)이니라

61. ④

이스라엘의 7대 절기

유월절	첫째 달 열나흗날 저녁	레 23:5
무교절	첫째 달 열닷샛날	레 23:6
초실절	무교절의 마지막 날	레 23:10
오순절	유월절 이후 오십 일째 되는 안식일	레 23:15-16
나팔절	일곱째 달 첫 날	레 23:24
속죄일	일곱째 달 열흘날	레 23:27
초막절	일곱째 달 열닷샛날	레 23:34

62. ③ (레 23:34) 이스라엘 자손에게 말하여 이르라 일곱째 달 열닷샛날은 초막절이니 야훼(여호와)를 위하여 이레 동안 지킬 것이라

memo

63. 진설병 규례에 대한 내용이 아닌 것은?
① 순결한 상 위에 두 줄로 한 줄에 여섯씩 진설한다
② 정결한 유향을 각 줄 위에 두어 기념물로 야훼(여호와)께 화제를 삼는다
③ 안식일마다 떡을 야훼(여호와) 앞에 진설한다
④ 진설한 떡은 가난한 사람들에게 돌린다

64. 떡을 진설하는 날은?
① 날마다 ② 안식일마다
③ 매월마다 ④ 매년마다

65. 레위기 24장에서 '야훼(여호와)의 이름을 모독하며 저주한 사람'의 어머니는?
① 이스라엘 사람 디브리 ② 이스라엘 여인 슬로밋
③ 애굽 사람 디브리 ④ 애굽 여인 슬로밋

63. ④

진설병 규례

내용	성경
순결한 상 위에 두 줄로 한 줄에 여섯씩 진설한다	레 24:6
정결한 유향을 각 줄 위에 두어 기념물로 야훼(여호와)께 화제를 삼는다	레 24:7
안식일마다 떡을 야훼(여호와) 앞에 진설한다	레 24:8
진설한 떡은 아론과 그의 자손에게 돌린다	레 24:9

64. ② (레 24:8) 안식일마다 이 떡을 야훼(여호와) 앞에 항상 진설할지니 이는 이스라엘 자손을 위한 것이요 영원한 언약이니라

65. ② (레 24:10–11) 이스라엘 자손 중에 그의 어머니가 이스라엘 여인이요 그의 아버지는 애굽 사람인 어떤 사람이 … 야훼(여호와)의 이름을 모독하며 저주하므로 무리가 끌고 모세에게로 가니라 그의 어머니의 이름은 슬로밋이요 단 지파 디브리의 딸이었더라

memo

66. 희년에 대한 설명으로 옳지 않은 것은?

① 일곱 안식년을 지낸 뒤 오십 년째 되는 해가 희년이다
② 종 되었던 자들이 해방되어 가족에게로 돌아간다
③ 타인에게 판 토지나 가옥을 돌려받는다
④ 이방인 종도 해방되어 가족에게로 돌아간다

67. 야훼(여호와)께서는 '일곱 번째 안식년 전 해'에 몇 년 동안 쓸 것을 주시겠다고 했는가?

① 1년 ② 2년 ③ 3년 ④ 4년

68. 성벽 있는 성 내의 가옥을 팔았으면 얼마 안에 무를 수 있는가?

① 판 지 만 1년 안에 ② 판 지 만 2년 안에
③ 판 지 만 3년 안에 ④ 판 지 만 4년 안에

66. ④

희년 제도

일곱 안식년을 지낸 뒤 오십 년째 되는 해이다	레 25:10
종 되었던 자들이 해방되어 가족에게로 돌아간다	레 25:10
타인에게 판 토지나 가옥을 돌려받는다	레 25:25, 31
이방인 종은 희년이 되어도 해방되지 않는다	레 25:46

67. ③ (레 25:20-21) 만일 너희가 말하기를 우리가 만일 일곱째 해에 심지도 못하고 소출을 거두지도 못하면 우리가 무엇을 먹으리요 하겠으나 내가 명령하여 여섯째 해에 내 복을 너희에게 주어 그 소출이 삼 년 동안 쓰기에 족하게 하리라
* 이스라엘 백성이 안식년과 희년에는 수확을 하지 못하기 때문에 일곱 번째 안식년 전 해, 즉 6년째(48년째)의 소출을 평년보다 훨씬 많게 하여 안식년과 희년과 그 다음 해까지 3년 동안 충분히 먹을 수 있도록 해 주시겠다는 것이다.

68. ① (레 25:29) 성벽 있는 성 내의 가옥을 팔았으면 판 지 만 일 년 안에는 무를 수 있나니 곧 그 기한 안에 무르려니와

memo

69. 레위기에서 이스라엘의 출애굽 사건을 비유적으로 표현한 것은?
① 야훼(여호와)께서 이스라엘의 멍에의 빗장을 부수었다
② 야훼(여호와)께서 이스라엘의 죄의 빗장을 부수었다
③ 야훼(여호와)께서 이스라엘의 우상의 빗장을 부수었다
④ 야훼(여호와)께서 이스라엘의 빚의 빗장을 부수었다

70. 야훼(여호와)의 명령을 준행하지 않아 징계를 받으면서도 계속 죄를 범하면 몇 배의 징벌을 받게 되는가?
① 3배 ② 7배 ③ 10배 ④ 30배

71. 서원한 사람의 값으로 드린 것은?
① 금 ② 은 ③ 동 ④ 철

69. ① (레 26:13) 나는 너희를 애굽 땅에서 인도해 내어 그들에게 종된 것을 면하게 한 너희의 하나님 야훼(여호와)이니라 내가 너희의 멍에의 빗장을 부수고 너희를 바로 서서 걷게 하였느니라
* '멍에의 빗장'이란 이스라엘 백성이 애굽에서 노역을 한 것과 압제를 당한 것을 가리킨다(출 1:8–14 참조).

70. ② (레 26:14–18) 그러나 너희가 내게 청종하지 아니하여 이 모든 명령을 준행하지 아니하며 … 내 언약을 배반할진대 … 내가 너희를 치리니 너희가 너희의 대적에게 패할 것이요 너희를 미워하는 자가 너희를 다스릴 것이며 너희는 쫓는 자가 없어도 도망하리라 또 만일 너희가 그렇게까지 되어도 내게 청종하지 아니하면 너희의 죄로 말미암아 내가 너희를 일곱 배나 더 징벌하리라

71. ② (레 27:2–6) 어떤 사람이 사람의 값을 야훼(여호와)께 드리기로 분명히 서원하였으면 … 스무 살로부터 예순 살까지는 남자면 성소의 세겔로 은 오십 세겔로 하고 … 일 개월로부터 다섯 살까지는 남자면 그 값을 은 다섯 세겔로 하고 여자면 그 값을 은 삼 세겔로 하며

memo

72. 서원 예물의 값으로 틀린 것은?
   ① 20–60살까지 남자는 은 50세겔
   ② 5–20살까지 여자는 은 10세겔
   ③ 1개월–5살까지 남자는 은 5세겔
   ④ 60살 이상 여자는 은 15세겔

73. 소나 양의 십일조는 목자의 지팡이 아래로 통과하는 것의 몇 번째 것을 드리는가?
   ① 5번째 ② 7번째 ③ 9번째 ④ 10번째

72. ④

서원 예물의 값

	남자	여자	
20-60살까지	은 50세겔	은 30세겔	레 27:3-4
5-20살까지	은 20세겔	은 10세겔	레 27:5
1개월-5살까지	은 5세겔	은 3세겔	레 27:6
60살 이상	은 15세겔	은 10세겔	레 27:7

* '세겔'은 금과 은 따위의 금속의 무게 단위이자 화폐 단위이다.

73. ④ (레 27:32) 모든 소나 양의 십일조는 목자의 지팡이 아래로 통과하는 것의 열 번째의 것마다 야훼(여호와)의 성물이 되리라

* '목자의 지팡이 아래로 통과하는 것'이란 짐승이 '우리의 문을 통과하는 것'을 은유적으로 표현한 것이다. 유대인들은 가축의 십일조를 드릴 경우 가축을 우리 안에 모두 가둔 후, 한 마리씩 밖으로 내보내면서 우리의 문을 열 번째로 통과하는 가축을 모아 하나님께 바쳤다.

memo

주관식

1. 이스라엘의 5대 제사는?

2. 모든 예물에 언약의 소금을 치는 제사는?

3. 기름 부음을 받은 제사장이 범죄하여 백성의 허물이 된 경우에 드리는 속죄제물은?

4. 함부로 맹세하였을 때 드리는 제사는?

5. 야훼(여호와)의 성물에 대하여 부지중에 범죄하였을 때 드리는 제사는?

1. **번제**(레 1:3–17 참조), **소제**(레 2:1–16 참조), **화목제**(레 3:1–17 참조), **속죄제**(레 4:1–5:13 참조), **속건제**(레 5:14–19 참조)
2. **소제** (레 2:13) 네 모든 소제물에 소금을 치라 네 하나님의 언약의 소금을 네 소제에 빼지 못할지니 네 모든 예물에 소금을 드릴지니라
3. **흠 없는 수송아지** (레 4:3) 만일 기름 부음을 받은 제사장이 범죄하여 백성의 허물이 되었으면 그가 범한 죄로 말미암아 흠 없는 수송아지로 속죄제물을 삼아 야훼(여호와)께 드릴지니
4. **속죄제** (레 5:4–6) 만일 누구든지 입술로 맹세하여 악한 일이든지 선한 일이든지 하리라고 함부로 말하면 … 그 잘못으로 말미암아 야훼(여호와)께 속죄제를 드리되 양 떼의 암컷 어린 양이나 염소를 끌어다가 속죄제를 드릴 것이요 제사장은 그의 허물을 위하여 속죄할지니라
5. **속건제** (레 5:15) 누구든지 야훼(여호와)의 성물에 대하여 부지중에 범죄하였으면 야훼(여호와)께 속건제를 드리되 네가 지정한 가치를 따라 성소의 세겔로 몇 세겔 은에 상당한 흠 없는 숫양을 양 떼 중에서 끌어다가 속건제로 드려서

memo

6. 제단 위의 불을 항상 피워 꺼지지 않게 하는 제사는?

7. "제단 위의 불은 (   ) 피워 꺼지지 않게 할지니 제사장은 (   ) 나무를 그 위에서 태우고 번제물을 그 위에 벌여 놓고 화목제의 기름을 그 위에서 불사를지며"

8. 감사함으로 드리는 화목제물의 고기는 언제 먹어야 하는가?

9. 제사장이 제물의 가슴을 흔들어 드리는 제사는?

10. 화목제물 중 아론과 그의 자손에게 주는 것은?

11. 야훼(여호와)께서 모세에게 각종 제사의 규례를 명령하신 곳은?

6. **번제** (레 6:9–13) 아론과 그의 자손에게 명령하여 이르라 번제의 규례는 이러하니라 … 제단 위의 불은 항상 피워 꺼지지 않게 할지니 제사장은 아침마다 나무를 그 위에서 태우고 번제물을 그 위에 벌여 놓고 화목제의 기름을 그 위에서 불사를지며 불은 끊임이 없이 제단 위에 피워 꺼지지 않게 할지니라
7. **항상, 아침마다** (레 6:12 참조)
8. **그 날에 먹어야 한다** (레 7:15) 감사함으로 드리는 화목제물의 고기는 드리는 그 날에 먹을 것이요 조금이라도 이튿날 아침까지 두지 말 것이니라
9. **요제** (레 7:30) 야훼(여호와)의 화제물은 그 사람이 자기 손으로 가져올지니 곧 그 제물의 기름과 가슴을 가져올 것이요 제사장은 그 가슴을 야훼(여호와) 앞에 흔들어 요제를 삼고
10. **흔든 가슴과 든 뒷다리** (레 7:34) 내가 이스라엘 자손의 화목제물 중에서 그 흔든 가슴과 든 뒷다리를 가져다가 제사장 아론과 그의 자손에게 주었나니 이는 이스라엘 자손에게서 받을 영원한 소득이니라
11. **시내 산** (레 7:37–38) 이는 번제와 소제와 속죄제와 속건제와 위임식과 화목제의 규례라 야훼(여호와)께서 시내 광야에서 이스라엘 자손에게 그 예물을 야훼(여호와)께 드리라 명령하신 날에 시내 산에서 이같이 모세에게 명령하셨더라

memo

12. 제사장이 입는 에봇의 흉패에 넣는 것은?

13. 이스라엘의 첫 번째 제사장인 아론과 그의 아들들의 위임식을 거행한 사람은?

14. 아론과 그의 아들들의 제사장 위임식을 행한 기간은?

15. "아론이 또 번제물을 잡으매 아론의 아들들이 그 피를 그에게로 가져오니 그가 그 피를 제단 (　　　)에 뿌리고 그들이 또 번제의 제물 곧 그의 각과 머리를 그에게로 가져오매 그가 제단 위에서 (　　　　　　) 또 내장과 정강이는 씻어서 단 위에 있는 번제물 위에서 (　　　　　　)"

16. "아론이 백성을 향하여 손을 들어 (　　　)함으로 속죄제와 번제와 화목제를 마치고 내려오니라 모세와 아론이 회막에 들어갔다가 나와서 백성에게 (　　　)하매 야훼(여호와)의 (　　　)이 온 백성에게 나타나며 (　　　)이 야훼(여호와) 앞에서 나와 제단 위의 번제물과 기름을 사른지라 온 백성이 이를 보고 소리 지르며 엎드렸더라"

12. **우림과 둠밈** (레 8:6–8) 모세가 … 아론에게 속옷을 입히며 띠를 띠우고 겉옷을 입히며 에봇을 걸쳐 입히고 에봇의 장식 띠를 띠워서 에봇을 몸에 매고 흉패를 붙이고 흉패에 우림과 둠밈을 넣고

* '우림'은 '빛들'을, '둠밈'은 '완전함'을 뜻한다. 한편 이것들은 공이나 주사위 형태로 생겼으며, 일종의 제비를 뽑는 기구로서 중대한 사안을 결정할 때 하나님의 뜻을 묻는 도구로 사용되었다(출 28:30; 민 27:21 참조).

13. **모세** (레 8:22–23) 또 다른 숫양 곧 위임식의 숫양을 드릴새 아론과 그의 아들들이 그 숫양의 머리에 안수하매 모세가 잡고 그 피를 가져다가 아론의 오른쪽 귓부리와 그의 오른쪽 엄지 손가락과 그의 오른쪽 엄지 발가락에 바르고

14. **7일** (레 8:31–33) 모세가 아론과 그의 아들들에게 이르되 … 위임식은 이레 동안 행하나니 위임식이 끝나는 날까지 이레 동안은 회막 문에 나가지 말라

15. **사방, 불사르고, 불사르느니라** (레 9:12–14 참조)

16. **축복, 축복, 영광, 불** (레 9:22–24 참조)

memo

17. 야훼(여호와)께서 명령하시지 않은 다른 불을 담아 분향하다 죽은 사람은?

18. 아론과 그의 자손들이 회막에 들어갈 때 마시지 말아야 하는 것은?

19. "나는 너희의 하나님이 되려고 너희를 애굽 땅에서 인도하여 낸 야훼(여호와)라 내가 (　　　)하니 너희도 (　　　)할지어다"

20. 할례 의식은 출생 후 며칠 만에 행하는가?

21. 아들이나 딸을 낳은 여인이 정결하게 되는 기한이 차면 드리는 제사는?

22. 피부에 나병 같은 것이 생겼을 때 진찰하는 사람은?

17. **나답과 아비후** (레 10:1-2) 아론의 아들 나답과 아비후가 각기 향로를 가져다가 야훼(여호와)께서 명령하시지 아니하신 다른 불을 담아 야훼(여호와) 앞에 분향하였더니 불이 야훼(여호와) 앞에서 나와 그들을 삼키매 그들이 야훼(여호와) 앞에서 죽은지라
18. **포도주나 독주** (레 10:8-9) 야훼(여호와)께서 아론에게 말씀하여 이르시되 너와 네 자손들이 회막에 들어갈 때에는 포도주나 독주를 마시지 말라 그리하여 너희 죽음을 면하라 이는 너희 대대로 지킬 영영한 규례라
19. **거룩, 거룩** (레 11:45 참조)
20. **8일** (레 12:1-3) 야훼(여호와)께서 모세에게 말씀하여 이르시되 … 여인이 임신하여 남자를 낳으면 그는 이레 동안 부정하리니 곧 월경할 때와 같이 부정할 것이며 여덟째 날에는 그 아이의 포피를 벨 것이요
21. **번제와 속죄제** (레 12:6) 아들이나 딸이나 정결하게 되는 기한이 차면 그 여인은 번제를 위하여 일 년 된 어린 양을 가져가고 속죄제를 위하여 집비둘기 새끼나 산비둘기를 회막 문 제사장에게로 가져갈 것이요
22. **제사장** (레 13:2-3) 만일 사람이 그의 피부에 무엇이 돋거나 뾰루지가 나거나 색점이 생겨서 그의 피부에 나병 같은 것이 생기거든 … 제사장이 그를 진찰하여 그를 부정하다 할 것이요

memo

23. 나병의 정결 의식에서 속건제물의 피는 정결함을 받을 자의 어느 쪽 귓부리, 엄지 손가락, 엄지 발가락에 바르라고 하셨는가?

24. 유출이 깨끗해지면 정결하게 되기 위해 며칠 후 몸을 씻을 수 있는가?

25. 속죄일에 광야로 보내기 위해 제비 뽑은 염소의 명칭은?

26. 아사셀로 뽑힌 염소는 속죄한 후 어디로 보내는가?

27. 이스라엘 백성이 속죄일로 지켜야 하는 날은?

23. **오른쪽** (레 14:2-14) 나병 환자가 정결하게 되는 날의 규례는 이러하니 곧 그 사람을 제사장에게로 데려갈 것이요 … 제사장은 그 속건제물의 피를 취하여 정결함을 받을 자의 오른쪽 귓부리와 오른쪽 엄지 손가락과 오른쪽 엄지 발가락에 바를 것이요

24. **7일** (레 15:13) 유출병이 있는 자는 그의 유출이 깨끗해지거든 그가 정결하게 되기 위하여 이레를 센 후에 옷을 빨고 흐르는 물에 그의 몸을 씻을 것이라 그러면 그가 정하리니

25. **아사셀** (레 16:10) 아사셀을 위하여 제비 뽑은 염소는 산 채로 야훼(여호와) 앞에 두었다가 그것으로 속죄하고 아사셀을 위하여 광야로 보낼지니라

* '아사셀'이란 이스라엘 백성의 죄를 지고 광야로 보내지는 숫염소로, 십자가를 지고 골고다로 가신 예수 그리스도를 예표한다.

26. **광야** (레 16:10) 아사셀을 위하여 제비 뽑은 염소는 산 채로 야훼(여호와) 앞에 두었다가 그것으로 속죄하고 아사셀을 위하여 광야로 보낼지니라

27. **일곱째 달 십일** (레 16:29-30) 너희는 영원히 이 규례를 지킬지니라 일곱째 달 곧 그 달 십일에 … 너희를 위하여 속죄하여 너희를 정결하게 하리니 너희의 모든 죄에서 너희가 야훼(여호와) 앞에 정결하리라

memo

28. “육체의 생명은 (　　)에 있음이라 내가 이 (　　)를 너희에게 주어 제단에 뿌려 너희의 생명을 위하여 속죄하게 하였나니 생명이 (　　)에 있으므로 (　　)가 죄를 속하느니라”

29. “야훼(여호와)께서 모세에게 말씀하여 이르시되 너는 이스라엘 자손의 온 회중에게 말하여 이르라 너희는 (　　　　)하라 이는 나 야훼(여호와) 너희 하나님이 (　　　　)함이니라”

30. “원수를 갚지 말며 동포를 원망하지 말며 네 (　　　　) 사랑하기를 네 (　　　　)과 같이 사랑하라 나는 야훼(여호와)이니라”

31. 레위기 19장에서, 하나님께서 귀하게 여기라고 하신 것은?

32. “너희는 나에게 거룩할지어다 이는 나 야훼(여호와)가 거룩하고 내가 또 너희를 나의 (　　　　)로 삼으려고 너희를 만민 중에서 (　　　　)하였음이니라”

28. 피, 피, 피, 피 (레 17:11 참조)
29. 거룩, 거룩 (레 19:1-2 참조)
30. 이웃, 자신 (레 19:18 참조)
31. 성소 (레 19:30) 내 안식일을 지키고 내 성소를 귀히 여기라 나는 야훼(여호와)이니라
32. 소유, 구별 (레 20:26 참조)

memo

33. 부지중에 성물을 먹으면 그 성물에 얼마를 더하여 제사장에게 주어야 하는가?

34. “암소나 암양을 막론하고 어미와 새끼를 (   )에 잡지 말지니라”

35. 초막절에 드리는 제사 방법은?

36. 성막의 등잔불을 계속 켜 두기 위해 쓰는 기름은?

37. “너는 이스라엘 자손에게 말하여 이르라 누구든지 그의 하나님을 (   )하면 죄를 담당할 것이요 야훼(여호와)의 이름을 (   )하면 그를 반드시 죽일지니 온 회중이 돌로 그를 칠 것이니라 거류민이든지 본토인이든지 야훼(여호와)의 이름을 (   )하면 그를 죽일지니라”

33. **오분의 일** (레 22:14) 만일 누가 부지중에 성물을 먹으면 그 성물에 그것의 오분의 일을 더하여 제사장에게 줄지니라
34. **같은 날** (레 22:28 참조)
35. **화제** (레 23:34-36) 이스라엘 자손에게 말하여 이르라 일곱째 달 열닷샛날은 초막절이니 … 이레 동안에 너희는 야훼(여호와)께 화제를 드릴 것이요 여덟째 날에도 너희는 성회로 모여서 야훼(여호와)께 화제를 드릴지니 이는 거룩한 대회라 너희는 어떤 노동도 하지 말지니라
36. **감람유** (레 24:2) 이스라엘 자손에게 명령하여 불을 켜기 위하여 감람을 찧어낸 순결한 기름을 네게로 가져오게 하여 계속해서 등잔불을 켜 둘지며
37. **저주, 모독, 모독** (레 24:15-16 참조)

memo

38. 이스라엘 백성이 오십 년째 해에 지키는 절기는?

39. "너희는 오십 년째 해를 거룩하게 하여 그 땅에 있는 모든 주민을 위하여 ( )를 공포하라 이 해는 너희에게 ( )이니 너희는 각각 자기의 소유지로 돌아가며 각각 자기의 가족에게로 돌아갈지며"

40. 토지를 영구히 팔지 말아야 하는 이유는?

41. "너희가 내 ( )을 준행하면 내가 너희에게 철따라 비를 주리니 땅은 그 산물을 내고 밭의 나무는 열매를 맺으리라"

42. "또 너희 다섯이 ( )을 쫓고 너희 백이 ( )을 쫓으리니 너희 대적들이 너희 앞에서 칼에 엎드러질 것이며"

43. 야훼(여호와)께서 자기와 이스라엘 자손 사이에 규례와 법도와 율법을 세우신 곳은?

38. 희년 (레 25:10) 너희는 오십 년째 해를 거룩하게 하여 그 땅에 있는 모든 주민을 위하여 자유를 공포하라 이 해는 너희에게 희년이니 너희는 각각 자기의 소유지로 돌아가며 각각 자기의 가족에게로 돌아갈지며

39. 자유, 희년 (레 25:10 참조)

40. 토지는 다 하나님의 것이기 때문이다 (레 25:23) 토지를 영구히 팔지 말 것은 토지는 다 내 것임이니라 너희는 거류민이요 동거하는 자로서 나와 함께 있느니라

41. 규례와 계명 (레 26:3-4 참조)

42. 백, 만 (레 26:8 참조)

43. 시내 산 (레 26:46) 이것은 야훼(여호와)께서 시내 산에서 자기와 이스라엘 자손 사이에 모세를 통하여 세우신 규례와 법도와 율법이니라

민수기 Numbers

연대 및 저자

B.C. 1440년경 모세에 의해 기록된 것으로 추정된다.

중심 내용

본서는 이스라엘 백성이 시내 산에서부터 가나안 근처 모압 평지에 이르기까지 약 38년간의 광야 생활을 다루고 있다.

특징

1. 두 번에 걸친 인구조사가 상세하게 기록되어 있다.
2. 하나님의 백성이라도 죄를 지으면 대가를 치러야 함을 보여 준다.
3. 이스라엘 백성의 불평과 하나님의 사랑이 대조적으로 나타나 있다.

내용 분해

1. 약속의 땅으로의 출발 준비 (1:1–10:10)

1) 첫 번째 인구조사 (1:1–4:49)
2) 성결 규례와 제의 규례 (5:1–10:10)

2. 이스라엘의 반역과 하나님의 심판 (10:11–25:18)

1) 시내 산에서 출발 (10:11–12:16)
2) 가나안 정탐과 심판 (13:1–14:45)
3) 제사 규례 (15:1–19:22)
4) 요단 동쪽 정복 (20:1–21:35)
5) 바알브올 사건 (22:1–25:18)

3. 가나안 입성을 위한 준비 (26:1–36:13)

1) 두 번째 인구조사 (26:1–27:23)
2) 제사와 서원의 규례 (28:1–30:16)
3) 가나안 정복과 땅 분배 (31:1–36:13)

memo

객관식

1. 민수기의 내용과 관계있는 것은?
   ① 인류 역사의 시작을 다루고 있다
   ② 이스라엘의 가나안 정복 과정을 다루고 있다
   ③ 이스라엘의 제사법을 다루고 있다
   ④ 이스라엘 백성의 광야 생활을 다루고 있다

2. 민수기가 기록된 연대로 추정되는 때는?
   ① B.C. 1140년경 ② B.C. 1240년경
   ③ B.C. 1440년경 ④ B.C. 1540년경

3. 민수기를 기록한 사람은?
   ① 모세 ② 아론 ③ 여호수아 ④ 갈렙

1. ④ 민수기는 이스라엘 백성이 시내 산에서부터 가나안 근처 모압 평지에 이르기까지 약 38년간의 광야 생활을 다루고 있다.
2. ③ 민수기는 B.C. 1440년경 기록된 것으로 추정된다.
3. ① 민수기는 모세에 의해 기록되었다.

memo

4. 이스라엘 자손이 출애굽 한 후 첫 번째 인구조사를 한 곳은?
   ① 수르 광야 ② 시내 광야
   ③ 모압 광야 ④ 가데스바네아

5. 이스라엘 자손이 출애굽 한 후 첫 번째 인구조사를 한 대상은?
   ① 18세 이상의 남자 ② 18세 이상의 남녀
   ③ 20세 이상의 남자 ④ 20세 이상의 남녀

6. 이스라엘 자손이 출애굽 한 후 첫 번째 인구조사를 한 목적은?
   ① 세금 징수의 목적 ② 가나안 땅 분배의 목적
   ③ 군사적인 목적 ④ 재산 분배의 목적

7. 하나님께서 인구조사를 할 때 계수하지 말라고 하신 지파는?
   ① 유다 지파 ② 단 지파
   ③ 르우벤 지파 ④ 레위 지파

4. ② (민 1:1-2) 이스라엘 자손이 애굽 땅에서 나온 후 둘째 해 둘째 달 첫째 날에 야훼(여호와)께서 시내 광야 회막에서 모세에게 말씀하여 이르시되 너희는 이스라엘 자손의 모든 회중 각 남자의 수를 그들의 종족과 조상의 가문에 따라 그 명수대로 계수할지니
   * '시내 광야'는 팔레스틴 남부에 위치한 시내 산 주변의 광야를 말한다.

성경에 기록된 인구조사

1	시내 산 속전 인구조사	출 30:12-16
2	1차 군대 계수(시내 광야)	민 1:1-46
3	레위인 인구조사	민 3:14-51
4	2차 군대 계수(모압 평지)	민 26:1-65
5	다윗의 인구조사	삼하 24:1-9
6	솔로몬의 이방인 인구조사	대하 2:17-18
7	1차 포로 귀환자 인구조사	스 2:1-67
8	2차 포로 귀환자 인구조사	스 8:1-14
9	가이사 아구스도의 인구조사	눅 2:1

5. ③ (민 1:2-3) 너희는 이스라엘 자손의 모든 회중 각 남자의 수를 그들의 종족과 조상의 가문에 따라 그 명수대로 계수할지니 이스라엘 중 이십 세 이상으로 싸움에 나갈 만한 모든 자를 너와 아론은 그 진영별로 계수하되
6. ③ (민 1:3) 이스라엘 중 이십 세 이상으로 싸움에 나갈 만한 모든 자를 너와 아론은 그 진영별로 계수하되
7. ④ (민 1:48-49) 야훼(여호와)께서 모세에게 말씀하여 이르시되 너는 레위 지파만은 계수하지 말며 그들을 이스라엘 자손 계수 중에 넣지 말고

memo

8. 하나님께서 레위인을 계수하지 말라고 하신 이유는?
 ① 하나님께서 직접 계수하시기 위함이다
 ② 레위인은 숫자가 너무 적기 때문이다
 ③ 레위인은 숫자가 너무 많기 때문이다
 ④ 성막의 모든 기구를 관리하게 하기 위함이다

9. 레위 지파가 해야 할 일에 맞지 않는 것은?
 ① 성막과 그 모든 기구를 운반해야 한다
 ② 성막 주위에 진을 쳐야 한다
 ③ 성막을 걷고 세워야 한다
 ④ 외인이 오면 맞이해야 한다

10. 이스라엘 진 배치에서 정착 때 북쪽에 배치되지 않은 지파는?
 ① 단 ② 아셀 ③ 므낫세 ④ 납달리

8. ④ (민 1:48-50) 야훼(여호와)께서 모세에게 말씀하여 이르시되 너는 레위 지파만은 계수하지 말며 … 그들에게 증거의 성막과 그 모든 기구와 그 모든 부속품을 관리하게 하라

9. ④ (민 1:50-51) 그들은 그 성막과 그 모든 기구를 운반하며 거기서 봉사하며 성막 주위에 진을 칠지며 성막을 운반할 때에는 레위인이 그것을 걷고 성막을 세울 때에는 레위인이 그것을 세울 것이요 외인이 가까이 오면 죽일지며

10. ③ (민 2:3-31 참조)

정착 때 이스라엘 진 배치

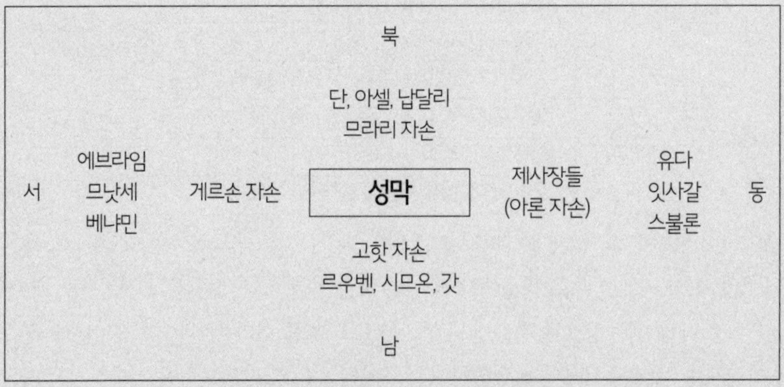

memo

11. 이스라엘 진 배치에서 행진 때 선두에 배치되지 않은 지파는?
① 유다 ② 잇사갈 ③ 스불론 ④ 납달리

12. 아론의 아들이 아닌 사람은?
① 나답 ② 고핫 ③ 아비후 ④ 엘르아살

13. 기름 부음을 받고 거룩하게 구별되어 제사장 직분을 위임 받은 제사장들은?
① 모세의 아들들 ② 아론의 아들들
③ 레위의 아들들 ④ 유다의 아들들

14. 아론의 아들 가운데 시내 광야에서 야훼(여호와) 앞에 다른 불을 드리다가 죽은 사람은?
① 나답과 아비후 ② 엘르아살과 이다말
③ 므라리와 이다말 ④ 게르손과 고핫

11. ④ (민 2:3-31 참조)

행진 때 이스라엘 진 배치

진행 방향 →

단 아셀 납달리	에브라임 므낫세 베냐민	**성막 기구** (고핫)	르우벤 시므온 갓	**성막 부품** (게르손, 므라리)	유다 잇사갈 스불론	**법궤**

12. ② (민 3:2) 아론의 아들들의 이름은 이러하니 장자는 나답이요 다음은 아비후와 엘르아살과 이다말이니
13. ② (민 3:3) 이는 아론의 아들들의 이름이며 그들은 기름 부음을 받고 거룩하게 구별되어 제사장 직분을 위임 받은 제사장들이라
14. ① (민 3:4) 나답과 아비후는 시내 광야에서 야훼(여호와) 앞에 다른 불을 드리다가 야훼(여호와) 앞에서 죽어 자식이 없었으며 엘르아살과 이다말이 그의 아버지 아론 앞에서 제사장의 직분을 행하였더라

memo

15. 레위 자손의 인구를 계수하는 기준은?
① 1개월 이상 된 남자　② 12개월 이상 된 남자
③ 20세 이상 된 남자　④ 30세 이상 된 남자

16. 레위의 아들이 아닌 사람은?
① 게르손　② 고핫　③ 아비후　④ 므라리

17. 광야에서 성막을 기준으로 할 때 모세와 아론과 그 아들들이 진을 친 위치는?
① 성막 앞 동쪽　② 성막 앞 서쪽
③ 성막 앞 남쪽　④ 성막 앞 북쪽

18. 레위기 4장에서, 레위 자손 중 회막의 일을 할 수 있는 사람의 나이는?
① 20세 이상 50세까지　② 30세 이상 50세까지
③ 30세 이상 60세까지　④ 40세 이상 60세까지

19. 광야에서 행진하기 위해 진영을 떠날 때 성소와 성소의 기구들을 메는 일을 맡은 사람은?
① 아론과 그 아들들　② 고핫 자손
③ 게르손 자손　④ 므라리 자손

15. ① (민 3:15) 레위 자손을 그들의 조상의 가문과 종족을 따라 계수하되 일 개월 이상 된 남자를 다 계수하라
16. ③ (민 3:17) 레위의 아들들의 이름은 이러하니 게르손과 고핫과 므라리요
17. ① (민 3:38) 성막 앞 동쪽 곧 회막 앞 해 돋는 쪽에는 모세와 아론과 아론의 아들들이 진을 치고 이스라엘 자손의 직무를 위하여 성소의 직무를 수행할 것이며 외인이 가까이 하면 죽일지니라
18. ② (민 4:2-3) 레위 자손 중에서 고핫 자손을 그들의 종족과 조상의 가문에 따라 집계할지니 곧 삼십 세 이상으로 오십 세까지 회막의 일을 하기 위하여 그 역사에 참가할 만한 모든 자를 계수하라
* 봉사자가 많이 필요할 때에는 25세(민 8:24 참조)나 20세(대상 23:24 참조)부터 수습 봉사자로 일하게 하였다.
19. ② (민 4:15) 진영을 떠날 때에 아론과 그의 아들들이 성소와 성소의 모든 기구 덮는 일을 마치거든 고핫 자손들이 와서 멜 것이니라 그러나 성물은 만지지 말라 그들이 죽으리라 회막 물건 중에서 이것들은 고핫 자손이 멜 것이며

memo

20. 게르손 자손의 직무를 감독한 사람은?

① 엘리압　② 이다말　③ 엘리술　④ 나손

21. 부정하다고 간주하여 진영 밖으로 내보낸 자가 아닌 사람은?

① 나병 환자　② 유출증이 있는 자

③ 주검으로 부정하게 된 자　④ 살인자

22. 이스라엘 자손이 죄를 지으면 그 죄 값을 온전히 갚되 얼마를 더 하여 돌려주어야 하는가?

① 3분의 1　② 4분의 1　③ 5분의 1　④ 6분의 1

23. 아내가 남편을 두고 탈선하여 더럽힌 때나 남편이 아내를 의심할 때 시행하는 법은?

① 믿음의 법　② 회개의 법　③ 의심의 법　④ 사랑의 법

20. ② (민 4:28) 게르손 자손의 종족들이 회막에서 할 일은 이러하며 그들의 직무는 제사장 아론의 아들 이다말이 감독할 지니라

21. ④ (민 5:2) 이스라엘 자손에게 명령하여 모든 나병 환자와 유출증이 있는 자와 주검으로 부정하게 된 자를 다 진영 밖으로 내보내되

22. ③ (민 5:6-7) 이스라엘 자손에게 이르라 남자나 여자나 사람들이 범하는 죄를 범하여 야훼(여호와)께 거역함으로 죄를 지으면 그 지은 죄를 자복하고 그 죄 값을 온전히 갚되 오분의 일을 더하여 그가 죄를 지었던 그 사람에게 돌려 줄 것이요

23. ③ (민 5:29-30) 이는 의심의 법이니 아내가 그의 남편을 두고 탈선하여 더럽힌 때나 또는 그 남편이 의심이 생겨서 자기의 아내를 의심할 때에 여인을 야훼(여호와) 앞에 두고 제사장이 이 법대로 행할 것이라

memo

24. 나실인의 법에 맞지 않는 것은?
① 포도주와 독주를 멀리해야 한다
② 포도나무 씨나 껍질은 먹어도 된다
③ 삭도를 머리에 대지 말아야 한다
④ 시체를 가까이하지 말아야 한다

25. 하나님께서 이스라엘 자손을 위해 아론과 그의 아들들에게 명하신 축복의 말씀에 해당되지 않는 것은?
① 야훼(여호와)는 네가 항상 바른길을 가게 하시기를 원하노라
② 야훼(여호와)는 네게 복을 주시고 너를 지키시기를 원하노라
③ 야훼(여호와)는 그의 얼굴을 네게 비추사 은혜 베푸시기를 원하노라
④ 야훼(여호와)는 그 얼굴을 네게로 향하여 드사 평강 주시기를 원하노라

26. 고핫 자손의 성소의 직임은?
① 머리에 이는 일　② 들것을 드는 일
③ 어깨로 메는 일　④ 수레를 끄는 일

24. ②

나실인의 법

포도주와 독주를 멀리해야 한다	민 6:3
포도주로 된 초나 독주로 된 초를 마시지 말아야 한다	민 6:3
포도즙도 마시지 말며 생포도나 건포도도 먹지 말아야 한다	민 6:3
포도나무 소산은 씨나 껍질이라도 먹지 말아야 한다	민 6:4
삭도를 절대로 그의 머리에 대지 말아야 한다	민 6:5
시체를 가까이하지 말아야 한다	민 6:6

25. ① (민 6:24-26) 야훼(여호와)는 네게 복을 주시고 너를 지키시기를 원하며 야훼(여호와)는 그의 얼굴을 네게 비추사 은혜 베푸시기를 원하며 야훼(여호와)는 그 얼굴을 네게로 향하여 드사 평강 주시기를 원하노라 할지니라 하라

26. ③ (민 7:9) 고핫 자손에게는 주지 아니하였으니 그들의 성소의 직임은 그 어깨로 메는 일을 하는 까닭이었더라

memo

27. 모세가 장막 세우기를 끝낸 후 성막 봉헌식을 할 때 첫째 날에 헌물을 드린 지파는?

① 유다 지파　　② 시므온 지파
③ 므낫세 지파　　④ 레위 지파

28. 모세가 성막 제단에 기름을 바르던 날에 이스라엘 지휘관들이 제단에 봉헌한 예물이 아닌 것은?

① 은 쟁반 열둘　　② 은 바리 열둘
③ 금 그릇 열둘　　④ 놋 그릇 열둘

29. 성막 안에 등불을 켤 때에는 몇 개의 등잔을 등잔대 앞으로 비추게 해야 하는가?

① 5개　② 6개　③ 7개　④ 10개

27. ① (민 7:11-12) 야훼(여호와)께서 모세에게 이르시기를 지휘관들은 하루 한 사람씩 제단의 봉헌물을 드릴지니라 하셨더라 첫째 날에 헌물을 드린 자는 유다 지파 암미나답의 아들 나손이라

28. ④ (민 7:84) 이는 곧 제단에 기름 바르던 날에 이스라엘 지휘관들이 드린 바 제단의 봉헌물이라 은 쟁반이 열둘이요 은 바리가 열둘이요 금 그릇이 열둘이니

* '은 바리'란 은으로 만든 일종의 대야 또는 종지로서 재나 포도주를 담는 성소의 기물 중 하나이다.

이스라엘 12지파 지휘관들이 드린 제단의 봉헌물

예물	은 쟁반 12개 (130세겔 x 12지파 = 1,560세겔)	민 7:84-85
	은 바리 12개 (70세겔 x 12지파 = 840 세겔)	민 7:84-85
	금 그릇 12개 (10세겔 x 12지파 = 120세겔)	민 7:86
번제물	수송아지 12마리 (1마리 x 12지파)	민 7:87
	숫양 12마리 (1마리 x 12지파)	민 7:87
	1년 된 어린 숫양 12마리 (1마리 x 12지파)	민 7:87
속죄제물	숫염소 12마리 (1마리 x 12지파)	민 7:87
화목제물	소 24마리 (2마리 x 12지파)	민 7:88
	숫양 60마리 (5마리 x 12지파)	민 7:88
	숫염소 60마리 (5마리 x 12지파)	민 7:88
	1년 된 어린 숫양 60마리 (5마리 x 12지파)	민 7:88

29. ③ (민 8:2) 아론에게 말하여 이르라 등불을 켤 때에는 일곱 등잔을 등잔대 앞으로 비추게 할지니라 하시매

memo

30. 레위인을 야훼(여호와)께 드릴 때 정결하게 하는 의식이 아닌 것은?
① 속죄의 물을 뿌린다 ② 기름을 머리에 붓는다
③ 전신을 삭도로 밀게 한다 ④ 의복을 빨게 한다

31. 레위기 8장에서, 레위인이 회막에 들어가서 복무하고 봉사할 수 있는 연령은?
① 20세 이상 ② 25세 이상 ③ 50세 이상 ④ 60세 이상

32. 출애굽 한 이스라엘 백성이 첫 번째 유월절을 지킨 곳은?
① 길갈 ② 바란 광야 ③ 시내 광야 ④ 모압 평지

33. 이스라엘 자손이 광야에서 행진할 때와 진을 쳐야 할 때를 알게 한 것은?
① 해 ② 달 ③ 별 ④ 구름

30. ②

레위인의 정결 의식

속죄의 물을 뿌린다	민 8:7
전신을 삭도로 밀게 한다	민 8:7
의복을 빨게 한다	민 8:7
몸을 정결하게 한다	민 8:7
요제로 드린다	민 8:11, 13

31. ② (민 8:24) 레위인은 이같이 할지니 곧 이십오 세 이상으로는 회막에 들어가서 복무하고 봉사할 것이요
* 민 4:3-49에 의하면 레위인의 봉사 기간을 30세 이상 50세까지로 말하고 있는데, 이는 이스라엘 백성이 광야에서 이동할 때 성막의 기구들을 운반하는 데 있어서 적격한 나이를 말하는 것이고, 여기서는 후에 레위인들이 각 성읍에 정착한 뒤에 성막에서 봉사할 나이를 말한 것이다. 따라서 레위인들은 25세 이후 5년 동안 수습 기간을 거친 뒤 30세부터 공식적인 임무를 수행한 것으로 볼 수 있다. 한편 성전이 건축되는 다윗 시대에는 20세부터 성전에서 봉사했다(대상 23:24-32 참조).

32. ③ (민 9:1-5) 애굽 땅에서 나온 다음 해 첫째 달에 야훼(여호와)께서 시내 광야에서 모세에게 말씀하여 이르시되 이스라엘 자손에게 유월절을 그 정한 기일에 지키게 하라 … 그들이 … 시내 광야에서 유월절을 지켰으되

33. ④ (민 9:17) 구름이 성막에서 떠오르는 때에는 이스라엘 자손이 곧 행진하였고 구름이 머무는 곳에 이스라엘 자손이 진을 쳤으니

memo

34. 광야에서 이스라엘 회중을 소집하며 진영을 출발할 때 사용하기 위해 만들라고 한 것은?

① 금 나팔 2개　　② 은 나팔 2개
③ 놋 나팔 2개　　④ 뿔 나팔 2개

35. 이스라엘 백성이 사용한 나팔의 용도가 아닌 것은?

① 회중을 소집할 때　　② 진영을 출발하게 할 때
③ 대적을 치러 나갈 때　　④ 제사를 드릴 때

36. 이스라엘 자손이 시내 광야에서 출발하여 가다가 머물게 된 곳은?

① 브엘세바　② 다베라　③ 바란 광야　④ 마라

34. ② (민 10:1-2) 야훼(여호와)께서 모세에게 말씀하여 이르시되 은 나팔 둘을 만들되 두들겨 만들어서 그것으로 회중을 소집하며 진영을 출발하게 할 것이라

35. ④ (민 10:1-9) 야훼(여호와)께서 모세에게 말씀하여 이르시되 은 나팔 둘을 만들되 두들겨 만들어서 그것으로 회중을 소집하며 진영을 출발하게 할 것이라 … 또 너희 땅에서 너희가 자기를 압박하는 대적을 치러 나갈 때에는 나팔을 크게 불지니 그리하면 너희 하나님 야훼(여호와)가 너희를 기억하고 너희를 너희의 대적에게서 구원하시리라

36. ③ (민 10:11-12) 둘째 해 둘째 달 스무날에 구름이 증거의 성막에서 떠오르매 이스라엘 자손이 시내 광야에서 출발하여 자기 길을 가더니 바란 광야에 구름이 머무니라

memo

37. 광야에서 행진할 때 성막을 메고 진행한 이스라엘 자손은?
① 유다 자손과 잇사갈 자손
② 르우벤 자손과 갓 자손
③ 고핫 자손과 나답 자손
④ 게르손 자손과 므라리 자손

38. 모세는 누구에게 광야의 길을 안내해 달라고 부탁했는가?
① 르우엘 ② 호밥 ③ 게르손 ④ 므라리

39. 이스라엘 백성이 악한 말로 원망하자 야훼(여호와)께서 진영 끝을 불사르신 사건으로 이름 지어진 곳은?
① 브엘세바 ② 다베라 ③ 벧엘 ④ 마라

40. 이스라엘 백성이 광야에서 만나를 먹고도 불평한 이유는?
① 배부르지 않아서
② 다른 인종들이 품은 탐욕에 영향을 받아서
③ 기력이 없어서
④ 소망이 없어서

37. ④ (민 10:17) 이에 성막을 걷으매 게르손 자손과 므라리 자손이 성막을 메고 출발하였으며
38. ② (민 10:29) 모세가 모세의 장인 미디안 사람 르우엘의 아들 호밥에게 이르되 야훼(여호와)께서 주마 하신 곳으로 우리가 행진하나니 우리와 동행하자 그리하면 선대하리라 야훼(여호와)께서 이스라엘에게 복을 내리리라 하셨느니라
* 모세는 이스라엘 백성을 이끌고 가나안을 향해 갈 때 광야 길이 생소했기 때문에 광야 지리에 밝은 그의 처남 호밥에게 길을 안내해 달라고 부탁했던 것이다.
39. ② (민 11:1-3) 야훼(여호와)께서 들으시기에 백성이 악한 말로 원망하매 야훼(여호와)께서 들으시고 진노하사 야훼(여호와)의 불을 그들 중에 붙여서 진영 끝을 사르게 하시매 … 그 곳 이름을 다베라라 불렀으니 이는 야훼(여호와)의 불이 그들 중에 붙은 까닭이었더라
* '다베라'는 '불사름'이란 뜻이다.
40. ② (민 11:4) 그들 중에 섞여 사는 다른 인종들이 탐욕을 품으매 이스라엘 자손도 다시 울며 이르되 누가 우리에게 고기를 주어 먹게 하랴

memo

41. 만나에 대한 설명으로 맞지 않는 것은?
① 깟씨와 같다 ② 모양은 진주와 같다
③ 기름 섞은 과자 맛 같다 ④ 해가 뜰 때 내렸다

42. 야훼(여호와)께서는 모세와 함께 백성의 짐을 담당할 장로와 지도자 몇 명을 세우시겠다고 하셨는가?
① 30명 ② 50명 ③ 70명 ④ 100명

43. 야훼(여호와)께서 그의 영을 모든 백성에게 주기 원한다고 말한 사람은?
① 모세 ② 여호수아 ③ 아론 ④ 브살렐

44. 야훼(여호와)께서 메추라기로 인하여 욕심을 낸 이스라엘 백성을 큰 재앙으로 치신 곳 이름은?
① 브엘세바 ② 다베라
③ 기브롯 핫다아와 ④ 마라

45. 가나안 땅의 정탐꾼으로 뽑힌 여호수아는 어느 지파 사람인가?
① 단 지파 ② 아셀 지파
③ 납달리 지파 ④ 에브라임 지파

41. ④ (민 11:7-9) 만나는 깟씨와 같고 모양은 진주와 같은 것이라 … 그 맛이 기름 섞은 과자 맛 같았더라 밤에 이슬이 진영에 내릴 때에 만나도 함께 내렸더라
42. ③ (민 11:16-17) 야훼(여호와)께서 모세에게 이르시되 … 장로와 지도자가 될 만한 자 칠십 명을 모아 내게 데리고 와 회막에 이르러 거기서 너와 함께 서게 하라 … 그들이 너와 함께 백성의 짐을 담당하고 너 혼자 담당하지 아니하리라
43. ① (민 11:29) 모세가 그에게 이르되 네가 나를 두고 시기하느냐 야훼(여호와)께서 그의 영을 그의 모든 백성에게 주사 다 선지자가 되게 하시기를 원하노라
44. ③ (민 11:32-34) 백성이 일어나 그 날 종일 종야와 그 이튿날 종일토록 메추라기를 모으니 … 야훼(여호와)께서 백성에게 대하여 진노하사 심히 큰 재앙으로 치셨으므로 그 곳 이름을 기브롯 핫다아와라 불렀으니 욕심을 낸 백성을 거기 장사함이었더라
* '기브롯 핫다아와'는 '탐욕의 무덤'이란 뜻을 지니고 있다.
45. ④ (민 13:8) 에브라임 지파에서는 눈의 아들 호세아요
* '호세아'는 여호수아의 다른 이름이다(민 13:16 참조).

memo

46. 정탐꾼들이 가나안에서 가져온 실과가 아닌 것은?
① 종려나무 열매 ② 포도송이
③ 석류 ④ 무화과

47. 정탐꾼들은 며칠 동안 가나안 땅을 정탐하고 돌아왔는가?
① 10일 ② 20일 ③ 30일 ④ 40일

48. 부정적인 보고를 한 10명의 정탐꾼들이 한 말이 아닌 것은?
① 우리는 그 백성을 치지 못할 것이다
② 그들은 우리보다 강하다
③ 우리는 스스로 보기에도 메뚜기 같다
④ 우리가 곧 올라가서 그 땅을 취하자

49. 야훼(여호와)를 원망한 이스라엘 백성의 자녀들은 광야에서 몇 년 동안 방황하게 되는가?
① 20년 ② 30년 ③ 40년 ④ 50년

50. 광야에서 당을 지어 모세를 거스른 자가 아닌 사람은?
① 고라 ② 다단 ③ 아비람 ④ 나손

46. ① (민 13:23) 또 에스골 골짜기에 이르러 거기서 포도송이가 달린 가지를 베어 둘이 막대기에 꿰어 메고 또 석류와 무화과를 따니라
47. ④ (민 13:25) 사십 일 동안 땅을 정탐하기를 마치고 돌아와
48. ④ (민 13:31–33) 그와 함께 올라갔던 사람들은 이르되 우리는 능히 올라가서 그 백성을 치지 못하리라 그들은 우리보다 강하니라 하고 … 거기서 네피림 후손인 아낙 자손의 거인들을 보았나니 우리는 스스로 보기에도 메뚜기 같으니 그들이 보기에도 그와 같았을 것이니라
49. ③ (민 14:26–33) 야훼(여호와)께서 모세와 아론에게 말씀하여 이르시되 나를 원망하는 이 악한 회중에게 내가 어느 때까지 참으랴 … 너희의 자녀들은 너희 반역한 죄를 지고 너희의 시체가 광야에서 소멸되기까지 사십 년을 광야에서 방황하는 자가 되리라
50. ④ (민 16:1–2) 레위의 증손 고핫의 손자 이스할의 아들 고라와 르우벤 자손 엘리압의 아들 다단과 아비람과 벨렛의 아들 온이 당을 짓고 이스라엘 자손 총회에서 택함을 받은 자 곧 회중 가운데에서 이름 있는 지휘관 이백오십 명과 함께 일어나서 모세를 거스르니라

memo

51. 고라에게 동조하여 모세를 거스르다 불에 타서 죽은 지휘관은 몇 명인가?
① 230명 ② 240명 ③ 250명 ④ 260명

52. 고라에게 동조한 사람들이 죽은 후 모세와 아론을 원망한 회중에게 하나님께서 내리신 징계는?
① 염병 ② 나병 ③ 괴혈병 ④ 열병

53. 회막에서 일한 대가로 이스라엘의 십일조를 기업으로 받는 자손은?
① 유다 자손 ② 시므온 자손
③ 레위 자손 ④ 므낫세 자손

54. 정결법에 의하면 시체를 만진 자는 며칠 동안 부정한가?
① 4일 ② 7일 ③ 8일 ④ 14일

51. ③ (민 16:35) 야훼(여호와)께로부터 불이 나와서 분향하는 이백오십 명을 불살랐더라
52. ① (민 16:41–47) 이튿날 이스라엘 자손의 온 회중이 모세와 아론을 원망하여 이르되 너희가 야훼(여호와)의 백성을 죽였도다 하고 회중이 모여 모세와 아론을 칠 때에 회막을 바라본즉 구름이 회막을 덮었고 야훼(여호와)의 영광이 나타났더라 … 아론이 모세의 명령을 따라 향로를 가지고 회중에게로 달려간즉 백성 중에 염병이 시작되었는지라 이에 백성을 위하여 속죄하고
53. ③ (민 18:21) 내가 이스라엘의 십일조를 레위 자손에게 기업으로 다 주어서 그들이 하는 일 곧 회막에서 하는 일을 갚나니
54. ② (민 19:11) 사람의 시체를 만진 자는 이레 동안 부정하리니

memo

55. 모세가 므리바에서 지팡이로 반석을 두 번 쳐서 물이 솟아나오게 한 일로 하나님께 책망 받은 이유는?
① 모세가 혈기를 부렸기 때문이다
② 아론이 혈기를 부렸기 때문이다
③ 회중은 물을 마셨지만 짐승은 마시지 못했기 때문이다
④ 야훼(여호와)를 믿지 아니하고, 야훼(여호와)의 거룩함을 나타내지 않았기 때문이다

56. 민수기 20장에서, 이스라엘 백성이 자기 땅으로 지나가는 것을 허락하지 않은 왕은?
① 애굽 왕 ② 소돔 왕 ③ 에돔 왕 ④ 암몬 왕

57. 아론의 대제사장직을 승계한 아들은?
① 나답 ② 아비후 ③ 엘르아살 ④ 이다말

58. 야훼(여호와)께서 불뱀들을 보내 이스라엘 백성을 물게 한 이유는?
① 백성이 하나님과 모세를 원망했기 때문이다
② 모세가 범죄했기 때문이다
③ 백성이 뱀 모양의 우상을 만들었기 때문이다
④ 백성이 서로 다투었기 때문이다

55. ④ (민 20:11–12) 모세가 그의 손을 들어 그의 지팡이로 반석을 두 번 치니 물이 많이 솟아나오므로 회중과 그들의 짐승이 마시니라 야훼(여호와)께서 모세와 아론에게 이르시되 너희가 나를 믿지 아니하고 이스라엘 자손의 목전에서 내 거룩함을 나타내지 아니한 고로 너희는 이 회중을 내가 그들에게 준 땅으로 인도하여 들이지 못하리라 하시니라

56. ③ (민 20:21) 에돔 왕이 이같이 이스라엘이 그의 영토로 지나감을 용납하지 아니하므로 이스라엘이 그들에게서 돌이키니라

57. ③ (민 20:28) 모세가 아론의 옷을 벗겨 그의 아들 엘르아살에게 입히매 아론이 그 산 꼭대기에서 죽으니라 모세와 엘르아살이 산에서 내려오니

58. ① (민 21:5–6) 백성이 하나님과 모세를 향하여 원망하되 어찌하여 우리를 애굽에서 인도해 내어 이 광야에서 죽게 하는가 … 야훼(여호와)께서 불뱀들을 백성 중에 보내어 백성을 물게 하시므로 이스라엘 백성 중에 죽은 자가 많은지라

memo

59. 이스라엘 백성이 야훼(여호와)의 명령을 따라 우물을 파서 물을 얻게 된 후 노래한 곳은?

① 브엘 ② 세겜 ③ 마라 ④ 아르논

60. 모압 왕 발락이 보낸 사신들이 발람에게 왔을 때 하나님께서 발람에게 하신 말씀이 아닌 것은?

① 너는 그들과 함께 가지 말라
② 이스라엘 백성을 저주하지 말라
③ 이스라엘 백성은 복을 받은 자들이다
④ 다른 선지자에게 보내라

61. 이스라엘에 대해 발람이 말한 내용이 아닌 것은?

① 하나님이 저주하지 않으신 자를 내가 어찌 저주하랴
② 야훼(여호와)께서 꾸짖지 않으신 자를 내가 어찌 꾸짖으랴
③ 이 백성은 홀로 살지 않을 것이라
④ 여러 민족 중의 하나로 여기지 않으리로다

59. ① (민 21:16-18) 브엘은 야훼(여호와)께서 모세에게 명령하시기를 백성을 모으라 내가 그들에게 물을 주리라 하시던 우물이라 그 때에 이스라엘이 노래하여 이르되 우물물아 솟아나라 너희는 그것을 노래하라 이 우물은 지휘관들이 팠고 백성의 귀인들이 규와 지팡이로 판 것이로다 하였더라

60. ④ (민 22:12) 하나님이 발람에게 이르시되 너는 그들과 함께 가지도 말고 그 백성을 저주하지도 말라 그들은 복을 받은 자들이니라

61. ③ (민 23:8-9) 하나님이 저주하지 않으신 자를 내가 어찌 저주하며 야훼(여호와)께서 꾸짖지 않으신 자를 내가 어찌 꾸짖으랴 내가 바위 위에서 그들을 보며 작은 산에서 그들을 바라보니 이 백성은 홀로 살 것이라 그를 여러 민족 중의 하나로 여기지 않으리로다

* '이스라엘 백성은 홀로 살고 여러 민족 중의 하나로 여기지 않을 것'이라는 말은 이스라엘 백성이 하나님의 선민임을 가리킨다.

memo

62. 발람은 이스라엘을 저주하는 대신 몇 번 축복하였는가?

① 1번 ② 2번 ③ 3번 ④ 4번

63. 이스라엘 백성이 싯딤에 머물러 있을 때 야훼(여호와)께서 그들에게 진노하신 이유는?

① 이스라엘 남자들이 모압에 화친을 청했기 때문이다

② 이스라엘 여인들이 모압 여인들을 구경했기 때문이다

③ 하나님께 제사를 드리지 않았기 때문이다

④ 바알브올에게 가담했기 때문이다

64. 바알브올 사건에 가담한 미디안 여인과 이스라엘 남자를 창으로 죽인 사람은?

① 비느하스 ② 고라 ③ 디르사 ④ 갈렙

65. 바알브올 사건 때 염병으로 죽은 자는 몇 명인가?

① 14,000명 ② 24,000명 ③ 34,000명 ④ 44,000명

62. ③ (민 24:10) 발락이 발람에게 노하여 손뼉을 치며 말하되 내가 그대를 부른 것은 내 원수를 저주하라는 것이어늘 그대가 이같이 세 번 그들을 축복하였도다

이스라엘에 대한 발람의 축복

첫 번째 축복	민 23:7-10
두 번째 축복	민 23:18-20
세 번째 축복	민 24:3-9

63. ④ (민 25:1-3) 이스라엘이 싯딤에 머물러 있더니 그 백성이 모압 여자들과 음행하기를 시작하니라 그 여자들이 자기 신들에게 제사할 때에 … 이스라엘이 바알브올에게 가담한지라 야훼(여호와)께서 이스라엘에게 진노하시니라

* '바알브올'이란 바알 신을 가리킨다. 이스라엘 남자들은 바알 제의에 참석하여 모압 여인들과 음행에 빠짐으로 바알의 노예가 되고 말았던 것이다.

64. ① (민 25:6-8) 이스라엘 자손 한 사람이 모세와 온 회중의 눈앞에 미디안의 한 여인을 데리고 그의 형제에게로 온지라 제사장 아론의 손자 엘르아살의 아들 비느하스가 보고 … 이스라엘 남자와 그 여인의 배를 꿰뚫어서 두 사람을 죽이니 염병이 이스라엘 자손에게서 그쳤더라

65. ② (민 25:9) 그 염병으로 죽은 자가 이만 사천 명이었더라

memo

66. 하나님께서 비느하스와 그의 후손에게 주신 언약은?

① 물질 축복의 언약

② 영원한 왕 직분의 언약

③ 영원한 선지자 직분의 언약

④ 영원한 제사장 직분의 언약

67. 이스라엘 자손이 가나안 정복에 앞서 두 번째 인구조사를 한 곳은?

① 수르 광야 ② 모압 평지

③ 시내 광야 ④ 가데스바네아

66. ④ (민 25:11-13) 제사장 아론의 손자 엘르아살의 아들 비느하스가 내 질투심으로 질투하여 이스라엘 자손 중에서 내 노를 돌이켜서 내 질투심으로 그들을 소멸하지 않게 하였도다 그러므로 말하라 내가 그에게 내 평화의 언약을 주리니 그와 그의 후손에게 영원한 제사장 직분의 언약이라

67. ② (민 26:3-4) 모세와 제사장 엘르아살이 여리고 맞은편 요단 가 모압 평지에서 그들에게 전하여 이르되 야훼(여호와)께서 애굽 땅에서 나온 모세와 이스라엘 자손에게 명령하신 대로 너희는 이십 세 이상 된 자를 계수하라 하니라

memo

68. 첫 번째 인구조사 때와 비교하여 인구가 가장 적어진 지파는?

① 르우벤 지파 ② 시므온 지파

③ 잇사갈 지파 ④ 스불론 지파

69. 가나안 땅을 분배할 때 두 가지 원칙은 무엇인가?

① 지파의 수와 제비뽑기 ② 지파의 영향력과 제비뽑기

③ 지파의 질과 제비뽑기 ④ 지파의 이름과 제비뽑기

68. ② (민 26:14) 이는 시므온의 종족들이니 계수된 자가 이만 이천이백 명이었더라

* 시므온은 여동생 디나가 강간당했을 때 세겜 사람들을 학살한 사건으로 야곱의 저주를 받았는데(창 34:25–30 참조), 야곱의 저주대로 그의 후손들은 점차 쇠퇴하였다. 뿐만 아니라 제2차 인구조사 직전에 있었던 시므온의 한 족장인 시므리의 음행과 우상숭배(민 25:6–14 참조)도 쇠퇴의 원인이 되었다.

광야에서의 인구조사

지파	1차(민 1:1-46)	2차(민 26:1-51)	증감
르우벤	46,500	43,730	-2,770
시므온	59,300	22,200	-37,100
갓	45,650	40,500	-5,150
유다	74,600	76,500	1,900
잇사갈	54,400	64,300	9,900
스불론	57,400	60,500	3,100
에브라임	40,500	32,500	-8,000
므낫세	32,200	52,700	20,500
베냐민	35,400	45,600	10,200
단	62,700	64,400	1,700
아셀	41,500	53,400	11,900
납달리	53,400	45,400	-8,000
총계	603,550	601,730	-1,820

69. ① (민 26:54–55) 수가 많은 자에게는 기업을 많이 줄 것이요 수가 적은 자에게는 기업을 적게 줄 것이니 그들이 계수된 수대로 각기 기업을 주되 오직 그 땅을 제비 뽑아 나누어 그들의 조상 지파의 이름을 따라 얻게 할지니라

memo

70. 아버지의 재산을 상속받은 슬로브핫의 딸들이 속한 지파는?

① 에브라임 지파 ② 므낫세 지파

③ 베냐민 지파 ④ 납달리 지파

71. 하나님께서는 모세의 사역을 누구에게 위탁하게 하셨는가?

① 아론 ② 훌 ③ 여호수아 ④ 갈렙

72. 안식일에 드리는 제물이 아닌 것은?

① 일 년 되고 흠 없는 숫양 두 마리

② 고운 가루 십분의 이

③ 꿀과 감람 기름

④ 기름 섞은 소제와 그 전제

70. ② (민 27:1-7) 므낫세의 현손 … 슬로브핫의 딸들이 찾아왔으니 … 야훼(여호와)께서 모세에게 말씀하여 이르시되 슬로브핫 딸들의 말이 옳으니 너는 반드시 그들의 아버지의 형제 중에서 그들에게 기업을 주어 받게 하되 그들의 아버지의 기업을 그들에게 돌릴지니라

71. ③ (민 27:18-20) 야훼(여호와)께서 모세에게 이르시되 눈의 아들 여호수아는 그 안에 영이 머무는 자니 너는 데려다가 그에게 안수하고 그를 제사장 엘르아살과 온 회중 앞에 세우고 그들의 목전에서 그에게 위탁하여 네 존귀를 그에게 돌려 이스라엘 자손의 온 회중을 그에게 복종하게 하라

72. ③ (민 28:9) 안식일에는 일 년 되고 흠 없는 숫양 두 마리와 고운 가루 십분의 이에 기름 섞은 소제와 그 전제를 드릴 것이니

절기 때 드리는 제물

		번제			속죄제	
	수송아지		숫양	1년 된 숫양	숫염소	
상번제	·		·	2	·	민 28:3-8
안식일	·		·	2	·	민 28:9-10
초하루	2		1	7	1	민 28:11-15
무교절(유월절)	2		1	7	1	민 28:16-25
칠칠절	2		1	7	1	민 28:26-31
나팔절	1		1	7	1	민 29:1-6
속죄일	1		1	7	1	민 29:7-11
초막절(장막절)	1일	13	2	14	1	민 29:12-16
	2일	12	2	14	1	민 29:17-19
	3일	11	2	14	1	민 29:20-22
	4일	10	2	14	1	민 29:23-25
	5일	9	2	14	1	민 29:26-28
	6일	8	2	14	1	민 29:29-31
	7일	7	2	14	1	민 29:32-34
	8일	1	1	7	1	민 29:35-38

memo

73. 이스라엘이 미디안과 싸울 때 모세가 성소의 기구와 신호 나팔을 들려서 전쟁에 보낸 사람은?
① 비느하스　② 엘르아살　③ 이다말　④ 고핫

74. 24,000명이 염병으로 죽임을 당한 바알브올의 사건은 누구의 꾀로 일어난 일인가?
① 다단　② 발락　③ 발람　④ 고스비

75. 르우벤 자손과 갓 자손이 야셀 땅과 길르앗 땅을 본 후 모세에게 요단 강을 건너지 않겠다고 말한 이유는?
① 다른 지파보다 아이들과 노인이 많았기 때문에
② 많은 가축 떼를 목축할 만한 장소이기 때문에
③ 다른 지파보다 인구가 현저히 적었기 때문에
④ 모세의 지도력에 불만을 가졌기 때문에

76. 요단 동쪽 땅을 분배받지 않은 지파는?
① 갓 지파　② 르우벤 지파
③ 므낫세 반 지파　④ 스불론 지파

73. ① (민 31:1–6) 야훼(여호와)께서 모세에게 말씀하여 이르시되 이스라엘 자손의 원수를 미디안에게 갚으라 … 모세가 각 지파에 천 명씩 싸움에 보내되 제사장 엘르아살의 아들 비느하스에게 성소의 기구와 신호 나팔을 들려서 그들과 함께 전쟁에 보내매

74. ③ (민 31:16) 보라 이들이 발람의 꾀를 따라 이스라엘 자손을 브올의 사건에서 야훼(여호와) 앞에 범죄하게 하여 야훼(여호와)의 회중 가운데에 염병이 일어나게 하였느니라

75. ② (민 32:1–5) 르우벤 자손과 갓 자손은 심히 많은 가축 떼를 가졌더라 그들이 야셀 땅과 길르앗 땅을 본즉 그 곳은 목축할 만한 장소인지라 갓 자손과 르우벤 자손이 와서 모세와 제사장 엘르아살과 회중 지휘관들에게 … 우리가 만일 당신에게 은혜를 입었으면 이 땅을 당신의 종들에게 그들의 소유로 주시고 우리에게 요단 강을 건너지 않게 하소서

76. ④ (민 32:32–33) 우리가 무장하고 야훼(여호와) 앞에서 가나안 땅에 건너가서 요단 이쪽을 우리가 소유할 기업이 되게 하리이다 모세가 갓 자손과 르우벤 자손과 요셉의 아들 므낫세 반 지파에게 … 그 성읍들의 사방 땅을 그들에게 주매

memo

77. 요단 동쪽 땅은 원래 누구의 나라였는가?

① 애굽 왕 바로 ② 그랄 왕 아비멜렉

③ 엘람 왕 그돌라오멜 ④ 아모리 왕 시혼과 바산 왕 옥

78. 이스라엘 백성의 애굽에서 모압 평지까지의 출애굽 노정이 기록된 장은?

① 민수기 32장 ② 민수기 33장

③ 민수기 34장 ④ 민수기 35장

79. 아론이 죽은 장소와 그때의 나이는?

① 호르 산, 123세 ② 호르 산, 133세

③ 느보 산, 143세 ④ 느보 산, 153세

77. ④ (민 32:33) 모세가 갓 자손과 르우벤 자손과 요셉의 아들 므낫세 반 지파에게 아모리인의 왕 시혼의 나라와 바산 왕 옥의 나라를 주되 곧 그 땅과 그 경내의 성읍들과 그 성읍들의 사방 땅을 그들에게 주매

* 갓과 르우벤 지파는 조건부 제안을 통해(민 32:16-19 참조), 그리고 므낫세 반 지파는 이스라엘이 아모리와 바산을 정복할 때 공을 세웠기 때문에(민 32:39-40 참조) 땅을 분배받게 되었다. 이처럼 2지파 반은 모세에 의해 요단 동편 땅을 분배받았지만, 나머지 9지파 반은 후에 제비 뽑아 가나안 땅을 분배받았다(민 26:55; 수 14:2 참조).

78. ② (민 33:1-49 참조)

출애굽 노정 중 진을 친 곳(민 33:5-48 참조)

라암셋 출발 → 숙곳 → 에담 → 믹돌 → 마라 → 엘림 → 신 광야 → 돕가 → 알루스 → 르비딤 → 시내 광야 → 기브롯 핫다아와 → 하세롯 → 릿마 → 림몬베레스 → 립나 → 릭사 → 그헬라다 → 세벨 → 하라다 → 막헬롯 → 다핫 → 데라 → 밋가 → 하스모나 → 모세롯 → 브네야아간 → 홀하깃갓 → 욧바다 → 아브로나 → 에시온게벨 → 가데스 → 호르 산 → 살모나 → 부논 → 오봇 → 이예아바림 → 이임 → 디본갓 → 알몬디블라다임 → 아바림 산 → 모압 평지 도착

79. ① (민 33:39) 아론이 호르 산에서 죽던 때의 나이는 백이십삼 세였더라

memo

80. 가나안 땅 분배에 참여하지 않을 사람은?

① 모세 ② 엘르아살

③ 여호수아 ④ 각 지파의 대표 지휘관

81. 야훼(여호와)께서 레위인에게 주라고 하신 성읍의 수는?

① 12개 ② 40개 ③ 48개 ④ 50개

82. 도피성에 피할 수 없는 자는?

① 철 연장으로 사람을 쳐 죽인 자

② 악의가 없이 우연히 사람을 밀쳐 죽인 자

③ 기회를 엿봄이 없이 무엇을 던져 사람을 죽인 자

④ 보지 못하고 돌을 던져서 사람을 죽인 자

80. ① (민 34:17-18) 너희에게 땅을 기업으로 나눌 자의 이름은 이러하니 제사장 엘르아살과 눈의 아들 여호수아니라 너희는 또 기업의 땅을 나누기 위하여 각 지파에 한 지휘관씩 택하라

가나안 땅 분배에 참여한 각 지파 지휘관

유다 지파(갈렙)	민 34:19	에브라임 지파(그므엘)	민 34:24
시므온 지파(스므엘)	민 34:20	스불론 지파(엘리사반)	민 34:25
베냐민 지파(엘리닷)	민 34:21	잇사갈 지파(발디엘)	민 34:26
단 지파(북기)	민 34:22	아셀 지파(아히훗)	민 34:27
므낫세 지파(한니엘)	민 34:23	납달리 지파(브다헬)	민 34:28

81. ③ (민 35:1-7) 야훼(여호와)께서 여리고 맞은편 요단 강 가 모압 평지에서 모세에게 말씀하여 이르시되 … 너희가 레위인에게 모두 사십팔 성읍을 주고 그 초장도 함께 주되

82. ①

도피성에 피할 수 있는 자

부지중에 살인한 모든 자	민 35:15
악의가 없이 우연히 사람을 밀쳐 죽인 자	민 35:22
기회를 엿봄이 없이 무엇을 던져 사람을 죽인 자	민 35:22
보지 못하고 돌을 던져서 사람을 죽인 자	민 35:23

memo

83. 도피성에 피한 자는 언제까지 그곳에 거주해야 하는가?
① 형제가 죽을 때까지 ② 부모가 죽을 때까지
③ 대제사장이 죽을 때까지 ④ 영원히 나올 수 없다

84. 슬로브핫의 딸들이 다른 지파로 시집갈 경우 자기 지파의 기업이 줄어들 것을 우려해 문제를 제기한 지파는?
① 유다 ② 납달리 ③ 므낫세 ④ 아셀

85. 슬로브핫의 딸들을 자기 조상의 지파에게만 시집가도록 한 이유는?
① 자기 형제를 지키도록 하기 위해
② 자기 자녀를 지키도록 하기 위해
③ 자기 조상 지파의 혈통을 지키도록 하기 위해
④ 자기 조상 지파의 기업을 지키도록 하기 위해

83. ③ (민 35:25) 피를 보복하는 자의 손에서 살인자를 건져내어 그가 피하였던 도피성으로 돌려보낼 것이요 그는 거룩한 기름 부음을 받은 대제사장이 죽기까지 거기 거주할 것이니라

84. ③ (민 36:1-3) 요셉 자손의 종족 중 므낫세의 손자 마길의 아들 길르앗 자손 종족들의 수령들이 나아와 … 우리 형제 슬로브핫의 기업을 그의 딸들에게 주게 하셨은즉 그들이 만일 이스라엘 자손의 다른 지파들의 남자들의 아내가 되면 … 우리가 제비 뽑은 기업에서 떨어져 나갈 것이요

85. ④ (민 36:6-7) 슬로브핫의 딸들은 마음대로 시집가려니와 오직 그 조상 지파의 종족에게로만 시집갈지니 그리하면 이스라엘 자손의 기업이 이 지파에서 저 지파로 옮기지 않고 이스라엘 자손이 다 각기 조상 지파의 기업을 지킬 것이니라 하셨나니

memo

주관식

1. 요셉 대신 계수된 두 지파는?

2. 이스라엘 자손은 광야에서 인구조사를 몇 번 했는가?

3. "너희는 이스라엘 자손의 모든 회중 각 (   )의 수를 그들의 종족과 조상의 가문에 따라 그 명수대로 계수할지니 이스라엘 중 (   ) 이상으로 싸움에 나갈 만한 모든 자를 너와 아론은 그 진영별로 계수하되"

4. 이스라엘 자손의 제1차 인구조사 때 계수된 자의 총계는?

5. "너는 (   )과 그의 아들들을 세워 (   ) 직무를 행하게 하라 외인이 가까이 하면 죽임을 당할 것이니라"

1. **에브라임과 므낫세** (민 1:1-10) 야훼(여호와)께서 시내 광야 회막에서 모세에게 말씀하여 이르시되 너희는 이스라엘 자손의 모든 회중 각 남자의 수를 그들의 종족과 조상의 가문에 따라 그 명수대로 계수할지니 … 요셉의 자손들 중 에브라임 지파에서는 암미훗의 아들 엘리사마요 므낫세 지파에서는 브다술의 아들 가말리엘이요
2. **2번** (민 1:1-46; 26:1-65 참조)
3. **남자, 이십 세** (민 1:2-3 참조)
4. **603, 550명** (민 1:45-46) 이같이 이스라엘 자손이 그 조상의 가문을 따라 이십 세 이상으로 싸움에 나갈 만한 이스라엘 자손이 다 계수되었으니 계수된 자의 총계는 육십만 삼천오백오십 명이었더라
5. **아론, 제사장** (민 3:10 참조)

memo

6. "보라 내가 이스라엘 자손 중에서 (　　　　)을 택하여 이스라엘 자손 중에 태를 열어 태어난 모든 자를 대신하게 하였은즉 (　　　　)은 (　　　　)이라"

7. 남편이 아내의 정결에 대하여 의심이 생겼을 때 하나님의 공의의 판단을 받기 위해 드리는 제사는?

8. "이스라엘 자손에게 전하여 그들에게 이르라 남자나 여자가 특별한 서원 곧 (　　　　)의 서원을 하고 자기 몸을 구별하여 야훼(여호와)께 드리려고 하면 포도주와 독주를 멀리하며 포도주로 된 초나 독주로 된 초를 마시지 말며 포도즙도 마시지 말며 생포도나 건포도도 먹지 말지니"

9. 아론과 그 아들들이 할 '제사장의 축복 기도'가 기록된 곳은?

10. "모세가 장막 세우기를 끝내고 그것에 (　　　　)을 발라 거룩히 구별하고 또 그 모든 기구와 제단과 그 모든 기물에 (　　　　)을 발라 거룩히 구별한 날에"

6. **레위인, 레위인, 내 것** (민 3:12 참조)
7. **의심의 소제, 기억의 소제** (민 5:14-15) 그 남편이 의심이 생겨 그 아내를 의심하였는데 그의 아내가 더럽혀졌거나 … 더럽혀지지 아니하였든지 그의 아내를 데리고 제사장에게로 가서 그를 위하여 보리 가루 십분의 일 에바를 헌물로 드리되 그것에 기름도 붓지 말고 유향도 두지 말라 이는 의심의 소제요 죄악을 기억나게 하는 기억의 소제라
8. **나실인** (민 6:2-3 참조)
9. **민수기 6장 24절-26절** (민 6:24-26) 야훼(여호와)는 네게 복을 주시고 너를 지키시기를 원하며 야훼(여호와)는 그의 얼굴을 네게 비추사 은혜 베푸시기를 원하며 야훼(여호와)는 그 얼굴을 네게로 향하여 드사 평강 주시기를 원하노라 할지니라 하라
10. **기름, 기름** (민 7:1 참조)

memo

11. “제단에 기름을 바르던 날에 지휘관들이 제단의 (　　　)을 위하여 (　　　)을 가져다가 그 (　　　)을 제단 앞에 드리니라”

12. 레위인을 야훼(여호와)께 드리는 제사 방법은?

13. “둘째 달 열넷째 날 해 질 때에 그것을 지켜서 어린양에 (　　　)과 (　　　)을 아울러 먹을 것이요 아침까지 그것을 조금도 남겨두지 말며 그 뼈를 하나도 꺾지 말아서 (　　　) 모든 율례대로 지킬 것이니라”

14. 이스라엘 백성이 희락의 날과 정한 절기와 초하루에 번제물과 함께 드리는 제물은?

15. 이스라엘 백성이 광야에서 행진할 때 선두로 행진한 진영의 지도적인 지파는?

11. 봉헌, 헌물, 헌물 (민 7:10 참조)

12. 요제 (민 8:13) 레위인을 아론과 그의 아들들 앞에 세워 야훼(여호와)께 요제로 드릴지니라
* 레위인을 요제로 드렸다는 것은 레위인을 대신하여 드려지는 희생 제물이 요제의 방식으로 드려진 것을 말한다(민 8:11 참조).

13. 무교병, 쓴 나물, 유월절 (민 9:11-12 참조)

14. 화목제물 (민 10:10) 또 너희의 희락의 날과 너희가 정한 절기와 초하루에는 번제물을 드리고 화목제물을 드리며 나팔을 불라 그로 말미암아 너희의 하나님이 너희를 기억하시리라 나는 너희의 하나님 야훼(여호와)니라
* '희락의 날'이란 부림절(에 9:17-19 참조), 수전절(요 10:22 참조), 성전 봉헌(스 3:10 참조)과 같은 국가적인 축일을 말한다.

15. 유다 지파 (민 10:13-14) 이와 같이 그들이 야훼(여호와)께서 모세에게 명령하신 것을 따라 행진하기를 시작하였는데 선두로 유다 자손의 진영의 군기에 속한 자들이 그들의 진영별로 행진하였으니 유다 군대는 암미나답의 아들 나손이 이끌었고
* 이스라엘 백성이 광야에서 행진할 때 선두로 행진한 지파는 유다, 잇사갈, 스불론 지파이며, 이 선두 진영의 지도적인 지파는 유다 지파이다(민 2:3-9 참조).

memo

16. 모세는 누구에게 '광야 길을 갈 때 동행해 달라'고 부탁했는가?

17. 민수기 10장에서, 이스라엘 백성이 야훼(여호와)의 산을 떠나 3일 길을 갈 때에 앞서 간 것은?

18. 이스라엘 백성이 다베라에서 악한 말로 원망할 때 야훼(여호와)께서 내리신 징벌은?

19. "야훼(여호와)께서 모세에게 이르시되 이스라엘 노인 중에 네가 알기로 백성의 장로와 지도자가 될 만한 자 (　　　)을 모아 내게 데리고 와 회막에 이르러 거기서 너와 함께 서게 하라 내가 강림하여 거기서 너와 말하고 네게 임한 (　　)을 그들에게도 임하게 하리니 그들이 너와 함께 백성의 짐을 담당하고 너 혼자 담당하지 아니하리라"

20. 이스라엘 백성이 울며 고기를 달라고 하자 하나님께서 주신 것은?

16. **호밥** (민 10:29) 모세가 모세의 장인 미디안 사람 르우엘의 아들 호밥에게 이르되 야훼(여호와)께서 주마 하신 곳으로 우리가 행진하나니 우리와 동행하자 그리하면 선대하리라 야훼(여호와)께서 이스라엘에게 복을 내리리라 하셨느니라
17. **야훼(여호와)의 언약궤** (민 10:33) 그들이 야훼(여호와)의 산에서 떠나 삼 일 길을 갈 때에 야훼(여호와)의 언약궤가 그 삼 일 길에 앞서 가며 그들의 쉴 곳을 찾았고
   * '야훼(여호와)의 산'이란 하나님과 이스라엘 백성이 언약을 체결한 '시내 산'을 말한다(출 19장 참조).
18. **야훼(여호와)의 불로 진영 끝을 사르심** (민 11:1–3) 야훼(여호와)께서 들으시기에 백성이 악한 말로 원망하매 야훼(여호와)께서 들으시고 진노하사 야훼(여호와)의 불을 그들 중에 붙여서 진영 끝을 사르게 하시매 … 그 곳 이름을 다베라라 불렀으니 이는 야훼(여호와)의 불이 그들 중에 붙은 까닭이었더라
19. **칠십 명, 영** (민 11:16–17 참조)
20. **메추라기** (민 11:18–31) 너희가 울며 이르기를 누가 우리에게 고기를 주어 먹게 하랴 애굽에 있을 때가 우리에게 좋았다 하는 말이 야훼(여호와)께 들렸으므로 야훼(여호와)께서 너희에게 고기를 주어 먹게 하실 것이라 … 바람이 야훼(여호와)에게서 나와 바다에서부터 메추라기를 몰아 … 내리게 한지라

memo

21. 백성의 장로 70명 중 진영에 머물고 장막에 나아가지 않았으나 예언한 두 사람은?

22. 모세에게 엘닷과 메닷이 예언하는 것을 말리라고 한 사람은?

23. 모세가 구스 여자를 취했을 때 모세를 비방한 사람은?

24. 미리암이 모세를 비방한 죄로 인해 걸린 병은?

25. 온유함이 지면의 모든 사람보다 더한 사람은?

26. 모세를 비방한 미리암은 진영 밖에 며칠 동안 갇혀 있었는가?

21. **엘닷과 메닷** (민 11:25-26) 야훼(여호와)께서 구름 가운데 강림하사 모세에게 말씀하시고 그에게 임한 영을 칠십 장로에게도 임하게 하시니 … 그 기명된 자 중 엘닷이라 하는 자와 메닷이라 하는 자 두 사람이 진영에 머물고 장막에 나아가지 아니하였으나 그들에게도 영이 임하였으므로 진영에서 예언한지라
22. **여호수아** (민 11:27-28) 한 소년이 달려와서 모세에게 전하여 이르되 엘닷과 메닷이 진중에서 예언하나이다 하매 택한 자 중 한 사람 곧 모세를 섬기는 눈의 아들 여호수아가 말하여 이르되 내 주 모세여 그들을 말리소서
23. **미리암과 아론** (민 12:1) 모세가 구스 여자를 취하였더니 그 구스 여자를 취하였으므로 미리암과 아론이 모세를 비방하니라
24. **나병** (민 12:1, 10) 모세가 구스 여자를 취하였더니 그 구스 여자를 취하였으므로 미리암과 아론이 모세를 비방하니라 … 구름이 장막 위에서 떠나갔고 미리암은 나병에 걸려 눈과 같더라 아론이 미리암을 본즉 나병에 걸렸는지라
25. **모세** (민 12:3) 이 사람 모세는 온유함이 지면의 모든 사람보다 더하더라
26. **7일** (민 12:15) 이에 미리암이 진영 밖에 이레 동안 갇혀 있었고 백성은 그를 다시 들어오게 하기까지 행진하지 아니하다가

memo

27. 야훼(여호와)께서는 모세에게 가나안 땅을 정탐하기 위해 누구를 보내라고 하셨는가?

28. 갈렙은 어느 지파에 속한 누구의 아들인가?

29. 모세가 눈의 아들 호세아의 이름을 무엇으로 바꾸었는가?

30. 가나안 땅을 능히 취할 수 있다고 말한 사람은?

31. 신장이 장대하여 10명의 정탐꾼들에게 두려움의 대상이 되었던 네피림의 후손은?

32. 정탐꾼 중 가나안 땅 거민들에 대하여 '그들은 우리의 먹이'라고 평한 두 사람은?

27. 각 지파 중에서 지휘관 된 자 한 사람씩 (민 13:1-2) 야훼(여호와)께서 모세에게 말씀하여 이르시되 사람을 보내어 내가 이스라엘 자손에게 주는 가나안 땅을 정탐하게 하되 그들의 조상의 가문 각 지파 중에서 지휘관 된 자 한 사람씩 보내라

28. 유다 지파, 여분네의 아들 (민 13:6) 유다 지파에서는 여분네의 아들 갈렙이요

29. 여호수아 (민 13:16) 이는 모세가 땅을 정탐하러 보낸 자들의 이름이라 모세가 눈의 아들 호세아를 여호수아라 불렀더라

* 여호수아는 에브라임 지파이다(민 13:8 참조).

30. 갈렙 (민 13:30) 갈렙이 모세 앞에서 백성을 조용하게 하고 이르되 우리가 곧 올라가서 그 땅을 취하자 능히 이기리라 하나

31. 아낙 자손 (민 13:32-33) 우리가 두루 다니며 정탐한 땅은 그 거주민을 삼키는 땅이요 거기서 본 모든 백성은 신장이 장대한 자들이며 거기서 네피림 후손인 아낙 자손의 거인들을 보았나니 우리는 스스로 보기에도 메뚜기 같으니 그들이 보기에도 그와 같았을 것이니라

32. 여호수아와 갈렙 (민 14:6-9) 그 땅을 정탐한 자 중 눈의 아들 여호수아와 여분네의 아들 갈렙이 … 다만 야훼(여호와)를 거역하지는 말라 또 그 땅 백성을 두려워하지 말라 그들은 우리의 먹이라

memo

33. “다만 야훼(여호와)를 거역하지는 말라 또 그 땅 백성을 두려워하지 말라 그들은 우리의 ( ) 그들의 보호자는 그들에게서 떠났고 야훼(여호와)는 우리와 ( ) 하시느니라 그들을 두려워하지 말라 하나”

34. “내 영광과 애굽과 광야에서 행한 내 이적을 보고서도 이같이 ( )이나 나를 시험하고 내 목소리를 청종하지 아니한 그 사람들은 내가 그들의 조상들에게 맹세한 땅을 결단코 보지 못할 것이요 또 나를 ( )하는 사람은 한 사람도 그것을 보지 못하리라”

35. “그들에게 이르기를 야훼(여호와)의 말씀에 내 삶을 두고 맹세하노라 너희 ( )이 내 귀에 ( ) 대로 내가 너희에게 행하리니”

36. “너희는 그 땅을 정탐한 날 수인 ( )의 하루를 일 년으로 쳐서 그 ( )간 너희의 죄악을 담당할지니 너희는 그제서야 내가 싫어하면 어떻게 되는지를 알리라 하셨다 하라”

37. “내가 ( ) 자의 지팡이에는 ( )이 나리니 이것으로 이스라엘 자손이 너희에게 대하여 ( )하는 말을 내 앞에서 그치게 하리라”

33. 먹이라, 함께 (민 14:9 참조)
34. 열 번, 멸시 (민 14:22–23 참조)
35. 말, 들린 (민 14:28 참조)
36. 사십 일, 사십 년 (민 14:34 참조)
37. 택한, 싹, 원망 (민 17:5 참조)

* 하나님께서는 고라 일당의 반역의 여파로 생긴 아론의 제사장직에 대한 부정적인 인식을 불식시키기 위해 아론의 지팡이에서 싹이 나게 하셨다.

memo

38. 어느 지파 누구의 지팡이에 살구 열매가 열렸는가?

39. 고라와 다단과 아비람의 반역 사건 후 하나님께서 반역한 자에 대한 표징으로 증거궤 앞에 간직하게 하신 것은?

40. 야훼(여호와)께서 이스라엘 자손이 거제로 드리는 모든 성물의 영구한 몫을 아론과 그의 자녀에게 주겠다고 하신 언약은?

41. 이스라엘 자손들에게서 받은 십일조의 십일조를 거제로 야훼(여호와)께 드리는 사람은?

42. 모세가 하나님의 거룩함을 나타내지 않고 지팡이로 반석을 두 번 쳐서 물이 솟아나오게 한 곳은?

38. **레위 지파, 아론의 지팡이** (민 17:8) 이튿날 모세가 증거의 장막에 들어가 본즉 레위 집을 위하여 낸 아론의 지팡이에 움이 돋고 순이 나고 꽃이 피어서 살구 열매가 열렸더라

* 아론의 지팡이에 살구 열매가 열린 것은 아론의 대제사장직이 단순히 이스라엘 규례에 의한 것이 아니라 하나님의 주권에 의한 것임을 상징한다.

39. **아론의 싹 난 지팡이** (민 17:10) 야훼(여호와)께서 또 모세에게 이르시되 아론의 지팡이는 증거궤 앞으로 도로 가져다가 거기 간직하여 반역한 자에 대한 표징이 되게 하여 그들로 내게 대한 원망을 그치고 죽지 않게 할지니라

40. **소금 언약** (민 18:19) 이스라엘 자손이 야훼(여호와)께 거제로 드리는 모든 성물은 내가 영구한 몫의 음식으로 너와 네 자녀에게 주노니 이는 야훼(여호와) 앞에 너와 네 후손에게 영원한 소금 언약이니라

41. **레위인** (민 18:26) 너는 레위인에게 말하여 그에게 이르라 내가 이스라엘 자손에게 받아 너희에게 기업으로 준 십일조를 너희가 그들에게서 받을 때에 그 십일조의 십일조를 거제로 야훼(여호와)께 드릴 것이라

* 레위인들은 다른 지파에게서 받은 십일조의 1/10을 다시 하나님께 거제로 드려야 했다.

42. **므리바** (민 20:11-13) 모세가 그의 손을 들어 그의 지팡이로 반석을 두 번 치니 물이 많이 솟아나오므로 … 이스라엘 자손이 야훼(여호와)와 다투었으므로 이를 므리바 물이라 하니라 야훼(여호와)께서 그들 중에서 그 거룩함을 나타내셨더라

memo

43. 아론이 죽은 곳은?

44. "야훼(여호와)께서 이스라엘의 목소리를 들으시고 가나안 사람을 그들의 손에 넘기시매 그들과 그들의 성읍을 다 멸하니라 그러므로 그 곳 이름을 (　　　　　)라 하였더라"

45. 하나님과 모세를 원망하다 불뱀에 물려 죽게 된 자가 무엇을 쳐다본즉 살게 되었는가?

46. 이스라엘이 자기 영토로 지나감을 용납하지 않고 이스라엘을 치려다가 패한 아모리 왕은?

47. 이스라엘 백성을 저주해 달라고 청탁한 사람과 청탁받은 사람은?

43. **호르 산** (민 20:25-26) 너는 아론과 그의 아들 엘르아살을 데리고 호르 산에 올라 아론의 옷을 벗겨 그의 아들 엘르아살에게 입히라 아론은 거기서 죽어 그 조상에게로 돌아가리라

44. **호르마** (민 21:3 참조)

45. **장대 위에 달린 놋뱀** (민 21:5-9) 백성이 하나님과 모세를 향하여 원망하되 … 야훼(여호와)께서 불뱀들을 백성 중에 보내어 백성을 물게 하시므로 이스라엘 백성 중에 죽은 자가 많은지라 … 모세가 놋뱀을 만들어 장대 위에 다니 뱀에게 물린 자가 놋뱀을 쳐다본즉 모두 살더라

46. **시혼** (민 21:21-24) 이스라엘이 아모리 왕 시혼에게 사신을 보내어 이르되 우리에게 당신의 땅을 지나가게 하소서 … 시혼이 이스라엘이 자기 영토로 지나감을 용납하지 아니하고 그의 백성을 다 모아 이스라엘을 치러 광야로 나와서 야하스에 이르러 이스라엘을 치므로 이스라엘이 칼날로 그들을 쳐서 무찌르고

47. **발락과 발람** (민 22:2-6) 십볼의 아들 발락이 … 그가 사신을 브올의 아들 발람의 고향인 강 가 브돌에 보내어 발람을 부르게 하여 이르되 보라 한 민족이 애굽에서 나왔는데 그들이 지면에 덮여서 우리 맞은편에 거주하였고 우리보다 강하니 청하건대 와서 나를 위하여 이 백성을 저주하라

memo

48. 발람이 나귀에 안장을 지우고 모압 고관들과 함께 갈 때 칼을 들고 길을 막은 자는?

49. 나귀의 입을 열어 말을 하게 하신 분은?

50. "발람이 예언하여 이르기를 발락이여 일어나 들을지어다 십볼의 아들이여 내게 자세히 들으라 하나님은 사람이 아니시니 (   )을 하지 않으시고 인생이 아니시니 (   )가 없으시도다 어찌 그 말씀하신 바를 (   ) 않으시며 하신 말씀을 (   ) 않으시랴 내가 축복할 것을 받았으니 그가 주신 복을 내가 돌이키지 않으리라"

51. 이스라엘 백성이 모압 여자들과 음행하기 시작한 곳은?

52. 이스라엘이 바알브올에 가담한 일로 태양을 향하여 목매어 달리게 된 자들은?

48. 야훼(여호와)의 사자 (민 22:21–22) 발람이 아침에 일어나서 자기 나귀에 안장을 지우고 모압 고관들과 함께 가니 그가 감으로 말미암아 하나님이 진노하시므로 야훼(여호와)의 사자가 그를 막으려고 길에 서니라
49. 야훼(여호와) (민 22:28) 야훼(여호와)께서 나귀 입을 여시니 발람에게 이르되 내가 당신에게 무엇을 하였기에 나를 이같이 세 번을 때리느냐
50. 거짓말, 후회, 행하지, 실행하지 (민 23:18–20 참조)
51. 싯딤 (민 25:1) 이스라엘이 싯딤에 머물러 있더니 그 백성이 모압 여자들과 음행하기를 시작하니라
52. 수령들 (민 25:3–4) 이스라엘이 바알브올에게 가담한지라 야훼(여호와)께서 이스라엘에게 진노하시니라 야훼(여호와)께서 모세에게 이르시되 백성의 수령들을 잡아 태양을 향하여 야훼(여호와) 앞에 목매어 달라 그리하면 야훼(여호와)의 진노가 이스라엘에게서 떠나리라
* '수령들'이란 이스라엘 각 지파의 족장과 장로들을 말하며, '태양을 향하여 목매어 달라'는 것은 사람들이 볼 수 있도록 공개적으로 죽이라는 의미이다.

memo

53. 이스라엘 자손의 제2차 인구조사 때 계수된 자의 총계는?

54. 제1차 인구조사 때 계수된 사람 중에 제2차 인구조사 때에도 남아 있던 두 사람은?

55. 누구의 딸들이 아들 없이 죽은 자기 아버지의 기업을 달라고 요구했는가?

56. 야훼(여호와)께서 모세의 후계자로 세우신 사람은?

57. 이스라엘의 첫째 달 열넷째 날에 지키는 절기는?

58. "사람이 야훼(여호와)께 (　　　)하였거나 결심하고 (　　　)하였으면 깨뜨리지 말고 그가 입으로 말한 대로 다 (　　　)할 것이니라"

53. **601,730명** (민 26:51) 이스라엘 자손의 계수된 자가 육십만 천칠백삼십 명이었더라
54. **갈렙과 여호수아** (민 26:65) 이는 야훼(여호와)께서 그들에게 대하여 말씀하시기를 그들이 반드시 광야에서 죽으리라 하셨음이라 이러므로 여분네의 아들 갈렙과 눈의 아들 여호수아 외에는 한 사람도 남지 아니하였더라
55. **슬로브핫의 딸들** (민 27:1-4) 요셉의 아들 므낫세 종족들에게 므낫세의 현손 마길의 증손 길르앗의 손자 헤벨의 아들 슬로브핫의 딸들이 찾아왔으니 … 어찌하여 아들이 없다고 우리 아버지의 이름이 그의 종족 중에서 삭제되리이까 우리 아버지의 형제 중에서 우리에게 기업을 주소서 하매
56. **여호수아** (민 27:18-20) 야훼(여호와)께서 모세에게 이르시되 눈의 아들 여호수아는 그 안에 영이 머무는 자니 너는 데려다가 그에게 안수하고 그를 제사장 엘르아살과 온 회중 앞에 세우고 그들의 목전에서 그에게 위탁하여 네 존귀를 그에게 돌려 이스라엘 자손의 온 회중을 그에게 복종하게 하라
57. **유월절** (민 28:16) 첫째 달 열넷째 날은 야훼(여호와)를 위하여 지킬 유월절이며
58. **서원, 서약, 이행** (민 30:2 참조)

memo

59. 야훼(여호와)께서 모세에게 '죽기 전에 이스라엘 자손의 원수를 갚으라'고 하신 족속은?

60. 미디안과의 싸움에 나갔던 자들은 며칠 동안 진영 밖에 주둔해야 했는가?

61. "전쟁에 나갔던 군인들은 사람이나 소나 나귀나 양 떼의 (   ) 을 야훼(여호와)께 드릴지니라"

62. "이스라엘 자손에게 말하여 그들에게 이르라 너희가 요단 강을 건너 (   ) 땅에 들어가거든 그 땅의 (   )을 너희 앞에서 다 몰아내고 그 새긴 석상과 부어 만든 (   )을 다 깨뜨리며 산당을 다 헐고 그 땅을 점령하여 거기 거주하라 내가 그 땅을 너희 소유로 (   ) 주었음이라"

63. 도피성은 모두 몇 개인가?

59. **미디안** (민 31:1–2) 야훼(여호와)께서 모세에게 말씀하여 이르시되 이스라엘 자손의 원수를 미디안에게 갚으라 그 후에 네가 네 조상에게로 돌아가리라
 * 야훼(여호와)께서 모세에게 죽기 전에 이스라엘 자손의 원수를 갚으라고 하신 이유는 미디안 사람들이 바알브올에서 이스라엘 백성을 방탕하게 하였기 때문이다(민 25:1–9 참조).

60. **7일 동안** (민 31:1–19) 야훼(여호와)께서 모세에게 말씀하여 이르시되 이스라엘 자손의 원수를 미디안에게 갚으라 … 그들이 야훼(여호와)께서 모세에게 명령하신 대로 미디안을 쳐서 남자를 다 죽였고 … 너희는 이레 동안 진영 밖에 주둔하라
 * 군인들은 시체를 만져 부정하게 되었기 때문에 성결 규례에 따라 7일 동안 백성과 격리되어야 했다(민 31:21–24 참조).

61. **오백분의 일** (민 31:28 참조)

62. **가나안, 원주민, 우상, 너희에게** (민 33:51–53 참조)

63. **6개** (민 35:6) 너희가 레위인에게 줄 성읍은 살인자들이 피하게 할 도피성으로 여섯 성읍이요 그 외에 사십이 성읍이라
 * 도피성은 모두 6개로, 요단 서편에 3개(게데스, 세겜, 헤브론), 요단 동편에 3개(골란, 길르앗 라못, 베셀)가 있다(수 20:7–9 참조).

신명기 Deuteronomy

연대 및 저자 B.C. 1406년경 모세에 의해 기록된 것으로 추정된다.

중심 내용 본서는 하나님께서 이스라엘과 맺으신 언약을 새롭게 하는 것과 언약 백성이 어떻게 살아야 할 것인가를 다루고 있다.

특징

1. 모세가 모압 평지에서 선포한 세 편의 설교로 구성되어 있다.
2. 야훼(여호와) 하나님의 절대성을 강조하고 있다.
3. 하나님과 이스라엘은 언약적 관계임을 보여 주고 있다.

내용 분해

1. 모세의 첫 번째 설교 (1:1–4:43)

1) 서론 (1:1–5)

2) 광야 여정 회고 (1:6–4:43)

2. 모세의 두 번째 설교 (4:44–26:19)

1) 야훼(여호와)를 경외하는 법 (4:44–11:32)

2) 예배와 성결에 관한 법 (12:1–26:19)

3. 모세의 세 번째 설교 (27:1–34:12)

1) 가나안에서 준수할 규례 (27:1–28:68)

2) 모압 평지에서 맺은 언약 (29:1–30:20)

3) 모세의 최후 행적 (31:1–34:12)

memo

객관식

1. 신명기의 내용과 관계없는 것은?
   ① 모세가 모압 평지에서 선포한 세 편의 설교로 구성되어 있다
   ② 야훼(여호와)께서 이스라엘과 맺으신 언약을 새롭게 하는 것을 다루고 있다
   ③ 언약 백성이 어떻게 살아야 할 것인가를 다루고 있다
   ④ 이스라엘 백성의 거룩성을 다루고 있다

2. 신명기가 기록된 연대로 추정되는 때는?
   ① B.C. 1206년경 ② B.C. 1406년경
   ③ B.C. 1506년경 ④ B.C. 1606년경

3. 신명기를 기록한 사람은?
   ① 아브라함 ② 아론 ③ 모세 ④ 여호수아

4. 모세가 이스라엘 무리에게 첫 번째 설교를 선포한 곳은?
   ① 시내 광야 ② 신 광야
   ③ 아라바 광야 ④ 바란 광야

1. ④ 모세가 모압 평지에서 선포한 세 편의 설교로 구성되어 있는 신명기는 하나님께서 이스라엘과 맺으신 언약을 새롭게 하는 것과 언약 백성이 어떻게 살아야 할 것인가를 다루고 있다.
2. ② 신명기는 B.C. 1406년경 기록된 것으로 추정된다.
3. ③ 신명기는 모세에 의해 기록되었다.
4. ③ (신 1:1) 이는 모세가 요단 저쪽 숩 맞은편의 아라바 광야 곧 바란과 도벨과 라반과 하세롯과 디사합 사이에서 이스라엘 무리에게 선포한 말씀이니라
   * '요단 저쪽'이란 요단 강 동편의 모압 평지를 말한다(신 1:5 참조).

memo

5. 호렙 산에서 세일 산을 지나 가데스 바네아까지는 며칠 길이었는가?
① 10일 ② 11일 ③ 12일 ④ 13일

6. 모세가 자신의 책임을 분담하기 위해 세운 재판장이 아닌 사람은?
① 천부장 ② 백부장 ③ 오십부장 ④ 삼십부장

7. 모세가 말한 재판장들의 주의 사항이 아닌 것은?
① 쌍방 간에 공정히 판결할 것
② 타국인도 공정히 판결할 것
③ 결단하기 어려운 일은 모세에게 돌릴 것
④ 가난하고 어려운 사람 편을 들어줄 것

8. 가나안 땅에 들어가기 전에 먼저 사람을 보내어 그 땅을 정탐하자고 제의한 사람은?
① 모세 ② 여호수아 ③ 갈렙 ④ 이스라엘 백성

5. ② (신 1:2) 호렙 산에서 세일 산을 지나 가데스 바네아까지 열 하룻길이었더라
6. ④ (신 1:15) 내가 너희 지파의 수령으로 지혜가 있고 인정 받는 자들을 취하여 너희의 수령을 삼되 곧 각 지파를 따라 천부장과 백부장과 오십부장과 십부장과 조장을 삼고
7. ④

재판장들의 주의 사항

쌍방 간에 공정히 판결할 것	신 1:16
타국인도 공정히 판결할 것	신 1:16
외모를 보지 말 것	신 1:17
귀천을 차별하지 말 것	신 1:17
사람의 낯을 두려워하지 말 것	신 1:17
결단하기 어려운 일은 모세에게 돌릴 것	신 1:17

8. ④ (신 1:22) 너희가 다 내 앞으로 나아와 말하기를 우리가 사람을 우리보다 먼저 보내어 우리를 위하여 그 땅을 정탐하고 어느 길로 올라가야 할 것과 어느 성읍으로 들어가야 할 것을 우리에게 알리게 하자 하기에

memo

9. 출애굽 제1세대 중에서 가나안 땅에 들어간 사람은?
① 아론과 모세 ② 아론과 미리암
③ 모세와 여호수아 ④ 갈렙과 여호수아

10. 하나님께서 이스라엘 백성에게 괴롭히지 말고 싸우지도 말고 다투지도 말라고 하신 족속이 아닌 것은?
① 에돔 족속 ② 모압 족속
③ 암몬 족속 ④ 아낙 족속

11. 하나님께서 에서에게 기업으로 주신 땅은?
① 길르앗 ② 헤르몬 ③ 세렛 ④ 세일

12. 하나님께서 롯 자손에게 기업으로 주신 땅은?
① 아르 ② 세렛 ③ 세일 ④ 헤르몬

9. ④ (신 1:36–38) 오직 여분네의 아들 갈렙은 온전히 야훼(여호와)께 순종하였은즉 그는 그것을 볼 것이요 그가 밟은 땅을 내가 그와 그의 자손에게 주리라 하시고 … 네 앞에 서 있는 눈의 아들 여호수아는 그리로 들어갈 것이니 너는 그를 담대하게 하라

10. ④
* 하나님께서 이스라엘 백성에게 괴롭히지 말고 싸우지도 말고 다투지도 말라고 하신 족속은 에돔 족속(신 2:4–5 참조), 모압 족속(신 2:9 참조), 암몬 족속(신 2:19 참조)이다.

11. ④ (신 2:4–5) 너는 또 백성에게 명령하여 이르기를 너희는 세일에 거주하는 너희 동족 에서의 자손이 사는 지역으로 지날진대 그들이 너희를 두려워하리니 너희는 스스로 깊이 삼가고 그들과 다투지 말라 그들의 땅은 한 발자국도 너희에게 주지 아니하리니 이는 내가 세일 산을 에서에게 기업으로 주었음이라

12. ① (신 2:9) 야훼(여호와)께서 내게 이르시되 모압을 괴롭히지 말라 그와 싸우지도 말라 그 땅을 내가 네게 기업으로 주지 아니하리니 이는 내가 롯 자손에게 아르를 기업으로 주었음이라
* '아르'(신 2:18–19 참조)는 모압의 수도였을 것으로 추측된다.

memo

13. 이스라엘이 바산 왕 옥의 군사와 싸운 결과는?
   ① 군사의 숫자만 믿고 싸우다가 패배하였다
   ② 초반에 이기다가 후반에 밀려 후퇴했다
   ③ 적당히 타협하여 휴전을 선언하였다
   ④ 하나님께서 역사하심으로 그들을 쳐서 한 사람도 남기지 않았다

14. 요단 강 동편 땅을 기업으로 얻은 지파는?
   ① 르우벤, 갓, 므낫세 반 지파
   ② 스불론, 갓, 므낫세 반 지파
   ③ 에브라임, 갓, 므낫세 반 지파
   ④ 유다, 갓, 므낫세 반 지파

15. 요단을 건너가서 아름다운 땅과 산과 레바논을 보기 원한다고 하나님께 간구한 사람은?
   ① 아론 ② 모세 ③ 여호수아 ④ 갈렙

13. ④ (신 3:1-3) 우리가 돌이켜 바산으로 올라가매 바산 왕 옥이 그의 모든 백성을 거느리고 나와서 우리를 대적하여 에드레이에서 싸우고자 하는지라 … 우리 하나님 야훼(여호와)께서 바산 왕 옥과 그의 모든 백성을 우리 손에 넘기시매 우리가 그들을 쳐서 한 사람도 남기지 아니하였느니라

14. ① (신 3:12-13) 그 때에 우리가 이 땅을 얻으매 아르논 골짜기 곁의 아로엘에서부터 길르앗 산지 절반과 그 성읍들을 내가 르우벤 자손과 갓 자손에게 주었고 길르앗의 남은 땅과 옥의 나라였던 아르곱 온 지방 곧 온 바산으로는 내가 므낫세 반 지파에게 주었노라

* 모세는 르우벤, 갓, 므낫세 반 지파에게서 가나안 정복 전쟁이 끝날 때까지 앞장서서 싸우겠다는 약속을 받고 그들에게 이 땅을 분배해 주었다(민 32장 참조).

15. ② (신 3:23-25) 그 때에 내가 야훼(여호와)께 간구하기를 … 구하옵나니 나를 건너가게 하사 요단 저쪽에 있는 아름다운 땅, 아름다운 산과 레바논을 보게 하옵소서 하되

* 모세는 므리바에서 지팡이로 반석을 두 번 쳐서 물이 솟아 나오게 한 일로 가나안 땅에 들어갈 수 없게 되었는데, 이는 그 행동이 야훼(여호와)를 믿지 아니하고 야훼(여호와)의 거룩함을 나타내지 않은 것이었기 때문이다(민 20:11-12 참조).

memo

16. 요단 동편에 있는 도피성이 아닌 곳은?

① 베셀 ② 길르앗 라못

③ 바산 골란 ④ 헤브론

17. 쉐마(이스라엘아 들으라)의 가르침이 아닌 것은?

① 하나님의 말씀을 마음에 새기라

② 하나님의 말씀을 자녀에게 부지런히 가르치라

③ 하나님의 말씀을 항상 강론(전파)하라

④ 하나님의 말씀을 두루마리에 기록하라

18. 가나안 일곱 족속에 해당되지 않는 족속은?

① 헷 족속 ② 기르가스 족속

③ 아모리 족속 ④ 아낙 족속

16. ④ (신 4:41-43) 그 때에 모세가 요단 이쪽 해 돋는 쪽에서 세 성읍을 구별하였으니 … 하나는 광야 평원에 있는 베셀이라 르우벤 지파를 위한 것이요 하나는 길르앗 라못이라 갓 지파를 위한 것이요 하나는 바산 골란이라 므낫세 지파를 위한 것이었더라

17. ④

* '쉐마'는 히브리어로 '들으라'는 뜻이다.

쉐마의 가르침

하나님의 말씀을 마음에 새기라	신 6:6
하나님의 말씀을 자녀에게 부지런히 가르치라	신 6:7
하나님의 말씀을 항상 강론(전파)하라	신 6:7
하나님의 말씀을 기호(행동 지침)로 삼으라	신 6:8
하나님의 말씀을 미간(생각)에 붙여 표로 삼으라	신 6:8
하나님의 말씀을 문설주와 문에 기록(적용)하라	신 6:9

18. ④ (신 7:1) 네 하나님 야훼(여호와)께서 너를 인도하사 네가 가서 차지할 땅으로 들이시고 네 앞에서 여러 민족 헷 족속과 기르가스 족속과 아모리 족속과 가나안 족속과 브리스 족속과 히위 족속과 여부스 족속 곧 너보다 많고 힘이 센 일곱 족속을 쫓아내실 때에

memo

19. 이스라엘 백성이 가나안에 들어가서 지켜야 할 하나님의 명령이 아닌 것은?
    ① 그곳 사람들과 언약하지 말아야 한다
    ② 그곳 사람들을 불쌍히 여기지 말아야 한다
    ③ 그곳 사람들을 압제하지 말아야 한다
    ④ 그곳 사람들과 혼인하지 말아야 한다

20. 하나님께서 이스라엘 백성에게 이방 민족을 조금씩 쫓아내고 급히 멸하지 말라고 하신 이유는?
    ① 그들의 체력이 급격히 소진될 수 있기 때문이다
    ② 그들이 교만해질 수 있기 때문이다
    ③ 이방 민족이 해할 수 있기 때문이다
    ④ 들짐승이 번성하여 해할 수 있기 때문이다

19. ③ (신 7:2-3) 네 하나님 야훼(여호와)께서 그들을 네게 넘겨 네게 치게 하시리니 그 때에 너는 그들을 진멸할 것이라 그들과 어떤 언약도 하지 말 것이요 그들을 불쌍히 여기지도 말 것이며 또 그들과 혼인하지도 말지니

20. ④ (신 7:22) 네 하나님 야훼(여호와)께서 이 민족들을 네 앞에서 조금씩 쫓아내시리니 너는 그들을 급히 멸하지 말라 들짐승이 번성하여 너를 해할까 하노라

    * 이방 민족을 조금씩 쫓아내고 급히 멸하지 말라고 하신 이유는 국토가 폐허 되어 맹수들이 번성할 수 있기 때문이다.

memo

21. 하나님께서 이스라엘 백성에게 40년 동안 광야 길을 걷게 하신 이유가 아닌 것은?
① 이스라엘 백성을 낮추시기 위함이다
② 이스라엘 백성의 마음이 어떠한지 알려 하심이다
③ 이스라엘 백성의 체력을 단련시키기 위함이다
④ 하나님의 명령을 지키는지 지키지 않는지 알려 하심이다

22. 이스라엘 백성은 광야에서 몇 년 동안 하나님의 돌보심을 받았는가?
① 10년 ② 20년 ③ 30년 ④ 40년

23. 이스라엘이 가나안 땅을 차지하게 된 이유는?
① 이스라엘 백성이 공의롭기 때문이다
② 이스라엘 백성의 마음이 정직하기 때문이다
③ 이스라엘 백성이 부지런하기 때문이다
④ 야훼(여호와)께서 이스라엘의 조상에게 하신 맹세 때문이다

24. 이스라엘 백성이 야훼(여호와)를 격노하게 한 곳이 아닌 곳은?
① 호렙 산 ② 숙곳
③ 다베라 ④ 기브롯 핫다아와

21. ③ (신 8:2) 네 하나님 야훼(여호와)께서 이 사십 년 동안에 네게 광야 길을 걷게 하신 것을 기억하라 이는 너를 낮추시며 너를 시험하사 네 마음이 어떠한지 그 명령을 지키는지 지키지 않는지 알려 하심이라
22. ④ (신 8:4) 이 사십 년 동안에 네 의복이 해어지지 아니하였고 네 발이 부르트지 아니하였느니라
23. ④ (신 9:5) 네가 가서 그 땅을 차지함은 네 공의로 말미암음도 아니며 네 마음이 정직함으로 말미암음도 아니요 이 민족들이 악함으로 말미암아 네 하나님 야훼(여호와)께서 그들을 네 앞에서 쫓아내심이라 야훼(여호와)께서 이같이 하심은 네 조상 아브라함과 이삭과 야곱에게 하신 맹세를 이루려 하심이니라
24. ② (신 9:8) 호렙 산에서 너희가 야훼(여호와)를 격노하게 하였으므로 야훼(여호와)께서 진노하사 너희를 멸하려 하셨느니라
* 이스라엘 백성은 다베라와 맛사와 기브롯 핫다아와에서도 야훼(여호와)를 격노하게 하였다(신 9:22 참조).

memo

25. 하나님께서 모세에게 언약의 두 돌판을 주신 후 속히 내려가라 고 하신 이유는?
① 백성이 아론을 반역했기 때문이다
② 백성이 모세를 기다리고 있기 때문이다
③ 백성이 스스로 부패하여 우상을 만들었기 때문이다
④ 모세가 40일 동안 금식하여 몸이 쇠약해졌기 때문이다

26. 레위 지파의 직무와 관계 없는 것은?
① 야훼(여호와)의 언약궤를 메었다
② 백성의 죄를 담당하였다
③ 야훼(여호와) 앞에 서서 야훼(여호와)를 섬겼다
④ 야훼(여호와)의 이름으로 축복하였다

27. 모세가 하나님에 대해 설명한 내용과 맞지 않는 것은?
① 신 가운데 신이시며 주 가운데 주시다
② 크고 능하시며 두려우신 하나님이시다
③ 사람을 외모로 보지 아니하시며 뇌물을 받지 아니하신다
④ 고아와 과부에게 장막을 주신다

25. ③ (신 9:11-12) 사십 주 사십 야를 지난 후에 야훼(여호와)께서 내게 돌판 곧 언약의 두 돌판을 주시고 내게 이르시되 일어나 여기서 속히 내려가라 네가 애굽에서 인도하여 낸 네 백성이 스스로 부패하여 내가 그들에게 명령한 도를 속히 떠나 자기를 위하여 우상을 부어 만들었느니라

26. ② (신 10:8) 그 때에 야훼(여호와)께서 레위 지파를 구별하여 야훼(여호와)의 언약궤를 메게 하며 야훼(여호와) 앞에 서서 그를 섬기며 또 야훼(여호와)의 이름으로 축복하게 하셨으니 그 일은 오늘까지 이르느니라

27. ④ (신 10:17-18) 너희의 하나님 야훼(여호와)는 신 가운데 신이시며 주 가운데 주시요 크고 능하시며 두려우신 하나님이시라 사람을 외모로 보지 아니하시며 뇌물을 받지 아니하시고 고아와 과부를 위하여 정의를 행하시며 나그네를 사랑하여 그에게 떡과 옷을 주시나니

memo

28. 이스라엘 백성이 나그네를 사랑해야 하는 이유는?
① 나그네는 불쌍하기 때문이다
② 언제 나그네가 될지 모르기 때문이다
③ 전에 애굽 땅에서 나그네 되었기 때문이다
④ 야훼(여호와)께서 지켜보고 계시기 때문이다

29. 애굽에 내려간 이스라엘 백성의 조상은 몇 명이었는가?
① 30명 ② 50명 ③ 70명 ④ 100명

30. 하나님께서 모세에게 축복과 저주를 선포하라고 하신 산은?
① 축복 – 에발 산, 저주 – 그리심 산
② 축복 – 시내 산, 저주 – 느보 산
③ 축복 – 그리심 산, 저주 – 에발 산
④ 축복 – 느보 산, 저주 – 호르 산

31. 이스라엘 백성이 가나안 땅에 들어가서 먼저 해야 할 일은?
① 각종 우상을 제거하는 일 ② 백성을 계수하는 일
③ 지도자를 세우는 일 ④ 거처를 마련하는 일

28. ③ (신 10:19) 너희는 나그네를 사랑하라 전에 너희도 애굽 땅에서 나그네 되었음이니라

29. ③ (신 10:22) 애굽에 내려간 네 조상들이 겨우 칠십 인이었으나 이제는 네 하나님 야훼(여호와)께서 너를 하늘의 별 같이 많게 하셨느니라
* '하늘의 별 같이 많게 하신 것'은 하나님께서 아브라함에게 하신 약속의 성취이다(창 15:5; 22:17 참조).

30. ③ (신 11:29) 네 하나님 야훼(여호와)께서 네가 가서 차지할 땅으로 너를 인도하여 들이실 때에 너는 그리심 산에서 축복을 선포하고 에발 산에서 저주를 선포하라

31. ① (신 12:2-3) 너희가 쫓아낼 민족들이 그들의 신들을 섬기는 곳은 높은 산이든지 작은 산이든지 푸른 나무 아래든지를 막론하고 그 모든 곳을 너희가 마땅히 파멸하며 그 제단을 헐며 주상을 깨뜨리며 아세라 상을 불사르고 또 그 조각한 신상들을 찍어 그 이름을 그 곳에서 멸하라

memo

32. 돼지를 먹을 수 없는 이유는?
① 굽이 갈라졌기 때문이다
② 굽이 갈라지지 않았기 때문이다
③ 새김질을 못하기 때문이다
④ 더럽기 때문이다

33. 분깃이나 기업이 없는 레위인, 객, 고아, 과부를 구제하기 위해 매 3년마다 얼마를 저축해야 하는가?
① 소산의 1/3 ② 소산의 1/5
③ 소산의 1/10 ④ 소산의 1/20

34. 이웃과 형제가 진 부채는 몇 년마다 면제해 주어야 하는가?
① 3년 ② 7년 ③ 40년 ④ 50년

35. 신명기 15장에서, 궁핍한 형제에게 줄 때에는 어떤 마음을 품지 말라고 했는가?
① 교만한 마음 ② 아끼는 마음
③ 다시 받으려는 마음 ④ 얕보는 마음

32. ③ (신 14:8) 돼지는 굽은 갈라졌으나 새김질을 못하므로 너희에게 부정하니 너희는 이런 것의 고기를 먹지 말 것이며 그 사체도 만지지 말 것이니라

33. ③ (신 14:28-29) 매 삼 년 끝에 그 해 소산의 십분의 일을 다 내어 네 성읍에 저축하여 너희 중에 분깃이나 기업이 없는 레위인과 네 성중에 거류하는 객과 및 고아와 과부들이 와서 먹고 배부르게 하라

34. ② (신 15:1-2) 매 칠 년 끝에는 면제하라 면제의 규례는 이러하니라 그의 이웃에게 꾸어준 모든 채주는 그것을 면제하고 그의 이웃에게나 그 형제에게 독촉하지 말지니 이는 야훼(여호와)를 위하여 면제를 선포하였음이라
* 면제 규례는 안식년에 이웃과 형제의 채무를 완전히 탕감해 주라는 말이 아니라, 안식년만큼은 부채를 독촉하지 말고 채무자가 부담감에서 벗어날 수 있는 기회를 주라는 것이다.

35. ② (신 15:9-10) 궁핍한 형제를 악한 눈으로 바라보며 아무것도 주지 아니하면 그가 너를 야훼(여호와)께 호소하리니 그것이 네게 죄가 되리라 너는 반드시 그에게 줄 것이요, 줄 때에는 아끼는 마음을 품지 말 것이니라

memo

36. 하나님께서 이스라엘 백성을 출애굽 시킨 때는 하루 중 언제인가?

① 새벽　② 아침　③ 정오　④ 밤

37. 유월절 제사를 드릴 때 먹지 말아야 할 것은?

① 유교병　② 무교병　③ 양고기　④ 쓴 나물

38. 곡식에 낫을 대는 첫 날부터 일곱 주를 세어 지키는 절기는?

① 유월절　② 초막절　③ 칠칠절　④ 나팔절

39. 이스라엘의 모든 남자가 매년 지켜야 할 3대 절기가 아닌 것은?

① 무교절　② 칠칠절　③ 나팔절　④ 초막절

40. 지혜자의 눈을 어둡게 하고 의인의 말을 굽게 하는 것은?

① 선물　② 뇌물　③ 칭찬　④ 아부

36. ④ (신 16:1) 아빕월을 지켜 네 하나님 야훼(여호와)께 유월절을 행하라 이는 아빕월에 네 하나님 야훼(여호와)께서 밤에 너를 애굽에서 인도하여 내셨음이라

* 이스라엘 백성은 10번째 재앙이 내린 날 밤에 급히 애굽을 떠났다(출 12:29-42 참조).

37. ① (신 16:2-3) 야훼(여호와)께서 자기의 이름을 두시려고 택하신 곳에서 소와 양으로 네 하나님 야훼(여호와)께 유월절 제사를 드리되 유교병을 그것과 함께 먹지 말고 이레 동안은 무교병 곧 고난의 떡을 그것과 함께 먹으라

* 출 12:1-14 참조.

38. ③ (신 16:9-10) 일곱 주를 셀지니 곡식에 낫을 대는 첫 날부터 일곱 주를 세어 네 하나님 야훼(여호와) 앞에 칠칠절을 지키되 네 하나님 야훼(여호와)께서 네게 복을 주신 대로 네 힘을 헤아려 자원하는 예물을 드리고

* '곡식에 낫을 대는 첫 날'이란 보리의 첫 이삭 한 단을 제단에 요제로 드리는 날인 초실절을 말한다(레 23:10-11 참조).

39. ③ (신 16:16) 너의 가운데 모든 남자는 일 년에 세 번 곧 무교절과 칠칠절과 초막절에 네 하나님 야훼(여호와)께서 택하신 곳에서 야훼(여호와)를 뵈옵되 빈손으로 야훼(여호와)를 뵈옵지 말고

40. ② (신 16:19) 너는 재판을 굽게 하지 말며 사람을 외모로 보지 말며 또 뇌물을 받지 말라 뇌물은 지혜자의 눈을 어둡게 하고 의인의 말을 굽게 하느니라

memo

41. 야훼(여호와)께서는 어느 지파의 기업이 되시는가?

① 르우벤 지파 ② 스불론 지파

③ 레위 지파 ④ 유다 지파

42. 제사장이 백성에게서 받을 몫이 아닌 것은?

① 제물의 소나 양의 앞다리와 두 볼과 위

② 제물의 소나 염소의 앞다리와 뒷다리

③ 처음 거둔 곡식과 포도주와 기름

④ 처음 깎은 양털

43. 야훼(여호와)께서 '가증히 여기시는 자'가 아닌 것은?

① 아들이나 딸을 불 가운데로 지나게 하는 자

② 아들이나 딸을 물 가운데로 지나게 하는 자

③ 점쟁이, 길흉을 말하는 자, 요술하는 자, 무당

④ 진언자, 신접자, 박수, 초혼자

41. ③ (신 18:1-2) 레위 사람 제사장과 레위의 온 지파는 이스라엘 중에 분깃도 없고 기업도 없을지니 그들은 야훼(여호와)의 화제물과 그 기업을 먹을 것이라 그들이 그들의 형제 중에서 기업을 가지지 않을 것은 야훼(여호와)께서 그들의 기업이 되심이니 그들에게 말씀하심 같으니라

42. ② (신 18:3-4) 제사장이 백성에게서 받을 몫은 이러하니 곧 그 드리는 제물의 소나 양이나 그 앞다리와 두 볼과 위라 이것을 제사장에게 줄 것이요 또 네가 처음 거둔 곡식과 포도주와 기름과 네가 처음 깎은 양털을 네가 그에게 줄 것이니

43. ② (신 18:9-12) 네 하나님 야훼(여호와)께서 네게 주시는 땅에 들어가거든 너는 그 민족들의 가증한 행위를 본받지 말 것이니 그의 아들이나 딸을 불 가운데로 지나게 하는 자나 점쟁이나 길흉을 말하는 자나 요술하는 자나 무당이나 진언자나 신접자나 박수나 초혼자를 너희 가운데에 용납하지 말라 이런 일을 행하는 모든 자를 야훼(여호와)께서 가증히 여기시나니

memo

44. 선지자가 한 말이 야훼(여호와)의 말씀인지 제 마음대로 한 말인지 분별하는 방법은?
① 선지자의 말을 사람들이 인정하는지 본다
② 선지자의 말투가 공손한지 본다
③ 선지자가 야훼(여호와)의 이름으로 말하는지 본다
④ 선지자가 말한 일에 증험이나 성취함이 있는지 본다

45. 신명기 20장에서 병역면제 대상자가 아닌 경우는?
① 새 집을 건축하고 낙성식을 행하지 못한 자
② 포도원을 만들고 그 과실을 먹지 못한 자
③ 여자와 약혼하고 그와 결혼하지 못한 자
④ 부모의 장례식을 치르지 못한 자

46. 어떤 성읍을 치려 할 때 먼저 해야 할 일은?
① 성읍을 7번 돌아야 한다
② 무조건 공격해야 한다
③ 화평을 선언해야 한다
④ 율법을 선포해야 한다

44. ④ (신 18:22) 만일 선지자가 있어 야훼(여호와)의 이름으로 말한 일에 증험도 없고 성취함도 없으면 이는 야훼(여호와)께서 말씀하신 것이 아니요 그 선지자가 제 마음대로 한 말이니 너는 그를 두려워하지 말지니라

45. ④

병역면제 대상자

새 집을 건축하고 낙성식을 행하지 못한 자	신 20:5
포도원을 만들고 그 과실을 먹지 못한 자	신 20:6
여자와 약혼하고 그와 결혼하지 못한 자	신 20:7
두려워서 마음이 허약한 자	신 20:8

46. ③ (신 20:10) 네가 어떤 성읍으로 나아가서 치려 할 때에는 그 성읍에 먼저 화평을 선언하라
* 가나안 족속이 아닌 다른 이방 국가와 전쟁을 치를 때는 선전 포고를 하기 전에 반드시 화친을 제의하고 피 흘림이 없이 평화적으로 항복을 받아 내라는 것이다(삿 21:13 참조).

memo

47. 호흡 있는 자를 하나도 살리지 말라고 한 족속이 아닌 것은?

① 겐 족속 ② 브리스 족속

③ 히위 족속 ④ 여부스 족속

48. 여자 포로를 아내로 삼기 위한 정결 예식의 규정이 아닌 것은?

① 여자의 머리를 밀고 손톱을 벤다

② 포로의 의복을 벗긴다

③ 여자의 부모를 위하여 한 달 동안 애곡하게 한다

④ 여자의 전남편을 위하여 한 달 동안 애곡하게 한다

49. 부모가 징계하여도 순종하지 않는 아들에게 내리는 벌은?

① 30일 동안 가두어 둔다

② 성읍에서 쫓아낸다

③ 돌로 쳐죽인다

④ 3일 동안 나무에 매달아 둔다

47. ① (신 20:16-17) 오직 네 하나님 야훼(여호와)께서 네게 기업으로 주시는 이 민족들의 성읍에서는 호흡 있는 자를 하나도 살리지 말지니 곧 헷 족속과 아모리 족속과 가나안 족속과 브리스 족속과 히위 족속과 여부스 족속을 네가 진멸하되 네 하나님 야훼(여호와)께서 네게 명령하신 대로 하라

48. ④ (신 21:11-13) 네가 만일 그 포로 중의 아리따운 여자를 보고 그에게 연연하여 아내를 삼고자 하거든 그를 네 집으로 데려갈 것이요 그는 그 머리를 밀고 손톱을 베고 또 포로의 의복을 벗고 네 집에 살며 그 부모를 위하여 한 달 동안 애곡한 후에 네가 그에게로 들어가서 그의 남편이 되고 그는 네 아내가 될 것이요

49. ③ (신 21:18-21) 사람에게 완악하고 패역한 아들이 있어 그의 아버지의 말이나 그 어머니의 말을 순종하지 아니하고 부모가 징계하여도 순종하지 아니하거든 … 성읍의 모든 사람들이 그를 돌로 쳐죽일지니 이같이 네가 너희 중에서 악을 제하라

memo

50. 의복에 관한 규례로 맞는 것은?
① 남녀 간에 구분을 두지 않아도 된다
② 여자와 남자 모두 바지만 입어야 한다
③ 여자는 자유롭게 입어도 되지만, 남자는 바지만 입어야 한다
④ 여자는 여자 옷만 입고, 남자는 남자 옷만 입어야 한다

51. 야훼(여호와)의 총회에 들어갈 수 없는 자가 아닌 사람은?
① 고환이 상한 자　　② 음경이 잘린 자
③ 병든 자　　④ 사생자

52. 새로이 아내를 맞이한 사람은 몇 년 동안 군대로 내보내지 말아야 하는가?
① 1년　② 2년　③ 3년　④ 4년

53. 가난한 자의 전당물은 언제 돌려주어야 하는가?
① 오전에　② 오후에　③ 해 뜰 때　④ 해 질 때

50. ④ (신 22:5) 여자는 남자의 의복을 입지 말 것이요 남자는 여자의 의복을 입지 말 것이라 이같이 하는 자는 네 하나님 야훼(여호와)께 가증한 자이니라

51. ③ (신 23:1-2) 고환이 상한 자나 음경이 잘린 자는 야훼(여호와)의 총회에 들어오지 못하리라 사생자는 야훼(여호와)의 총회에 들어오지 못하리니 십 대에 이르기까지도 야훼(여호와)의 총회에 들어오지 못하리라

52. ① (신 24:5) 사람이 새로이 아내를 맞이하였으면 그를 군대로 내보내지 말 것이요 아무 직무도 그에게 맡기지 말 것이며 그는 일 년 동안 한가하게 집에 있으면서 그가 맞이한 아내를 즐겁게 할지니라

53. ④ (신 24:12-13) 그가 가난한 자이면 너는 그의 전당물을 가지고 자지 말고 해 질 때에 그 전당물을 반드시 그에게 돌려줄 것이라 그리하면 그가 그 옷을 입고 자며 너를 위하여 축복하리니 그 일이 네 하나님 야훼(여호와) 앞에서 네 공의로움이 되리라

* 가난한 자의 옷은 대개 낮에는 옷으로, 밤에는 이부자리로 사용하는 필수품이기 때문에 해 질 때에 돌려주라고 한 것이다.

memo

54. 곡식이나 과실을 거둘 때 가난한 자들을 위해 일부를 남겨두라고 했는데, 그 대상이 아닌 사람은?

① 나그네 ② 이방인 ③ 고아 ④ 과부

55. 악인에게 태형을 집행할 때 몇 대를 넘기면 안 되는가?

① 30대 ② 40대 ③ 50대 ④ 60대

56. 이스라엘 백성의 기억에서 지워버려야 할 족속은?

① 아말렉 ② 모압 ③ 암몬 ④ 에돔

57. 가나안 땅에 들어가 거둔 소산물 중 어느 것을 야훼(여호와)께 드려야 하는가?

① 맏물 ② 끝물 ③ 최상품 ④ 아무것이나

54. ② (신 24:19-21) 네가 밭에서 곡식을 벨 때에 … 나그네와 고아와 과부를 위하여 남겨두라 … 네가 네 감람나무를 떤 후에 … 포도를 딴 후에 그 남은 것을 다시 따지 말고 객과 고아와 과부를 위하여 남겨두라

55. ② (신 25:2-3) 악인에게 태형이 합당하면 재판장은 그를 엎드리게 하고 그 앞에서 그의 죄에 따라 수를 맞추어 때리게 하라 사십까지는 때리려니와 그것을 넘기지는 못할지니 만일 그것을 넘겨 매를 지나치게 때리면 네가 네 형제를 경히 여기는 것이 될까 하노라

* 이 제도는 범죄자라 할지라도 기본 인권을 보호해 주어야 한다는 것을 보여 준다.

56. ① (신 25:19) 그러므로 네 하나님 야훼(여호와)께서 네게 기업으로 주어 차지하게 하시는 땅에서 네 하나님 야훼(여호와)께서 사방에 있는 모든 적군으로부터 네게 안식을 주실 때에 너는 천하에서 아말렉에 대한 기억을 지워버리라 너는 잊지 말지니라

* 아말렉 족속은 이스라엘 백성이 출애굽 한 지 얼마 되지 않았을 때 피곤하여 뒤에 떨어진 약한 자들을 쳤는데(신 25:17-18 참조), 이는 하나님을 두려워하지 않는 교만한 행위였다. 한편 아말렉 족속은 사울 왕(삼상 15장 참조), 시므온 자손(대상 4:39-43 참조), 에스더 당시 이스라엘 민족(에 9:1-9 참조)에 의해 완전히 멸망했다.

57. ① (신 26:2-4) 네 하나님 야훼(여호와)께서 네게 주신 땅에서 그 토지의 모든 소산의 맏물을 거둔 후에 그것을 가져다가 … 제사장은 네 손에서 그 광주리를 받아서 네 하나님 야훼(여호와)의 제단 앞에 놓을 것이며

memo

58. 모세는 이스라엘 백성에게 가나안에 들어가는 날에 무엇을 하라고 명령했는가?
① 각 지파별로 백성을 계수하라고 했다
② 각 지파별로 땅을 분배하라고 했다
③ 에발 산에 돌들을 세우고 율법을 기록하라고 했다
④ 남아 있는 가나안 족속을 멸하라고 했다

59. 모세는 어떤 돌로 야훼(여호와)의 제단을 쌓으라고 했는가?
① 다듬은 돌　　② 다듬지 않은 돌
③ 반듯한 돌　　④ 견고한 돌

58. ③ (신 27:2-4) 너희가 요단을 건너 네 하나님 야훼(여호와)께서 네게 주시는 땅에 들어가는 날에 큰 돌들을 세우고 석회를 바르라 요단을 건넌 후에 이 율법의 모든 말씀을 그 위에 기록하라 … 너희가 요단을 건너거든 내가 오늘 너희에게 명령하는 이 돌들을 에발 산에 세우고 그 위에 석회를 바를 것이며
* 저주의 산인 에발 산(신 11:29 참조)에 돌들을 세우도록 한 이유는 죄로 말미암아 다가올 저주의 심각성을 일깨우기 위함이다(고후 3:7-9 참조).

59. ② (신 27:5-6) 또 거기서 네 하나님 야훼(여호와)를 위하여 제단 곧 돌단을 쌓되 그것에 쇠 연장을 대지 말지니라 너는 다듬지 않은 돌로 네 하나님 야훼(여호와)의 제단을 쌓고 그 위에 네 하나님 야훼(여호와)께 번제를 드릴 것이며

memo

60. 요단을 건넌 후에 '율법을 행하지 않는 자는 저주를 받을 것'이라 고 선포할 사람은?
① 모세 ② 아론 ③ 여호수아 ④ 레위 사람

61. 신명기에서 순종과 불순종에 따르는 복과 저주를 자세히 기록해 놓은 곳은?
① 10장 ② 18장 ③ 28장 ④ 34장

62. 야훼(여호와)께서 진노와 격분으로 멸하신 곳이 아닌 것은?
① 소돔 ② 고모라 ③ 아드마 ④ 레센

60. ④ (신 27:12–26) 너희가 요단을 건넌 후에 … 레위 사람은 큰 소리로 이스라엘 모든 사람에게 말하여 이르기를 … 이 율법의 말씀을 실행하지 아니하는 자는 저주를 받을 것이라 할 것이요 모든 백성은 아멘 할지니라

율법을 행하지 않아 저주를 받을 자

1	우상을 만들어 세우는 자	신 27:15
2	부모를 경홀히 여기는 자	신 27:16
3	이웃의 경계표를 옮기는 자	신 27:17
4	맹인에게 길을 잃게 하는 자	신 27:18
5	객이나 고아나 과부의 송사를 억울하게 하는 자	신 27:19
6	아버지의 아내와 동침하는 자	신 27:20
7	짐승과 교합하는 모든 자	신 27:21
8	자매(아버지의 딸이나 어머니의 딸)와 동침하는 자	신 27:22
9	장모와 동침하는 자	신 27:23
10	이웃을 암살하는 자	신 27:24
11	무죄한 자를 죽이려고 뇌물을 받는 자	신 27:25
12	율법의 말씀을 실행하지 아니하는 자	신 27:26

61. ③ (신 28:1–68 참조)

62. ④ (신 29:23) 그 온 땅이 유황이 되며 소금이 되며 또 불에 타서 심지도 못하며 결실함도 없으며 거기에는 아무 풀도 나지 아니함이 옛적에 야훼(여호와)께서 진노와 격분으로 멸하신 소돔과 고모라와 아드마와 스보임의 무너짐과 같음을 보고 물을 것이요

memo

63. 모세는 율법을 기록한 후에 어디에 두라고 하였는가?

① 분향단 옆에　　② 속죄소 위에
③ 지성소 옆에　　④ 언약궤 곁에

64. 모세가 죽기 전에 한 일은?

① 이스라엘 자손에게 율법을 낭독함
② 이스라엘 자손을 위하여 제사드림
③ 이스라엘 자손을 위하여 기도함
④ 이스라엘 자손을 위하여 축복함

65. 모세의 축복에서 제외된 지파는?

① 르우벤　② 유다　③ 레위　④ 시므온

63. ④ (신 31:24–26) 모세가 이 율법의 말씀을 다 책에 써서 마친 후에 모세가 야훼(여호와)의 언약궤를 메는 레위 사람에게 명령하여 이르되 이 율법책을 가져다가 너희 하나님 야훼(여호와)의 언약궤 곁에 두어 너희에게 증거가 되게 하라

64. ④ (신 33:1) 하나님의 사람 모세가 죽기 전에 이스라엘 자손을 위하여 축복함이 이러하니라

65. ④

모세의 축복(신 33:6–25)

르우벤 지파	종족 보존의 축복	신 33:6
유다 지파	통치권의 축복	신 33:7
레위 지파	영적 지도자의 축복	신 33:8-11
베냐민 지파	안전한 보호의 축복	신 33:12
요셉 지파	물질적 축복	신 33:13-17
스불론 지파	무역업의 축복	신 33:18
잇사갈 지파	농경 생활의 축복	신 33:18-19
갓 지파	영토의 축복	신 33:20-21
단 지파	용맹의 축복	신 33:22
납달리 지파	풍요의 축복	신 33:23
아셀 지파	기름진 옥토의 축복	신 33:24-25

* 모세의 축복에서 시므온 지파가 제외된 이유는 시므온 지파의 분깃이 유다 지파의 분깃에 포함되었기 때문이거나(수 19:1–9 참조), 야곱의 저주(창 49:7 참조) 이후에도 계속 범죄했기(민 25:4 참조) 때문인 것으로 추측할 수 있다.

memo

66. 모세가 죽은 곳은?

① 시날 땅　② 모압 땅　③ 애굽 땅　④ 유다 땅

67. 모세는 몇 세에 죽었는가?

① 90세　② 100세　③ 110세　④ 120세

68. 이스라엘 자손이 모세를 위하여 애곡한 기간은?

① 20일　② 30일　③ 40일　④ 50일

66. ② (신 34:5-6) 모세가 야훼(여호와)의 말씀대로 모압 땅에서 죽어 벳브올 맞은편 모압 땅에 있는 골짜기에 장사되었고
67. ④ (신 34:7) 모세가 죽을 때 나이 백이십 세였으나 그의 눈이 흐리지 아니하였고 기력이 쇠하지 아니하였더라
68. ② (신 34:8) 이스라엘 자손이 모압 평지에서 모세를 위하여 애곡하는 기간이 끝나도록 모세를 위하여 삼십 일을 애곡하니라

memo

주관식

1. 신명기에서 모세가 이스라엘 백성에게 율법을 설명하기 시작한 곳은?

2. 모세가 가나안 땅에 보낸 정탐꾼은 몇 명인가?

3. "너는 또 백성에게 명령하여 이르기를 너희는 세일에 거주하는 너희 동족 (　　　　　　)이 사는 지역으로 지날진대 그들이 너희를 두려워하리니 너희는 스스로 깊이 삼가고 그들과 (　　　　　　) 그들의 땅은 한 발자국도 너희에게 주지 아니하리니 이는 내가 세일 산을 에서에게 기업으로 주었음이라"

4. 바산 왕 옥이 이스라엘을 공격하여 전투를 벌인 곳은?

5. 모세 대신 이스라엘 백성을 거느리고 가나안 땅에 들어갈 사람은?

1. **모압 땅** (신 1:5) 모세가 요단 저쪽 모압 땅에서 이 율법을 설명하기 시작하였더라 일렀으되
2. **12명** (신 1:22-24) 너희가 다 내 앞으로 나아와 … 그 땅을 정탐하고 어느 길로 올라가야 할 것과 어느 성읍으로 들어가야 할 것을 우리에게 알리게 하자 하기에 … 각 지파에서 한 사람씩 열둘을 택하매 그들이 돌이켜 산지에 올라 에스골 골짜기에 이르러 그 곳을 정탐하고
3. **에서의 자손, 다투지 말라** (신 2:4-5 참조)
   * 에서의 자손은 야곱의 형인 에서의 후손들로서 이스라엘과 평화롭게 지내야 할 형제 민족이었기 때문에 그들과 다투지 말라고 하셨다.
4. **에드레이** (신 3:1) 우리가 돌이켜 바산으로 올라가매 바산 왕 옥이 그의 모든 백성을 거느리고 나와서 우리를 대적하여 에드레이에서 싸우고자 하는지라
5. **여호수아** (신 3:28) 너는 여호수아에게 명령하고 그를 담대하게 하며 그를 강하게 하라 그는 이 백성을 거느리고 건너가서 네가 볼 땅을 그들이 기업으로 얻게 하리라 하셨느니라

memo

6. 모세가 이스라엘 백성에게 가르친 지혜와 지식은 무엇인가?

7. "너희는 스스로 삼가 너희의 하나님 야훼(여호와)께서 너희와 세우신 (   )을 잊지 말고 네 하나님 야훼(여호와)께서 금하신 어떤 형상의 (   )도 조각하지 말라 네 하나님 야훼(여호와)는 소멸하는 (   )이시요 (   )하시는 하나님이시니라"

8. "야훼(여호와)께서 너를 (   )하시려고 하늘에서부터 그의 음성을 네게 듣게 하시며 땅에서는 그의 큰 불을 네게 보이시고 네가 불 가운데서 나오는 그의 (   )을 듣게 하셨느니라"

9. 부지중에 살인한 자가 생명을 보전할 수 있도록 구별해 놓은 곳은?

10. 요단 동편에는 몇 개의 도피성이 있는가?

11. 신명기에서 십계명이 기록된 곳은?

6. **규례와 법도** (신 4:5-6) 내가 나의 하나님 야훼(여호와)께서 명령하신 대로 규례와 법도를 너희에게 가르쳤나니 … 이것이 여러 민족 앞에서 너희의 지혜요 너희의 지식이라 그들이 이 모든 규례를 듣고 이르기를 이 큰 나라 사람은 과연 지혜와 지식이 있는 백성이로다 하리라
7. **언약, 우상, 불, 질투** (신 4:23-24 참조)
8. **교훈, 말씀** (신 4:36 참조)
9. **도피성** (신 4:41-42) 그 때에 모세가 요단 이쪽 해 돋는 쪽에서 세 성읍을 구별하였으니 이는 과거에 원한이 없이 부지중에 살인한 자가 그 곳으로 도피하게 하기 위함이며 그 중 한 성읍으로 도피한 자가 그의 생명을 보전하게 하기 위함이라
10. **3개** (신 4:41-42) 그 때에 모세가 요단 이쪽 해 돋는 쪽에서 세 성읍을 구별하였으니 … 그 중 한 성읍으로 도피한 자가 그의 생명을 보전하게 하기 위함이라
11. **5장** (신 5:1-21 참조)

memo

12. “나를 사랑하고 내 계명을 지키는 자에게는 (   )까지 은혜를 베푸느니라”

13. “너는 네 하나님 야훼(여호와)께서 명령한 대로 네 부모를 (   )하라 그리하면 네 하나님 야훼(여호와)가 네게 준 땅에서 네 (   )이 길고 (   )을 누리리라”

14. “야훼(여호와)께서 이 모든 (   )을 산 위 불 가운데, 구름 가운데, 흑암 가운데에서 큰 음성으로 너희 총회에 이르신 후에 더 말씀하지 아니하시고 그것을 두 (   )에 써서 내게 주셨느니라”

15. “너는 (   )을 다하고 (   )을 다하고 (   )을 다하여 네 하나님 야훼(여호와)를 (   )하라”

16. “너는 또 그것을 네 (   )에 매어 기호를 삼으며 네 (   )에 붙여 표로 삼고 또 네 집 문설주와 바깥 문에 기록할지니라”

12. **천 대** (신 5:10 참조)
13. **공경, 생명, 복** (신 5:16 참조)
14. **말씀, 돌판** (신 5:22 참조)
15. **마음, 뜻, 힘, 사랑** (신 6:5 참조)
16. **손목, 미간** (신 6:8-9 참조)

memo

17. 신명기 6장에서 말씀한 '이스라엘 백성이 삼가 지켜야 할 것'은?

18. "우리가 그 명령하신 대로 이 모든 명령을 우리 하나님 야훼(여호와) 앞에서 삼가 지키면 그것이 곧 우리의 (   )이니라 할지니라"

19. 야훼(여호와)께서 이스라엘을 자기 기업의 백성으로 택하신 이유는?

20. "너를 낮추시며 너를 주리게 하시며 또 너도 알지 못하며 네 조상들도 알지 못하던 만나를 네게 먹이신 것은 사람이 (   )으로만 사는 것이 아니요 야훼(여호와)의 입에서 나오는 모든 (   )으로 사는 줄을 네가 알게 하려 하심이니라"

21. 모세가 언약의 돌판들을 받기 위해 호렙 산에 머무른 기간은?

17. **하나님의 명령과 증거와 규례** (신 6:17) 너희의 하나님 야훼(여호와)께서 너희에게 명하신 명령과 증거와 규례를 삼가 지키며
   * '명령과 증거와 규례'란 율법 전반을 가리키는 강조적 표현이다.
18. **의로움** (신 6:25 참조)
19. **이스라엘을 사랑하시고, 조상들에게 하신 맹세를 지키기 위해서다** (신 7:6-8) 너는 야훼(여호와) 네 하나님의 성민이라 네 하나님 야훼(여호와)께서 지상 만민 중에서 너를 자기 기업의 백성으로 택하셨나니 야훼(여호와)께서 너희를 기뻐하시고 너희를 택하심은 너희가 다른 민족보다 수효가 많기 때문이 아니니라 … 다만 너희를 사랑하심으로 말미암아, 또는 너희의 조상들에게 하신 맹세를 지키려 하심으로 말미암아
20. **떡, 말씀** (신 8:3 참조)
21. **사십 주 사십 야** (신 9:8-9) 호렙 산에서 너희가 야훼(여호와)를 격노하게 하였으므로 야훼(여호와)께서 진노하사 너희를 멸하려 하셨느니라 그 때에 내가 돌판들 곧 야훼(여호와)께서 너희와 세우신 언약의 돌판들을 받으려고 산에 올라가서 사십 주 사십 야를 산에 머물며 떡도 먹지 아니하고 물도 마시지 아니하였더니

memo

22. 모세는 야훼(여호와)께서 우상을 만든 아론과 백성을 멸하시는 것을 막기 위해 얼마 동안 기도했는가?

23. "내가 오늘 네 (   )을 위하여 네게 명하는 야훼(여호와)의 명령과 규례를 지킬 것이 아니냐"

24. "그러므로 너희는 (   )에 할례를 행하고 다시는 목을 곧게 하지 말라"

25. "너희가 만일 내가 오늘 너희에게 명하는 너희의 하나님 야훼(여호와)의 명령을 들으면 (   )이 될 것이요 너희가 만일 내가 오늘 너희에게 명령하는 도에서 돌이켜 떠나 너희의 하나님 야훼(여호와)의 명령을 듣지 아니하고 본래 알지 못하던 다른 신들을 따르면 (   )를 받으리라"

26. 모세는 가나안 땅에 들어간 후 어디로 가서 제사를 드리라고 하였는가?

22. **사십 주 사십 야** (신 9:25-26) 그 때에 야훼(여호와)께서 너희를 멸하겠다 하셨으므로 내가 여전히 사십 주 사십 야를 야훼(여호와) 앞에 엎드리고 야훼(여호와)께 간구하여 이르되 주 야훼(여호와)여 주께서 큰 위엄으로 속량하시고 강한 손으로 애굽에서 인도하여 내신 주의 백성 곧 주의 기업을 멸하지 마옵소서
23. **행복** (신 10:13 참조)
24. **마음** (신 10:16 참조)
25. **복, 저주** (신 11:27-28 참조)
26. **야훼(여호와)께서 택하신 곳** (신 12:1-6) 네 조상의 하나님 야훼(여호와)께서 네게 주셔서 차지하게 하신 땅에서 너희가 평생에 지켜 행할 규례와 법도는 이러하니라 … 야훼(여호와)께서 … 택하신 곳인 그 계실 곳으로 찾아 나아가서 너희의 번제와 너희의 제물과 너희의 십일조와 너희 손의 거제와 너희의 서원제와 낙헌 예물과 너희 소와 양의 처음 난 것들을 너희는 그리로 가져다가 드리고

* '야훼(여호와)께서 택하신 곳'에 관한 말씀은 훗날 예루살렘에 성전이 건축되어 역사적으로 성취되었는데(대하 6:5; 7:12 참조), 이는 이방의 우상 신전들로부터 이스라엘 백성의 신앙을 거룩하게 보존하기 위한 것으로 볼 수 있다.

memo

27. 야훼(여호와)께서 이스라엘 백성에게 고기와 함께 먹지 말라고 하신 것은?

28. "내가 너희에게 명령하는 이 모든 말을 너희는 지켜 행하고 그것에 (   )하지 말지니라"

29. 야훼(여호와)가 아닌 다른 신들을 섬기자고 말하는 선지자나 꿈 꾸는 자는 어떻게 해야 하는가?

30. 굽은 갈라졌으나 새김질을 못하므로 먹지 말고 그 사체도 만지지 말라고 한 짐승은?

31. 이스라엘 백성이 먹을 수 있는 물고기는?

32. 이스라엘 백성이 매 년 하나님께 드려야 하는 십일조는?

27. **피** (신 12:23) 다만 크게 삼가서 그 피는 먹지 말라 피는 그 생명인즉 네가 그 생명을 고기와 함께 먹지 못하리니
28. **가감** (신 12:32 참조)
29. **죽여야 한다** (신 13:1-5) 너희 중에 선지자나 꿈 꾸는 자가 일어나서 이적과 기사를 네게 보이고 그가 네게 말한 그 이적과 기사가 이루어지고 너희가 알지 못하던 다른 신들을 우리가 따라 섬기자고 말할지라도 … 그런 선지자나 꿈 꾸는 자는 죽이라
30. **돼지** (신 14:8) 돼지는 굽은 갈라졌으나 새김질을 못하므로 너희에게 부정하니 너희는 이런 것의 고기를 먹지 말 것이며 그 사체도 만지지 말 것이니라
31. **지느러미와 비늘이 있는 것** (신 14:9-10) 물에 있는 모든 것 중에서 이런 것은 너희가 먹을 것이니 지느러미와 비늘 있는 모든 것은 너희가 먹을 것이요 지느러미와 비늘이 없는 모든 것은 너희가 먹지 말지니 이는 너희에게 부정함이니라
32. **토지 소산의 십일조** (신 14:22) 너는 마땅히 매 년 토지 소산의 십일조를 드릴 것이며

memo

33. 면제년에도 면제를 받을 수 없는 사람은?

34. 야훼(여호와)께 제물로 드릴 수 없는 짐승은?

35. 우상 숭배자를 죽이는 데 필요한 증인 수는?

36. 재판장의 판결에 불복하는 사람은 어떻게 해야 하는가?

37. 왕이 평생 자기 옆에 두고 읽으며 지켜야 할 책은?

33. 이방인 (신 15:2-3) 면제의 규례는 이러하니라 그의 이웃에게 꾸어준 모든 채주는 그것을 면제하고 그의 이웃에게나 그 형제에게 독촉하지 말지니 이는 야훼(여호와)를 위하여 면제를 선포하였음이라 이방인에게는 네가 독촉하려니와 네 형제에게 꾸어준 것은 네 손에서 면제하라

* 이방인들은 야훼(여호와)의 율법과 상관이 없을 뿐만 아니라 안식년에도 계속 일을 하기 때문에 채무 면제 대상에서 제외되었다.

34. 흠이 있는 짐승 (신 15:21) 그러나 그 짐승이 흠이 있어서 절거나 눈이 멀었거나 무슨 흠이 있으면 네 하나님 야훼(여호와)께 잡아 드리지 못할지니

35. 2-3명 (신 17:2-6) 남자나 여자가 네 하나님 야훼(여호와)의 목전에 악을 행하여 그 언약을 어기고 가서 다른 신들을 섬겨 그것에게 절하며 내가 명령하지 아니한 일월성신에게 절한다 하자 … 너는 그 악을 행한 남자나 여자를 네 성문으로 끌어내고 그 남자나 여자를 돌로 쳐죽이되 죽일 자를 두 사람이나 세 사람의 증언으로 죽일 것이요 한 사람의 증언으로는 죽이지 말 것이며

36. 죽여야 한다 (신 17:12) 사람이 만일 무법하게 행하고 네 하나님 야훼(여호와) 앞에 서서 섬기는 제사장이나 재판장에게 듣지 아니하거든 그 사람을 죽여 이스라엘 중에서 악을 제하여 버리라

37. 율법서 (신 17:18-19) 그가 왕위에 오르거든 이 율법서의 등사본을 레위 사람 제사장 앞에서 책에 기록하여 평생에 자기 옆에 두고 읽어 그의 하나님 야훼(여호와) 경외하기를 배우며 이 율법의 모든 말과 이 규례를 지켜 행할 것이라

memo

38. 야훼(여호와)의 화제물과 그 기업을 먹는 지파는?

39. "네 하나님 야훼(여호와)께서 너희 가운데 네 형제 중에서 너를 위하여 나와 같은 (   ) 하나를 일으키시리니 너희는 그의 말을 들을지니라"

40. "네 하나님 야훼(여호와)께서 네게 기업으로 주시는 땅에서 (   )한 피를 흘리지 말라 이같이 하면 그의 피가 네게로 돌아가지 아니하리라"

41. "사람의 모든 악에 관하여 또한 모든 죄에 관하여는 한 증인으로만 정할 것이 아니요 (   ) 증인의 입으로나 또는 (   ) 증인의 입으로 그 사건을 확정할 것이며"

42. 적군의 땅에 있는 나무 중 베지 말라고 한 나무는?

38. 레위 지파 (신 18:1) 레위 사람 제사장과 레위의 온 지파는 이스라엘 중에 분깃도 없고 기업도 없을지니 그들은 야훼(여호와)의 화제물과 그 기업을 먹을 것이라

* '야훼(여호와)의 화제물'이란 소제, 속건제, 속죄제(민 18:9 참조) 등 이스라엘 백성이 하나님께 바치는 각종 제물 중 번제단에 불살라 드리는 제물을 가리킨다. 이 제물 가운데는 제사장의 몫으로 떼어 놓는 부분이 있었다(레 2:3, 10 참조). 한편 '그 기업'이란 하나님께 바쳤다가 다시 제사장 분깃으로 되돌려진 헌물을 가리킨다(민 18:21–24 참조).

39. 선지자 (신 18:15 참조)

* '네 형제 중에서'는 하나님께서 이스라엘 백성 가운데서 선지자를 세우실 것을 의미하며, '나와 같은 선지자'는 장차 오실 예수 그리스도를 가리킨다. 따라서 본 절은 이스라엘의 혈통 가운데서 대제사장(히 5:5–10 참조)이요, 왕(마 27:11 참조)이요, 선지자(요 4:19 참조)이신 메시아가 오실 것을 의미한다.

40. 무죄 (신 19:10 참조)

* '야훼(여호와)께서 네게 기업으로 주시는 땅'은 도피성을 말한다.

41. 두, 세 (신 19:15 참조)

42. 과목 (신 20:19–20) 성읍을 쳐서 점령하려 할 때에도 도끼를 둘러 그 곳의 나무를 찍어내지 말라 이는 너희가 먹을 것이 될 것임이니 찍지 말라 … 다만 과목이 아닌 수목은 찍어내어 너희와 싸우는 그 성읍을 치는 기구를 만들어 그 성읍을 함락시킬 때까지 쓸지니라

memo

43. "사람이 만일 죽을 죄를 범하므로 네가 그를 죽여 나무 위에 달거든 그 시체를 나무 위에 (　　　　) 두지 말고 그 날에 장사하여 네 하나님 야훼(여호와)께서 네게 기업으로 주시는 땅을 더럽히지 말라 나무에 달린 자는 하나님께 (　　　)를 받았음이니라"

44. 영원히 야훼(여호와)의 총회에 들어갈 수 없는 사람은?

45. 이스라엘이 애굽에서 나올 때에 영접하지 않고 발람에게 뇌물을 주어 이스라엘 백성을 저주하게 한 두 족속은?

46. 이스라엘 백성이 에돔 사람을 미워하지 말아야 할 이유는?

47. 누구의 삼 대 후 자손이 야훼(여호와)의 총회에 들어올 수 있는가?

43. 밤새도록, 저주 (신 21:22-23 참조)

44. 암몬 사람과 모압 사람 (신 23:3) 암몬 사람과 모압 사람은 야훼(여호와)의 총회에 들어오지 못하리니 그들에게 속한 자는 십 대뿐 아니라 영원히 야훼(여호와)의 총회에 들어오지 못하리라

* 암몬과 모압 족속이 영원히 야훼(여호와)의 총회에 들어갈 수 없는 이유는, 그들이 이스라엘 백성에게 적대적인 태도를 보였기 때문이다(민 22:1-24:25 참조). 그래서 에스라는 그들과 결혼하지 말라고 경고했다(스 9:1-12 참조).

45. 암몬과 모압 족속 (신 23:3-4) 암몬 사람과 모압 사람은 … 너희가 애굽에서 나올 때에 떡과 물로 너희를 길에서 영접하지 아니하고 메소보다미아의 브돌 사람 브올의 아들 발람에게 뇌물을 주어 너희를 저주하게 하려 하였으나

46. 이스라엘 백성의 형제이기 때문이다 (신 23:7) 너는 에돔 사람을 미워하지 말라 그는 네 형제임이니라 애굽 사람을 미워하지 말라 네가 그의 땅에서 객이 되었음이니라

47. 에돔 사람과 애굽 사람 (신 23:7-8) 너는 에돔 사람을 미워하지 말라 그는 네 형제임이니라 애굽 사람을 미워하지 말라 네가 그의 땅에서 객이 되었음이니라 그들의 삼 대 후 자손은 야훼(여호와)의 총회에 들어올 수 있느니라

memo

48. 야훼(여호와)께 반드시 갚아야 되는 것으로, 갚기를 더디하면 죄가 되는 것은?

49. "사람이 아내를 맞이하여 데려온 후에 그에게 (　　　)되는 일이 있음을 발견하고 그를 기뻐하지 아니하면 (　　　) 증서를 써서 그의 손에 주고 그를 자기 집에서 내보낼 것이요"

50. 곤궁한 품꾼의 품삯은 언제 주어야 하는가?

51. 각 사람은 누구의 죄로 죽임을 당하는가?

52. "너는 객이나 고아의 송사를 (　　　)하게 하지 말며 과부의 옷을 (　　　) 잡지 말라"

53. 곡식 떠는 소에게는 무엇을 씌우지 말아야 하는가?

48. 서원 (신 23:21) 네 하나님 야훼(여호와)께 서원하거든 갚기를 더디하지 말라 네 하나님 야훼(여호와)께서 반드시 그것을 네게 요구하시리니 더디면 그것이 네게 죄가 될 것이라

49. 수치, 이혼 (신 24:1 참조)

* '수치되는 일'이란 흉한 상처, 병, 불구 등에 관한 것으로 추측할 수 있다.

50. 당일 (신 24:14-15) 곤궁하고 빈한한 품꾼은 너희 형제든지 네 땅 성문 안에 우거하는 객이든지 그를 학대하지 말며 그 품삯을 당일에 주고 해 진 후까지 미루지 말라 이는 그가 가난하므로 그 품삯을 간절히 바람이라

51. 자기 죄 (신 24:16) 아버지는 그 자식들로 말미암아 죽임을 당하지 않을 것이요 자식들은 그 아버지로 말미암아 죽임을 당하지 않을 것이니 각 사람은 자기 죄로 말미암아 죽임을 당할 것이니라

52. 억울, 전당 (신 24:17 참조)

53. 망 (신 25:4) 곡식 떠는 소에게 망을 씌우지 말지니라

* 비록 짐승이라도 수고한 대가를 받는 것이 마땅하다는 것을 가리킨다.

memo

54. “형제들이 함께 사는데 그 중 하나가 죽고 아들이 없거든 그 죽은 자의 아내는 나가서 타인에게 시집 가지 말 것이요 그의 남편의 ( )가 그에게로 들어가서 그를 맞이하여 아내로 삼아 그의 남편의 형제 된 의무를 그에게 다 행할 것이요 그 여인이 낳은 첫 아들이 그 죽은 형제의 ( )을 잇게 하여 그 이름이 이스라엘 중에서 ( ) 않게 할 것이니라”

55. “너는 네 주머니에 두 종류의 저울추 곧 큰 것과 작은 것을 넣지 말 것이며 네 집에 두 종류의 되 곧 큰 것과 작은 것을 두지 말 것이요 오직 온전하고 ( )한 저울추를 두며 온전하고 ( )한 되를 둘 것이라 그리하면 네 하나님 야훼(여호와)께서 네게 주시는 땅에서 네 날이 길리라”

56. “네가 오늘 야훼(여호와)를 네 하나님으로 인정하고 또 그 도를 행하고 그의 규례와 명령과 법도를 지키며 그의 ( )를 들으라”

57. “그런즉 야훼(여호와)께서 너를 그 지으신 모든 민족 위에 ( ) 하사 찬송과 명예와 영광을 삼으시고 그가 말씀하신 대로 너를 네 하나님 야훼(여호와)의 ( )이 되게 하시리라”

54. 형제, 이름, 끊어지지 (신 25:5-6 참조)

* 수혼 제도(계대 결혼)에 대한 규례이다. 수혼 제도란 후사가 없이 죽은 형제의 아내를 다른 형제가 취하여 그의 가문과 기업을 이을 자녀를 낳게 해 주는 제도를 말한다.

55. 공정, 공정 (신 25:13-15 참조)

56. 소리 (신 26:17 참조)

57. 뛰어나게, 성민 (신 26:19 참조)

memo

58. 축복하기 위하여 그리심 산에 선 지파는?

59. 저주하기 위하여 에발 산에 선 지파는?

60. "네가 네 하나님 야훼(여호와)의 말씀을 삼가 듣고 내가 오늘 네게 명령하는 그의 모든 (　　　)을 지켜 (　　　) 네 하나님 야훼(여호와)께서 너를 세계 모든 민족 위에 뛰어나게 하실 것이라"

61. "야훼(여호와)께서 너를 대적하기 위해 일어난 적군들을 네 앞에서 패하게 하시리라 그들이 (　　　)로 너를 치러 들어왔으나 네 앞에서 (　　　)로 도망하리라"

62. "호렙에서 이스라엘 자손과 세우신 언약 외에 야훼(여호와)께서 모세에게 명령하여 (　　　) 땅에서 그들과 세우신 언약의 말씀은 이러하니라"

58. **시므온, 레위, 유다, 잇사갈, 요셉, 베냐민** (신 27:12) 너희가 요단을 건넌 후에 시므온과 레위와 유다와 잇사갈과 요셉과 베냐민은 백성을 축복하기 위하여 그리심 산에 서고

59. **르우벤, 갓, 아셀, 스불론, 단, 납달리** (신 27:13) 르우벤과 갓과 아셀과 스불론과 단과 납달리는 저주하기 위하여 에발 산에 서고

* 이스라엘 백성은 가나안 땅에 들어가 에발 산에 돌비와 돌단을 쌓은 후 축복과 저주를 선포하기 위해 그리심 산과 에발 산에 각각 6지파씩 나누어 섰는데, 축복의 산에 선 6지파는 율법에 순종하는 자들을 상징하고, 저주의 산에 선 6지파는 율법에 불순종한 자들을 상징한다.

60. **명령, 행하면** (신 28:1 참조)

61. **한 길, 일곱 길** (신 28:7 참조)

62. **모압** (신 29:1 참조)

* '모압 땅에서 세우신 언약'은 이스라엘 백성이 출애굽 한 지 40년이 되던 해 요단 동편 모압 평지에서 호렙 산 언약(출 19–24장 참조)을 재확인하고 새롭게 갱신한 언약을 가리킨다.

memo

63. 모세가 제사장들과 장로들에게 율법을 낭독하라고 한 때는?

64. 모세의 노래가 기록된 곳의 장절은?

65. "그런데 (　　　　)이 기름지매 발로 찼도다 네가 살찌고 비대하고 윤택하매 자기를 지으신 하나님을 버리고 자기를 구원하신 반석을 업신여겼도다"

66. 가나안 땅을 바라보기는 했지만 그리로 들어가지 못한 사람은?

67. 모세는 어느 산에서 가나안 땅을 바라보았는가?

63. **면제년의 초막절** (신 31:9-11) 또 모세가 이 율법을 써서 야훼(여호와)의 언약궤를 메는 레위 자손 제사장들과 이스라엘 모든 장로에게 주고 모세가 그들에게 명령하여 이르기를 매 칠 년 끝 해 곧 면제년의 초막절에 … 이 율법을 낭독하여 온 이스라엘에게 듣게 할지니

* 초막절은 7월 15일부터 7일간 지키는 절기로서 장막절 또는 수장절(출 23:16; 34:22 참조)이라고도 하며, 광야에서의 장막 생활을 기념하고 수확을 감사하는 절기이다(신 16:13-15 참조).

64. **신 32:1-43**

65. **여수룬** (신 32:15 참조)

* '여수룬'은 '정직한 자'란 뜻으로, 하나님의 사랑을 받아 의로운 자가 된 이스라엘을 가리킨다. 그러나 이스라엘은 하나님께 배은망덕한 삶을 살았기 때문에 여기서는 풍자적으로 '여수룬'이라고 부르고 있는 것이다.

66. **모세** (신 32:48-52) 야훼(여호와)께서 모세에게 말씀하여 이르시되 너는 여리고 맞은편 모압 땅에 있는 아바림 산에 올라가 느보 산에 이르러 내가 이스라엘 자손에게 기업으로 주는 가나안 땅을 바라보라 … 네가 비록 내가 이스라엘 자손에게 주는 땅을 맞은편에서 바라보기는 하려니와 그리로 들어가지는 못하리라 하시니라

67. **느보 산** (신 32:49) 너는 여리고 맞은편 모압 땅에 있는 아바림 산에 올라가 느보 산에 이르러 내가 이스라엘 자손에게 기업으로 주는 가나안 땅을 바라보라

memo

68. “그는 첫 수송아지 같이 위엄이 있으니 그 뿔이 들소의 뿔 같도다 이것으로 민족들을 받아 땅 끝까지 이르리니 곧 (   )의 자손은 만만이요 (   )의 자손은 천천이리로다”

69. “모세가 눈의 아들 여호수아에게 안수하였으므로 그에게 (   )이 충만하니 이스라엘 자손이 야훼(여호와)께서 모세에게 명령하신 대로 여호수아의 말을 (   )하였더라”

70. “그 후에는 이스라엘에 (   )와 같은 선지자가 일어나지 못하였나니 모세는 야훼(여호와)께서 (   )하여 아시던 자요”

68. **에브라임, 므낫세** (신 33:17 참조)
69. **지혜의 영, 순종** (신 34:9 참조)
70. **모세, 대면** (신 34:10 참조)

역사서

여호수아 Joshua

연대 및 저자 B.C. 1370년경 여호수아에 의해 기록되었다.

중심 내용 본서는 하나님께서 아브라함에게 약속하신 땅을 이스라엘이 여호수아의 통솔 아래 정복하여 지파별로 분배받고 정착한 역사를 다루고 있다.

특징

1. 이스라엘의 가나안 정착 과정을 보여 준다.
2. 하나님은 약속을 지키시는 분이심을 보여 준다.
3. 하나님의 나라는 믿음으로 들어가야 함을 보여 준다.

내용 분해

1. 가나안 정복 (1:1–12:24)

1) 가나안 정복 준비 (1:1–5:15)
2) 가나안 정복 (6:1–12:24)

2. 가나안 정착 (13:1–21:45)

1) 요단 동편 지역 정착 (13:1–33)
2) 요단 서편 지역 정착 (14:1–19:51)
3) 도피성과 레위 지파의 성읍 (20:1–21:45)

3. 여호수아의 마지막 교훈 (22:1–24:33)

1) 동편 지파에게 한 교훈 (22:1–34)
2) 여호수아의 마지막 권면 (23:1–24:28)
3) 여호수아의 죽음 (24:29–33)

memo

객관식

1. 구약의 역사서에 해당되지 않는 책은?
① 여호수아 ② 사사기 ③ 룻기 ④ 욥기

2. 여호수아서와 관계있는 것은?
① 이스라엘의 제사법을 다루고 있다
② 이스라엘의 인구조사를 다루고 있다
③ 이스라엘 백성의 거룩성을 강조하고 있다
④ 이스라엘이 약속의 땅을 정복하여 분배한 역사를 다루고 있다

3. 여호수아서가 기록된 연대로 추정되는 때는?
① B.C. 1170년경 ② B.C. 1270년경
③ B.C. 1370년경 ④ B.C. 1470년경

4. 누가 여호수아를 모세의 후계자로 세웠는가?
① 야훼(여호와) ② 대제사장
③ 제사장 ④ 백성

1. ④ 구약의 역사서는 여호수아, 사사기, 룻기, 사무엘상, 사무엘하, 열왕기상, 열왕기하, 역대상, 역대하, 에스라, 느헤미야, 에스더이다.
2. ④ 여호수아는 하나님께서 아브라함에게 약속하신 땅을 이스라엘이 여호수아의 통솔 아래 정복하여 각 지파가 분배하고 정착한 역사를 다루고 있다.
3. ③ 여호수아는 B.C. 1370년경 기록된 것으로 추정된다.
4. ① (수 1:1–2) 야훼(여호와)의 종 모세가 죽은 후에 야훼(여호와)께서 모세의 수종자 눈의 아들 여호수아에게 말씀하여 이르시되 내 종 모세가 죽었으니 이제 너는 이 모든 백성과 더불어 일어나 이 요단을 건너 내가 그들 곧 이스라엘 자손에게 주는 그 땅으로 가라

memo

5. 요단 동편 땅을 기업으로 받았으나 요단을 건너가서 가나안 정복에 참여해야 할 지파가 아닌 것은?
① 르우벤 지파 ② 갓 지파
③ 므낫세 반 지파 ④ 유다 지파

6. 여호수아는 어디에서 어디로 정탐꾼을 보냈는가?
① 헤브론에서 여리고로 ② 두로에서 여리고로
③ 시돈에서 여리고로 ④ 싯딤에서 여리고로

7. 기생 라합이 정탐꾼들을 숨긴 곳은?
① 지붕에 벌여 놓은 삼대 ② 우물
③ 다락방 ④ 동굴

8. 라합은 하나님이 어떤 분이라고 고백했는가?
① 복을 주시는 하나님이시다
② 사랑이 많으신 하나님이시다
③ 은혜가 풍성한 하나님이시다
④ 하늘에서도 땅에서도 하나님이시다

5. ④ (수 1:12-14) 여호수아가 또 르우벤 지파와 갓 지파와 므낫세 반 지파에게 말하여 이르되 … 너희의 처자와 가축은 모세가 너희에게 준 요단 이쪽 땅에 머무르려니와 너희 모든 용사들은 무장하고 너희의 형제보다 앞서 건너가서 그들을 돕되

6. ④ (수 2:1) 눈의 아들 여호수아가 싯딤에서 두 사람을 정탐꾼으로 보내며 이르되 가서 그 땅과 여리고를 엿보라 하매 그들이 가서 라합이라 하는 기생의 집에 들어가 거기서 유숙하더니

7. ① (수 2:3-6) 여리고 왕이 라합에게 사람을 보내어 이르되 네게로 와서 네 집에 들어간 그 사람들을 끌어내라 그들은 이 온 땅을 정탐하러 왔느니라 그 여인이 그 두 사람을 이미 숨긴지라 … 그가 이미 그들을 이끌고 지붕에 올라가서 그 지붕에 벌여 놓은 삼대에 숨겼더라

8. ④ (수 2:8-11) 또 그들이 눕기 전에 라합이 지붕에 올라가서 그들에게 이르러 말하되 … 너희의 하나님 야훼(여호와)는 위로는 하늘에서도 아래로는 땅에서도 하나님이시니라

memo

9. 정탐꾼들이 라합과 그 가족의 구원을 위해 표시하도록 한 것은?
① 문설주에 양의 피를 바름　② 창문에 붉은 줄을 맴
③ 지붕에 백기를 꽂음　④ 굴뚝에 연기를 냄

10. 요단 강을 건너기 전 여호수아가 이스라엘 백성에게 명령한 것은?
① 하나님께 예물을 드려라　② 하나님만 의지하라
③ 서로 화목하라　④ 자신을 성결하게 하라

11. 언약궤를 멘 사람들은?
① 족장들　② 이방인들
③ 제사장들　④ 20세 이상의 남자들

12. 언약궤와 이스라엘 백성과의 거리는?
① 2,000 규빗　② 3,000 규빗
③ 4,000 규빗　④ 5,000 규빗

9. ② (수 2:18) 우리가 이 땅에 들어올 때에 우리를 달아 내린 창문에 이 붉은 줄을 매고 네 부모와 형제와 네 아버지의 가족을 다 네 집에 모으라

10. ④ (수 3:1-5) 또 여호수아가 아침에 일찍이 일어나서 그와 모든 이스라엘 자손들과 더불어 싯딤에서 떠나 요단에 이르러 건너가기 전에 … 백성에게 이르되 너희는 자신을 성결하게 하라 야훼(여호와)께서 내일 너희 가운데에 기이한 일들을 행하시리라

11. ③ (수 3:3) 백성에게 명령하여 이르되 너희는 레위 사람 제사장들이 너희 하나님 야훼(여호와)의 언약궤 메는 것을 보거든 너희가 있는 곳을 떠나 그 뒤를 따르라

12. ① (수 3:3-4) 백성에게 명령하여 이르되 너희는 레위 사람 제사장들이 너희 하나님 야훼(여호와)의 언약궤 메는 것을 보거든 너희가 있는 곳을 떠나 그 뒤를 따르라 그러나 너희와 그 사이 거리가 이천 규빗쯤 되게 하고 그것에 가까이 하지는 말라

* 2,000 규빗은 약 900미터 정도의 거리인데, 이처럼 간격을 두고 언약궤의 뒤를 따르게 한 이유는 하나님의 임재의 상징인 언약궤에 대한 경외심을 갖게 함과 동시에 백성이 언약궤를 충분히 바라볼 수 있도록 하기 위함이다.

memo

13. 이스라엘 백성이 요단 강을 건널 때 제일 먼저 물속에 들어간 사람은?

① 여호수아 ② 유다 지파 사람들

③ 궤를 멘 제사장들 ④ 각 지파의 족장들

14. 흘러내리던 요단 강물이 그친 때는?

① 궤를 멘 제사장들의 발이 물가에 잠겼을 때

② 여호수아의 발이 물가에 잠겼을 때

③ 족장들의 발이 물가에 잠겼을 때

④ 이스라엘 백성의 발이 물가에 잠겼을 때

15. 이스라엘 백성이 요단 강에서 올라와 진 친 곳은?

① 싯딤 ② 기랏아르바 ③ 벧엘 ④ 길갈

16. 이스라엘 자손이 출애굽 한 후 처음으로 할례를 행한 곳은?

① 요단 ② 싯딤 ③ 길갈 ④ 기랏아르바

13. ③ (수 3:15-16) 요단이 곡식 거두는 시기에는 항상 언덕에 넘치더라 궤를 멘 자들이 요단에 이르며 궤를 멘 제사장들의 발이 물 가에 잠기자 곧 위에서부터 흘러내리던 물이 그쳐서 … 온전히 끊어지매 백성이 여리고 앞으로 바로 건널새

14. ① (수 3:15-16) 요단이 곡식 거두는 시기에는 항상 언덕에 넘치더라 궤를 멘 자들이 요단에 이르며 궤를 멘 제사장들의 발이 물가에 잠기자 곧 위에서부터 흘러내리던 물이 그쳐서

* 요단 강물은 언약궤를 멘 제사장들의 발이 물가에 잠기자마자 멈추었으며, 그들이 육지를 밟는 동시에 다시 전과 같이 흘렀다(수 4:18 참조).

15. ④ (수 4:19) 첫째 달 십일에 백성이 요단에서 올라와 여리고 동쪽 경계 길갈에 진 치매

* 길갈은 여호수아가 진을 치고 가나안 정복의 교두보로 삼은 곳이다.

16. ③ (수 4:19-5:3) 첫째 달 십일에 백성이 요단에서 올라와 여리고 동쪽 경계 길갈에 진 치매 … 그 때에 야훼(여호와)께서 여호수아에게 이르시되 너는 부싯돌로 칼을 만들어 이스라엘 자손들에게 다시 할례를 행하라 하시매 여호수아가 부싯돌로 칼을 만들어 할례 산에서 이스라엘 자손들에게 할례를 행하니라

* '그 때에'란 이스라엘 자손이 요단 강을 건넌 후 길갈에 진을 치고 있을 때를 말한다(수 4:19 참조). 한편 '할례 산'은 할례를 행한 후 베어 낸 포피를 이곳에 묻었기 때문에 붙인 이름이다.

memo

17. 이스라엘 자손이 광야에서 먹던 만나가 그친 때는?
① 요단 강을 건넌 다음 날
② 유월절을 지킨 다음 날
③ 가나안 땅에 정착한 다음 날
④ 가나안 땅의 소산물을 먹은 다음 날

18. 여호수아는 여리고에 가까이 이르렀을 때 누구를 만났는가?
① 아이 성의 장군 ② 야훼(여호와)의 군대 대장
③ 여리고 성의 장군 ④ 아람의 군대 대장

19. 이스라엘 자손은 여리고 성을 모두 몇 번 돌았는가?
① 6번 ② 7번 ③ 10번 ④ 13번

20. 이스라엘 자손이 여리고 성을 7번 돈 날은 몇 번째 날인가?
① 셋째 날 ② 다섯째 날
③ 일곱째 날 ④ 여덟째 날

17. ④ (수 5:11–12) 유월절 이튿날에 그 땅의 소산물을 먹되 그 날에 무교병과 볶은 곡식을 먹었더라 또 그 땅의 소산물을 먹은 다음 날에 만나가 그쳤으니 이스라엘 사람들이 다시는 만나를 얻지 못하였고 그 해에 가나안 땅의 소출을 먹었더라

18. ② (수 5:13–14) 여호수아가 여리고에 가까이 이르렀을 때에 눈을 들어 본즉 한 사람이 칼을 빼어 손에 들고 마주 서 있는지라 여호수아가 나아가서 그에게 묻되 너는 우리를 위하느냐 우리의 적들을 위하느냐 하니 그가 이르되 아니라 나는 야훼(여호와)의 군대 대장으로 지금 왔느니라 하는지라
* '야훼(여호와)의 군대 대장'은 '야훼(여호와)의 사자'와 동일시하며, 일반적으로 예수 그리스도로 보는데(창 16:7; 18:1; 32:24 참조) 천사장으로 보는 견해도 있다.

19. ④ (수 6:14–15) 그 둘째 날에도 그 성을 한 번 돌고 진영으로 돌아오니라 엿새 동안을 이같이 행하니라 일곱째 날 새벽에 그들이 일찍이 일어나서 전과 같은 방식으로 그 성을 일곱 번 도니 그 성을 일곱 번 돌기는 그 날뿐이었더라

20. ③ (수 6:15) 일곱째 날 새벽에 그들이 일찍이 일어나서 전과 같은 방식으로 그 성을 일곱 번 도니 그 성을 일곱 번 돌기는 그 날뿐이었더라

memo

21. 여호수아는 여리고 성을 재건하는 자에게 어떤 저주가 임할 것이라고 하였는가?

① 부모를 잃게 되는 저주　② 아들을 잃게 되는 저주
③ 재산을 잃게 되는 저주　④ 질병을 앓게 되는 저주

22. 이스라엘이 여리고 성을 함락한 후 야훼(여호와)께 바친 물건을 도둑질한 사람은?

① 아간　② 갈미　③ 세라　④ 삽디

23. 아이 성을 점령하기 위해 올라갔다가 죽은 이스라엘 백성의 수는?

① 16명 가량　② 26명 가량
③ 36명 가량　④ 46명 가량

24. 이스라엘이 아이 성을 재차 공격하여 죽인 사람은 몇 명인가?

① 12,000명　② 22,000명
③ 32,000명　④ 33,000명

25. 여호수아가 아이 성을 함락한 후 단을 쌓은 곳은?

① 다볼 산　② 에발 산　③ 아모리 산　④ 시내 산

21. ② (수 6:26) 여호수아가 그 때에 맹세하게 하여 이르되 누구든지 일어나서 이 여리고 성을 건축하는 자는 야훼(여호와) 앞에서 저주를 받을 것이라 그 기초를 쌓을 때에 그의 맏아들을 잃을 것이요 그 문을 세울 때에 그의 막내아들을 잃으리라 하였더라

22. ① (수 7:1) 이스라엘 자손들이 온전히 바친 물건으로 말미암아 범죄하였으니 이는 유다 지파 세라의 증손 삽디의 손자 갈미의 아들 아간이 온전히 바친 물건을 가졌음이라 야훼(여호와)께서 이스라엘 자손들에게 진노하시니라

23. ③ (수 7:4-5) 백성 중 삼천 명쯤 그리로 올라갔다가 아이 사람 앞에서 도망하니 아이 사람이 그들을 삼십육 명쯤 쳐 죽이고 성문 앞에서부터 스바림까지 쫓아가 내려가는 비탈에서 쳤으므로 백성의 마음이 녹아 물 같이 된지라

24. ① (수 8:24-25) 이스라엘이 자기들을 광야로 추격하던 모든 아이 주민을 들에서 죽이되 그들을 다 칼날에 엎드러지게 하여 진멸하기를 마치고 온 이스라엘이 아이로 돌아와서 칼날로 죽이매 그 날에 엎드러진 아이 사람들은 남녀가 모두 만 이천 명이라

25. ② (수 8:28-30) 여호수아가 아이를 불살라 그것으로 영원한 무더기를 만들었더니 오늘까지 황폐하였으며 … 그 때에 여호수아가 이스라엘의 하나님 야훼(여호와)를 위하여 에발 산에 한 제단을 쌓았으니

* 아이 성을 함락한 여호수아는 에발 산에 단을 쌓고 돌에 율법을 기록한 후 낭독하였다(수 8:32-35 참조).

memo

26. 여호수아를 속이고 이스라엘과 화친을 맺은 가나안 사람은?
① 기브온 주민들 ② 여부스 주민들
③ 헷 주민들 ④ 브리스 주민들

27. 여호수아가 기브온 주민에게 속은 이유는?
① 상황이 급박했기 때문이다
② 지혜가 없었기 때문이다
③ 욕심을 품었기 때문이다
④ 야훼(여호와)께 묻지 않았기 때문이다

28. 이스라엘 자손이 기브온 주민에게 속은 것을 알게 된 후에도 그들을 치지 못한 이유는?
① 속은 것을 늦게 알았기 때문이다
② 여러 성읍이었기 때문이다
③ 족장들이 야훼(여호와)의 이름으로 맹세했기 때문이다
④ 족장들이 반대했기 때문이다

29. 여호수아가 자신을 속이고 화친을 맺은 기브온 주민에게 시킨 일은?
① 나무를 패며 물을 긷는 일 ② 성막을 수리하는 일
③ 제단을 청소하는 일 ④ 불을 지피는 일

26. ① (수 9:3-15) 기브온 주민들이 여호수아가 여리고와 아이에 행한 일을 듣고 꾀를 내어 사신의 모양을 꾸미되 … 여호수아가 곧 그들과 화친하여 그들을 살리리라는 조약을 맺고 회중 족장들이 그들에게 맹세하였더라
* 기브온은 본래 그비라, 브에롯, 기럇 여아림과 함께 히위 족속의 성읍이다(수 9:17 참조).

27. ④ (수 9:14-15) 무리가 그들의 양식을 취하고는 어떻게 할지를 야훼(여호와)께 묻지 아니하고 여호수아가 곧 그들과 화친하여 그들을 살리리라는 조약을 맺고 회중 족장들이 그들에게 맹세하였더라

28. ③ (수 9:16-18) 그들과 조약을 맺은 후 사흘이 지나서야 그들이 이웃에서 자기들 중에 거주하는 자들이라 함을 들으니라 … 그러나 회중 족장들이 이스라엘의 하나님 야훼(여호와)로 그들에게 맹세했기 때문에 이스라엘 자손이 그들을 치지 못한지라

29. ① (수 9:27) 그 날에 여호수아가 그들을 야훼(여호와)께서 택하신 곳에서 회중을 위하며 야훼(여호와)의 제단을 위하여 나무를 패며 물을 긷는 자들로 삼았더니 오늘까지 이르니라

memo

30. 기브온이 이스라엘과 화친했다는 소식을 듣고 기브온을 치기 위해 연합군을 만든 왕은?

① 예루살렘 왕 아도니세덱 ② 헤브론 왕 호함
③ 야르뭇 왕 비람 ④ 라기스 왕 야비아

31. 아모리 족속의 다섯 왕들과 대진하고 싸우면서 여호수아에게 도움을 요청한 사람들은?

① 헤브론 사람들 ② 야르뭇 사람들
③ 라기스 사람들 ④ 기브온 사람들

32. 이스라엘이 아모리 족속과 싸울 때 태양과 달을 향해 머무르라고 명령한 사람은?

① 여호수아 ② 백성들 ③ 제사장 ④ 갈렙

33. 아모리 다섯 왕들이 도망하여 숨은 굴은?

① 아둘람 굴 ② 막벨라 굴 ③ 막게다 굴 ④ 하길라 굴

30. ① (수 10:3-4) 예루살렘 왕 아도니세덱이 헤브론 왕 호함과 야르뭇 왕 비람과 라기스 왕 야비아와 에글론 왕 드빌에게 보내어 이르되 내게로 올라와 나를 도우라 우리가 기브온을 치자 이는 기브온이 여호수아와 이스라엘 자손과 더불어 화친하였음이니라 하매

31. ④ (수 10:5-6) 아모리 족속의 다섯 … 왕이 함께 모여 자기들의 모든 군대를 거느리고 올라와 기브온에 대진하고 싸우니라 기브온 사람들이 길갈 진영에 사람을 보내어 여호수아에게 전하되 당신의 종들 돕기를 더디게 하지 마시고 속히 우리에게 올라와 우리를 구하소서

32. ① (수 10:12) 야훼(여호와)께서 아모리 사람을 이스라엘 자손에게 넘겨 주시던 날에 여호수아가 야훼(여호와)께 아뢰어 이스라엘의 목전에서 이르되 태양아 너는 기브온 위에 머무르라 달아 너도 아얄론 골짜기에서 그리할지어다 하매

33. ③ (수 10:16-17) 그 다섯 왕들이 도망하여 막게다의 굴에 숨었더니 어떤 사람이 여호수아에게 고하여 이르되 막게다의 굴에 그 다섯 왕들이 숨은 것을 발견하였나이다 하니

memo

34. 가나안의 여러 부족과 연합하여 메롬 물 가에서 이스라엘을 대적한 왕은?
① 헤브론 왕 호함 ② 하솔 왕 야빈
③ 야므룻 왕 비람 ④ 에글론 왕 드빌

35. 이스라엘의 가나안 정복 대상에서 제외된 족속은?
① 히위 족속 ② 아모리 족속
③ 헷 족속 ④ 브리스 족속

36. 모세가 요단 동편 땅을 기업으로 준 지파는?
① 유다, 시므온, 아셀 지파
② 르우벤, 단, 잇사갈 지파
③ 베냐민, 갓, 므낫세 반 지파
④ 르우벤, 갓, 므낫세 반 지파

37. 여호수아가 가나안 정복 때 쳐서 멸한 왕은 모두 몇 명인가?
① 21명 ② 31명 ③ 41명 ④ 51명

34. ② (수 11:1–5) 하솔 왕 야빈이 이 소식을 듣고 마돈 왕 요밥과 시므론 왕과 악삽 왕과 및 북쪽 산지와 긴네롯 남쪽 아라바와 평지와 서쪽 돌의 높은 곳에 있는 왕들과 … 이 왕들이 모두 모여 나아와서 이스라엘과 싸우려고 메롬 물 가에 함께 진 쳤더라

35. ① (수 11:19) 기브온 주민 히위 족속 외에는 이스라엘 자손과 화친한 성읍이 하나도 없고 이스라엘 자손이 싸워서 다 점령하였으니
* 기브온 주민 히위 족속은 이스라엘과 화친을 맺었기 때문에(수 9:3–15 참조) 이스라엘의 정복 대상에서 제외되었다.

36. ④ (수 12:1–6) 이스라엘 자손이 요단 저편 해 돋는 쪽 곧 아르논 골짜기에서 헤르몬 산까지의 동쪽 온 아라바를 차지하고 그 땅에서 쳐죽인 왕들은 이러하니라 … 야훼(여호와)의 종 모세와 이스라엘 자손이 그들을 치고 야훼(여호와)의 종 모세가 그 땅을 르우벤 사람과 갓 사람과 므낫세 반 지파에게 기업으로 주었더라

37. ② (수 12:7–24) 여호수아와 이스라엘 자손이 요단 이편 곧 서쪽 레바논 골짜기의 바알갓에서부터 세일로 올라가는 곳 할락 산까지 쳐서 멸한 그 땅의 왕들은 이러하니라 … 하나는 디르사 왕이라 모두 서른한 왕이었더라

memo

38. 야훼(여호와)께 드리는 화제물을 기업으로 받은 지파는?
① 유다 지파 ② 르우벤 지파
③ 레위 지파 ④ 베냐민 지파

39. 모세가 레위 지파에게 기업을 주지 않은 이유는?
① 하나님의 뜻대로 행하지 않았기 때문이다
② 야훼(여호와)께서 그들의 기업이 되셨기 때문이다
③ 요단 동편 땅을 기업으로 받았기 때문이다
④ 가나안 정복 전쟁에 참여하지 않았기 때문이다

40. 이스라엘 자손이 요단 서쪽 가나안 땅을 아홉 지파 반에게 분배한 방법은?
① 정복한 순서대로 ② 전쟁의 공헌도에 따라
③ 제비 뽑아서 ④ 각 지파가 요구한 대로

41. 야곱의 열두 아들 중 두 지파가 된 아들은?
① 르우벤 ② 시므온 ③ 유다 ④ 요셉

38. ③ (수 13:14) 오직 레위 지파에게는 여호수아가 기업으로 준 것이 없었으니 이는 그에게 말씀하신 것과 같이 이스라엘의 하나님 야훼(여호와)께 드리는 화제물이 그들의 기업이 되었음이더라
* 레위 지파는 이스라엘 백성이 하나님께 드리는 십일조와 예물을 받아 생활하였다(민 18:8–20 참조).

39. ② (수 13:33) 오직 레위 지파에게는 모세가 기업을 주지 아니하였으니 이는 그들에게 말씀하신 것과 같이 이스라엘의 하나님 야훼(여호와)께서 그들의 기업이 되심이었더라

40. ③ (수 14:1–2) 이것은 이스라엘 자손이 가나안 땅에서 받은 기업 곧 제사장 엘르아살과 눈의 아들 여호수아와 이스라엘 자손 지파의 족장들이 분배한 것이니라 야훼(여호와)께서 모세에게 명령하신 대로 그들의 기업을 제비 뽑아 아홉 지파와 반 지파에게 주었으니

41. ④ (수 14:4) 이는 요셉의 자손이 므낫세와 에브라임의 두 지파가 되었음이라 이 땅에서 레위 사람에게 아무 분깃도 주지 아니하고 다만 거주할 성읍들과 가축과 재산을 위한 목초지만 주었으니
* 야곱은 임종 직전에 요셉의 두 아들 므낫세와 에브라임을 양자로 삼고 그들을 르우벤과 시므온처럼 아들의 위치로 격상시켰는데(창 48:5 참조), 이는 요셉이 야곱의 가족을 기근으로부터 구한 것에 대한 배려였다.

memo

42. 갈렙이 여호수아에게 헤브론 땅을 기업으로 달라고 할 때의 나이는?
① 70세 ② 75세 ③ 80세 ④ 85세

43. 기럇 세벨을 점령하여 갈렙의 딸 악사를 아내로 얻은 사람은?
① 그나스 ② 기드온 ③ 여호수아 ④ 옷니엘

44. 여부스 족속을 쫓아내지 못해 그들과 함께 예루살렘에 거주하게 된 지파는?
① 유다 지파 ② 므낫세 지파
③ 시므온 지파 ④ 에브라임 지파

42. ④ (수 14:10-12) 오늘 내가 팔십오 세로되 모세가 나를 보내던 날과 같이 오늘도 내가 여전히 강건하니 … 이 산지를 지금 내게 주소서 … 그 성읍들은 크고 견고할지라도 야훼(여호와)께서 나와 함께 하시면 내가 야훼(여호와)께서 말씀하신 대로 그들을 쫓아내리이다 하니
* 갈렙은 본래 유다 지파의 족장으로서 45년 전에 가나안 땅을 정탐한(민 13:6 참조) 후 여호수아와 함께 긍정적인 보고를 하여 모세로부터 헤브론을 기업으로 약속받았다(수 14:6-12 참조). 그는 이제 고령임에도 불구하고 하나님께서 함께 하시면 능히 그 땅을 차지할 수 있다고 믿었던 것이다.

43. ④ (수 15:16-17) 갈렙이 말하기를 기럇 세벨을 쳐서 그것을 점령하는 자에게는 내가 내 딸 악사를 아내로 주리라 하였더니 갈렙의 아우 그나스의 아들인 옷니엘이 그것을 점령함으로 갈렙이 자기 딸 악사를 그에게 아내로 주었더라
* 고대 근동 지방에서는 아버지가 자녀의 결혼에 대한 절대적인 권한을 가지고 있었으며, 왕이나 장군들이 원수를 죽이는 사람에게 자기 딸을 아내로 주는 것이 일반적인 관례였다(삼상 17:25 참조).

44. ① (수 15:63) 예루살렘 주민 여부스 족속을 유다 자손이 쫓아내지 못하였으므로 여부스 족속이 오늘까지 유다 자손과 함께 예루살렘에 거주하니라
* 유다 지파가 여부스 족속을 쫓아내지 않고 예루살렘에 거주하도록 내버려 둔 것은 가나안 족속을 진멸하라는 하나님의 명령(신 7:1-2; 20:16-17 참조)에 불순종한 행위였다.

memo

45. 가나안 족속을 쫓아내지 않고 종으로 삼은 지파는?
① 에브라임 지파 ② 레위 지파
③ 시므온 지파 ④ 유다 지파

46. 가나안 땅에서 길르앗과 바산을 차지한 지파는?
① 르우벤 ② 므낫세 ③ 시므온 ④ 아셀

47. 여호수아에게 더 많은 땅을 달라고 요구한 자손은?
① 유다 자손 ② 레위 자손
③ 요셉 자손 ④ 시므온 자손

48. 여호수아가 다섯 지파의 분배를 마친 후 길갈에 있던 회막을 옮겨 두 번째로 세운 곳은?
① 헤브론 ② 예루살렘 ③ 벧엘 ④ 실로

45. ① (수 16:10) 그들이 게셀에 거주하는 가나안 족속을 쫓아내지 아니하였으므로 가나안 족속이 오늘까지 에브라임 가운데에 거주하며 노역하는 종이 되니라
* 에브라임 지파는 자신들의 편의를 위해 가나안 족속을 쫓아내지 않고 종으로 삼았는데, 이는 가나안 족속을 멸하라는 하나님의 명령(신 7:1-2; 20:16-17 참조)을 거역한 행위였다.

46. ② (수 17:1) 므낫세 지파를 위하여 제비 뽑은 것은 이러하니라 므낫세는 요셉의 장자였고 므낫세의 장자 마길은 길르앗의 아버지라 그는 용사였기 때문에 길르앗과 바산을 받았으므로

47. ③ (수 17:14) 요셉 자손이 여호수아에게 말하여 이르되 야훼(여호와)께서 지금까지 내게 복을 주시므로 내가 큰 민족이 되었거늘 당신이 나의 기업을 위하여 한 제비, 한 분깃으로만 내게 주심은 어찌함이니이까 하니
* 요셉 자손, 즉 에브라임과 므낫세는 이스라엘 두 지파로 인정받았음에도 불구하고 기업 분배에 있어서는 한 분깃으로 제비 뽑힌 사실(수 16:1-4 참조)에 불만을 품고 여호수아에게 더 많은 기업을 요구한 것이다.

48. ④ (수 18:1) 이스라엘 자손의 온 회중이 실로에 모여서 거기에 회막을 세웠으며 그 땅은 그들 앞에서 돌아와 정복되었더라
* 여호수아가 기업 분배를 중단하고 실로에 회막을 세운 것은 아직 기업을 분배받지 않은 나머지 지파가 기업 분배에 소극적인 태도를 보였기 때문이다(수 18:2-3 참조). 그래서 여호수아는 가나안의 중심부인 실로에 회막을 세움으로써 백성들에게 하나님과의 언약을 고취시켜 기업 분배에 새로운 전기를 마련하고자 한 것이다.

memo

49. 여호수아가 아직 기업 분배를 받지 못한 일곱 지파에게 가져오라고 한 것은?
① 기업 분배를 받지 못한 일곱 지파 지도자들의 명단
② 하솔 왕 야빈을 중심으로 동맹을 맺은 왕들의 명단
③ 가나안 전 지역을 상세하게 그린 지도
④ 가나안 미정복지를 일곱 부분으로 그린 지도

50. 유다 지파의 기업 중에서 기업을 분배받은 지파는?
① 므낫세 지파　② 단 지파
③ 잇사갈 지파　④ 시므온 지파

51. 이스라엘 12지파 가운데 가장 늦게 기업을 분배받은 지파는?
① 유다 지파　② 단 지파
③ 스불론 지파　④ 갓 지파

49. ④ (수 18:2-6) 그러나 이스라엘 자손 중에 그 기업의 분배를 받지 못한 자가 아직도 일곱 지파라 여호수아가 … 그 땅을 일곱 부분으로 그려서 이 곳 내게로 가져오라 그러면 내가 여기서 너희를 위하여 우리 하나님 야훼(여호와) 앞에서 제비를 뽑으리라

50. ④ (수 19:1) 둘째로 시므온 곧 시므온 자손의 지파를 위하여 그들의 가족대로 제비를 뽑았으니 그들의 기업은 유다 자손의 기업 중에서라

* 시므온 지파는 유다 지파의 기업 가운데서 남부 지역을 중심으로 18개의 성읍을 분배받았는데(수 19:1-8 참조), 이는 유다 지파가 그 인구에 비해 너무 많은 지역을 분배받았기 때문이다(수 19:9 참조).

51. ② (수 19:40) 일곱째로 단 자손의 지파를 위하여 그들의 가족대로 제비를 뽑았으니

memo

52. 이스라엘 자손이 여호수아에게 기업으로 준 땅은?

① 에브라임 산지　　② 요단 동편

③ 요단 북편　　④ 실로

53. 도피성에 대한 설명 중 잘못된 것은?

① 부지중에 실수로 사람을 죽인 자를 보호하는 곳이다

② 살인자는 누구나 도피성에 가서 거주해야 한다

③ 살인자는 회중 앞에서 재판을 받기까지 그 성읍에 거주한다

④ 살인자는 그 당시 대제사장이 죽기까지 그 성읍에 거주한다

54. 레위 지파가 기업으로 받은 성읍은 모두 몇 개인가?

① 20개　　② 24개　　③ 46개　　④ 48개

52. ① (수 19:49-50) 이스라엘 자손이 그들의 경계를 따라서 기업의 땅 나누기를 마치고 자기들 중에서 눈의 아들 여호수아에게 기업을 주었으니 곧 야훼(여호와)의 명령대로 여호수아가 요구한 성읍 에브라임 산지 딤낫 세라를 주매 여호수아가 그 성읍을 건설하고 거기 거주하였더라

53. ②

도피성 제도(수 20:1-6)

부지중에 실수로 사람을 죽인 자를 보호하는 곳이다	수 20:3
살인자는 회중 앞에서 재판을 받기까지 그 성읍에 거주한다	수 20:6
살인자는 그 당시 대제사장이 죽기까지 그 성읍에 거주한다	수 20:6

54. ④ (수 21:41) 레위 사람들이 이스라엘 자손의 기업 중에서 받은 성읍은 모두 마흔여덟 성읍이요 또 그 목초지들이라

레위 지파의 성읍

아론 자손(13)	유다(8), 베냐민(4), 시므온(1)	수 21:13-19
그핫 자손(10)	에브라임(4), 단(4), 므낫세 반(2)	수 21:20-26
게르손 자손(13)	므낫세 반(2), 잇사갈(4), 아셀(4), 납달리(3)	수 21:27-33
므라리 자손(12)	스불론(4), 르우벤(4), 갓(4)	수 21:34-40

memo

55. 요단 동편의 두 지파 반이 요단 강가에서 큰 제단을 쌓은 이유는?

① 후일에 요단 서편 후손과 신앙적, 민족적 유대감을 갖기 위해
② 후일에 요단 서편까지 가서 제사를 드릴 수 없기 때문에
③ 후일에 요단 동편에서는 야훼(여호와)께 제사를 드리기 어렵기 때문에
④ 야훼(여호와)께 드리는 제사가 요단 서편 후손과 다름을 증거하기 위해

56. 여호수아가 고별사에서 이스라엘 지도자들에게 한 말이 아닌 것은?

① 모세의 율법책에 기록된 것을 다 지켜 행하라
② 스스로 조심하여 하나님 야훼(여호와)를 사랑하라
③ 이방 민족과 혼인하지 말며 서로 왕래하지 말라
④ 나를 대신할 후계자로 사사를 세우라

55. ① (수 22:27) 우리가 야훼(여호와) 앞에서 우리의 번제와 우리의 다른 제사와 우리의 화목제로 섬기는 것을 우리와 너희 사이와 우리의 후대 사이에 증거가 되게 할 뿐으로서 너희 자손들이 후일에 우리 자손들에게 이르기를 너희는 야훼(여호와)께 받을 분깃이 없다 하지 못하게 하려 함이라

* 가나안 정복 사업을 마치고 돌아가던 요단 동편의 두 지파 반 용사들은 그동안 하나님께서 자신들을 보호해 주신 것을 기념하고, 자신들도 요단 서편 지파와 동일한 하나님의 백성임을 증거하며, 후일에 요단 서편 후손과 신앙적, 민족적 유대감을 갖기 위해 큰 제단을 쌓았던 것이다.

56. ④

이스라엘 지도자들에게 한 여호수아의 고별사

모세의 율법책에 기록된 것을 다 지켜 행하라	수 23:6
율법을 떠나 우로나 좌로나 치우치지 말라	수 23:6
이방 신들의 이름을 부르지 말라	수 23:7
이방 신들을 가리켜 맹세하지 말라	수 23:7
이방 신들에게 절하지 말라	수 23:7
하나님 야훼(여호와)께 가까이하라	수 23:8
스스로 조심하여 하나님 야훼(여호와)를 사랑하라	수 23:11
이방 민족과 혼인하지 말며 서로 왕래하지 말라	수 23:12-13

memo

57. 여호수아가 이스라엘 백성에게 고별사를 한 곳은?
① 헤브론 ② 실로 ③ 세겜 ④ 요단 강가

58. 여호수아서를 기록한 사람은?
① 모세 ② 여호수아 ③ 갈렙 ④ 사무엘

59. 여호수아가 죽어 장사된 곳은?
① 헤브론 ② 막벨라 ③ 딤낫 세라 ④ 세겜

60. 이스라엘 자손이 애굽에서 가져 온 요셉의 뼈를 장사한 곳은?
① 세겜 ② 막벨라 ③ 실로 ④ 헤브론

57. ③ (수 24:1) 여호수아가 이스라엘 모든 지파를 세겜에 모으고 이스라엘 장로들과 그들의 수령들과 재판장들과 관리들을 부르매 그들이 하나님 앞에 나와 선지라

58. ② (수 24:26) 여호수아가 이 모든 말씀을 하나님의 율법책에 기록하고 큰 돌을 가져다가 거기 야훼(여호와)의 성소 곁에 있는 상수리나무 아래에 세우고

59. ③ (수 24:29-30) 이 일 후에 야훼(여호와)의 종 눈의 아들 여호수아가 백십 세에 죽으매 그들이 그를 그의 기업의 경내 딤낫 세라에 장사하였으니 딤낫 세라는 에브라임 산지 가아스 산 북쪽이었더라

60. ① (수 24:32) 또 이스라엘 자손이 애굽에서 가져 온 요셉의 뼈를 세겜에 장사하였으니 이곳은 야곱이 백 크시타를 주고 세겜의 아버지 하몰의 자손들에게서 산 밭이라 그것이 요셉 자손의 기업이 되었더라

memo

주관식

1. 여호수아는 누구의 수종자였는가?

2. 모세가 죽은 후 야훼(여호와)께서 누구를 이스라엘의 새 지도자로 세웠는가?

3. 여호수아의 본명은 무엇인가?

4. "네 (　　　)에 너를 능히 대적할 자가 없으리니 내가 모세와 (　　　) 있었던 것 같이 너와 (　　　) 있을 것임이니라 내가 너를 떠나지 아니하며 버리지 아니하리니"

5. "이 (　　　)을 네 입에서 떠나지 말게 하며 주야로 그것을 (　　　)하여 그 안에 기록된 대로 다 지켜 (　　　) 그리하면 네 길이 (　　　)하게 될 것이며 네가 (　　　)하리라"

1. **모세** (수 1:1) 야훼(여호와)의 종 모세가 죽은 후에 야훼(여호와)께서 모세의 수종자 눈의 아들 여호수아에게 말씀하여 이르시되
   * '수종자'의 히브리어 '솨라트'는 '시중들다', '공헌하다'라는 뜻으로서 군사, 행정, 사무직 보좌관을 일컫는다.
2. **여호수아** (수 1:1-2) 야훼(여호와)의 종 모세가 죽은 후에 야훼(여호와)께서 모세의 수종자 눈의 아들 여호수아에게 말씀하여 이르시되 내 종 모세가 죽었으니 이제 너는 이 모든 백성과 더불어 일어나 이 요단을 건너 내가 그들 곧 이스라엘 자손에게 주는 그 땅으로 가라
3. **호세아** (민 13:16) 이는 모세가 땅을 정탐하러 보낸 자들의 이름이라 모세가 눈의 아들 호세아를 여호수아라 불렀더라
4. **평생, 함께, 함께** (수 1:5 참조)
5. **율법책, 묵상, 행하라, 평탄, 형통** (수 1:8 참조)

memo

6. 여호수아가 여리고로 보낸 정탐꾼은 몇 명인가?

7. 여호수아가 여리고로 보낸 두 정탐꾼을 숨겨 준 사람은?

8. 가나안 일곱 족속의 이름은?

9. 여호수아가 요단에서 가져온 열두 돌을 세운 곳은?

10. 이스라엘 백성이 요단 강을 건넌 후 행한 두 가지 의식은?

6. **2명** (수 2:1) 눈의 아들 여호수아가 싯딤에서 두 사람을 정탐꾼으로 보내며 이르되 가서 그 땅과 여리고를 엿보라 하매 그들이 가서 라합이라 하는 기생의 집에 들어가 거기서 유숙하더니

7. **라합** (수 2:3-4) 여리고 왕이 라합에게 사람을 보내어 이르되 네게로 와서 네 집에 들어간 그 사람들을 끌어내라 그들은 이 온 땅을 정탐하러 왔느니라 그 여인이 그 두 사람을 이미 숨긴지라

8. **가나안, 헷, 히위, 브리스, 기르가스, 아모리, 여부스** (수 3:10) 또 말하되 살아 계신 하나님이 너희 가운데에 계시사 가나안 족속과 헷 족속과 히위 족속과 브리스 족속과 기르가스 족속과 아모리 족속과 여부스 족속을 너희 앞에서 반드시 쫓아내실 줄을 이것으로서 너희가 알리라

9. **길갈** (수 4:20) 여호수아가 요단에서 가져온 그 열두 돌을 길갈에 세우고
   * 여호수아가 길갈에 열두 돌을 세운 목적은 이스라엘 백성이 하나님의 기적으로 요단 강을 건넌 것을 기념하기 위함이다.

10. **할례, 유월절** (수 5:8-10) 또 그 모든 백성에게 할례 행하기를 마치매 … 이스라엘 자손들이 길갈에 진 쳤고 그 달 십사일 저녁에는 여리고 평지에서 유월절을 지켰으며

memo

11. 이스라엘 자손이 요단 강을 건넌 후 처음으로 유월절을 지킨 곳은?

12. "야훼(여호와)의 군대 대장이 여호수아에게 이르되 네 발에서 ( )을 벗으라 네가 선 곳은 ( )하니라 하니 여호수아가 그대로 행하니라"

13. "너희 모든 군사는 그 성을 둘러 성 주위를 ( ) 한 번씩 돌되 ( ) 동안을 그리하라 제사장 일곱은 일곱 양각 나팔을 잡고 언약궤 앞에서 나아갈 것이요 ( )째 날에는 그 성을 ( ) 번 돌며 그 제사장들은 나팔을 불 것이며"

14. 여호수아가 여리고 성을 멸할 때 살려 준 사람은?

11. **길갈** (수 5:10) 또 이스라엘 자손들이 길갈에 진 쳤고 그 달 십사일 저녁에는 여리고 평지에서 유월절을 지켰으며
12. **신, 거룩** (수 5:15 참조)
13. **매일, 엿새, 일곱, 일곱** (수 6:3-4 참조)
14. **기생 라합과 그의 아버지의 가족과 그에게 속한 모든 것** (수 6:25) 여호수아가 기생 라합과 그의 아버지의 가족과 그에게 속한 모든 것을 살렸으므로 그가 오늘까지 이스라엘 중에 거주하였으니 이는 여호수아가 여리고를 정탐하려고 보낸 사자들을 숨겼음이었더라

memo

15. 이스라엘이 아이 성을 점령하려다 실패한 원인은?

16. 범죄한 아간을 찾아낸 방법은?

17. 아간과 그의 물건들을 불사르고 돌 무더기를 쌓은 곳의 이름은?

15. **아간의 범죄 때문이다** (수 7:1) 이스라엘 자손들이 온전히 바친 물건으로 말미암아 범죄하였으니 이는 유다 지파 세라의 증손 삽디의 손자 갈미의 아들 아간이 온전히 바친 물건을 가졌음이라 야훼(여호와)께서 이스라엘 자손들에게 진노하시니라

16. **제비뽑기** (수 7:16-18) 이에 여호수아가 아침 일찍이 일어나서 이스라엘을 그의 지파대로 가까이 나아오게 하였더니 유다 지파가 뽑혔고 … 유다 지파 세라의 증손이요 삽디의 손자요 갈미의 아들인 아간이 뽑혔더라

성경에 나타난 제비뽑기

1	속죄 염소 선택	레 16:8-10
2	기업 분배	민 26:55-56; 수 19:1
3	범죄인 색출	수 7:16-18; 욘 1:7
4	용사 선택	삿 20:9-10
5	이스라엘의 초대 왕 선택	삼상 10:19-21
6	성전 직무 분담	대상 26:13
7	거주지 선택	느 11:1
8	형 집행일 선정	에 3:7
9	인신매매	욥 6:27; 욜 3:3
10	탈취물 분배	옵 1:11
11	사도 선택	행 1:26

17. **아골 골짜기** (수 7:24-26) 여호수아가 이스라엘 모든 사람과 더불어 세라의 아들 아간을 잡고 … 온 이스라엘이 그를 돌로 치고 물건들도 돌로 치고 불사르고 그 위에 돌 무더기를 크게 쌓았더니 … 그 곳 이름을 오늘까지 아골 골짜기라 부르더라

memo

18. 이스라엘이 여리고 성 다음으로 함락시킨 성은?

19. '태양이 중천에 머물러서 거의 종일토록 속히 내려가지 아니하였다'고 기록된 책은?

20. 하솔 왕 야빈을 중심으로 동맹을 맺은 왕들이 이스라엘과 싸우기 위해 진 친 곳은?

21. 여호수아가 갈렙에게 기업으로 준 땅은?

22. 요셉의 장자 이름은?

18. **아이 성** (수 8:24) 이스라엘이 자기들을 광야로 추격하던 모든 아이 주민을 들에서 죽이되 그들을 다 칼날에 엎드러지게 하여 진멸하기를 마치고 온 이스라엘이 아이로 돌아와서 칼날로 죽이매

19. **야살의 책** (수 10:13) 태양이 머물고 달이 멈추기를 백성이 그 대적에게 원수를 갚기까지 하였느니라 야살의 책에 태양이 중천에 머물러서 거의 종일토록 속히 내려가지 아니하였다고 기록되지 아니하였느냐

20. **메롬 물 가** (수 11:1-5) 하솔 왕 야빈이 이 소식을 듣고 마돈 왕 요밥과 시므론 왕과 악삽 왕과 … 이 왕들이 모두 모여 나아와서 이스라엘과 싸우려고 메롬 물 가에 함께 진 쳤더라

* 이스라엘은 이 메롬 전투에서 승리함으로(수 11:1-15 참조) 가나안 땅 대부분을 정복하는 결과를 낳게 되었다.

21. **헤브론** (수 14:13-14) 여호수아가 여분네의 아들 갈렙을 위하여 축복하고 헤브론을 그에게 주어 기업을 삼게 하매 헤브론이 그니스 사람 여분네의 아들 갈렙의 기업이 되어 오늘까지 이르렀으니 이는 그가 이스라엘의 하나님 야훼(여호와)를 온전히 좇았음이라

* 헤브론의 옛 이름은 '기럇 아르바'이다(수 14:15 참조).

22. **므낫세** (수 17:1) 므낫세 지파를 위하여 제비 뽑은 것은 이러하니라 므낫세는 요셉의 장자였고 므낫세의 장자 마길은 길르앗의 아버지라 그는 용사였기 때문에 길르앗과 바산을 받았으므로

memo

23. 여호수아가 땅을 분배한 방법은?

24. 자기 분깃이 너무 많아 시므온 자손에게 자기 기업의 일부를 준 지파는?

25. 도피성은 모두 몇 개인가?

26. 요단 동편의 두 지파 반이 길르앗으로 귀환하던 중 요단 가에서 행한 일은?

23. **제비뽑기** (수 18:10) 여호수아가 그들을 위하여 실로의 야훼(여호와) 앞에서 제비를 뽑고 그가 거기서 이스라엘 자손의 분파대로 그 땅을 분배하였더라
24. **유다 지파** (수 19:9) 시므온 자손의 이 기업은 유다 자손의 기업 중에서 취하였으니 이는 유다 자손의 분깃이 자기들에게 너무 많으므로 시므온 자손이 자기의 기업을 그들의 기업 중에서 받음이었더라
25. **6개**

6개의 도피성

요단 서편(수 20:7)		요단 동편(수 20:8)	
납달리	갈릴리 게데스	르우벤	베셀
에브라임	세겜	갓	길르앗 라못
유다	기럇 아르바	므낫세	바산 골란

26. **큰 제단을 쌓음** (수 22:9-10) 르우벤 자손과 갓 자손과 므낫세 반 지파가 가나안 땅 실로에서 이스라엘 자손을 떠나 … 그들의 소유지 길르앗으로 가니라 르우벤 자손과 므낫세 반 지파가 가나안 땅 요단 언덕 가에 이르자 거기서 요단 가에 제단을 쌓았는데 보기에 큰 제단이었더라

memo

27. 요단 동편의 두 지파 반이 세운 제단의 이름은 무엇인가?

28. "내가 또 너희가 수고하지 아니한 땅과 너희가 (　　　　)하지 아니한 성읍들을 너희에게 주었더니 너희가 그 가운데에 거주하며 너희는 또 너희가 (　　　　) 아니한 포도원과 감람원의 열매를 먹는다 하셨느니라"

29. "만일 야훼(여호와)를 섬기는 것이 너희에게 좋지 않게 보이거든 너희 조상들이 강 저쪽에서 섬기던 신들이든지 또는 너희가 거주하는 땅에 있는 아모리 족속의 신들이든지 너희가 (　　　)를 오늘 택하라 오직 나와 내 집은 (　　　)를 섬기겠노라 하니"

30. 여호수아는 몇 세에 죽었는가?

27. 엣 (수 22:34) 르우벤 자손과 갓 자손이 그 제단을 엣이라 불렀으니 우리 사이에 이 제단은 야훼(여호와)께서 하나님이 되시는 증거라 함이었더라

* '엣'은 '증언' 또는 '증거'란 뜻이다. 따라서 요단 동편의 두 지파 반이 제단을 세운 후 이 같은 이름을 붙인 것은 그들 역시 야훼(여호와) 신앙을 가지고 있었음을 나타낸다.

28. 건설, 심지 (수 24:13 참조)

29. 섬길 자, 야훼(여호와) (수 24:15 참조)

30. 110세 (수 24:29) 이 일 후에 야훼(여호와)의 종 눈의 아들 여호수아가 백십 세에 죽으매

사사기 Judges

연대 및 저자

B.C. 1050–1000년경 사무엘에 의해 기록된 것으로 추정된다.

중심 내용

본서는 당시 군사 지도자와 재판관 역할을 하던 사사들이 이스라엘 백성을 다스리며 적으로부터 구원한 사실을 다루고 있다.

특징

1. 이스라엘의 범죄, 징계, 회개, 구원의 역사가 반복적으로 나타난다.
2. 이스라엘에 대해 오래 참으시는 하나님의 사랑이 나타나 있다.
3. 이스라엘 지파간의 대립으로 인한 동족상잔의 비극이 나타나 있다.

내용 분해

1. 사사 시대의 배경 (1:1–3:6)

1) 가나안 완전 정복 실패 (1:1–36)
2) 이스라엘의 타락 (2:1–23)
3) 하나님의 심판 예고 (3:1–6)

2. 사사 시대의 역사 (3:7–16:31)

1) 남부 지역 사사 (3:7–31)
2) 북부 지역 사사 (4:1–5:31)
3) 중부 지역 사사 (6:1–10:5)
4) 동부 지역 사사 (10:6–12:7)
5) 북부 지역 사사 (12:8–15)
6) 서부 지역 사사 (13:1–16:31)

3. 사사 시대의 상황 (17:1–21:25)

1) 종교적인 죄 (17:1–18:31)
2) 도덕적인 죄 (19:1–21:25)

memo

객관식

1. 사사기와 관계없는 것은?
   ① 사사들은 이스라엘 백성을 재판하는 역할을 하였다
   ② 사사들은 이스라엘 백성의 군사 지도자 역할을 하였다
   ③ 범죄, 징계, 회개, 구원의 역사가 반복적으로 나타난다
   ④ 이스라엘 백성이 광야에서 방황하는 사건을 다루고 있다

2. 사사기가 기록된 연대로 추정되는 때는?
   ① B.C. 1050-1000년경 ② B.C. 1150-1100년경
   ③ B.C. 1250-1200년경 ④ B.C. 1350-1300년경

3. 사사기는 누가 기록한 것으로 추정하는가?
   ① 여호수아 ② 사무엘 ③ 엘리 ④ 기드온

4. 여호수아가 죽은 후 제일 먼저 가나안 족속과 싸운 지파는?
   ① 유다와 시므온 지파 ② 유다와 스불론 지파
   ③ 유다와 에브라임 지파 ④ 유다와 단 지파

5. 예루살렘과 헤브론에 거주하는 가나안 족속을 쳐서 점령한 지파는?
   ① 시므온 지파 ② 스불론 지파 ③ 유다 지파 ④ 단 지파

1. ④ 사사기에는 이스라엘 백성의 범죄, 징계, 회개, 구원의 역사가 반복적으로 나타나며, 사사들은 이스라엘 백성을 적으로부터 구원하는 군사 지도자와 재판관 역할을 하였다.
2. ① 사사기는 B.C. 1050-1000년경 기록된 것으로 추정된다.
3. ② 사사기는 사무엘에 의해 기록된 것으로 추정된다.
4. ① (삿 1:3) 유다가 그의 형제 시므온에게 이르되 내가 제비 뽑아 얻은 땅에 나와 함께 올라가서 가나안 족속과 싸우자 그리하면 나도 네가 제비 뽑아 얻은 땅에 함께 가리라 하니 이에 시므온이 그와 함께 가니라
5. ③ (삿 1:8-10) 유다 자손이 예루살렘을 쳐서 점령하여 … 가나안 족속과 싸웠고 유다가 또 가서 헤브론에 거주하는 가나안 족속을 쳐서 세새와 아히만과 달매를 죽였더라 헤브론의 본 이름은 기럇 아르바였더라

memo

6. 옷니엘의 아내가 된 갈렙의 딸은?

① 드보라 ② 악사 ③ 한나 ④ 룻

7. 유다 지파가 산지 주민은 쫓아냈으나 골짜기 주민들은 쫓아내지 못한 이유는?

① 그들과 화친을 맺었기 때문이다
② 그들이 워낙 강했기 때문이다
③ 그들은 철 병거를 가지고 있었기 때문이다
④ 골짜기가 너무 험했기 때문이다

8. 단 자손이 쫓아내지 못한 족속은?

① 브리스 족속 ② 아모리 족속
③ 가나안 족속 ④ 여부스 족속

9. 야훼(여호와)의 사자가 '가나안 족속이 이스라엘 백성 옆구리에 가시가 될 것'이라고 말한 이유는?

① 가나안 주민과 언약을 맺고, 그들의 제단을 헐지 않았기 때문이다
② 가나안 주민과 통혼하였기 때문이다
③ 가나안 주민을 대적하였기 때문이다
④ 하나님께 제사를 드리지 않았기 때문이다

6. ② (삿 1:13) 갈렙의 아우 그나스의 아들인 옷니엘이 그것을 점령하였으므로 갈렙이 그의 딸 악사를 그에게 아내로 주었더라
7. ③ (삿 1:19) 야훼(여호와)께서 유다와 함께 계셨으므로 그가 산지 주민을 쫓아내었으나 골짜기의 주민들은 철 병거가 있으므로 그들을 쫓아내지 못하였으며
8. ② (삿 1:34) 아모리 족속이 단 자손을 산지로 몰아넣고 골짜기에 내려오기를 용납하지 아니하였으며
* 단 지파는 가나안 주민을 정복하기는커녕 그 가운데 거하지도 못했을뿐더러 산악 지대로 쫓겨나고 말았다. 결국 단 지파는 아모리 족속이 산지로 쫓아내자 그곳에 정착하지 못하고 갈릴리 북쪽 '라이스'로 이주했다(삿 18장 참조).
9. ① (삿 2:1-3) 야훼(여호와)의 사자가 … 너희는 이 땅의 주민과 언약을 맺지 말며 그들의 제단들을 헐라 하였거늘 너희가 내 목소리를 듣지 아니하였으니 어찌하여 그리하였느냐 … 그들이 너희 옆구리에 가시가 될 것이며 그들의 신들이 너희에게 올무가 되리라 하였노라

memo

10. 야훼(여호와)께서 이스라엘을 위하여 행하신 일을 알지 못한 세대가 행한 일은?
   ① 야훼(여호와)를 버리고 바알과 아스다롯을 섬겼다
   ② 여호수아가 살아 있을 때처럼 야훼(여호와)를 섬겼다
   ③ 사사를 세워 정복 전쟁을 계속했다
   ④ 각자 분배받은 땅을 완전히 정복했다

11. 하나님께서 이방 민족들을 쫓아내지 않고 남겨 두신 이유는?
   ① 이스라엘 백성의 자생력을 기르기 위해
   ② 야훼(여호와)의 도를 지켜 행하나 아니하나 그들을 시험하기 위해
   ③ 이스라엘 백성의 믿음을 강하게 하기 위해
   ④ 이방인에게도 야훼(여호와) 하나님을 믿을 기회를 주기 위해

12. 야훼(여호와)께서 전쟁을 알지 못하는 이스라엘 자손에게 가르치기 위해 남겨 두신 이방 민족이 아닌 것은?
   ① 히위 족속 ② 가나안 족속
   ③ 에돔 족속 ④ 시돈 족속

10. ① (삿 2:10-13) 그 세대의 사람도 다 그 조상들에게로 돌아갔고 그 후에 일어난 다른 세대는 야훼(여호와)를 알지 못하며 야훼(여호와)께서 이스라엘을 위하여 행하신 일도 알지 못하였더라 … 그들이 야훼(여호와)를 버리고 바알과 아스다롯을 섬겼으므로

11. ② (삿 2:21-22) 나도 여호수아가 죽을 때에 남겨 둔 이방 민족들을 다시는 그들 앞에서 하나도 쫓아내지 아니하리니 이는 이스라엘이 그들의 조상들이 지킨 것 같이 나 야훼(여호와)의 도를 지켜 행하나 아니하나 그들을 시험하려 함이라 하시니라

12. ③ (삿 3:2-5) 이스라엘 자손의 세대 중에 아직 전쟁을 알지 못하는 자들에게 그것을 가르쳐 알게 하려 하사 남겨 두신 이방 민족들은 블레셋의 다섯 군주들과 모든 가나안 족속과 시돈 족속과 바알 헤르몬 산에서부터 하맛 입구까지 레바논 산에 거주하는 히위 족속이라 … 이스라엘 자손은 가나안 족속과 헷 족속과 아모리 족속과 브리스 족속과 히위 족속과 여부스 족속 가운데에 거주하면서

memo

13. 이스라엘의 첫 번째 사사는?

① 기드온　② 삼갈　③ 옷니엘　④ 입다

14. 한 규빗 되는 칼을 만들어 오른쪽 허벅지 옷 속에 차고 다닌 왼손잡이 사사는?

① 에훗　② 입다　③ 옷니엘　④ 삼손

15. 요단 강 나루를 장악하여 모압 사람 약 만 명을 죽인 사사는?

① 삼손　② 입산　③ 기드온　④ 에훗

16. 이스라엘 사사 중 가장 오랫동안 활동한 사사는?

① 엘론　② 에훗　③ 삼손　④ 야일

13. ③ (삿 3:9–10) 야훼(여호와)께서 이스라엘 자손을 위하여 한 구원자를 세워 그들을 구원하게 하시니 그는 곧 갈렙의 아우 그나스의 아들 옷니엘이라 야훼(여호와)의 영이 그에게 임하셨으므로 그가 이스라엘의 사사가 되어 나가서 싸울 때에

14. ① (삿 3:15–16) 야훼(여호와)께서 그들을 위하여 한 구원자를 세우셨으니 그는 곧 베냐민 사람 게라의 아들 왼손잡이 에훗이라 … 에훗이 길이가 한 규빗 되는 좌우에 날선 칼을 만들어 그의 오른쪽 허벅지 옷 속에 차고

15. ④ (삿 3:28–29) 무리가 에훗을 따라 내려가 모압 맞은편 요단 강 나루를 장악하여 한 사람도 건너지 못하게 하였고 그 때에 모압 사람 약 만 명을 죽였으니 모두 장사요 모두 용사라 한 사람도 도망하지 못하였더라

16. ② (삿 3:28–30) 무리가 에훗을 따라 내려가 모압 맞은편 요단 강 나루를 장악하여 한 사람도 건너지 못하게 하였고 … 그 날에 모압이 이스라엘 수하에 굴복하매 그 땅이 팔십 년 동안 평온하였더라

사사들의 활동 기간

1	옷니엘	40년	삿 3:11	8	야일	22년	삿 10:3
2	에훗	80년	삿 3:30	9	입다	6년	삿 12:7
3	삼갈	-	삿 3:31	10	입산	7년	삿 12:9
4	드보라	40년	삿 5:31	11	엘론	10년	삿 12:11
5	기드온	40년	삿 8:28	12	압돈	8년	삿 12:14
6	아비멜렉	3년	삿 9:22	13	삼손	20년	삿 16:31
7	돌라	23년	삿 10:2				

memo

17. 이스라엘의 세 번째 사사로서 소 모는 막대기로 블레셋 사람 육백 명을 죽인 사사는?

① 삼갈 ② 드보라 ③ 삼손 ④ 야일

18. 철 병거 구백 대가 있어 이십 년 동안 이스라엘을 학대한 왕은?

① 구산 리사다임 왕 ② 야빈 왕

③ 세바 왕 ④ 시온 왕

19. 야빈 왕에게 학대당하는 이스라엘 자손을 구원한 사사는?

① 에훗 ② 드보라 ③ 기드온 ④ 삼손

20. 야훼(여호와)께서 야빈의 군대 장관 시스라와 싸우기 위해 만 명을 동원하라고 명하신 지파는?

① 르우벤, 시므온 ② 납달리, 스불론

③ 레위, 유다 ④ 납달리, 므낫세

21. 만 명을 거느리고 다볼 산으로 가서 야빈의 군대 장관 시스라와 싸운 사람은?

① 돌라 ② 야일 ③ 바락 ④ 압돈

17. ① (삿 3:31) 에훗 후에는 아낫의 아들 삼갈이 있어 소 모는 막대기로 블레셋 사람 육백 명을 죽였고 그도 이스라엘을 구원하였더라

18. ② (삿 4:3) 야빈 왕은 철 병거 구백 대가 있어 이십 년 동안 이스라엘 자손을 심히 학대했으므로 이스라엘 자손이 야훼(여호와)께 부르짖었더라

19. ② (삿 4:3-4) 야빈 왕은 철 병거 구백 대가 있어 이십 년 동안 이스라엘 자손을 심히 학대했으므로 이스라엘 자손이 야훼(여호와)께 부르짖었더라 그 때에 랍비돗의 아내 여선지자 드보라가 이스라엘의 사사가 되었는데

* 삿 4:23-24 참조.

20. ② (삿 4:6) 드보라가 사람을 보내어 아비노암의 아들 바락을 납달리 게데스에서 불러다가 그에게 이르되 이스라엘의 하나님 야훼(여호와)께서 이같이 명령하지 아니하셨느냐 너는 납달리 자손과 스불론 자손 만 명을 거느리고 다볼 산으로 가라

21. ③ (삿 4:6-7) 드보라가 사람을 보내어 아비노암의 아들 바락을 납달리 게데스에서 불러다가 … 너는 납달리 자손과 스불론 자손 만 명을 거느리고 다볼 산으로 가라 내가 야빈의 군대 장관 시스라와 그의 병거들과 그의 무리를 기손 강으로 이끌어 네게 이르게 하고 그를 네 손에 넘겨 주리라 하셨느니라

memo

22. 야빈의 군대 장관 시스라의 관자놀이에 말뚝을 박아 죽인 여인은?
① 야엘 ② 드보라 ③ 오르바 ④ 긋시아

23. 사사기에서 드보라와 바락의 노래가 기록된 곳은?
① 3장 ② 4장 ③ 5장 ④ 6장

24. 이스라엘 자손이 야훼(여호와)의 목전에 악을 행한 결과 미디안의 압제에 시달린 기간은?
① 3년 ② 5년 ③ 7년 ④ 10년

25. 이스라엘 자손이 미디안의 압제에 시달릴 때 부름 받은 사사는?
① 돌라 ② 야일 ③ 기드온 ④ 압돈

26. 하나님의 사자가 기드온에게 보여 준 표징은?
① 구름이 땅을 덮을 때 무지개가 구름 속에서 나타났다
② 지팡이가 뱀이 되게 하였다
③ 타는 횃불이 쪼갠 고기 사이로 지나갔다
④ 불이 바위에서 나와 고기와 무교병을 살랐다

22. ① (삿 4:19-21) 시스라가 … 깊이 잠드니 헤벨의 아내 야엘이 장막 말뚝을 가지고 손에 방망이를 들고 그에게로 가만히 가서 말뚝을 그의 관자놀이에 박으매 말뚝이 꿰뚫고 땅에 박히니 그가 기절하여 죽으니라
* 관자놀이는 '머리의 옆면', 즉 귀와 눈 사이의 맥박이 뛰는 곳으로서 급소이다.

23. ③ (삿 5:1-31 참조)

24. ③ (삿 6:1) 이스라엘 자손이 또 야훼(여호와)의 목전에 악을 행하였으므로 야훼(여호와)께서 칠 년 동안 그들을 미디안의 손에 넘겨 주시니

25. ③ (삿 6:13-14) 기드온이 그에게 대답하되 … 야훼(여호와)께서 우리를 버리사 미디안의 손에 우리를 넘겨 주셨나이다 하니 야훼(여호와)께서 그를 향하여 이르시되 너는 가서 이 너의 힘으로 이스라엘을 미디안의 손에서 구원하라 내가 너를 보낸 것이 아니냐 하시니라

26. ④ (삿 6:20-21) 하나님의 사자가 그에게 이르되 고기와 무교병을 가져다가 이 바위 위에 놓고 국을 부으라 하니 기드온이 그대로 하니라 야훼(여호와)의 사자가 손에 잡은 지팡이 끝을 내밀어 고기와 무교병에 대니 불이 바위에서 나와 고기와 무교병을 살랐고 야훼(여호와)의 사자는 떠나서 보이지 아니한지

memo

27. 기드온이 야훼(여호와)의 사자를 대면한 후 제단을 쌓고 붙인 이름은?
① 야훼(여호와) 로에 ② 야훼(여호와) 닛시
③ 야훼(여호와) 살롬 ④ 야훼(여호와) 찌드케누

28. 야훼(여호와)께서 기드온을 부르신 날 밤에 기드온에게 하신 말씀이 아닌 것은?
① 이스라엘 백성을 모으고 진을 치라
② 바알의 제단을 헐며 아세라 상을 찍어라
③ 산성 꼭대기에 야훼(여호와)를 위하여 제단을 쌓아라
④ 수소를 잡아 아세라 나무로 번제를 드리라

29. 적군들이 이스르엘 골짜기에 진을 쳤을 때 기드온이 하나님의 구원의 표징으로 사용한 것은?
① 횃불 ② 지팡이 ③ 양털 ④ 항아리

30. 야훼(여호와)께서 기드온과 함께 싸울 용사로 선택하신 사람은?
① 무릎을 꿇고 물을 마신 사람
② 물을 그릇에 떠서 마신 사람
③ 물속에 얼굴을 박고 물을 마신 사람
④ 물을 손으로 움켜 개처럼 혀로 핥아 먹은 사람

27. ③ (삿 6:22-24) 기드온이 그가 야훼(여호와)의 사자인 줄을 알고 이르되 슬프도소이다 주 야훼(여호와)여 내가 야훼(여호와)의 사자를 대면하여 보았나이다 … 기드온이 야훼(여호와)를 위하여 거기서 제단을 쌓고 그것을 야훼(여호와) 살롬이라 하였더라

28. ① (삿 6:25-26) 그 날 밤에 야훼(여호와)께서 기드온에게 … 바알의 제단을 헐며 그 곁의 아세라 상을 찍고 또 이 산성 꼭대기에 네 하나님 야훼(여호와)를 위하여 규례대로 한 제단을 쌓고 그 둘째 수소를 잡아 네가 찍은 아세라 나무로 번제를 드릴지니라 하시니라

29. ③ (삿 6:33-37) 그 때에 미디안과 아말렉과 동방 사람들이 다 함께 모여 요단 강을 건너와서 이스르엘 골짜기에 진을 친지라 … 기드온이 하나님께 여쭈되 주께서 이미 말씀하심 같이 내 손으로 이스라엘을 구원하시려거든 보소서 내가 양털 한 뭉치를 타작 마당에 두리니

30. ④ (삿 7:5-7) 야훼(여호와)께서 기드온에게 이르시되 누구든지 개가 핥는 것 같이 혀로 물을 핥는 자들을 너는 따로 세우고 … 손으로 움켜 입에 대고 핥는 자의 수는 삼백 명이요 … 내가 이 물을 핥아 먹은 삼백 명으로 너희를 구원하며 미디안을 네 손에 넘겨 주리니 남은 백성은 각각 자기의 처소로 돌아갈 것이니라 하시니

memo

31. 기드온의 부하 이름은?
① 야일 ② 부라 ③ 바락 ④ 압돈

32. 기드온은 무슨 말을 듣고 적군과 싸워 승리할 것을 확신하였는가?
① 적군들이 말한 꿈과 해몽
② 아군들이 말한 꿈과 해몽
③ 자신의 부하가 말한 꿈과 해몽
④ 자신의 아내가 말한 꿈과 해몽

33. 기드온의 3백 명 용사가 사용한 무기가 아닌 것은?
① 칼 ② 나팔 ③ 빈 항아리 ④ 횃불

34. 기드온이 적군들이 말한 꿈과 해몽을 듣고 이스라엘 진영에 지시한 사항이 아닌 것은?
① 3백 명을 세 대로 나누라
② 각 손에 나팔을 들고 빈 항아리 안에 횃불을 감추라
③ 칼과 창으로 무장하고 기습 작전을 감행하라
④ 나팔을 불며 "야훼(여호와)를 위하라, 기드온을 위하라"고 외치라

31. ② (삿 7:9-10) 그 밤에 야훼(여호와)께서 기드온에게 이르시되 일어나 진영으로 내려가라 내가 그것을 네 손에 넘겨 주었느니라 만일 네가 내려가기를 두려워하거든 네 부하 부라와 함께 그 진영으로 내려가서

32. ① (삿 7:12-15) 미디안과 아말렉과 동방의 모든 사람들이 골짜기에 누웠는데 … 기드온이 그 곳에 이른즉 어떤 사람이 그의 친구에게 꿈을 말하여 … 기드온이 그 꿈과 해몽하는 말을 듣고 경배하며 이스라엘 진영으로 돌아와 이르되 일어나라 야훼(여호와)께서 미디안과 그 모든 진영을 너희 손에 넘겨 주셨느니라 하고

33. ① (삿 7:16) 삼백 명을 세 대로 나누어 각 손에 나팔과 빈 항아리를 들리고 항아리 안에는 횃불을 감추게 하고

34. ③ (삿 7:16-18) 삼백 명을 세 대로 나누어 각 손에 나팔과 빈 항아리를 들리고 항아리 안에는 횃불을 감추게 하고 … 나팔을 불며 이르기를 야훼(여호와)를 위하라, 기드온을 위하라 하라 하니라

memo

35. 미디안과 싸우러 갈 때에 처음부터 부르지 않았다고 기드온에게 항의한 지파는?

① 베냐민 지파 ② 에브라임 지파
③ 므낫세 지파 ④ 시므온 지파

36. 기드온의 용사들이 싸워 이긴 미디안 사람의 수는?

① 12만 명 ② 12만 5천 명
③ 13만 명 ④ 13만 5천 명

37. 기드온이 들가시와 찔레로 징벌한 사람들은 누구인가?

① 숙곳 사람들 ② 세겜 사람들
③ 미디안 사람들 ④ 브누엘 사람들

38. 기드온이 금으로 만들어 오브라에 두었던 것은?

① 에봇 ② 드라빔 ③ 아세라 상 ④ 칼

35. ② (삿 8:1-2) 에브라임 사람들이 기드온에게 이르되 네가 미디안과 싸우러 갈 때에 우리를 부르지 아니하였으니 우리를 이같이 대접함은 어찌 됨이냐 … 기드온이 그들에게 이르되 내가 이제 행한 일이 너희가 한 것에 비교되겠느냐 에브라임의 끝물 포도가 아비에셀의 만물 포도보다 낫지 아니하냐

* '에브라임의 끝물 포도가 아비에셀의 만물 포도보다 낫다'라는 말은 전쟁의 막바지에 참여하여 미디안의 후퇴로를 차단하고 방백들을 죽인 일(삿 7:25 참조)이 처음부터 전쟁에 참여하여 미디안을 참패시킨 기드온의 용사들의 공로보다 낫다는 것을 풍자한 것이다.

36. ④ (삿 8:9-10) 기드온이 또 브누엘 사람들에게 말하여 이르되 내가 평안히 돌아올 때에 이 망대를 헐리라 하니라 이때에 … 군대 중에 칼 든 자 십이만 명이 죽었고 그 남은 만 오천 명 가량은 그들을 따라와서 거기에 있더라

37. ① (삿 8:15-16) 기드온이 숙곳 사람들에게 이르러 … 성읍의 장로들을 붙잡아 들가시와 찔레로 숙곳 사람들을 징벌하고

* 기드온과 그의 용사들은 도주하는 세바와 살문나를 추격하던 중 갓 지파의 지경인 숙곳과 브누엘에 이르러 그곳 사람들에게 먹을 것을 요구했으나 거절당했다(삿 8:4-8 참조). 이에 세바와 살문나를 사로잡고 귀환하게 된 기드온은 들가시로 만든 도리깨로 숙곳 사람들을 징벌하였던 것이다.

38. ① (삿 8:27) 기드온이 그 금으로 에봇 하나를 만들어 자기의 성읍 오브라에 두었더니 온 이스라엘이 그것을 음란하게 위하므로 그것이 기드온과 그의 집에 올무가 되니라

memo

39. 기드온이 낳은 아들은 몇 명인가?
① 10명 ② 30명 ③ 50명 ④ 70명

40. 이복형제 70명을 죽이고 세겜에서 왕이 된 기드온의 아들은?
① 여델 ② 아비멜렉 ③ 요담 ④ 아비에셀

41. 요담이 그리심 산 꼭대기에서 세겜 사람들에게 말할 때 비유로 든 나무가 아닌 것은?
① 감람나무 ② 포도나무 ③ 가시나무 ④ 종려나무

42. 요담이 아비멜렉을 비유로 한 나무는?
① 감람나무 ② 포도나무 ③ 가시나무 ④ 종려나무

43. 한 여인이 내려 던진 맷돌 위짝에 맞아 두개골이 깨진 사람은?
① 가알 ② 스불 ③ 아비멜렉 ④ 요담

39. ④ (삿 8:30) 기드온이 아내가 많으므로 그의 몸에서 낳은 아들이 칠십 명이었고

40. ② (삿 9:5-6) 오브라에 있는 그의 아버지의 집으로 가서 여룹바알의 아들 곧 자기 형제 칠십 명을 한 바위 위에서 죽였으되 … 세겜의 모든 사람과 밀로 모든 족속이 모여서 세겜에 있는 상수리나무 기둥 곁에서 아비멜렉을 왕으로 삼으니라

* '여룹바알'은 기드온이 바알의 제단을 파괴하여 붙여진 이름이며(삿 6:32 참조), '아비멜렉'은 기드온이 첩에게서 낳은 아들이다(삿 8:31 참조).

41. ④

요담이 비유로 든 나무

감람나무	삿 9:9	포도나무	삿 9:12
무화과나무	삿 9:10	가시나무	삿 9:14

42. ③ (삿 9:15-16) 가시나무가 나무들에게 이르되 만일 너희가 참으로 내게 기름을 부어 너희 위에 왕으로 삼겠거든 와서 내 그늘에 피하라 … 이제 너희가 아비멜렉을 세워 왕으로 삼았으니 너희가 행한 것이 과연 진실하고 의로우냐

43. ③ (삿 9:53) 한 여인이 맷돌 위짝을 아비멜렉의 머리 위에 내려 던져 그의 두개골을 깨뜨리니

memo

44. 사사 야일에 대한 설명이 아닌 것은?
   ① 길르앗 사람 기생의 아들이다
   ② 길르앗에서 22년 동안 이스라엘 사사로 활동했다
   ③ 아들 30명이 어린 나귀 30마리를 탔다
   ④ 길르앗 땅에 있는 봇야일이라 부르는 성읍 30개를 가졌다

45. 사사 입다에 대한 설명 중 맞지 않는 것은?
   ① 길르앗의 큰 용사로서 기생이 낳은 아들이다
   ② 형제들에 의해 쫓겨나 돕 땅에서 잡류와 거주했다
   ③ 모압과 싸워 이겼다
   ④ 성급한 맹세로 딸을 잃었다

46. 야훼(여호와)께 서원하여 딸을 번제물로 드리게 된 사사는?
   ① 바락　　② 입다　　③ 입산　　④ 엘론

44. ① (삿 10:3-5) 그 후에 길르앗 사람 야일이 일어나서 이십이 년 동안 이스라엘의 사사가 되니라 그에게 아들 삼십 명이 있어 어린 나귀 삼십을 탔고 성읍 삼십을 가졌는데 그 성읍들은 길르앗 땅에 있고 오늘까지 봇야일이라 부르더라 야일이 죽으매 가몬에 장사되었더라

45. ③

사사 입다

길르앗의 큰 용사로서 기생이 낳은 아들이다	삿 11:1
아버지의 기업을 잇지 못했다	삿 11:2
형제들에 의해 쫓겨나 돕 땅에서 잡류와 거주했다	삿 11:2-3
장로들에게서 군대 장관이 될 것을 요청받았다	삿 11:5-6
야훼(여호와)의 영이 그에게 임하셨다	삿 11:29
성급한 맹세로 딸을 잃었다	삿 11:30-31, 34-40
암몬과 싸워 이겼다	삿 11:32

46. ② (삿 11:31-34) 내가 암몬 자손에게서 평안히 돌아올 때에 누구든지 내 집 문에서 나와서 나를 영접하는 … 그를 번제물로 드리겠나이다 … 입다가 미스바에 있는 자기 집에 이를 때에 보라 그의 딸이 소고를 잡고 춤추며 나와서 영접하니 이는 그의 무남독녀라

memo

47. 사사 입다가 크게 무찌른 자손은?

① 모압 자손 ② 암몬 자손
③ 에돔 자손 ④ 가나안 자손

48. 길르앗 사람들에게 4만 2천 명이 죽임을 당한 지파는?

① 아셀 지파 ② 므낫세 지파
③ 에브라임 지파 ④ 르우벤 지파

49. 딸 30명을 밖으로 시집 보내고 아들 30명을 위하여 밖에서 여자 30명을 데려온 사사는?

① 압돈 ② 엘론 ③ 입산 ④ 바락

50. 아들 40명과 손자 30명이 있어 어린 나귀 70마리를 탔던 사사는?

① 압돈 ② 삼갈 ③ 야일 ④ 삼손

47. ② (삿 11:32-33) 이에 입다가 암몬 자손에게 이르러 그들과 싸우더니 야훼(여호와)께서 그들을 그의 손에 넘겨 주시매 … 크게 무찌르니 이에 암몬 자손이 이스라엘 자손 앞에 항복하였더라

48. ③ (삿 12:4-6) 입다가 길르앗 사람을 다 모으고 에브라임과 싸웠으며 길르앗 사람들이 에브라임을 쳐서 무찔렀으니 … 그 때에 에브라임 사람의 죽은 자가 사만 이천 명이었더라

49. ③ (삿 12:8-9) 입산이 이스라엘의 사사가 되었더라 그가 아들 삼십 명과 딸 삼십 명을 두었더니 그가 딸들을 밖으로 시집 보냈고 아들들을 위하여는 밖에서 여자 삼십 명을 데려왔더라 그가 이스라엘의 사사가 된 지 칠 년이라

50. ① (삿 12:13-14) 압돈이 이스라엘의 사사가 되었더라 그에게 아들 사십 명과 손자 삼십 명이 있어 어린 나귀 칠십 마리를 탔더라 압돈이 이스라엘의 사사가 된 지 팔 년이라

* 압돈은 하나님으로부터 자손의 축복을 받았는데 그 후손들이 부귀와 영화를 누렸던 것 같다.

memo

51. 사사 삼손은 어느 지파 사람인가?

① 유다 지파　　② 르우벤 지파
③ 단 지파　　④ 시므온 지파

52. 삼손이 나실인으로서 지켜야 할 일이 아닌 것은?

① 포도주와 독주를 마시지 말아야 한다
② 부정한 것을 먹지 말아야 한다
③ 머리 위에 삭도를 대지 말아야 한다
④ 혼인하지 하지 말아야 한다

53. 태에서 나옴으로부터 하나님께 바쳐진 나실인인 사사는?

① 압돈　　② 엘론　　③ 야일　　④ 삼손

54. 삼손이 낸 "먹는 자에게서 먹는 것이 나오고 강한 자에게서 단 것이 나왔느니라"는 수수께끼에서 '강한 자'와 '단 것'은 각각 무엇인가?

① 사자와 꿀　　② 곰과 꿀
③ 소와 꿀　　④ 여우와 꿀

51. ③ (삿 13:2) 소라 땅에 단 지파의 가족 중에 마노아라 이름하는 자가 있더라 그의 아내가 임신하지 못하므로 출산하지 못하더니

52. ④ (삿 13:4-5) 그러므로 너는 삼가 포도주와 독주를 마시지 말며 어떤 부정한 것도 먹지 말지니라 … 머리 위에 삭도를 대지 말라 이 아이는 태에서 나옴으로부터 하나님께 바쳐진 나실인이 됨이라

53. ④ (삿 13:5-24) 보라 네가 임신하여 아들을 낳으리니 그의 머리 위에 삭도를 대지 말라 이 아이는 태에서 나옴으로부터 하나님께 바쳐진 나실인이 됨이라 … 여인이 아들을 낳으매 그의 이름을 삼손이라 하니라

54. ① (삿 14:14-18) 삼손이 그들에게 이르되 먹는 자에게서 먹는 것이 나오고 강한 자에게서 단 것이 나왔느니라 하니라 그들이 사흘이 되도록 수수께끼를 풀지 못하였더라 … 일곱째 날 해 지기 전에 성읍 사람들이 삼손에게 이르되 무엇이 꿀보다 달겠으며 무엇이 사자보다 강하겠느냐 한지라

* 이 수수께끼는 '다른 동물을 잡아먹고 사는 동물에게서 먹는 식물이 나왔는데, 그 동물은 강하고 그 식물은 달다.'라는 뜻이다. 블레셋 사람들은 사흘이 지나도록 수수께끼를 풀지 못하다가 삼손의 아내를 협박하여 7일째에 그 답을 알아냈다(삿 14:14-18 참조).

memo

55. 물이 솟아나와 삼손이 마시고 정신을 회복한 샘의 이름은?

① 엔학고레 ② 마하나임 ③ 라맛 레히 ④ 하봇야일

56. 블레셋 방백들이 삼손의 힘의 근원을 알기 위해 삼손을 꾀도록 한 여인은?

① 실로 여인 ② 가사의 기생
③ 들릴라 ④ 딤나 여인

57. 블레셋 방백들은 삼손을 생포한 것을 기념하여 어느 신에게 제사를 드렸는가?

① 몰렉 ② 다곤 ③ 바알 ④ 아세라

58. 신상을 만들어 자기 집에 둔 미가는 어느 지파 사람인가?

① 유다 지파 ② 에브라임 지파
③ 레위 지파 ④ 므낫세 지파

59. 모세의 손자요 게르솜의 아들로서 단 지파의 제사장이 된 사람은?

① 요엘 ② 스브엘 ③ 이다말 ④ 요나단

55. ① (삿 15:19) 하나님이 레히에서 한 우묵한 곳을 터뜨리시니 거기서 물이 솟아나오는지라 삼손이 그것을 마시고 정신이 회복되어 소생하니 그러므로 그 샘 이름을 엔학고레라 불렀으며 그 샘이 오늘까지 레히에 있더라

56. ③ (삿 16:4-5) 이 후에 삼손이 소렉 골짜기의 들릴라라 이름하는 여인을 사랑하매 블레셋 사람의 방백들이 그 여인에게로 올라가서 그에게 이르되 삼손을 꾀어서 무엇으로 말미암아 그 큰 힘이 생기는지 … 알아보라

57. ② (삿 16:23) 블레셋 사람의 방백들이 이르되 우리의 신이 우리 원수 삼손을 우리 손에 넘겨 주었다 하고 다 모여 그들의 신 다곤에게 큰 제사를 드리고 즐거워하고

58. ② (삿 17:1-4) 에브라임 산지에 미가라 이름하는 사람이 있더니 … 미가가 그 은을 그의 어머니에게 도로 주었으므로 어머니가 그 은 이백을 가져다 은장색에게 주어 한 신상을 새기고 한 신상을 부어 만들었더니 그 신상이 미가의 집에 있더라

59. ④ (삿 18:30) 단 자손이 자기들을 위하여 그 새긴 신상을 세웠고 모세의 손자요 게르솜의 아들인 요나단과 그의 자손은 단 지파의 제사장이 되어 그 땅 백성이 사로잡히는 날까지 이르렀더라

* 요나단은 처음에 미가의 집 제사장으로 있다가 나중에 단 지파의 제의를 받고 단 지파의 제사장이 된 레위 청년이었을 것으로 추측된다(삿 17:7-12; 18:19-20 참조).

memo

60. 레위인은 기브아 성읍의 불량배들에게 능욕을 당하여 죽은 첩의 시체를 어떻게 하였는가?
① 불량배들의 집에 보냈다
② 나귀에 싣고 집에 와서 장사 지냈다
③ 나귀에 실어 여자의 집으로 보냈다
④ 열두 덩이로 나누어 이스라엘 사방에 보냈다

61. 레위인의 첩 사건으로 미스바에 모인 이스라엘 보병은 몇 명인가?
① 10만 명 ② 20만 명 ③ 30만 명 ④ 40만 명

62. 레위인의 첩을 능욕한 불량배들은 어느 지파에 속한 사람들인가?
① 에브라임 지파 ② 유다 지파
③ 베냐민 지파 ④ 갓 지파

63. 이스라엘 사람들이 베냐민 지파와의 전쟁에서 승리한 후 미스바에서 맹세한 것은?
① 다시는 베냐민 지파 사람들과 전쟁하지 않겠다
② 베냐민 지파 사람들을 종으로 삼지 않겠다
③ 베냐민 지파 사람들과 왕래하지 않겠다
④ 딸을 베냐민 사람에게 아내로 주지 않겠다

60. ④ (삿 19:29) 그 집에 이르러서는 칼을 가지고 자기 첩의 시체를 거두어 그 마디를 찍어 열두 덩이에 나누고 그것을 이스라엘 사방에 두루 보내매

61. ④ (삿 20:1-2) 이에 모든 이스라엘 자손이 … 미스바에서 야훼(여호와) 앞에 모였으니 온 백성의 어른 곧 이스라엘 모든 지파의 어른들은 하나님 백성의 총회에 섰고 칼을 빼는 보병은 사십만 명이었으며

62. ③ (삿 20:12-13) 이스라엘 지파들이 베냐민 온 지파에 사람들을 보내어 … 기브아 사람들 곧 그 불량배들을 우리에게 넘겨 주어서 우리가 그들을 죽여 이스라엘 중에서 악을 제거하여 버리게 하라

63. ④ (삿 21:1) 이스라엘 사람들이 미스바에서 맹세하여 이르기를 우리 중에 누구든지 딸을 베냐민 사람에게 아내로 주지 아니하리라 하였더라

memo

주관식

1. “갈렙의 아우 그나스의 아들인 (　　　　　　)이 그것을 점령하였으므로 갈렙이 그의 딸 악사를 그에게 아내로 주었더라”

2. 베냐민 자손이 쫓아내지 못한 족속은?

1. **옷니엘** (삿 1:13 참조)
2. **여부스 족속** (삿 1:21) 베냐민 자손은 예루살렘에 거주하는 여부스 족속을 쫓아내지 못하였으므로 여부스 족속이 베냐민 자손과 함께 오늘까지 예루살렘에 거주하니라

* 베냐민 지파는 예루살렘에 거하던 여부스 족속을 완전히 쫓아내지 못하고 부분적으로만 정복했다. 그렇기 때문에 여부스 족속은 다윗 시대까지 남동쪽의 요새화된 언덕에 거주하였다(삼하 5:6–9 참조).

이스라엘 자손이 쫓아내지 못한 가나안 족속

유다	골짜기 주민	삿 1:19
베냐민	여부스 족속	삿 1:21
므낫세	벧스안, 다아낙, 이블르암, 므깃도의 주민	삿 1:27
에브라임	게셀의 주민	삿 1:29
스불론	기드론, 나할롤의 주민	삿 1:30
아셀	악고, 시돈, 알랍, 악십, 헬바, 아빅, 르홉의 주민	삿 1:31-32
납달리	벧세메스, 벧아낫의 주민	삿 1:33
단	아모리 족속	삿 1:34

memo

3. 벧엘의 본 이름은 무엇인가?

4. "그러므로 내가 또 말하기를 내가 그들을 너희 앞에서 쫓아내지 아니하리니 그들이 너희 옆구리에 (   )가 될 것이며 그들의 신들이 너희에게 (   )가 되리라 하였노라"

5. 야훼(여호와)께서 여호수아가 죽은 후 노략자의 손에서 이스라엘을 구원하기 위하여 세운 자들은?

6. "그 세대의 사람도 다 그 조상들에게로 돌아갔고 그 후에 일어난 다른 세대는 (   )를 알지 못하며 야훼(여호와)께서 이스라엘을 위하여 (   )도 알지 못하였더라"

7. 여선지자로서 이스라엘의 사사가 된 사람은?

8. 야훼(여호와)의 사자가 기드온에게 나타나 부른 칭호는?

3. **루스** (삿 1:23) 요셉 가문이 벧엘을 정탐하게 하였는데 그 성읍의 본 이름은 루스라
4. **가시, 올무** (삿 2:3 참조)
5. **사사들** (삿 2:8–16) 야훼(여호와)의 종 눈의 아들 여호수아가 백십 세에 죽으매 … 야훼(여호와)께서 사사들을 세우사 노략자의 손에서 그들을 구원하게 하셨으나
6. **야훼(여호와), 행하신 일** (삿 2:10 참조)
7. **드보라** (삿 4:4) 그 때에 랍비돗의 아내 여선지자 드보라가 이스라엘의 사사가 되었는데
8. **큰 용사** (삿 6:12) 야훼(여호와)의 사자가 기드온에게 나타나 이르되 큰 용사여 야훼(여호와)께서 너와 함께 계시도다 하매

memo

9. 바알의 제단을 헐며 아세라 상을 찍어 버린 사사는?

10. 기드온이 바알의 제단을 파괴한 일로 그에게 붙여진 이름은?

11. "세 대가 나팔을 불며 항아리를 부수고 왼손에 횃불을 들고 오른손에 나팔을 들어 불며 외쳐 이르되 (   )와 (   )의 칼이다 하고"

12. 기드온의 용사가 추격한 미디안의 두 왕은?

13. 상수리나무 기둥 곁에서 아비멜렉을 왕으로 삼은 족속은?

9. **기드온** (삿 6:25-27) 그 날 밤에 야훼(여호와)께서 기드온에게 … 바알의 제단을 헐며 그 곁의 아세라 상을 찍고 … 기드온이 종 열 사람을 데리고 야훼(여호와)께서 그에게 말씀하신 대로 행하되 그의 아버지의 가문과 그 성읍 사람들을 두려워하므로 이 일을 감히 낮에 행하지 못하고 밤에 행하니라
10. **여룹바알** (삿 6:32) 그 날에 기드온을 여룹바알이라 불렀으니 이는 그가 바알의 제단을 파괴하였으므로 바알이 그와 더불어 다툴 것이라 함이었더라
11. **야훼(여호와), 기드온** (삿 7:20 참조)
12. **세바와 살문나** (삿 8:12) 세바와 살문나가 도망하는지라 기드온이 그들의 뒤를 추격하여 미디안의 두 왕 세바와 살문나를 사로잡고 그 온 진영을 격파하니라
13. **세겜과 밀로 족속** (삿 9:6) 세겜의 모든 사람과 밀로 모든 족속이 모여서 세겜에 있는 상수리나무 기둥 곁에서 아비멜렉을 왕으로 삼으니라

memo

14. 입다의 서원은 어느 자손과의 싸움과 관련이 있는가?

15. 길르앗 사람들이 에브라임 사람을 색출하여 죽이기 위해 발음하게 한 말은?

16. 삼손의 아버지 이름은 무엇인가?

17. 삼손의 아버지에게 나타난 야훼(여호와)의 사자의 이름은?

18. “삼손이 레히에 이르매 블레셋 사람들이 그에게로 마주 나가며 소리 지를 때 (　　　　)이 삼손에게 갑자기 임하시매 그의 팔 위의 밧줄이 불탄 삼과 같이 그의 결박되었던 손에서 떨어진지라”

14. **암몬 자손** (삿 11:29-31) 야훼(여호와)의 영이 입다에게 임하시니 … 그가 야훼(여호와)께 서원하여 이르되 주께서 과연 암몬 자손을 내 손에 넘겨 주시면 … 내 집 문에서 나와서 나를 영접하는 그는 야훼(여호와)께 돌릴 것이니 내가 그를 번제물로 드리겠나이다 하니라
15. **쉽볼렛** (삿 12:6) 그에게 이르기를 쉽볼렛이라 발음하라 하여 에브라임 사람이 그렇게 바로 말하지 못하고 십볼렛이라 발음하면 길르앗 사람이 곧 그를 잡아서 요단 강 나루턱에서 죽였더라 그 때에 에브라임 사람의 죽은 자가 사만 이천 명이었더라
   * 에브라임 지파 사람들은 ‘쉰’(ש,(sh))을 ‘사멕’(ס,(s))으로 발음했다. 그렇기 때문에 길르앗 사람들은 요단 나루턱을 지나는 사람들에게 ‘쉽볼렛’을 발음하게 하여 ‘십볼렛’이라고 발음하면 에브라임 사람으로 간주하고 죽였다.
16. **마노아** (삿 13:2-24) 소라 땅에 단 지파의 가족 중에 마노아라 이름하는 자가 있더라 그의 아내가 임신하지 못하므로 출산하지 못하더니 … 그 여인이 아들을 낳으매 그의 이름을 삼손이라 하니라
17. **기묘자** (삿 13:17-18) 마노아가 또 야훼(여호와)의 사자에게 말하되 당신의 이름이 무엇이니이까 … 내 이름은 기묘자라 하니라
18. **야훼(여호와)의 영** (삿 15:14 참조)

memo

19. 삼손은 나귀의 새 턱뼈로 몇 명을 죽였는가?

20. 삼손의 머리털 일곱 가닥을 밀어 힘이 없어지게 한 여자는?

21. 죽을 때에 죽인 자가 살았을 때에 죽인 자보다 더욱 많았던 사사는?

22. "그 사람 미가에게 신당이 있으므로 그가 에봇과 드라빔을 만들고 한 아들을 세워 그의 (　　　　)으로 삼았더라"

23. 거주할 곳을 찾고 있는 레위인 청년을 자기 집의 제사장으로 고용한 사람은?

19. 천 명 (삿 15:15-16) 삼손이 나귀의 새 턱뼈를 보고 손을 내밀어 집어들고 그것으로 천 명을 죽이고 이르되 나귀의 턱뼈로 한 더미, 두 더미를 쌓았음이여 나귀의 턱뼈로 내가 천 명을 죽였도다 하니라

20. 들릴라 (삿 16:19) 들릴라가 삼손에게 자기 무릎을 베고 자게 하고 사람을 불러 그의 머리털 일곱 가닥을 밀고 괴롭게 하여 본즉 그의 힘이 없어졌더라

21. 삼손 (삿 16:30) 삼손이 이르되 블레셋 사람과 함께 죽기를 원하노라 하고 힘을 다하여 몸을 굽히매 그 집이 곧 무너져 그 안에 있는 모든 방백들과 온 백성에게 덮이니 삼손이 죽을 때에 죽인 자가 살았을 때에 죽인 자보다 더욱 많았더라

22. 제사장 (삿 17:5 참조)

23. 미가 (삿 17:7-10) 유다 가족에 속한 유다 베들레헴에 한 청년이 있었으니 그는 레위인으로서 … 거주할 곳을 찾고자 하여 … 미가가 그에게 이르되 네가 나와 함께 거주하며 나를 위하여 아버지와 제사장이 되라 내가 해마다 은 열과 의복 한 벌과 먹을 것을 주리라 하므로 그 레위인이 들어갔더라

* 이 같은 미가의 행위는 당시 종교적 부패가 얼마나 심각했는지를 보여 준다.

룻기 Ruth

연대 및 저자

B.C. 10세기 말 다윗 시대에 기록된 것으로 추정되며,
저자가 누구인지 알 수 없지만 사무엘로 추정하기도 한다.

중심 내용

본서는 다윗의 조상인 나오미와 그 며느리 룻의 신실한 신앙과 삶을 통해
이방인도 믿음으로 하나님의 백성이 될 수 있다는 내용을 다루고 있다.

특징

1. 에스더서와 함께 여성의 이름으로 명명된 책이다.
2. '구속하다'라는 말이 20번이나 기록되어 있다.
3. 보아스가 행한 기업 무르기는 그리스도의 대속 사역의 예표이다.

내용 분해

1. 룻의 선택과 헌신 (1:1–2:23)

1) 룻의 선택 (1:1–22)

2) 룻의 헌신 (2:1–23)

2. 하나님의 보상 (3:1–4:22)

1) 룻의 청원 (3:1–18)

2) 하나님의 보상 (4:1–22)

memo

객관식

1. 룻기와 관계없는 것은?
   ① 나오미와 룻의 신앙과 삶이 잘 나타나 있다
   ② 이방인도 하나님의 백성이 될 수 있다는 내용을 다루고 있다
   ③ 여성의 이름으로 명명된 책이다
   ④ 분열 왕국 시대의 사건을 다루고 있다

2. 룻기가 기록된 연대로 추정되는 때는?
   ① B.C. 10세기 말 사울 시대
   ② B.C. 10세기 말 다윗 시대
   ③ B.C. 10세기 말 솔로몬 시대
   ④ B.C. 10세기 말 르호보암 시대

3. 유다 베들레헴에 흉년이 들자 엘리멜렉이 가족을 데리고 간 곳은?
   ① 모압 ② 에돔 ③ 암몬 ④ 애굽

4. 엘리멜렉의 아내는 누구인가?
   ① 오르바 ② 드보라 ③ 룻 ④ 나오미

1. ④ 여성의 이름으로 명명된 책인 룻기는 나오미와 룻의 신앙과 삶이 잘 나타나 있으며, 이방인도 하나님의 백성이 될 수 있다는 내용을 다루고 있다.
2. ② 룻기는 B.C. 10세기 말 다윗 시대에 기록된 것으로 추정된다.
3. ① (룻 1:1-2) 사사들이 치리하던 때에 그 땅에 흉년이 드니라 유다 베들레헴에 한 사람이 그의 아내와 두 아들을 데리고 모압 지방에 가서 거류하였는데 그 사람의 이름은 엘리멜렉이요
4. ④ (룻 1:2) 그 사람의 이름은 엘리멜렉이요 그의 아내의 이름은 나오미요 그의 두 아들의 이름은 말론과 기룐이니 유다 베들레헴 에브랏 사람들이더라 그들이 모압 지방에 들어가서 거기 살더니

엘리멜렉의 가족 관계(룻 1:2-4 참조)

아내	아들	며느리
나오미	말론	룻
	기룐	오르바

memo

5. 나오미의 두 며느리는 어느 족속의 여자인가?

① 에돔 ② 가나안 ③ 애굽 ④ 모압

6. 나오미가 '전능자가 나를 심히 괴롭게 하셨다'며 부르게 한 이름은?

① 맛사 ② 마라 ③ 로암미 ④ 다베라

7. 나오미가 룻과 함께 베들레헴으로 귀환한 때는?

① 보리 농사 시작할 때 ② 보리 추수 시작할 때
③ 벼 농사 시작할 때 ④ 벼 추수 시작할 때

8. 룻이 저녁까지 주운 이삭의 양은?

① 보리 한 에바쯤 ② 보리 두 에바쯤
③ 밀 한 에바쯤 ④ 밀 두 에바쯤

9. 나오미가 룻을 보아스와 재혼시키기 위해 당부한 일이 아닌 것은?

① 목욕을 하라 ② 기름을 바르라
③ 의복을 입어라 ④ 가죽신을 신어라

5. ④ (룻 1:3-4) 나오미의 남편 엘리멜렉이 죽고 나오미와 그의 두 아들이 남았으며 그들은 모압 여자 중에서 그들의 아내를 맞이하였는데 하나의 이름은 오르바요 하나의 이름은 룻이더라 그들이 거기에 거주한 지 십 년쯤에

6. ② (룻 1:20-21) 나오미가 그들에게 이르되 나를 나오미라 부르지 말고 나를 마라라 부르라 이는 전능자가 나를 심히 괴롭게 하셨음이니라 내가 풍족하게 나갔더니 야훼(여호와)께서 내게 비어 돌아오게 하셨느니라

7. ② (룻 1:22) 나오미가 모압 지방에서 그의 며느리 모압 여인 룻과 함께 돌아왔는데 그들이 보리 추수 시작할 때에 베들레헴에 이르렀더라

8. ① (룻 2:17) 룻이 밭에서 저녁까지 줍고 그 주운 것을 떠니 보리가 한 에바쯤 되는지라

* '한 에바'는 약 22리터, 즉 12되 정도 되는 분량이다.

9. ④ (룻 3:2-3) 보아스는 우리의 친족이 아니냐 보라 그가 오늘 밤에 타작 마당에서 보리를 까불리라 그런즉 너는 목욕하고 기름을 바르고 의복을 입고 타작 마당에 내려가서 그 사람이 먹고 마시기를 다 하기까지는 그에게 보이지 말고

memo

10. 보아스는 기업 무를 때에 성읍 장로 몇 명을 청하여 증인으로 세웠는가?
① 3명 ② 7명 ③ 9명 ④ 10명

11. 엘리멜렉의 친족이 기업 무를 권리를 포기한 이유는?
① 자신의 기업에 손해가 있을까 하여
② 기업 무를 자격이 안 되어서
③ 나오미가 마음에 들지 않아서
④ 룻이 마음에 들지 않아서

12. 옛적에 이스라엘 사람들이 무르거나 교환하는 일을 확정하기 위해 행했던 일은?
① 옷을 벗어 이웃에게 준다
② 천부장에게 보인다
③ 신을 벗어 이웃에게 준다
④ 제사장에게 보인다

13. 엘리멜렉의 친족이 기업 무르기를 포기한다는 뜻으로 취한 행동은?
① 모자를 벗음 ② 옷을 벗음
③ 신을 벗음 ④ 자리를 떠남

10. ④ (룻 4:2–8) 보아스가 그 성읍 장로 열 명을 청하여 이르되 당신들은 여기 앉으라 하니 그들이 앉으매 … 이에 그 기업 무를 자가 보아스에게 이르되 네가 너를 위하여 사라 하고 그의 신을 벗는지라
11. ① (룻 4:6) 그 기업 무를 자가 이르되 나는 내 기업에 손해가 있을까 하여 나를 위하여 무르지 못하노니 내가 무를 것을 네가 무르라 나는 무르지 못하겠노라 하는지라
* '기업 무를 자'는 친족이 어려움에 처했을 때 그것을 해결해 주는 '구속자'이다. 따라서 친족이 파는 땅을 먼저 살 수 있는 권리가 있어 이익을 보는 경우도 있지만 손해를 보는 경우가 더 많았다(레 25:25–28, 47–49 참조). 그렇기 때문에 보아스보다 더 가까운 엘리멜렉의 친족이었던 사람은 자신에게 미칠 손해를 생각하여 기업 무를 권리를 포기했던 것이다(룻 4:4–6 참조). 그러나 보아스는 자신에게 손해가 있을 것을 알면서도 기업 무르는 의무를 행했다.
12. ③ (룻 4:7) 옛적 이스라엘 중에는 모든 것을 무르거나 교환하는 일을 확정하기 위하여 사람이 그의 신을 벗어 그의 이웃에게 주더니 이것이 이스라엘 중에 증명하는 전례가 된지라
13. ③ (룻 4:8) 이에 그 기업 무를 자가 보아스에게 이르되 네가 너를 위하여 사라 하고 그의 신을 벗는지라

memo

14. 룻의 첫 번째 남편은 누구였는가?

① 기룐 ② 말론 ③ 보아스 ④ 베레스

15. 성문에 있는 백성과 장로들은 룻이 누구와 같이 되기를 원했는가?

① 라헬, 레아, 베레스의 집 ② 레아, 라합, 베레스의 집

③ 라합, 실바, 베레스의 집 ④ 레아, 마할랏, 베레스의 집

14. ② (룻 4:10) 또 말론의 아내 모압 여인 룻을 사서 나의 아내로 맞이하고 그 죽은 자의 기업을 그의 이름으로 세워 그의 이름이 그의 형제 중과 그 곳 성문에서 끊어지지 아니하게 함에 너희가 오늘 증인이 되었느니라 하니

15. ① (룻 4:11-12) 성문에 있는 모든 백성과 장로들이 이르되 … 라헬과 레아 두 사람과 같게 하시고 … 다말이 유다에게 낳아준 베레스의 집과 같게 하시기를 원하노라 하니라

* 성문에 있는 모든 백성과 장로들은 룻이 이스라엘 12지파의 조상을 낳은 라헬과 레아처럼 야훼(여호와)의 복을 받아 번성하길 원했으며, 보아스가 다말의 '계대 결혼법'(창 38장 참조)에 의해 얻은 자손의 후예라는 점에서 룻과 보아스를 축복했던 것이다.

memo

주관식

1. 룻기는 누가 기록했는가?

2. 룻기의 시대적 배경은?

3. 엘리멜렉과 나오미의 두 아들 이름은?

4. 나오미의 두 아들이 모압 여자 중에서 맞이한 아내의 이름은?

5. 나오미가 두 며느리에게 고향 집으로 돌아가라고 했을 때 돌아간 며느리는?

1. **룻기는 누가 기록했는지 분명하지 않다.**
2. **사사들이 치리하던 때** (룻 1:1) 사사들이 치리하던 때에 그 땅에 흉년이 드니라 유다 베들레헴에 한 사람이 그의 아내와 두 아들을 데리고 모압 지방에 가서 거류하였는데
3. **말론, 기룐** (룻 1:2) 그 사람의 이름은 엘리멜렉이요 그의 아내의 이름은 나오미요 그의 두 아들의 이름은 말론과 기룐이니
4. **오르바, 룻** (룻 1:3-4) 나오미의 남편 엘리멜렉이 죽고 나오미와 그의 두 아들이 남았으며 그들은 모압 여자 중에서 그들의 아내를 맞이하였는데 하나의 이름은 오르바요 하나의 이름은 룻이더라 그들이 거기에 거주한 지 십 년쯤에
5. **오르바** (룻 1:12-14) 내 딸들아 되돌아 가라 나는 늙었으니 남편을 두지 못할지라 … 그들이 소리를 높여 다시 울더니 오르바는 그의 시어머니에게 입 맞추되 룻은 그를 붙좇았더라

memo

6. 끝까지 나오미를 떠나지 않겠다고 말한 며느리는?

7. "룻이 이르되 내게 어머니를 떠나며 어머니를 따르지 말고 돌아가라 강권하지 마옵소서 어머니께서 가시는 곳에 나도 가고 어머니께서 머무시는 곳에서 나도 머물겠나이다 어머니의 백성이 나의 백성이 되고 어머니의 (　　　　)이 나의 (　　　　)이 되시리니"

8. 나오미는 베들레헴 사람들에게 자기 이름을 무엇이라 부르라고 했는가?

9. 룻은 누구의 밭에서 이삭을 줍게 되었는가?

10. 이삭을 줍는 룻에게 호의를 베푼 사람은?

6. **룻** (룻 1:16) 룻이 이르되 내게 어머니를 떠나며 어머니를 따르지 말고 돌아가라 강권하지 마옵소서 어머니께서 가시는 곳에 나도 가고 어머니께서 머무시는 곳에서 나도 머물겠나이다 어머니의 백성이 나의 백성이 되고 어머니의 하나님이 나의 하나님이 되시리니
7. **하나님, 하나님** (룻 1:16 참조)
8. **마라** (룻 1:19-20) 베들레헴에 이를 때에 온 성읍이 그들로 말미암아 떠들며 이르기를 이이가 나오미냐 하는지라 나오미가 그들에게 이르되 나를 나오미라 부르지 말고 나를 마라라 부르라 이는 전능자가 나를 심히 괴롭게 하셨음이니라
9. **보아스** (룻 2:3) 룻이 가서 베는 자를 따라 밭에서 이삭을 줍는데 우연히 엘리멜렉의 친족 보아스에게 속한 밭에 이르렀더라
10. **보아스** (룻 2:8-9) 보아스가 룻에게 이르되 내 딸아 들으라 이삭을 주우러 다른 밭으로 가지 말며 여기서 떠나지 말고 나의 소녀들과 함께 있으라 … 목이 마르거든 그릇에 가서 소년들이 길어 온 것을 마실지니라 하는지라

memo

11. "시어머니가 그에게 이르되 오늘 어디서 주웠느냐 어디서 일을 하였느냐 너를 돌본 자에게 (   )이 있기를 원하노라 하니 룻이 누구에게서 일했는지를 시어머니에게 알게 하여 이르되 오늘 일하게 한 사람의 이름은 (   )니이다 하는지라"

12. 성읍 백성들은 룻을 어떤 여자로 알고 있었는가?

13. 보아스가 아내로 맞이한 여자는?

14. "베레스의 계보는 이러하니라 베레스는 헤스론을 낳고 헤스론은 람을 낳았고 람은 암미나답을 낳았고 암미나답은 나손을 낳았고 나손은 살몬을 낳았고 살몬은 보아스를 낳았고 보아스는 (   )을 낳았고 (   )은 (   )를 낳고 (   )는 (   )을 낳았더라"

15. 보아스의 증손자로서 이스라엘의 왕이 된 사람은?

11. **복, 보아스** (룻 2:19 참조)
12. **현숙한 여자** (룻 3:11) 그리고 이제 내 딸아 두려워하지 말라 내가 네 말대로 네게 다 행하리라 네가 현숙한 여자인 줄을 나의 성읍 백성이 다 아느니라
13. **룻** (룻 4:9-10) 보아스가 장로들과 모든 백성에게 이르되 내가 엘리멜렉과 기룐과 말론에게 있던 모든 것을 나오미의 손에서 산 일에 너희가 오늘 증인이 되었고 또 말론의 아내 모압 여인 룻을 사서 나의 아내로 맞이하고
14. **오벳, 오벳, 이새, 이새, 다윗** (룻 4:18-22 참조)
15. **다윗** (룻 4:21-22) 살몬은 보아스를 낳았고 보아스는 오벳을 낳았고 오벳은 이새를 낳고 이새는 다윗을 낳았더라

사무엘상 1 Samuel

연대 및 저자

B.C. 1000년경 사무엘에 의해 기록된 것으로 추정된다.

중심 내용

본서는 이스라엘의 마지막 사사이자 선지자인 사무엘과
이스라엘의 초대 왕 사울 등 사사 시대 이후 왕정 시대의 변천을 다루고 있다.

특징

1. 이스라엘의 왕정 체제로의 전환을 다루고 있다.
2. 사무엘, 사울, 다윗에 대한 전기적 자료가 많다.
3. 하나님이 역사의 주관자이심을 분명히 제시하고 있다.

내용 분해

1. 이스라엘의 마지막 사사 사무엘 (1:1–7:17)

1) 사무엘의 어린 시절과 부르심 (1:1–3:21)

2) 사사 사무엘 (4:1–7:17))

2. 이스라엘의 초대 왕 사울 (8:1–15:35)

1) 사무엘과 사울 왕 (8:1–12:25)

2) 사울 왕의 통치 (13:1–15:35)

3. 사울 왕과 다윗 왕 (16:1–31:13)

1) 사울과 다윗 (16:1–20:42)

2) 다윗의 도피 생활 (21:1–28:2)

3) 사울 왕의 멸망 (28:3–31:13)

memo

객관식

1. 사무엘상과 관계없는 것은?
   ① 사사 시대 이전의 역사를 다루고 있다
   ② 사사 시대 이후 왕정 시대의 변천을 다루고 있다
   ③ 사무엘, 사울, 다윗에 대한 전기적 자료가 많다
   ④ 하나님이 역사의 주관자이심을 분명히 제시하고 있다

2. 사무엘상이 기록된 연대로 추정되는 때는?
   ① B.C. 1000년경 ② B.C. 1100년경
   ③ B.C. 1200년경 ④ B.C. 1300년경

3. 사무엘의 부친 엘가나는 어느 지파 사람인가?
   ① 유다 지파 ② 에브라임 지파
   ③ 스불론 지파 ④ 레위 지파

4. 엘가나에게는 몇 명의 아내가 있었는가?
   ① 1명 ② 2명 ③ 3명 ④ 4명

1. ① 사사 시대 이후 왕정 시대의 변천을 다루고 있는 사무엘상은 사무엘, 사울, 다윗에 대한 전기적 자료가 많으며, 하나님이 역사의 주관자이심을 분명히 제시하고 있다.
2. ① 사무엘상은 B.C. 1000년경 기록된 것으로 추정된다.
3. ② (삼상 1:1) 에브라임 산지 라마다임소빔에 에브라임 사람 엘가나라 하는 사람이 있었으니 그는 여로함의 아들이요 엘리후의 손자요 도후의 증손이요 숩의 현손이더라
4. ② (삼상 1:2) 그에게 두 아내가 있었으니 한 사람의 이름은 한나요 한 사람의 이름은 브닌나라 브닌나에게는 자식이 있고 한나에게는 자식이 없었더라

memo

5. 사무엘이 태어날 당시 실로의 제사장은?
① 도후 ② 엘리 ③ 엘리후 ④ 여호람

6. 한나가 야훼(여호와)께 구하여 낳은 아들은?
① 사무엘 ② 아비멜렉 ③ 다니엘 ④ 엘리멜렉

7. 엘리의 두 아들의 죄가 아닌 것은?
① 야훼(여호와)를 알지 못했다
② 야훼(여호와)의 제사를 멸시했다
③ 자기 아버지의 말을 듣지 않았다
④ 회막 문에서 수종 드는 여인들을 폭행했다

8. 사무엘을 바친 한나에게 야훼(여호와)께서 몇 명의 자녀를 더 주셨는가?
① 두 아들과 두 딸 ② 두 아들과 네 딸
③ 세 아들과 두 딸 ④ 네 아들과 세 딸

5. ② (삼상 1:8-9) 그의 남편 엘가나가 그에게 이르되 한나여 … 어찌하여 그대의 마음이 슬프냐 … 그들이 실로에서 먹고 마신 후에 한나가 일어나니 그 때에 제사장 엘리는 야훼(여호와)의 전 문설주 곁 의자에 앉아 있었더라
6. ① (삼상 1:20) 한나가 임신하고 때가 이르매 아들을 낳아 사무엘이라 이름하였으니 이는 내가 야훼(여호와)께 그를 구하였다 함이더라
7. ④

엘리의 두 아들의 죄(삼상 2:12-25)

행실이 나빴다	삼상 2:12
야훼(여호와)를 알지 못했다	삼상 2:12
야훼(여호와)의 제사를 멸시했다	삼상 2:13-17
회막 문에서 수종 드는 여인들과 동침했다	삼상 2:22
자기 아버지의 말을 듣지 않았다	삼상 2:25

8. ③ (삼상 2:20-21) 엘리가 … 야훼(여호와)께 간구하여 얻어 바친 아들을 대신하게 하시기를 원하노라 하였더니 … 야훼(여호와)께서 한나를 돌보시사 그로 하여금 임신하여 세 아들과 두 딸을 낳게 하셨고 아이 사무엘은 야훼(여호와) 앞에서 자라니라

memo

9. 엘리 제사장 가문에 내리신 하나님의 심판이 아닌 것은?
① 집에 영원토록 노인이 없을 것이다
② 집에서 출산되는 모든 자가 젊어서 죽을 것이다
③ 후손이 대대로 종살이할 것이다
④ 두 아들 홉니와 비느하스가 한날에 죽을 것이다

10. 사무엘은 야훼(여호와)께서 몇 번째 부르실 때 응답하였는가?
① 1번째 ② 2번째 ③ 3번째 ④ 4번째

11. 이스라엘이 블레셋과의 싸움에서 패한 후 세운 대책은?
① 제단을 쌓고 야훼(여호와)께 번제를 드렸다
② 미스바에 모여 금식하며 회개했다
③ 복병을 세우고 블레셋 사람들을 유인했다
④ 실로에 있던 야훼(여호와)의 언약궤를 진영으로 가져왔다

9. ③

엘리 가문에 내리신 하나님의 심판

가문의 제사장직이 상실될 것이다	삼상 2:30
집에 영원토록 노인이 없을 것이다	삼상 2:31-32
처소의 환난을 볼 것이다	삼상 2:32
집에서 출산되는 모든 자가 젊어서 죽을 것이다	삼상 2:33
두 아들 홉니와 비느하스가 한날에 죽을 것이다	삼상 2:34

* '처소의 환난을 볼 것이다'(삼상 2:32 참조)라는 말씀은 이스라엘은 번영해도 엘리 가문은 저주를 받아 번영하지 못할 것을 의미한다.

10. ④ (삼상 3:8-10) 야훼(여호와)께서 세 번째 사무엘을 부르시는지라 그가 일어나 엘리에게로 가서 … 야훼(여호와)께서 임하여 서서 전과 같이 사무엘아 사무엘아 부르시는지라 사무엘이 이르되 말씀하옵소서 주의 종이 듣겠나이다 하니

11. ④ (삼상 4:3-4) 백성이 진영으로 돌아오매 이스라엘 장로들이 이르되 야훼(여호와)께서 어찌하여 우리에게 오늘 블레셋 사람들 앞에 패하게 하셨는고 … 백성이 실로에 사람을 보내어 그룹 사이에 계신 만군의 야훼(여호와)의 언약궤를 거기서 가져왔고

memo

12. 이스라엘이 블레셋에게 하나님의 궤를 빼앗긴 때는?

① 다윗 왕 시대 ② 삼손 시대

③ 여호수아 시대 ④ 엘리 제사장 시대

13. '영광이 이스라엘에서 떠났다' 하고 아이 이름을 '이가봇'이라 지은 사람은?

① 엘리 ② 엘리의 아내

③ 비느하스의 아내 ④ 비느하스

14. 블레셋 사람들은 하나님의 궤를 빼앗아 어디에 두었는가?

① 몰렉의 신전 ② 다곤의 신전

③ 바알의 신전 ④ 아세라 신전

15. 블레셋 사람들이 야훼(여호와)의 궤를 다곤 신전에 두었을 때 일어난 일이 아닌 것은?

① 다곤이 야훼(여호와)의 궤 앞에서 엎드러져 그 얼굴이 땅에 닿았다

② 다곤의 머리와 두 손목은 끊어져 문지방에 있고 몸뚱이만 남았다

③ 다곤이 산산조각 나서 흩어져 버렸다

④ 독한 종기의 재앙으로 아스돗 지역이 망하게 되었다

12. ④ (삼상 4:11) 하나님의 궤는 빼앗겼고 엘리의 두 아들 홉니와 비느하스는 죽임을 당하였더라

13. ③ (삼상 4:19-21) 그의 며느리인 비느하스의 아내가 임신하여 해산 때가 가까웠더니 하나님의 궤를 빼앗긴 것과 그의 시아버지와 남편이 죽은 소식을 듣고 … 영광이 이스라엘에서 떠났다 하고 아이 이름을 이가봇이라 하였으니

14. ② (삼상 5:1-2) 블레셋 사람들이 하나님의 궤를 빼앗아 가지고 에벤에셀에서부터 아스돗에 이르니라 블레셋 사람들이 하나님의 궤를 가지고 다곤의 신전에 들어가서 다곤 곁에 두었더니

15. ③

야훼(여호와)의 궤를 다곤 신전에 두었을 때 생긴 일

다곤이 야훼(여호와)의 궤 앞에서 엎드러져 그 얼굴이 땅에 닿음	삼상 5:3-4
다곤의 머리와 두 손목은 끊어져 문지방에 있고 몸뚱이만 남음	삼상 5:4
독한 종기의 재앙으로 아스돗 지역이 망하게 됨	삼상 5:6

memo

16. 야훼(여호와)의 궤가 블레셋 사람들의 지방에 머문 기간은?
① 3달 ② 5달 ③ 7달 ④ 9달

17. 블레셋 사람들은 야훼(여호와)의 궤를 이스라엘로 돌려보낼 방법을 누구에게 물었는가?
① 이스라엘의 제사장들
② 블레셋의 제사장들과 복술자들
③ 이스라엘의 선지자들
④ 블레셋의 왕과 제사장들

18. 야훼(여호와)의 궤가 실린 수레를 끌고 간 짐승은?
① 수소 두 마리 ② 젖 나는 소 두 마리
③ 수소 한 마리 ④ 젖 나는 소 한 마리

19. 블레셋 사람들이 야훼(여호와)의 언약궤를 수레에 실어 보낸 곳은?
① 실로 ② 가드 ③ 길갈 ④ 벧세메스

20. 야훼(여호와)의 궤를 들여다 본 까닭에 죽임을 당한 사람들은?
① 블레셋 사람들 ② 벧세메스 사람들
③ 미스바 사람들 ④ 기랏여아림 사람들

16. ③ (삼상 6:1) 야훼(여호와)의 궤가 블레셋 사람들의 지방에 있은 지 일곱 달이라
17. ② (삼상 6:2) 블레셋 사람들이 제사장들과 복술자들을 불러서 이르되 우리가 야훼(여호와)의 궤를 어떻게 할까 그것을 어떻게 그 있던 곳으로 보낼 것인지 우리에게 가르치라
18. ② (삼상 6:10-11) 그 사람들이 그같이 하여 젖 나는 소 둘을 끌어다가 수레를 메우고 송아지들은 집에 가두고 야훼(여호와)의 궤와 및 금 쥐와 그들의 독종의 형상을 담은 상자를 수레 위에 실으니
19. ④ (삼상 6:12) 암소가 벧세메스 길로 바로 행하여 대로로 가며 갈 때에 울고 좌우로 치우치지 아니하였고 블레셋 방백들은 벧세메스 경계선까지 따라 가니라
20. ② (삼상 6:19) 벧세메스 사람들이 야훼(여호와)의 궤를 들여다 본 까닭에 그들을 치사 (오만) 칠십 명을 죽이신지라 야훼(여호와)께서 백성을 쳐서 크게 살륙하셨으므로 백성이 슬피 울었더라
* 하나님께서 언약궤를 들여다보는 자는 죽임을 당하게 될 것을 말씀한 바 있음에도(민 4:15-20 참조) 불구하고 벧세메스 사람들이 호기심으로 언약궤를 들여다 보았기 때문에 많은 사람이 죽임을 당하고 말았다.

memo

21. 기럇여아림 사람들이 누구를 거룩하게 구별하여 야훼(여호와)의 궤를 지키게 하였는가?

① 사무엘 ② 비느하스 ③ 아비나답 ④ 엘리아살

22. 야훼(여호와)의 궤가 기럇여아림 아비나답의 집에 머문 기간은?

① 20년 ② 30년 ③ 40년 ④ 50년

23. 사무엘이 온 이스라엘 백성을 모아 종일 금식하며 회개한 곳은?

① 실로 ② 라마 ③ 미스바 ④ 벧엘

24. 사무엘상 7장에서, 야훼(여호와)께서 블레셋을 이스라엘 앞에서 패하게 하신 방법은?

① 독종을 보내어 패하게 하셨다

② 큰 우박을 내려서 패하게 하셨다

③ 큰 우레를 발하여 그들을 어지럽게 하셨다

④ 유황불을 내려서 패하게 하셨다

25. 블레셋과의 싸움에서 승리한 사무엘이 미스바와 센 사이에 기념비를 세우고 칭한 이름은?

① 야훼(여호와) 닛시 ② 야훼(여호와) 삼마

③ 에벤에셀 ④ 야훼(여호와) 로이

21. ④ (삼상 7:1) 기럇여아림 사람들이 와서 야훼(여호와)의 궤를 옮겨 산에 사는 아비나답의 집에 들여놓고 그의 아들 엘리아살을 거룩하게 구별하여 야훼(여호와)의 궤를 지키게 하였더니

22. ① (삼상 7:1-2) 기럇여아림 사람들이 와서 야훼(여호와)의 궤를 옮겨 산에 사는 아비나답의 집에 들여놓고 … 궤가 기럇여아림에 들어간 날부터 이십 년 동안 오래 있은지라 이스라엘 온 족속이 야훼(여호와)를 사모하니라

23. ③ (삼상 7:5-6) 사무엘이 이르되 온 이스라엘은 미스바로 모이라 내가 너희를 위하여 야훼(여호와)께 기도하리라 하매 그들이 미스바에 모여 물을 길어 야훼(여호와) 앞에 붓고 그 날 종일 금식하고 거기에서 이르되 우리가 야훼(여호와)께 범죄하였나이다 하니라

24. ③ (삼상 7:10) 사무엘이 번제를 드릴 때에 블레셋 사람이 이스라엘과 싸우려고 가까이 오매 그 날에 야훼(여호와)께서 블레셋 사람에게 큰 우레를 발하여 그들을 어지럽게 하시니 그들이 이스라엘 앞에 패한지라

25. ③ (삼상 7:11-12) 이스라엘 사람들이 미스바에서 나가서 블레셋 사람들을 추격하여 벧갈 아래에 이르기까지 쳤더라 사무엘이 돌을 취하여 미스바와 센 사이에 세워 이르되 야훼(여호와)께서 여기까지 우리를 도우셨다 하고 그 이름을 에벤에셀이라 하니라

memo

26. 해마다 벧엘과 길갈과 미스바로 순회하며 이스라엘을 다스린 사람은?
① 사무엘 ② 엘리 ③ 비느하스 ④ 엘리아살

27. 사무엘이 야훼(여호와)를 위하여 제단을 쌓고 이스라엘을 다스린 곳은?
① 라마 ② 벧엘 ③ 에벤에셀 ④ 실로

28. 사무엘이 늙으매 사사로 삼은 두 아들은?
① 요엘, 아비나답 ② 요엘, 아비야
③ 아비야, 비느하스 ④ 아비나답, 비느하스

29. 사사가 된 사무엘의 아들들의 행위가 아닌 것은?
① 자기 아버지의 행위를 따르지 않았다
② 뇌물을 받았다
③ 판결을 굽게 했다
④ 이방 여인들을 취하였다

30. 사울은 어느 지파에 속한 사람인가?
① 므낫세 지파 ② 스불론 지파 ③ 갓 지파 ④ 베냐민 지파

26. ① (삼상 7:15-16) 사무엘이 사는 날 동안에 이스라엘을 다스렸으되 해마다 벧엘과 길갈과 미스바로 순회하여 그 모든 곳에서 이스라엘을 다스렸고
27. ① (삼상 7:17) 라마로 돌아왔으니 이는 거기에 자기 집이 있음이니라 거기서도 이스라엘을 다스렸으며 또 거기에 야훼(여호와)를 위하여 제단을 쌓았더라
28. ② (삼상 8:1-2) 사무엘이 늙으매 그의 아들들을 이스라엘 사사로 삼으니 장자의 이름은 요엘이요 차자의 이름은 아비야라 그들이 브엘세바에서 사사가 되니라
* 사사는 왕이나 제사장과는 달리 세습되지 않고 하나님께서 필요에 따라 세우셨다(삿 3:10 참조). 따라서 사무엘이 그의 두 아들을 사사로 삼은 것은 정식적인 사사로 세웠다기보다는 자신을 보조하는 자로 세웠다고 볼 수 있다.
29. ④ (삼상 8:1-3) 사무엘이 늙으매 그의 아들들을 이스라엘 사사로 삼으니 … 그의 아들들이 자기 아버지의 행위를 따르지 아니하고 이익을 따라 뇌물을 받고 판결을 굽게 하니라
30. ④ (삼상 9:1-2) 베냐민 지파에 기스라 이름하는 유력한 사람이 있으니 그는 아비엘의 아들이요 … 기스에게 아들이 있으니 그의 이름은 사울이요 준수한 소년이라

memo

31. 사울의 아버지는 누구인가?
① 아비엘　② 기스　③ 스롤　④ 베고랏

32. 사무엘은 누구에게 기름을 부어 이스라엘의 초대 왕으로 삼았는가?
① 사울　② 다윗　③ 솔로몬　④ 르호보암

33. 하나님의 영이 크게 임하여 선지자들과 함께 예언한 왕은?
① 사울　② 솔로몬　③ 르호보암　④ 여로보암

34. 사울을 왕으로 선출한 방법은?
① 사무엘이 직접 선출함
② 사사들이 선출함
③ 제비뽑기로 선출함
④ 각 지파 대표들이 선출함

35. 사울이 왕으로 선출된 것을 멸시한 사람들은?
① 각 지파 대표들　② 제사장들
③ 장로들　④ 불량배들

31. ② (삼상 9:2) 기스에게 아들이 있으니 그의 이름은 사울이요 준수한 소년이라 이스라엘 자손 중에 그보다 더 준수한 자가 없고 키는 모든 백성보다 어깨 위만큼 더 컸더라

32. ① (삼상 10:1) 이에 사무엘이 기름병을 가져다가 사울의 머리에 붓고 입맞추며 이르되 야훼(여호와)께서 네게 기름을 부으사 그의 기업의 지도자로 삼지 아니하셨느냐

33. ① (삼상 10:10-11) 하나님의 영이 사울에게 크게 임하므로 그가 그들 중에서 예언을 하니 … 사울이 선지자들과 함께 예언함을 보고 서로 이르되 기스의 아들에게 무슨 일이 일어났느냐 사울도 선지자들 중에 있느냐 하고

34. ③ (삼상 10:20-21) 사무엘이 이에 이스라엘 모든 지파를 가까이 오게 하였더니 베냐민 지파가 뽑혔고 … 기스의 아들 사울이 뽑혔으나 그를 찾아도 찾지 못한지라

* 사울은 제비뽑기를 통해 왕으로 선출되었는데, 이는 하나님의 절대주권적인 역사로 된 것이다(잠 16:33 참조).

35. ④ (삼상 10:26-27) 사울도 기브아 자기 집으로 갈 때에 마음이 하나님께 감동된 유력한 자들과 함께 갔느니라 어떤 불량배는 이르되 이 사람이 어떻게 우리를 구원하겠느냐 하고 멸시하며 예물을 바치지 아니하였으나 그는 잠잠하였더라

* '불량배들'은 당시 이스라엘 지파 중 가장 작은 베냐민 지파에서 왕이 선출된 것에 대해 탐탁하게 여기지 않았던 것 같다.

memo

36. 사울은 왕으로 선출된 후 첫 전쟁에서 어느 족속과 싸워 이겼는가?
① 헷 족속 ② 암몬 족속
③ 가나안 족속 ④ 모압 족속

37. 사무엘과 이스라엘 백성이 사울을 왕으로 삼고 야훼(여호와)께 화목제를 드린 곳은?
① 벧엘 ② 미스바 ③ 길갈 ④ 실로

38. 야훼(여호와)께서 이스라엘을 사방 원수의 손에서 건져내기 위해 사무엘과 함께 보내신 사람이 아닌 자는?
① 여룹바알 ② 나하스 ③ 베단 ④ 입다

39. 이스라엘 백성이 왕을 구한 일이 큰 죄악임을 알게 하기 위해 사무엘이 야훼(여호와)께 구한 것은?
① 뇌성과 번개 ② 가뭄과 홍수
③ 우레와 비 ④ 온역과 질병

36. ② (삼상 11:1-11) 암몬 사람 나하스가 올라와서 길르앗 야베스에 맞서 진 치매 … 이튿날 사울이 백성을 삼 대로 나누고 새벽에 적진 한가운데로 들어가서 날이 더울 때까지 암몬 사람들을 치매 남은 자가 다 흩어져서 둘도 함께 한 자가 없었더라

* 사울은 제비뽑기를 통해 이스라엘 왕으로 선출되었지만 일부 백성들로부터는 왕권을 인정받지 못했다(삼상 10:25-27 참조). 그런데 암몬 족속과의 싸움에서 승리함으로 명실공히 이스라엘 왕으로 인정받을 수 있는 계기를 마련하게 되었다.

37. ③ (삼상 11:14-15) 사무엘이 백성에게 이르되 오라 우리가 길갈로 가서 나라를 새롭게 하자 모든 백성이 길갈로 가서 거기서 야훼(여호와) 앞에서 사울을 왕으로 삼고 길갈에서 야훼(여호와) 앞에 화목제를 드리고 사울과 이스라엘 모든 사람이 거기서 크게 기뻐하니라

38. ② (삼상 12:11) 야훼(여호와)께서 여룹바알과 베단과 입다와 나 사무엘을 보내사 너희를 너희 사방 원수의 손에서 건져내사 너희에게 안전하게 살게 하셨거늘

39. ③ (삼상 12:17) 오늘은 밀 베는 때가 아니냐 내가 야훼(여호와)께 아뢰리니 야훼(여호와)께서 우레와 비를 보내사 너희가 왕을 구한 일 곧 야훼(여호와)의 목전에서 범한 죄악이 큼을 너희에게 밝히 알게 하시리라

* 이스라엘에서 보리와 밀을 베는 때는 늦은 비(신 11:14 참조)가 그치고 건조기가 시작되는 때이다. 따라서 이러한 때에 우레와 비가 내린 것은 이스라엘 백성의 죄악에 대한 하나님의 진노를 나타내는 초자연적인 역사이다.

memo

40. 사울이 이스라엘 왕이 될 때의 나이는?

① 20세　② 30세　③ 40세　④ 50세

41. 사울은 사무엘이 길갈로 오기를 얼마 동안 기다리다 번제를 드렸는가?

① 3일　② 5일　③ 7일　④ 9일

42. 이스라엘이 블레셋과의 믹마스 전투에서 대승하게 된 이유는?

① 야훼(여호와)께서 이스라엘을 구원하셨기 때문이다

② 요나단이 전략을 잘 세웠기 때문이다

③ 무기를 든 소년이 지혜롭게 행하였기 때문이다

④ 사울 왕이 기도하였기 때문이다

43. 사울이 내린 금식령을 어긴 사람은?

① 요나단　② 무기를 든 소년

③ 백성들　④ 블레셋 사람들

40. ③ (삼상 13:1) 사울이 왕이 될 때에 사십 세라

41. ③ (삼상 13:8-9) 사울은 사무엘이 정한 기한대로 이레 동안을 기다렸으나 사무엘이 길갈로 오지 아니하매 백성이 사울에게서 흩어지는지라 사울이 이르되 번제와 화목제물을 이리로 가져오라 하여 번제를 드렸더니

42. ① (삼상 14:1-23) 하루는 사울의 아들 요나단이 자기의 무기를 든 소년에게 이르되 우리가 건너편 블레셋 사람들의 부대로 건너가자 하고 그의 아버지에게는 아뢰지 아니하였더라 … 야훼(여호와)께서 그 날에 이스라엘을 구원하시므로 전쟁이 벧아웬을 지나니라

* '벧아웬'은 믹마스 서쪽, 벧엘 동쪽에 있던 성읍이다. 한편 '전쟁이 벧아웬을 지나니라'는 말은 전쟁이 벧아웬을 지날 때까지 계속되고 있었음을 의미한다.

43. ① (삼상 14:24-27) 사울이 백성에게 맹세시켜 경계하여 이르기를 저녁 곧 내가 내 원수에게 보복하는 때까지 아무 음식물이든지 먹는 사람은 저주를 받을지어다 … 요나단은 그의 아버지가 백성에게 맹세하여 명령할 때에 듣지 못하였으므로 손에 가진 지팡이 끝을 내밀어 벌집의 꿀을 찍고 그의 손을 돌려 입에 대매 눈이 밝아졌더라

memo

44. 사울이 금식령을 어긴 요나단을 죽이려고 할 때 구해 준 사람은?
① 요나단의 무기를 든 소년 ② 아히야
③ 요나단의 용사들 ④ 백성

45. 사울이 이스라엘 왕위에 오른 후에 쳐서 이긴 대적이 아닌 족속은?
① 모압 ② 암몬 ③ 에돔 ④ 아모리

46. 사울의 아들이 아닌 사람은?
① 요나단 ② 이스위 ③ 기스 ④ 말기수아

47. 사울의 군사령관 이름은?
① 넬 ② 아브넬 ③ 아히마아스 ④ 아비나답

44. ④ (삼상 14:44-45) 사울이 이르되 요나단아 네가 반드시 죽으리라 … 백성이 사울에게 말하되 이스라엘에 이 큰 구원을 이룬 요나단이 죽겠나이까 … 그가 오늘 하나님과 동역하였음이니이다 하여 백성이 요나단을 구원하여 죽지 않게 하니라

45. ④ (삼상 14:47-48) 사울이 이스라엘 왕위에 오른 후에 사방에 있는 모든 대적 곧 모압과 암몬 자손과 에돔과 소바의 왕들과 블레셋 사람들을 쳤는데 향하는 곳마다 이겼고 용감하게 아말렉 사람들을 치고 이스라엘을 그 약탈하는 자들의 손에서 건졌더라

46. ③

사울의 가계

아버지	기스	삼상 14:51
아내	아히노암	삼상 14:50
아들	요나단, 말기수아, 이스위(아비나답, 삼상 31:2; 대상 8:33; 9:39), 이스보셋(에스바알, 대상 8:33; 9:39; 삼하 2:8)	삼상 14:49
딸	메랍, 미갈	삼상 14:49

47. ② (삼상 14:50) 사울의 아내의 이름은 아히노암이니 아히마아스의 딸이요 그의 군사령관의 이름은 아브넬이니 사울의 숙부 넬의 아들이며

memo

48. 아말렉과의 싸움에서 사울이 순종해야 할 야훼(여호와)의 명령은?
① 모든 소유를 남기지 말고 진멸하라
② 소유 중 가축은 남겨 두라
③ 소아와 젖먹이는 남겨 두라
④ 아각은 살려 두라

49. 사울이 아말렉과의 전쟁에서 승리한 후 갈멜에서 행한 일은?
① 하나님을 위하여 기념비를 세웠다
② 백성을 위하여 기념비를 세웠다
③ 나라를 위하여 기념비를 세웠다
④ 자기를 위하여 기념비를 세웠다

50. 아말렉 왕 아각을 처형한 사람은?
① 사무엘 ② 사울 ③ 아브넬 ④ 이스라엘 백성

48. ① (삼상 15:1-3) 사무엘이 사울에게 이르되 … 왕은 야훼(여호와)의 말씀을 들으소서 … 지금 가서 아말렉을 쳐서 그들의 모든 소유를 남기지 말고 진멸하되 남녀와 소아와 젖 먹는 아이와 우양과 낙타와 나귀를 죽이라 하셨나이다 하니

49. ④ (삼상 15:12) 사무엘이 사울을 만나려고 아침에 일찍이 일어났더니 어떤 사람이 사무엘에게 말하여 이르되 사울이 갈멜에 이르러 자기를 위하여 기념비를 세우고 발길을 돌려 길갈로 내려갔다 하는지라
* 사울이 아말렉과의 전쟁에서 승리한 후 '자기를 위하여' 기념비를 세운 것은 하나님의 영광을 가로챈 죄악이다.

50. ① (삼상 15:32-33) 사무엘이 이르되 너희는 아말렉 사람의 왕 아각을 내게로 끌어 오라 … 사무엘이 이르되 네 칼이 여인들에게 자식이 없게 한 것 같이 여인 중 네 어미에게 자식이 없으리라 하고 그가 길갈에서 야훼(여호와) 앞에서 아각을 찍어 쪼개니라

memo

51. 아말렉과의 전쟁 이후 사무엘이 죽는 날까지 사울을 보지 않은 이유는?
① 사울이 야훼(여호와)의 말씀에 불순종하였기 때문이다
② 사울이 자기를 위하여 기념비를 세웠기 때문이다
③ 사무엘이 사울을 위하여 슬퍼하였기 때문이다
④ 야훼(여호와)께서 사울을 왕으로 세우신 것을 후회하셨기 때문이다

52. 사무엘은 이새의 아들 중에 누가 이스라엘의 왕이 될 것이라고 생각하였는가?
① 엘리압 ② 아비나답 ③ 삼마 ④ 다윗

53. 사무엘상 16장에 의하면 다윗은 이새의 몇째 아들인가?
① 여섯째 ② 일곱째 ③ 여덟째 ④ 아홉째

51. ③ (삼상 15:35) 사무엘이 죽는 날까지 사울을 다시 가서 보지 아니하였으니 이는 그가 사울을 위하여 슬퍼함이었고 야훼(여호와)께서는 사울을 이스라엘 왕으로 삼으신 것을 후회하셨더라
* '사무엘이 죽는 날까지 사울을 다시 가서 보지 않았다'는 말은 사무엘이 죽는 날까지 사울을 한 번도 만나지 않았다는 것이 아니라(삼상 19:23-24 참조), 사무엘이 사울에게 선지자로서의 권고를 더 이상 하지 않았다는 것을 의미한다.

52. ① (삼상 16:6) 그들이 오매 사무엘이 엘리압을 보고 마음에 이르기를 야훼(여호와)의 기름 부으실 자가 과연 주님 앞에 있도다 하였더니

53. ③ (삼상 16:10-11) 이새가 그의 아들 일곱을 다 사무엘 앞으로 지나가게 하나 사무엘이 이새에게 이르되 야훼(여호와)께서 이들을 택하지 아니하셨느니라 … 이새가 이르되 아직 막내가 남았는데 그는 양을 지키나이다

이새의 아들들(삼상 16:6-13; 17:12; 대상 2:13-15 참조)

첫째	둘째	셋째	넷째	다섯째	여섯째	일곱째	여덟째
엘리압	아비나답	시므아(삼마)	느다넬	랏대	오셈	?	다윗

* 이새의 아들은 원래 8명인데(삼상 16:6-13; 17:12 참조), 그중 한 명이 후사 없이 죽었기 때문에 역대상에서는 7명(대상 2:13-15 참조)만 기록한 것으로 여겨진다.

memo

54. 어떻게 하면 사울을 괴롭히던 악령이 떠났는가?
   ① 사무엘이 기도하면 떠났다
   ② 사울이 회개하면 떠났다
   ③ 다윗이 수금을 타면 떠났다
   ④ 요나단이 찬양하면 떠났다

55. 골리앗에 대한 설명 중 맞지 않는 것은?
   ① 아람 사람이며, 키는 여섯 규빗 한 뼘이었다
   ② 다리에는 놋 각반을 쳤다
   ③ 머리에 놋 투구를 썼으며, 몸에는 비늘 갑옷을 입었다
   ④ 이스라엘의 군대를 모욕하였다

56. 다윗이 골리앗과 싸우겠다고 했을 때 사울이 말린 이유는?
   ① 골리앗은 어려서부터 용사이지만 다윗은 소년이기 때문에
   ② 다윗은 자신의 군사가 아니기 때문에
   ③ 다윗이 이기면 자신의 왕위를 빼앗기게 될까 봐
   ④ 블레셋 사람들이 이스라엘을 얕보게 될까 봐

54. ③ (삼상 16:23) 하나님께서 부리시는 악령이 사울에게 이를 때에 다윗이 수금을 들고 와서 손으로 탄즉 사울이 상쾌하여 낫고 악령이 그에게서 떠나더라

55. ①

골리앗

가드 사람이다	삼상 17:4
키는 여섯 규빗 한 뼘이다	삼상 17:4
머리에는 놋 투구를 썼다	삼상 17:5
몸에는 비늘 갑옷을 입었다	삼상 17:5
갑옷의 무게가 놋 오천 세겔이다	삼상 17:5
다리에는 놋 각반을 쳤다	삼상 17:6
어깨 사이에는 놋 단창을 메었다	삼상 17:6
그의 창 자루는 베틀 채 같았다	삼상 17:7
그의 창 날은 철 육백 세겔이다	삼상 17:7
이스라엘의 군대를 모욕하였다	삼상 17:10

56. ① (삼상 17:32-33) 다윗이 사울에게 말하되 그로 말미암아 사람이 낙담하지 말 것이라 주의 종이 가서 저 블레셋 사람과 싸우리이다 하니 사울이 다윗에게 이르되 네가 가서 저 블레셋 사람과 싸울 수 없으리니 너는 소년이요 그는 어려서부터 용사임이니라

memo

57. 다윗이 골리앗과 싸우기 위해 가져간 무기가 아닌 것은?
① 막대기 ② 매끄러운 돌
③ 활과 단창 ④ 물매

58. 다윗이 골리앗과 싸워 이긴 무기는?
① 칼과 방패 ② 물매와 돌
③ 활과 단창 ④ 갑옷과 단창

59. 다윗을 자기 생명같이 사랑한 사람은?
① 요나단 ② 므비보셋 ③ 이스위 ④ 미갈

60. 다윗은 사울이 전령들을 보내어 자기를 죽이려고 하자 어디로 도피했는가?
① 기브아 ② 가드 ③ 라마 ④ 놉

57. ③ (삼상 17:39–40) 다윗이 … 손에 막대기를 가지고 시내에서 매끄러운 돌 다섯을 골라서 자기 목자의 제구 곧 주머니에 넣고 손에 물매를 가지고 블레셋 사람에게로 나아가니라

58. ② (삼상 17:50) 다윗이 이같이 물매와 돌로 블레셋 사람을 이기고 그를 쳐죽였으나 자기 손에는 칼이 없었더라

59. ① (삼상 18:1) 다윗이 사울에게 말하기를 마치매 요나단의 마음이 다윗의 마음과 하나가 되어 요나단이 그를 자기 생명같이 사랑하니라

60. ③ (삼상 19:11–18) 사울이 전령들을 다윗의 집에 보내어 그를 지키다가 아침에 그를 죽이게 하려 한지라 … 다윗이 도피하여 라마로 가서 사무엘에게로 나아가서 사울이 자기에게 행한 일을 다 전하였고 다윗과 사무엘이 나욧으로 가서 살았더라

다윗의 도피 경로

기브아에서 라마	삼상 19:18	엔게디 요새	삼상 23:29
놉	삼상 21:1	바란 광야	삼상 25:1
가드	삼상 21:10	마온	삼상 25:2
아둘람 굴	삼상 22:1-2	가드	삼상 27:1-2
모압	삼상 22:3-4	시글락	삼상 27:6
헤렛 수풀	삼상 22:5	아벡	삼상 29:1
그일라	삼상 23:5	시글락	삼상 30:1
십 광야	삼상 23:14	헤브론	삼하 2:1
마온 광야	삼상 23:24		

memo

61. 사울의 신하이자 목자장이었던 사람은?
① 아브넬 ② 엘리압 ③ 도엑 ④ 아비나답

62. 아히멜렉이 사울을 피해 도망하는 다윗에게 준 칼은 누구의 것인가?
① 요나단 ② 사울 ③ 골리앗 ④ 엘리압

63. 다윗이 사울을 피해 도망하던 중 자신을 알아본 가드 왕을 두려워하여 취한 행동은?
① 걸인처럼 행동했다 ② 동굴에 숨었다
③ 왕에게 동정을 구했다 ④ 미친 체하였다

64. 다윗이 사울을 피해 아둘람 굴로 도망했을 때 몇 명이 그에게로 모였는가?
① 100명 가량 ② 200명 가량 ③ 300명 가량 ④ 400명 가량

61. ③ (삼상 21:7) 그 날에 사울의 신하 한 사람이 야훼(여호와) 앞에 머물러 있었는데 그는 도엑이라 이름하는 에돔 사람이요 사울의 목자장이었더라

62. ③ (삼상 21:8-9) 다윗이 아히멜렉에게 이르되 여기 당신의 수중에 창이나 칼이 없나이까 … 제사장이 이르되 네가 엘라 골짜기에서 죽인 블레셋 사람 골리앗의 칼이 보자기에 싸여 에봇 뒤에 있으니 네가 그것을 가지려거든 가지라

63. ④ (삼상 21:12-13) 다윗이 이 말을 그의 마음에 두고 가드 왕 아기스를 심히 두려워하여 그들 앞에서 그의 행동을 변하여 미친 체하고 대문짝에 그적거리며 침을 수염에 흘리매

64. ④ (삼상 22:1-2) 그러므로 다윗이 그 곳을 떠나 아둘람 굴로 도망하매 그의 형제와 아버지의 온 집이 듣고 그리로 내려가서 그에게 이르렀고 환난 당한 모든 자와 빚진 모든 자와 마음이 원통한 자가 다 그에게로 모였고 그는 그들의 우두머리가 되었는데 그와 함께 한 자가 사백 명 가량이었더라

memo

65. 다윗이 모압의 요새에 있을 때 그곳을 떠나 유다 땅으로 들어가라고 말한 선지자는?
① 갓 ② 나단 ③ 스마야 ④ 잇도

66. 에돔 사람 도엑이 제사장들의 성읍을 진멸할 때 다윗에게로 도망간 사람은?
① 아히멜렉 ② 아비아달 ③ 나단 ④ 아히야

67. 다윗이 사울을 피해 도망하던 중에도 블레셋 사람들과 싸워 크게 쳐서 죽이고 구원한 주민은?
① 그일라 주민 ② 기럇여아림 주민
③ 길르앗 야베스 주민 ④ 예루살렘 주민

68. 다윗이 사울을 피해 도망 다니고 있을 때 요나단이 찾아와 위로해 준 곳은?
① 십 광야 수풀 ② 아둘람 굴
③ 그일라 ④ 놉 성읍

65. ① (삼상 22:3-5) 다윗이 거기서 모압 미스베로 가서 … 부모를 인도하여 모압 왕 앞에 나아갔더니 그들은 다윗이 요새에 있을 동안에 모압 왕과 함께 있었더라 선지자 갓이 다윗에게 이르되 너는 이 요새에 있지 말고 떠나 유다 땅으로 들어가라 다윗이 떠나 헤렛 수풀에 이르니라
66. ② (삼상 22:18-20) 왕이 도엑에게 이르되 너는 돌아가서 제사장들을 죽이라 하매 에돔 사람 도엑이 … 제사장들의 성읍 놉의 남녀와 아이들과 젖 먹는 자들과 소와 나귀와 양을 칼로 쳤더라 아히둡의 아들 아히멜렉의 아들 중 하나가 피하였으니 그의 이름은 아비아달이라 그가 도망하여 다윗에게로 가서
67. ① (삼상 23:5) 다윗과 그의 사람들이 그일라로 가서 블레셋 사람들과 싸워 그들을 크게 쳐서 죽이고 그들의 가축을 끌어 오니라 다윗이 이와 같이 그일라 주민을 구원하니라
68. ① (삼상 23:15-16) 다윗이 사울이 자기의 생명을 빼앗으려고 나온 것을 보았으므로 그가 십 광야 수풀에 있었더니 사울의 아들 요나단이 일어나 수풀에 들어가서 다윗에게 이르러 그에게 하나님을 힘 있게 의지하게 하였는데

memo

69. 사울이 3천 명을 거느리고 다윗을 찾으러 가다가 뒤를 보기 위해 들어간 곳은?

① 아둘람 굴 ② 십 광야 수풀

③ 엔게디 굴 ④ 막벨라 굴

70. 다윗이 사울을 죽이지 않은 이유는?

① 야훼(여호와)의 기름 부음을 받은 자이기 때문에

② 왕을 죽이는 것이 두려웠기 때문에

③ 요나단과의 우정 때문에

④ 하나님이 사랑하시는 왕이기 때문에

71. 심히 부하면서도 다윗의 도움 요청을 거절한 마온 사람은?

① 나발 ② 아비가일 ③ 아기스 ④ 도엑

72. 나발의 아내였다가 다윗의 아내가 된 여인은?

① 학깃 ② 아비가일 ③ 아히노암 ④ 미갈

69. ③ (삼상 24:1-3) 다윗이 엔게디 광야에 있더이다 하니 사울이 온 이스라엘에서 택한 사람 삼천 명을 거느리고 다윗과 그의 사람들을 찾으러 들염소 바위로 갈새 길 가 양의 우리에 이른즉 굴이 있는지라 사울이 뒤를 보러 들어가니라 다윗과 그의 사람들이 그 굴 깊은 곳에 있더니

70. ① (삼상 24:5-7) 다윗의 마음이 찔려 자기 사람들에게 이르되 내가 손을 들어 야훼(여호와)의 기름 부음을 받은 내 주를 치는 것은 야훼(여호와)께서 금하시는 것이니 그는 야훼(여호와)의 기름 부음을 받은 자가 됨이니라 하고 다윗이 이 말로 자기 사람들을 금하여 사울을 해하지 못하게 하니라

71. ① (삼상 25:2-11) 마온에 한 사람이 있는데 그의 생업이 갈멜에 있고 심히 부하여 … 나발이 다윗의 사환들에게 대답하여 이르되 다윗은 누구며 이새의 아들은 누구냐 … 내가 어찌 내 떡과 물과 내 양 털 깎는 자를 위하여 잡은 고기를 가져다가 어디서 왔는지도 알지 못하는 자들에게 주겠느냐 한지라

72. ② (삼상 25:39-42) 나발이 죽었다 함을 다윗이 듣고 … 아비가일을 자기 아내로 삼으려고 사람을 보내어 그에게 말하게 하매 … 아비가일이 급히 일어나서 나귀를 타고 그를 뒤따르는 처녀 다섯과 함께 다윗의 전령들을 따라가서 다윗의 아내가 되니라

다윗의 아내들

미갈	삼상 18:27	아히노암	삼상 25:43
아비가일	삼상 25:42	밧세바	삼하 12:24

memo

73. 가드 왕 아기스가 다윗에게 준 땅으로, 유다 왕에게 속한 곳은?
① 갈멜 ② 길보아 ③ 바알랏 ④ 시글락

74. 다윗이 사울을 피해 블레셋 지방에서 산 기간은?
① 1년 3개월 ② 1년 4개월
③ 1년 5개월 ④ 1년 6개월

75. 사무엘이 죽어 장사된 곳은?
① 엔게디 ② 아둘람 ③ 라마 ④ 시글락

76. 사울이 블레셋 군대를 보고 두려워서 찾은 사람은?
① 다윗 ② 신접한 여인
③ 애굽 왕 ④ 제사장

77. 사울이 신접한 여인에게 누구를 불러 올리라고 했는가?
① 에녹 ② 모세 ③ 엘리 ④ 사무엘

73. ④ (삼상 27:5–6) 다윗이 아기스에게 이르되 바라건대 내가 당신께 은혜를 입었다면 지방 성읍 가운데 한 곳을 내게 주어 내가 살게 하소서 … 아기스가 그 날에 시글락을 그에게 주었으므로 시글락이 오늘까지 유다 왕에게 속하니라
* '오늘까지'란 다윗이 시글락에 거주한 이후부터 사무엘상이 기록된 때까지를 가리킨다.

74. ② (삼상 27:7) 다윗이 블레셋 사람들의 지방에 산 날 수는 일 년 사 개월이었더라

75. ③ (삼상 28:3) 사무엘이 죽었으므로 온 이스라엘이 그를 두고 슬피 울며 그의 고향 라마에 장사하였고 사울은 신접한 자와 박수를 그 땅에서 쫓아내었더라

76. ② (삼상 28:5–7) 사울이 블레셋 사람들의 군대를 보고 두려워서 … 그의 신하들에게 이르되 나를 위하여 신접한 여인을 찾으라 내가 그리로 가서 그에게 물으리라 하니 그의 신하들이 그에게 이르되 보소서 엔돌에 신접한 여인이 있나이다

77. ④ (삼상 28:11) 여인이 이르되 내가 누구를 네게로 불러 올리랴 하니 사울이 이르되 사무엘을 불러 올리라 하는지라

memo

78. 시글락을 쳐서 불사르고 다윗의 두 아내를 사로잡아 간 사람들은?

① 아말렉 사람들 ② 블레셋 사람들
③ 아둘람 사람들 ④ 엔게디 사람들

79. 사울과 그의 세 아들이 블레셋에게 패하여 전사한 곳은?

① 그리심 산 ② 느보 산 ③ 길보아 산 ④ 에발 산

78. ① (삼상 30:1-5) 다윗과 그의 사람들이 사흘 만에 시글락에 이른 때에 아말렉 사람들이 … 시글락을 쳐서 불사르고 … (다윗의 두 아내 이스르엘 여인 아히노암과 갈멜 사람 나발의 아내였던 아비가일도 사로잡혔더라)

79. ③ (삼상 31:1-2) 블레셋 사람들이 이스라엘을 치매 이스라엘 사람들이 … 길보아 산에서 엎드러져 죽으니라 블레셋 사람들이 사울과 그의 아들들을 추격하여 사울의 아들 요나단과 아비나답과 말기수아를 죽이니라

memo

주관식

1. 사무엘상은 누가 기록하였는가?

2. 한나의 남편은 누구인가?

3. 엘리 제사장의 두 아들 이름은?

4. 기도하는 한나에게 "포도주를 끊으라"고 말한 사람은?

5. 한나가 야훼(여호와)께 기도하여 낳은 아들의 이름은?

6. "야훼(여호와)와 같이 거룩하신 이가 없으시니 이는 주 밖에 다른 이가 없고 우리 하나님 같은 반석도 없으심이니이다 심히 교만한 말을 다시 하지 말 것이며 오만한 말을 너희의 입에서 내지 말지어다 야훼(여호와)는 (   )의 하나님이시라 (   )을 달아 보시느니라"

1. **사무엘상은 사무엘에 의해 기록된 것으로 추정된다.**
2. **엘가나** (삼상 1:1–2) 에브라임 산지 라마다임소빔에 에브라임 사람 엘가나라 하는 사람이 있었으니 … 그에게 두 아내가 있었으니 한 사람의 이름은 한나요 한 사람의 이름은 브닌나라 브닌나에게는 자식이 있고 한나에게는 자식이 없었더라
3. **홉니와 비느하스** (삼상 1:3) 이 사람이 매년 자기 성읍에서 나와서 실로에 올라가서 만군의 야훼(여호와)께 예배하며 제사를 드렸는데 엘리의 두 아들 홉니와 비느하스가 야훼(여호와)의 제사장으로 거기에 있었더라
4. **엘리** (삼상 1:12–14) 그가 야훼(여호와) 앞에 오래 기도하는 동안에 … 한나가 속으로 말하매 입술만 움직이고 음성은 들리지 아니하므로 엘리는 그가 취한 줄로 생각한지라 엘리가 그에게 이르되 네가 언제까지 취하여 있겠느냐 포도주를 끊으라 하니
5. **사무엘** (삼상 1:20) 한나가 임신하고 때가 이르매 아들을 낳아 사무엘이라 이름하였으니 이는 내가 야훼(여호와)께 그를 구하였다 함이더라
6. **지식, 행동** (삼상 2:2–3 참조)

memo

7. "야훼(여호와)는 죽이기도 하시고 (　　　　)도 하시며 스올에 내리게도 하시고 거기에서 올리기도 하시는도다 야훼(여호와)는 가난하게도 하시고 (　　　　)도 하시며 낮추기도 하시고 높이기도 하시는도다"

8. 엘리의 아들들이 야훼(여호와) 앞에 범한 심히 큰 죄는?

9. 사무엘은 어렸을 때에 무엇을 입고 야훼(여호와) 앞에서 섬겼는가?

10. "하나님의 사람이 엘리에게 와서 그에게 이르되 … 너희는 어찌하여 내가 내 처소에서 명령한 내 제물과 예물을 밟으며 네 (　　　　)을 나보다 더 중히 여겨 내 백성 이스라엘이 드리는 가장 좋은 것으로 너희들을 살지게 하느냐"

11. "그러므로 이스라엘의 하나님 나 야훼(여호와)가 말하노라 내가 전에 네 집과 네 조상의 집이 내 앞에 영원히 행하리라 하였으나 이제 나 야훼(여호와)가 말하노니 결단코 그렇게 하지 아니하리라 나를 (　　　　) 여기는 자를 내가 존중히 여기고 나를 (　　　　)하는 자를 내가 경멸하리라"

7. **살리기, 부하게** (삼상 2:6-7 참조)
8. **야훼(여호와)의 제사를 멸시함** (삼상 2:12-17) 엘리의 아들들은 행실이 나빠 야훼(여호와)를 알지 못하더라 … 이 소년들의 죄가 야훼(여호와) 앞에 심히 큼은 그들이 야훼(여호와)의 제사를 멸시함이었더라
9. **세마포 에봇** (삼상 2:18) 사무엘은 어렸을 때에 세마포 에봇을 입고 야훼(여호와) 앞에서 섬겼더라
10. **아들들** (삼상 2:27-29 참조)
11. **존중히, 멸시** (삼상 2:30 참조)

memo

12. 사무엘이 야훼(여호와)께서 부르시는 음성을 들은 곳은?

13. 이스라엘은 블레셋과의 전쟁에서 이기기 위해 야훼(여호와)의 언약궤를 어디에서 가져왔는가?

14. 블레셋에게 하나님의 궤를 빼앗겼다는 소식을 듣고 목이 부러져 죽은 사람은?

15. '영광이 이스라엘에서 떠났다'는 뜻을 가진 이름은?

16 야훼(여호와)의 궤를 실은 수레는 벧세메스 사람 누구의 밭에 이르러 섰는가?

12. **야훼(여호와)의 전 안** (삼상 3:3-4) 사무엘은 하나님의 궤 있는 야훼(여호와)의 전 안에 누웠더니 야훼(여호와)께서 사무엘을 부르시는지라 그가 대답하되 내가 여기 있나이다 하고
13. **실로** (삼상 4:3-4) 이스라엘 장로들이 이르되 야훼(여호와)께서 어찌하여 우리에게 오늘 블레셋 사람들 앞에 패하게 하셨는고 야훼(여호와)의 언약궤를 실로에서 우리에게로 가져다가 … 원수들의 손에서 구원하게 하자 하니 이에 백성이 실로에 사람을 보내어 그룹 사이에 계신 만군의 야훼(여호와)의 언약궤를 거기서 가져왔고
14. **엘리** (삼상 4:17-18) 소식을 전하는 자가 … 당신의 두 아들 홉니와 비느하스도 죽임을 당하였고 하나님의 궤는 빼앗겼나이다 하나님의 궤를 말할 때에 엘리가 자기 의자에서 뒤로 넘어져 문 곁에서 목이 부러져 죽었으니 나이가 많고 비대한 까닭이라
15. **이가봇** (삼상 4:21) 이르기를 영광이 이스라엘에서 떠났다 하고 아이 이름을 이가봇이라 하였으니 하나님의 궤가 빼앗겼고 그의 시아버지와 남편이 죽었기 때문이며
16. **여호수아** (삼상 6:14) 수레가 벧세메스 사람 여호수아의 밭 큰 돌 있는 곳에 이르러 선지라 무리가 수레의 나무를 패고 그 암소들을 번제물로 야훼(여호와)께 드리고

memo

17. 수레에 실린 하나님의 궤를 맞아들인 후 야훼(여호와)께 번제와 다른 제사를 드린 사람들은?

18. 야훼(여호와)의 궤를 들여다 본 까닭에 죽은 사람들은?

19. "사무엘이 돌을 취하여 미스바와 센 사이에 세워 이르되 야훼(여호와)께서 여기까지 우리를 도우셨다 하고 그 이름을 (　　　　)이라 하니라"

20. "이스라엘 모든 장로가 모여 라마에 있는 사무엘에게 나아가서 그에게 이르되 보소서 당신은 늙고 당신의 아들들은 당신의 행위를 따르지 아니하니 모든 나라와 같이 우리에게 (　　　　)을 세워 우리를 다스리게 하소서 한지라"

21. "야훼(여호와)께서 사무엘에게 이르시되 백성이 네게 한 말을 다 들으라 이는 그들이 (　　　　)를 버림이 아니요 (　　　　)를 버려 자기들의 왕이 되지 못하게 함이니라"

17. **벧세메스 사람들** (삼상 6:14-15) 수레가 벧세메스 사람 여호수아의 밭 큰 돌 있는 곳에 이르러 선지라 … 그 날에 벧세메스 사람들이 야훼(여호와)께 번제와 다른 제사를 드리니라
18. **벧세메스 사람들** (삼상 6:19) 벧세메스 사람들이 야훼(여호와)의 궤를 들여다 본 까닭에 그들을 치사 (오만) 칠십 명을 죽이신지라 야훼(여호와)께서 백성을 쳐서 크게 살륙하셨으므로 백성이 슬피 울었더라
19. **에벤에셀** (삼상 7:12 참조)
20. **왕** (삼상 8:4-5 참조)
21. **너, 나** (삼상 8:7 참조)

memo

22. 사무엘 시대에 선지자를 일컫던 다른 말은?

23. "사울이 대답하여 이르되 나는 이스라엘 지파의 가장 (　　) 지파 베냐민 사람이 아니니이까 또 나의 가족은 베냐민 지파 모든 가족 중에 가장 (　　)하지 아니하니이까 당신이 어찌하여 내게 이같이 말씀하시나이까 하니"

24. 사무엘은 누구에게 '야훼(여호와)의 영이 크게 임하여 예언을 하고 새 사람이 되리라'고 했는가?

25. 사울은 자신이 왕으로 선출된 것을 불량배들이 멸시했을 때 어떻게 했는가?

26. "(　　　)이 백성에게 이르되 … 나는 너희를 위하여 (　　　)하기를 쉬는 죄를 야훼(여호와) 앞에 결단코 범하지 아니하고 선하고 의로운 길을 너희에게 가르칠 것인즉"

22. **선견자** (삼상 9:9) 옛적 이스라엘에 사람이 하나님께 가서 물으려 하면 말하기를 선견자에게로 가자 하였으니 지금 선지자라 하는 자를 옛적에는 선견자라 일컬었더라

* 선견자의 히브리어는 '로에'로서 '환상을 보는 사람'을 말하고, 선지자의 히브리어는 '나비'로서 '하나님의 뜻을 선포하는 자'를 말한다. 그런데 사무엘 시대에는 선견자가 선지자와 같은 말로 쓰였음을 알 수 있다.

23. **작은, 미약** (삼상 9:21 참조)
24. **사울** (삼상 10:1-6) 이에 사무엘이 기름병을 가져다가 사울의 머리에 붓고 입맞추며 이르되 … 네게는 야훼(여호와)의 영이 크게 임하리니 너도 그들과 함께 예언을 하고 변하여 새 사람이 되리라
25. **잠잠하였다** (삼상 10:26-27) 사울도 기브아 자기 집으로 갈 때에 마음이 하나님께 감동된 유력한 자들과 함께 갔느니라 어떤 불량배는 이르되 이 사람이 어떻게 우리를 구원하겠느냐 하고 멸시하며 예물을 바치지 아니하였으나 그는 잠잠하였더라
26. **사무엘, 기도** (삼상 12:20-23 참조)

memo

27. "요나단이 자기의 무기를 든 소년에게 이르되 우리가 이 할례 받지 않은 자들에게로 건너가자 야훼(여호와)께서 우리를 위하여 일하실까 하노라 야훼(여호와)의 (　　　　)은 사람이 많고 적음에 달리지 아니하였느니라"

28. 사울이 야훼(여호와)의 명령에 불순종하여 사로잡아 온 아말렉 왕은?

29. "야훼(여호와)의 말씀이 사무엘에게 임하니라 이르시되 내가 사울을 왕으로 세운 것을 (　　　)하노니 그가 돌이켜서 나를 따르지 아니하며 내 (　　　)을 행하지 아니하였음이니라 하신지라 사무엘이 근심하여 온 밤을 야훼(여호와)께 부르짖으니라"

30. "사무엘이 이르되 야훼(여호와)께서 번제와 다른 제사를 그의 목소리를 청종하는 것을 좋아하심 같이 좋아하시겠나이까 (　　)이 (　　)보다 낫고 듣는 것이 숫양의 기름보다 나으니"

31. "사무엘이 그에게 이르되 야훼(여호와)께서 오늘 이스라엘 나라를 왕에게서 떼어 왕보다 나은 왕의 이웃에게 주셨나이다 이스라엘의 지존자는 (　　　)이나 (　　　)이 없으시니 그는 사람이 아니시므로 결코 변개하지 않으심이니이다 하니"

27. **구원** (삼상 14:6 참조)
28. **아각** (삼상 15:8-9) 아말렉 사람의 왕 아각을 사로잡고 칼날로 그의 모든 백성을 진멸하였으되 사울과 백성이 아각과 그의 양과 소의 … 모든 좋은 것을 남기고 진멸하기를 즐겨 아니하고 가치 없고 하찮은 것은 진멸하니라
29. **후회, 명령** (삼상 15:10-11 참조)
30. **순종, 제사** (삼상 15:22 참조)
31. **거짓, 변개함** (삼상 15:28-29 참조)

memo

32. "야훼(여호와)께서 사무엘에게 이르시되 그의 용모와 키를 보지 말라 내가 이미 그를 버렸노라 내가 보는 것은 사람과 같지 아니하니 사람은 (　　　)를 보거니와 나 야훼(여호와)는 (　　　)을 보느니라 하시더라"

33. 사무엘은 사울 왕 대신 누구에게 기름을 부어 이스라엘의 왕이 되게 하였는가?

34. 사울 왕 때 블레셋의 진영에서 싸움을 돋운 자는?

35. 전쟁을 구경하러 왔다는 이유로 다윗을 꾸짖은 사람은?

36. "다윗이 블레셋 사람에게 이르되 너는 칼과 창과 단창으로 내게 나아 오거니와 나는 (　　　　　)의 이름 곧 네가 모욕하는 이스라엘 군대의 하나님의 이름으로 네게 나아가노라"

32. **외모, 중심** (삼상 16:7 참조)
33. **다윗** (삼상 16:13) 사무엘이 기름 뿔병을 가져다가 그의 형제 중에서 그에게 부었더니 이 날 이후로 다윗이 야훼(여호와)의 영에게 크게 감동되니라 사무엘이 떠나서 라마로 가니라
34. **골리앗** (삼상 17:4) 블레셋 사람들의 진영에서 싸움을 돋우는 자가 왔는데 그의 이름은 골리앗이요 가드 사람이라 그의 키는 여섯 규빗 한 뼘이요
35. **큰형 엘리압** (삼상 17:28) 큰형 엘리압이 다윗이 사람들에게 하는 말을 들은지라 그가 다윗에게 노를 발하여 이르되 네가 어찌하여 이리로 내려왔느냐 들에 있는 양들을 누구에게 맡겼느냐 나는 네 교만과 네 마음의 완악함을 아노니 네가 전쟁을 구경하러 왔도다
36. **만군의 야훼(여호와)** (삼상 17:45 참조)

memo

37. "여인들이 뛰놀며 노래하여 이르되 사울이 죽인 자는 (　　　)이요 다윗은 (　　　)이로다 한지라"

38. 사울이 다윗을 죽이려는 것을 알고 다윗을 창에서 달아 내려 도망하게 한 사람은?

39. "사울이 라마 나욧으로 가니라 (　　　　　)이 그에게도 임하시니 그가 라마 나욧에 이르기까지 걸어가며 (　　　)을 하였으며 그가 또 그의 옷을 벗고 사무엘 앞에서 (　　　)을 하며 하루 밤낮을 벗은 몸으로 누웠더라 그러므로 속담에 이르기를 사울도 선지자 중에 있느냐 하니라"

40. 사울을 피해 도망한 다윗에게 야훼(여호와) 앞에서 물려 낸 진설병을 준 제사장은?

41. 아히멜렉이 다윗을 도와준 일을 사울에게 고자질한 사람은?

37. **천천, 만만** (삼상 18:7 참조)
38. **미갈** (삼상 19:11-12) 사울이 전령들을 다윗의 집에 보내어 그를 지키다가 아침에 그를 죽이게 하려 한지라 … 미갈이 다윗을 창에서 달아 내리매 그가 피하여 도망하니라
39. **하나님의 영, 예언, 예언** (삼상 19:23-24 참조)
40. **아히멜렉** (삼상 21:1-6) 다윗이 놉에 가서 제사장 아히멜렉에게 … 당신의 수중에 무엇이 있나이까 떡 다섯 덩이나 무엇이나 있는 대로 내 손에 주소서 하니 … 제사장이 그 거룩한 떡을 주었으니 거기는 진설병 곧 야훼(여호와) 앞에서 물려 낸 떡밖에 없었음이라 이 떡은 더운 떡을 드리는 날에 물려 낸 것이더라
41. **(에돔 사람) 도엑** (삼상 22:9-10) 그 때에 에돔 사람 도엑이 사울의 신하 중에 섰더니 대답하여 이르되 이새의 아들이 놉에 와서 아히둡의 아들 아히멜렉에게 이른 것을 내가 보았는데 아히멜렉이 그를 위하여 야훼(여호와)께 묻고 그에게 음식도 주고 블레셋 사람 골리앗의 칼도 주더이다

memo

42. 사울 왕의 명령을 듣고 제사장 85명을 죽인 사람은?

43. '미련한 자'란 뜻의 이름을 가진 자로서 아비가일의 남편이었던 사람은?

42. **도엑** (삼상 22:18) 왕이 도엑에게 이르되 너는 돌아가서 제사장들을 죽이라 하매 에돔 사람 도엑이 돌아가서 제사장들을 쳐서 그 날에 세마포 에봇 입은 자 팔십오 명을 죽였고

43. **나발** (삼상 25:23-25) 아비가일이 … 다윗의 발에 엎드려 이르되 … 내 주는 이 불량한 사람 나발을 개의치 마옵소서 그의 이름이 그에게 적당하니 그의 이름이 나발이라 그는 미련한 자니이다 여종은 내 주께서 보내신 소년들을 보지 못하였나이다

사무엘하 2 Samuel

연대 및 저자

B.C. 1000년경 사무엘에 의해 기록된 것으로 추정된다.

중심 내용

본서는 다윗이 약속의 땅을 정복하고 영토를 확장하는 내용과 함께 다윗의 죄로 인한 가족 간의 분쟁을 다루고 있다.

특징

1. 다윗의 범죄 행위가 적나라하게 드러나 있다.
2. 다윗 통치하에서의 이스라엘의 번영과 축복을 다루고 있다.
3. 다윗 언약 (7:12–16)을 이루어 가시는 하나님을 증거하고 있다.

내용 분해

1. 다윗의 번영기 (1:1–10:19)

1) 다윗의 즉위 (1:1–4:12)

2) 다윗의 통치 (5:1–10:19)

2. 다윗의 쇠퇴기 (11:1–24:25)

1) 다윗의 범죄와 고난 (11:1–20:26)

2) 다윗의 말년 (21:1–24:25)

memo

객관식

1. 사무엘하와 관계없는 것은?
   ① 이스라엘의 분열 왕국 시대를 다루고 있다
   ② 다윗의 범죄 행위가 적나라하게 드러나 있다
   ③ 다윗 통치하에서의 이스라엘의 번영과 축복을 다루고 있다
   ④ 다윗 언약을 이루어 가시는 하나님을 증거하고 있다

2. 사무엘하가 기록된 연대로 추정되는 때는?
   ① B.C. 1000년경 ② B.C. 1200년경
   ③ B.C. 1400년경 ④ B.C. 1600년경

3. 사무엘하를 기록한 사람은?
   ① 엘리 ② 사무엘 ③ 다윗 ④ 솔로몬

4. 자신이 사울 왕을 죽였다고 말한 사람은?
   ① 블레셋 사람 ② 아람 사람
   ③ 아말렉 사람 ④ 기브아 사람

1. ① 다윗의 이스라엘 통치를 다루고 있는 사무엘하에는 다윗의 범죄 행위가 적나라하게 드러나 있으며, 다윗 통치하에서의 이스라엘의 번영과 축복을 다루고 있다. 또한 본서는 다윗 언약(삼하 7:12-16 참조)을 이루어 가시는 하나님에 대해 증거하고 있다.
2. ① 사무엘하는 B.C. 1000년경 기록된 것으로 추정된다.
3. ② 사무엘하는 사무엘이 기록했다.
4. ③ (삼하 1:7-10) 사울이 … 너는 누구냐 하시기로 내가 그에게 대답하되 나는 아말렉 사람이니이다 한즉 … 나를 죽이라 하시기로 그가 엎드러진 후에는 살 수 없는 줄을 내가 알고 그의 곁에 서서 죽이고 그의 머리에 있는 왕관과 팔에 있는 고리를 벗겨서 내 주께로 가져왔나이다 하니라

memo

5. 유다 사람들이 다윗에게 기름을 부어 유다 족속의 왕으로 삼은 곳은?
① 예루살렘 ② 헤브론 ③ 길갈 ④ 세겜

6. 길보아 산에서 죽은 사울을 장사한 사람들은?
① 기브아 사람들 ② 아말렉 사람들
③ 블레셋 사람들 ④ 길르앗 야베스 사람들

7. 사울의 군사령관 아브넬이 이스라엘 왕으로 삼은 사울의 아들은?
① 이스보셋 ② 말기수아 ③ 요나단 ④ 아비나답

8. 다윗이 헤브론에서 유다 족속의 왕으로 지낸 기간은?
① 7년 6개월 ② 7년 7개월
③ 7년 8개월 ④ 7년 9개월

9. 아브넬을 쫓다가 아브넬의 창에 찔려 죽은 요압의 동생은?
① 아비새 ② 아사헬 ③ 스루야 ④ 스바댜

5. ② (삼하 2:1–4) 그 후에 다윗이 야훼(여호와)께 여쭈어 아뢰되 내가 유다 한 성읍으로 올라가리이까 야훼(여호와)께서 이르시되 올라가라 다윗이 아뢰되 어디로 가리이까 이르시되 헤브론으로 갈지니라 … 유다 사람들이 와서 거기서 다윗에게 기름을 부어 유다 족속의 왕으로 삼았더라

6. ④ (삼하 2:4) 유다 사람들이 와서 거기서 다윗에게 기름을 부어 유다 족속의 왕으로 삼았더라 어떤 사람이 다윗에게 말하여 이르되 사울을 장사한 사람은 길르앗 야베스 사람들이니이다 하매

7. ① (삼하 2:8–9) 사울의 군사령관 넬의 아들 아브넬이 이미 사울의 아들 이스보셋을 데리고 마하나임으로 건너가 길르앗과 아술과 이스르엘과 에브라임과 베냐민과 온 이스라엘의 왕으로 삼았더라

8. ① (삼하 2:11) 다윗이 헤브론에서 유다 족속의 왕이 된 날 수는 칠 년 육 개월이더라

9. ② (삼하 2:22–23) 아브넬이 다시 아사헬에게 이르되 너는 나 쫓기를 그치라 … 내가 어떻게 네 형 요압을 대면하겠느냐 하되 그가 물러가기를 거절하매 아브넬이 창 뒤 끝으로 그의 배를 찌르니 창이 그의 등을 꿰뚫고 나간지라 곧 그곳에 엎드러져 죽으매

* 요압의 동생 아사헬은 아브넬이 이끄는 이스라엘 군사와 요압이 이끄는 유다 군사 간에 전투가 있을 때 아브넬을 쫓다가 아브넬의 창에 찔려 죽은 것이다.

memo

10. 다윗이 헤브론에서 낳은 아들이 아닌 사람은?
① 암논　② 길르압　③ 압살롬　④ 솔로몬

11. 아브넬이 통간한 사울의 첩은?
① 미갈　② 아야　③ 리스바　④ 아비가일

12. 다윗을 도와 통일 왕국을 이룩하겠다고 제안한 사람은?
① 이스보셋　② 아브넬　③ 발디엘　④ 요압

13. 사울 왕의 딸 미갈의 두 번째 남편은?
① 다윗　② 발디엘　③ 아브넬　④ 요압

10. ④

다윗이 헤브론에서 낳은 아들

맏아들	암논	아히노암의 소생	삼하 3:2
둘째	길르압	아비가일의 소생	삼하 3:3
셋째	압살롬	마아가의 소생	삼하 3:3
넷째	아도니야	학깃의 소생	삼하 3:4
다섯째	스바댜	아비달의 소생	삼하 3:4
여섯째	이드르암	에글라의 소생	삼하 3:5

11. ③ (삼하 3:7) 사울에게 첩이 있었으니 이름은 리스바요 아야의 딸이더라 이스보셋이 아브넬에게 이르되 네가 어찌하여 내 아버지의 첩과 통간하였느냐 하니

* 당시 왕의 첩을 취할 수 있는 권리는 왕의 후계자에게만 주어졌다(삼하 16:22; 왕상 2:17 참조). 따라서 아브넬이 사울의 첩을 취한 것은 왕권에 도전하는 반역 행위와 같은 것이었기 때문에 이스보셋이 아브넬에게 그렇게 말했던 것이다.

12. ② (삼하 3:12) 아브넬이 자기를 대신하여 전령들을 다윗에게 보내어 이르되 이 땅이 누구의 것이니이까 또 이르되 당신은 나와 더불어 언약을 맺사이다 내 손이 당신을 도와 온 이스라엘이 당신에게 돌아가게 하리이다 하니

13. ② (삼하 3:14-15) 다윗이 사울의 아들 이스보셋에게 전령들을 보내 이르되 내 처 미갈을 내게로 돌리라 … 이스보셋이 사람을 보내 그의 남편 라이스의 아들 발디엘에게서 그를 빼앗아 오매

memo

14. 아브넬을 죽인 사람은?

① 이스보셋 ② 다윗 ③ 요압 ④ 발디엘

15. 이스보셋을 죽인 사람은?

① 요압과 아비새 ② 요압과 아사헬
③ 레갑과 바아나 ④ 요압과 바아나

16. 다윗은 몇 세에 이스라엘 왕이 되었는가?

① 17세 ② 23세 ③ 30세 ④ 33세

17. 다윗이 왕위에 올라 다스린 기간은?

① 30년 ② 40년 ③ 50년 ④ 60년

14. ③ (삼하 3:27) 아브넬이 헤브론으로 돌아오매 요압이 더불어 조용히 말하려는 듯이 그를 데리고 성문 안으로 들어가 거기서 배를 찔러 죽이니 이는 자기의 동생 아사헬의 피로 말미암음이더라
* 요압은 다윗과 아브넬 간의 언약이 성사될 경우 다윗의 군장인 자신의 입지가 약화될 것을 우려하여 동생에 대한 보복을 핑계로 아브넬을 죽였던 것이다.

15. ③ (삼하 4:5–6) 레갑과 바아나가 길을 떠나 볕이 쬘 때 즈음에 이스보셋의 집에 이르니 마침 그가 침상에서 낮잠을 자는지라 레갑과 그의 형제 바아나가 밀을 가지러 온 체하고 집 가운데로 들어가서 그의 배를 찌르고 도망하였더라
* 이스보셋의 군지휘관인 레갑과 바아나가 이스보셋을 죽인 것은 다윗에게 보상을 받기 위함이었다(삼하 4:8 참조).

16. ③ (삼하 5:4) 다윗이 나이가 삼십 세에 왕위에 올라 사십 년 동안 다스렸으되

17. ② (삼하 5:4–5) 다윗이 나이가 삼십 세에 왕위에 올라 사십 년 동안 다스렸으되 헤브론에서 칠 년 육 개월 동안 유다를 다스렸고 예루살렘에서 삼십삼 년 동안 온 이스라엘과 유다를 다스렸더라

memo

18. 예루살렘에서 여부스 사람들을 완전히 쫓아내고 시온 산성을 빼앗은 때는?
① 사무엘 시대 ② 사울 시대
③ 다윗 시대 ④ 르호보암 시대

19. 다윗이 예루살렘에서 낳은 아들이 아닌 사람은?
① 삼무아 ② 소밥 ③ 나단 ④ 압살롬

20. 다윗이 야훼(여호와)께서 '물을 흩음 같이 대적을 흩으셨다'고 하여 붙인 지명은?
① 마하나임 ② 바알브라심 ③ 길갈 ④ 헤브론

21. 수레에 실은 하나님의 궤를 붙들었다가 죽은 사람은?
① 시므이 ② 아비나답 ③ 오벧에돔 ④ 웃사

22. 야훼(여호와)의 궤를 오벧에돔의 집에 둔 기간은?
① 두 달 ② 석 달 ③ 넉 달 ④ 다섯 달

18. ③ (삼하 5:6-7) 왕과 그의 부하들이 예루살렘으로 가서 그 땅 주민 여부스 사람을 치려 하매 그 사람들이 다윗에게 이르되 네가 결코 이리로 들어오지 못하리라 … 다윗이 시온 산성을 빼앗았으니 이는 다윗 성이더라
* 여부스 족속은 가나안 7족속 중 하나로서(신 7:1 참조) 여호수아에 의해 일시 패퇴했으나(수 10:23, 26 참조) 일부 세력이 남아 있다가 다윗에 의해 완전히 정복되었다.
19. ④ (삼하 5:13-16) 다윗이 헤브론에서 올라온 후에 예루살렘에서 처첩들을 더 두었으므로 … 예루살렘에서 그에게서 난 자들의 이름은 삼무아와 소밥과 나단과 솔로몬과 입할과 엘리수아와 네벡과 야비아와 엘리사마와 엘랴다와 엘리벨렛이었더라
20. ② (삼하 5:20) 다윗이 바알브라심에 이르러 거기서 그들을 치고 다윗이 말하되 야훼(여호와)께서 물을 흩음 같이 내 앞에서 내 대적을 흩으셨다 하므로 그 곳 이름을 바알브라심이라 부르니라
21. ④ (삼하 6:3-7) 그들이 하나님의 궤를 새 수레에 싣고 산에 있는 아비나답의 집에서 나오는데 … 나곤의 타작 마당에 이르러서는 소들이 뛰므로 웃사가 손을 들어 하나님의 궤를 붙들었더니 야훼(여호와) 하나님이 … 치시니 그가 거기 하나님의 궤 곁에서 죽으니라
* 법궤는 반드시 레위 지파의 고핫 자손이 어깨에 메어 운반해야 하며, 그들도 법궤에 직접 손을 대면 죽는다(민 4:15 참조).
22. ② (삼하 6:11) 야훼(여호와)의 궤가 가드 사람 오벧에돔의 집에 석 달을 있었는데 야훼(여호와)께서 오벧에돔과 그의 온 집에 복을 주시니라

memo

23. 야훼(여호와)의 궤가 다윗 성으로 들어올 때 다윗이 춤추는 것을 보고 업신여긴 여인은?
① 밧세바 ② 미갈 ③ 아히노암 ④ 아비가일

24. 다윗이 정복한 나라가 아닌 것은?
① 아람 ② 아말렉 ③ 에돔 ④ 두로

25. 다윗이 에돔 사람 1만 8천 명을 쳐죽이고 돌아와서 명성을 떨친 곳은?
① 소금 골짜기 ② 그랄 골짜기
③ 에스골 골짜기 ④ 르바임 골짜기

26. 다윗 왕국의 군사령관은?
① 요압 ② 여호사밧 ③ 아히멜렉 ④ 스라야

23. ② (삼하 6:16) 야훼(여호와)의 궤가 다윗 성으로 들어올 때에 사울의 딸 미갈이 창으로 내다보다가 다윗 왕이 야훼(여호와) 앞에서 뛰놀며 춤추는 것을 보고 심중에 그를 업신여기니라
24. ④ (삼하 8:11-13) 다윗 왕이 그것도 야훼(여호와)께 드리되 그가 정복한 모든 나라에서 얻은 은금 곧 아람과 모압과 암몬 자손과 블레셋 사람과 아말렉에게서 얻은 것들과 소바 왕 르홉의 아들 하닷에셀에게서 노략한 것과 같이 드리니라 다윗이 소금 골짜기에서 에돔 사람 만 팔천 명을 쳐죽이고 돌아와서 명성을 떨치니라
25. ① (삼하 8:13) 다윗이 소금 골짜기에서 에돔 사람 만 팔천 명을 쳐죽이고 돌아와서 명성을 떨치니라
26. ①

다윗 왕국의 초기 관료들

군사령관	요압	삼하 8:16
사관	여호사밧	삼하 8:16
제사장	사독과 아히멜렉	삼하 8:17
서기관	스라야	삼하 8:17
그렛 사람과 블렛 사람의 지휘관	브나야	삼하 8:18
대신	다윗의 아들들	삼하 8:18

memo

27. 항상 다윗 왕의 상에서 먹은 요나단의 아들은?
① 므비보셋 ② 마길 ③ 로드발 ④ 삼무아

28. 암몬 왕이 죽었을 때 다윗이 조문객으로 보낸 신하들의 수염 절반을 깎아 돌려보낸 사람은?
① 나하스 ② 하눈 ③ 림몬 ④ 아사헬

29. 다윗이 동침한 밧세바의 남편은?
① 요압 ② 아비야 ③ 우리아 ④ 아브넬

30. 다윗의 범죄를 지적하기 위해 나단이 비유로 든 것은?
① 양과 염소 비유
② 겨자씨와 누룩 비유
③ 부자와 가난한 자의 양 비유
④ 알곡과 가라지 비유

27. ① (삼하 9:11-13) 므비보셋은 왕자 중 하나처럼 왕의 상에서 먹으니라 … 므비보셋이 항상 왕의 상에서 먹으므로 예루살렘에 사니라 그는 두 발을 다 절더라

28. ② (삼하 10:1-4) 그 후에 암몬 자손의 왕이 죽고 그의 아들 하눈이 대신하여 왕이 되니 … 다윗이 그의 신하들을 보내 그의 아버지를 조상하라 하니라 … 하눈이 다윗의 신하들을 잡아 그들의 수염 절반을 깎고 그들의 의복의 중동볼기까지 자르고 돌려보내매

29. ③ (삼하 11:3-4) 다윗이 사람을 보내 그 여인을 알아보게 하였더니 … 우리아의 아내 밧세바가 아니니이까 하니 다윗이 전령을 보내어 그 여자를 자기에게로 데려오게 하고 … 더불어 동침하매 그 여자가 자기 집으로 돌아가니라

30. ③ (삼하 12:1-3) 야훼(여호와)께서 나단을 다윗에게 보내시니 그가 다윗에게 가서 그에게 이르되 … 한 사람은 부하고 한 사람은 가난하니 그 부한 사람은 양과 소가 심히 많으나 가난한 사람은 아무것도 없고 자기가 사서 기르는 작은 암양 새끼 한 마리뿐이라

memo

31. 다윗의 간음죄에 대한 하나님의 징계가 아닌 것은?
    ① 칼이 네 집에서 영원토록 떠나지 않을 것이다
    ② 고난이 네 집에서 영원토록 떠나지 않을 것이다
    ③ 네 아내를 빼앗아 네 이웃들에게 줄 것이다
    ④ 사람들이 네 아내들과 더불어 백주에 동침할 것이다

32. 다윗이 밧세바를 통해 두 번째로 낳은 아들은?
    ① 암논 ② 길르압 ③ 압살롬 ④ 솔로몬

33. 야훼(여호와)께서 솔로몬을 사랑하사 지어 주신 이름은?
    ① 아도니야 ② 여디디야 ③ 스바댜 ④ 이드르암

34. 압살롬의 누이 다말과 억지로 동침한 다윗의 아들은?
    ① 암논 ② 길르압 ③ 아도니야 ④ 스바댜

35. 심히 간교한 자로서 암논을 부추겨 다말과 동침하게 한 사람은?
    ① 압살롬 ② 아도니야 ③ 스바댜 ④ 요나답

31. ② (삼하 12:10-11) 이제 네가 나를 업신여기고 헷 사람 우리아의 아내를 빼앗아 네 아내로 삼았은즉 칼이 네 집에서 영원토록 떠나지 아니하리라 … 내가 너와 네 집에 재앙을 일으키고 내가 네 눈앞에서 네 아내를 빼앗아 네 이웃들에게 주리니 그 사람들이 네 아내들과 더불어 백주에 동침하리라

32. ④ (삼하 12:24) 다윗이 그의 아내 밧세바를 위로하고 그에게 들어가 그와 동침하였더니 그가 아들을 낳으매 그의 이름을 솔로몬이라 하니라 야훼(여호와)께서 그를 사랑하사

33. ② (삼하 12:24-25) 다윗이 … 아들을 낳으매 그의 이름을 솔로몬이라 하니라 야훼(여호와)께서 그를 사랑하사 선지자 나단을 보내 그의 이름을 여디디야라 하시니 이는 야훼(여호와)께서 사랑하셨기 때문이더라

34. ① (삼하 13:1-14) 다윗의 아들 압살롬에게 아름다운 누이가 있으니 이름은 다말이라 다윗의 다른 아들 암논이 그를 사랑하나 … 암논이 그 말을 듣지 아니하고 다말보다 힘이 세므로 억지로 그와 동침하니라

35. ④ (삼하 13:3-5) 암논에게 요나답이라 하는 친구가 있으니 … 심히 간교한 자라 그가 암논에게 이르되 … 침상에 누워 병든 체하다가 네 아버지가 너를 보러 오거든 너는 그에게 말하기를 원하건대 내 누이 다말이 와서 내게 떡을 먹이되 내가 보는 데에서 떡을 차려 그의 손으로 먹여 주게 하옵소서 하라 하니

memo

36. 다말을 범한 암논을 죽이라고 자기 종들에게 명령한 사람은?
① 압살롬 ② 길르압 ③ 스바댜 ④ 이드르암

37. 압살롬이 암논을 죽인 후 도망한 곳은?
① 가드 ② 모압 ③ 그술 ④ 애굽

38. 발바닥부터 정수리까지 흠이 없었던 다윗의 아들은?
① 솔로몬 ② 압살롬 ③ 아도니야 ④ 이드르암

39. 다윗의 모사였다가 압살롬의 반역에 가담한 사람은?
① 후새 ② 시므이 ③ 요압 ④ 아히도벨

40. 다윗이 압살롬을 피해 도망할 때 끝까지 따르겠다고 말한 가드 사람은?
① 아히도벨 ② 아비아달 ③ 잇대 ④ 레갑

36. ① (삼하 13:28-29) 압살롬이 이미 그의 종들에게 명령하여 이르기를 너희는 이제 암논의 마음이 술로 즐거워할 때를 자세히 보다가 내가 너희에게 암논을 치라 하거든 그를 죽이라 … 압살롬의 종들이 압살롬의 명령대로 암논에게 행하매

37. ③ (삼하 13:37-38) 압살롬은 도망하여 그술 왕 암미훌의 아들 달매에게로 갔고 다윗은 날마다 그의 아들로 말미암아 슬퍼하니라 압살롬이 도망하여 그술로 가서 거기에 산 지 삼 년이라

38. ② (삼하 14:25) 온 이스라엘 가운데에서 압살롬 같이 아름다움으로 크게 칭찬 받는 자가 없었으니 그는 발바닥부터 정수리까지 흠이 없음이라

* 압살롬이 '발바닥부터 정수리까지 흠이 없었다'는 것은 그의 외모가 뛰어났음을 뜻한다.

39. ④ (삼하 15:12) 제사 드릴 때에 압살롬이 사람을 보내 다윗의 모사 길로 사람 아히도벨을 그의 성읍 길로에서 청하여 온지라 반역하는 일이 커가매 압살롬에게로 돌아오는 백성이 많아지니라

* 다윗의 모사였던 아히도벨이 다윗을 배반하고 압살롬의 반역에 가담한 이유는 다윗이 자기 손녀인 밧세바(삼하 11:3; 23:34 참조)를 범했기 때문으로 추정된다.

40. ③ (삼하 15:19-21) 그 때에 왕이 가드 사람 잇대에게 이르되 어찌하여 너도 우리와 함께 가느냐 … 잇대가 왕께 대답하여 이르되 … 왕께서 어느 곳에 계시든지 사나 죽으나 종도 그 곳에 있겠나이다 하니

* 다윗은 이스라엘로 망명해 온 블레셋 가드 사람 잇대에게 공연히 타국의 내란에 휩쓸려 목숨을 잃지 말고 압살롬을 지지하여 안전을 도모하라고 권했다. 하지만 잇대는 끝까지 다윗을 따르겠다고 충성을 맹세한 것이다.

memo

41. 압살롬을 피해 도망한 다윗이 바후림에 이르렀을 때 다윗을 저주한 사람은?
① 시므이 ② 시바 ③ 시므아 ④ 아비새

42. 압살롬에게 위장 전향한 다윗의 친구는?
① 사독 ② 아비아달 ③ 후새 ④ 요나단

43. 압살롬이 다윗의 후궁들과 더불어 동침하도록 모략을 꾸민 사람은?
① 아비길 ② 후새 ③ 시므이 ④ 아히도벨

44. 압살롬이 요압 대신 군지휘관으로 삼은 사람은?
① 스루야 ② 아마사 ③ 아비야 ④ 시바

41. ① (삼하 16:5) 다윗 왕이 바후림에 이르매 거기서 사울의 친족 한 사람이 나오니 게라의 아들이요 이름은 시므이라 그가 나오면서 계속하여 저주하고

42. ③ (삼하 16:16-19) 다윗의 친구 아렉 사람 후새가 … 압살롬에게 이르되 … 내가 이제 누구를 섬기리이까 그의 아들이 아니니이까 내가 전에 왕의 아버지를 섬긴 것 같이 왕을 섬기리이다 하니라

* 후새는 다윗의 지시대로(삼하 15:32-37 참조) 예루살렘에 들어온 압살롬에게 거짓으로 충성을 맹세하였던 것이다.

43. ④ (삼하 16:21) 아히도벨이 압살롬에게 이르되 왕의 아버지가 남겨 두어 왕궁을 지키게 한 후궁들과 더불어 동침하소서 그리하면 왕께서 왕의 아버지가 미워하는 바 됨을 온 이스라엘이 들으리니 왕과 함께 있는 모든 사람의 힘이 더욱 강하여지리이다 하니라

* 아히도벨은 다윗과 압살롬이 화해할 경우 자신이 반역죄로 처단될 것을 미연에 방지하고, 또 자신의 손녀(삼하 11:3; 23:34 참조)인 밧세바에게 간음 행위를 한 다윗에게 복수하기 위해 이런 모략을 꾸몄을 것이다. 결국 다윗이 밧세바를 범한 죄에 대한 징계로 그의 처들이 백주에 겁탈당할 것이라고 하신 하나님의 말씀이(삼하 12:11-12 참조) 아히도벨의 모략에 의해 성취된 것이다(삼하 16:22 참조).

44. ② (삼하 17:25) 압살롬이 아마사로 요압을 대신하여 군지휘관으로 삼으니라 아마사는 이스라엘 사람 이드라라 하는 자의 아들이라 이드라가 나하스의 딸 아비갈과 동침하여 그를 낳았으며 아비갈은 요압의 어머니 스루야의 동생이더라

* 아마사는 다윗의 조카이자 요압의 사촌이다(대상 2:13-17 참조). 한편 아마사는 압살롬이 죽은 후에 다윗의 군지휘관이 되었으나 기회주의자인 요압에게 살해당했다(삼하 20:9-10 참조).

memo

45. 다윗이 압살롬을 피해 마하나임에 이르렀을 때 환대한 사람이 아닌 사람은?
① 소비 ② 마길 ③ 바르실래 ④ 아비야

46. 상수리나무에 머리가 걸려서 창에 찔려 죽은 사람은?
① 잇대 ② 아비새 ③ 요압 ④ 압살롬

47. 압살롬의 심장을 찔러 죽인 사람은?
① 요압 ② 아비새 ③ 아비야 ④ 아히도벨

48. 다윗을 저주하였던 시므이가 속한 지파는?
① 유다 지파 ② 므낫세 지파
③ 베냐민 지파 ④ 스불론 지파

49. 다윗 왕이 압살롬의 반란을 피해 떠난 후 평안히 돌아올 때까지 수염을 깎지 않았던 사람은?
① 므비보셋 ② 바르실래 ③ 시므이 ④ 아비새

45. ④ (삼하 17:27-29) 다윗이 마하나임에 이르렀을 때에 암몬 족속에게 속한 랍바 사람 나하스의 아들 소비와 로데발 사람 암미엘의 아들 마길과 로글림 길르앗 사람 바르실래가 … 다윗과 그와 함께 한 백성에게 먹게 하였으니 이는 그들 생각에 백성이 들에서 시장하고 곤하고 목마르겠다 함이더라

46. ④ (삼하 18:9-14) 압살롬의 머리가 그 상수리나무에 걸리매 … 요압이 이르되 나는 너와 같이 지체할 수 없다 하고 손에 작은 창 셋을 가지고 가서 상수리나무 가운데서 아직 살아 있는 압살롬의 심장을 찌르니

47. ① (삼하 18:14-15) 요압이 … 작은 창 셋을 가지고 가서 상수리나무 가운데서 아직 살아 있는 압살롬의 심장을 찌르니 요압의 무기를 든 청년 열 명이 압살롬을 에워싸고 쳐죽이니라

48. ③ (삼하 19:16) 바후림에 있는 베냐민 사람 게라의 아들 시므이가 급히 유다 사람과 함께 다윗 왕을 맞으러 내려올 때에
* 삼하 16:5-8 참조.

49. ① (삼하 19:24) 사울의 손자 므비보셋이 내려와 왕을 맞으니 그는 왕이 떠난 날부터 평안히 돌아오는 날까지 그의 발을 맵시 내지 아니하며 그의 수염을 깎지 아니하며 옷을 빨지 아니하였더라
* 요나단의 아들인 므비보셋(삼하 4:4 참조)은 압살롬의 반란 때 다윗 왕과 동행하지는 못했지만 다윗의 고통에 동참하기 위해 이러한 모습을 하고 있었던 것이다.

memo

50. 다윗이 압살롬을 피해 마하나임에 머물 때 다윗을 공궤한 큰 부자는?

① 시바 ② 바르실래 ③ 시므이 ④ 아비새

51. 환궁 길에 오른 다윗이 초청했을 때 바르실래가 자기 대신 추천한 사람은?

① 세바 ② 마길 ③ 아마사 ④ 김함

52. 환궁 길에 오른 다윗을 대적하여 반란을 일으킨 사람은?

① 바르실래 ② 세바 ③ 잇대 ④ 요압

53. 다윗이 세바의 반란을 진압하도록 군지휘관으로 임명한 아마사를 죽인 사람은?

① 바르실래 ② 세바 ③ 잇대 ④ 요압

50. ② (삼하 19:32) 바르실래는 매우 늙어 나이가 팔십 세라 그는 큰 부자이므로 왕이 마하나임에 머물 때에 그가 왕을 공궤하였더라

51. ④ (삼하 19:33–37) 왕이 바르실래에게 이르되 너는 나와 함께 건너가자 예루살렘에서 내가 너를 공궤하리라 … 왕의 종 김함이 여기 있사오니 청하건대 그가 내 주 왕과 함께 건너가게 하시옵고 왕의 처분대로 그에게 베푸소서 하니라

52. ② (삼하 20:1–2) 마침 거기에 불량배 하나가 있으니 그의 이름은 세바인데 … 이스라엘아 각각 장막으로 돌아가라 하매 이에 온 이스라엘 사람들이 다윗 따르기를 그치고 올라가 비그리의 아들 세바를 따르나 유다 사람들은 그들의 왕과 합하여 요단에서 예루살렘까지 따르니라

53. ④ (삼하 20:6–10) 다윗이 이에 아비새에게 이르되 이제 비그리의 아들 세바가 압살롬보다 우리를 더 해하리니 너는 네 주의 부하들을 데리고 그의 뒤를 쫓아가라 … 아마사가 요압의 손에 있는 칼은 주의하지 아니한지라 요압이 칼로 그의 배를 찌르매 그의 창자가 땅에 쏟아지니 그를 다시 치지 아니하여도 죽으니라

memo

54. 다윗이 예루살렘으로 돌아와 임명한 군대의 지휘관은?
① 브나야 ② 아도람 ③ 요압 ④ 여호사밧

55. 다윗 시대에 해를 거듭하여 3년 동안 기근이 든 이유는?
① 사울이 우상을 섬겼기 때문이다
② 사울이 기브온 사람을 죽였기 때문이다
③ 이스라엘 백성이 우상을 숭배했기 때문이다
④ 다윗이 전쟁으로 피를 많이 흘렸기 때문이다

56. 다윗 시대에 3년 동안 든 기근을 해결하기 위해 사울 자손 몇 명을 기브온 사람들에게 내주었는가?
① 3명 ② 5명 ③ 7명 ④ 10명

54. ③

재정비한 다윗 왕국의 관료들

군대의 지휘관	요압	삼하 20:23
그렛 사람과 블렛 사람의 지휘관	브나야	삼하 20:23
감역관	아도람	삼하 20:24
사관	여호사밧	삼하 20:24
서기관	스와	삼하 20:25
제사장	사독과 아비아달	삼하 20:25
대신	이라	삼하 20:26

55. ② (삼하 21:1) 다윗의 시대에 해를 거듭하여 삼 년 기근이 있으므로 다윗이 야훼(여호와) 앞에 간구하매 야훼(여호와)께서 이르시되 이는 사울과 피를 흘린 그의 집으로 말미암음이니 그가 기브온 사람을 죽였음이니라 하시니라
* 사울이 야훼(여호와)의 이름으로 기브온 사람들과 맺은 언약(수 9:3-27 참조)을 무시하고 그들을 죽인 것은 야훼(여호와)의 거룩한 이름을 더럽히는 범죄 행위였다.

56. ③ (삼하 21:3-6) 다윗이 그들에게 묻되 내가 너희를 위하여 어떻게 하랴 … 기브온 사람이 … 자손 일곱 사람을 우리에게 내주소서 야훼(여호와)께서 택하신 사울의 고을 기브아에서 우리가 그들을 야훼(여호와) 앞에서 목 매어 달겠나이다 하니 왕이 이르되 내가 내주리라 하니라

memo

57. 다윗의 통치 초기에 다윗을 죽이려 한 블레셋 사람들을 쳐죽인 사람은?
① 아비새 ② 바르실래 ③ 이스비브놉 ④ 요압

58. 다윗의 통치 초기에 블레셋과의 전쟁에서 골리앗의 아우를 죽인 사람은?
① 십브개 ② 삽 ③ 야레오르김 ④ 엘하난

59. 손가락과 발가락이 여섯 개씩 있는 사람이 이스라엘을 능욕하자 그를 죽인 사람은?
① 바르실래 ② 요압 ③ 김함 ④ 요나단

57. ① (삼하 21:16-17) 이스비브놉이 다윗을 죽이려 하므로 스루야의 아들 아비새가 다윗을 도와 그 블레셋 사람들을 쳐 죽이니 그 때에 다윗의 추종자들이 … 왕은 다시 우리와 함께 전장에 나가지 마옵소서 이스라엘의 등불이 꺼지지 말게 하옵소서 하니라

58. ④ (삼하 21:19) 또 다시 블레셋 사람과 곱에서 전쟁할 때에 베들레헴 사람 야레오르김의 아들 엘하난은 가드 골리앗의 아우 라흐미를 죽였는데 그 자의 창 자루는 베틀 채 같았더라

59. ④ (삼하 21:20-21) 또 가드에서 전쟁할 때에 … 손가락과 발가락이 각기 여섯 개씩 모두 스물 네 개가 있는데 그도 거인족의 소생이라 그가 이스라엘 사람을 능욕하므로 다윗의 형 삼마의 아들 요나단이 그를 죽이니라

memo

60. 다윗이 메시아 왕국을 노래하면서 스스로에 대하여 표현한 말이 아닌 것은?
① 높이 세워진 자
② 야곱의 하나님께로부터 기름 부음 받은 자
③ 전쟁에 능한 자
④ 이스라엘의 노래 잘 하는 자

61. 다윗의 용사들은 모두 몇 명이었는가?
① 27명 ② 37명 ③ 47명 ④ 57명

62. 다윗이 인구조사를 하도록 임명한 사람은?
① 사독 ② 김함 ③ 요압 ④ 요나단

63. 다윗의 인구조사와 관련하여 야훼(여호와)의 말씀을 받은 선지자는?
① 나단 ② 아히야 ③ 갓 ④ 사무엘

64. 다윗의 인구조사와 관련하여 야훼(여호와)께서 제시하신 형벌이 아닌 것은?
① 칠 년 동안 기근이 드는 것
② 칠 년 동안 홍수가 나는 것
③ 다윗이 원수에게 쫓겨 석 달 동안 도망하는 것
④ 사흘 동안 전염병이 있는 것

60. ③ (삼하 23:1) 이는 다윗의 마지막 말이라 이새의 아들 다윗이 말함이여 높이 세워진 자, 야곱의 하나님께로부터 기름 부음 받은 자, 이스라엘의 노래 잘 하는 자가 말하노라
61. ② (삼하 23:8-39) 다윗의 용사들의 이름은 이러하니라 … 이상 총수가 삼십칠 명이었더라
62. ③ (삼하 24:2) 이에 왕이 그 곁에 있는 군사령관 요압에게 이르되 너는 이스라엘 모든 지파 가운데로 다니며 이제 단에서부터 브엘세바까지 인구를 조사하여 백성의 수를 내게 보고하라 하니
63. ③ (삼하 24:10-11) 다윗이 백성을 조사한 후에 그의 마음에 자책하고 다윗이 야훼(여호와)께 아뢰되 내가 이 일을 행함으로 큰 죄를 범하였나이다 … 다윗이 아침에 일어날 때에 야훼(여호와)의 말씀이 다윗의 선견자 된 선지자 갓에게 임하여 이르시되
64. ② (삼하 24:13) 갓이 다윗에게 이르러 아뢰어 이르되 왕의 땅에 칠 년 기근이 있을 것이니이까 혹은 왕이 왕의 원수에게 쫓겨 석 달 동안 그들 앞에서 도망하실 것이니이까 혹은 왕의 땅에 사흘 동안 전염병이 있을 것이니이까

memo

65. 인구조사와 관련하여 야훼(여호와)께서 제시하신 형벌 중 다윗이 선택한 것은?

① 칠 년 동안 기근이 드는 것
② 칠 년 동안 홍수가 나는 것
③ 다윗이 원수에게 쫓겨 석 달 동안 도망하는 것
④ 사흘 동안 전염병이 있는 것

66. 다윗의 인구조사 때문에 전염병으로 죽은 사람은 몇 명인가?

① 3만 명 ② 5만 명 ③ 7만 명 ④ 9만 명

67. 하나님께서 회개한 다윗에게 갓을 통해 명령하신 것은?

① 야훼(여호와)를 위하여 제단을 쌓으라
② 온 백성에게 금식을 선포하라
③ 미스바에 모여 성회를 개최하라
④ 야훼(여호와)께 예물을 바치라

68. 다윗에게 타작 마당과 소를 판 아라우나는 어디 사람인가?

① 아모리 사람 ② 여부스 사람
③ 기르가스 사람 ④ 가나안 사람

65. ④ (삼하 24:14-15) 다윗이 갓에게 이르되 … 우리가 야훼(여호와)의 손에 빠지고 내가 사람의 손에 빠지지 아니하기를 원하노라 하는지라 이에 야훼(여호와)께서 그 아침부터 정하신 때까지 전염병을 이스라엘에게 내리시니 단에서부터 브엘세바까지 백성의 죽은 자가 칠만 명이라

66. ③ (삼하 24:15) 이에 야훼(여호와)께서 그 아침부터 정하신 때까지 전염병을 이스라엘에게 내리시니 단에서부터 브엘세바까지 백성의 죽은 자가 칠만 명이라

67. ① (삼하 24:17-19) 다윗이 백성을 치는 천사를 보고 곧 야훼(여호와)께 아뢰어 … 나와 내 아버지의 집을 치소서 하니라 이 날에 갓이 다윗에게 … 여부스 사람 아라우나의 타작 마당에서 야훼(여호와)를 위하여 제단을 쌓으소서 하매 다윗이 야훼(여호와)께서 명령하신 바 갓의 말대로 올라가니라

68. ② (삼하 24:18) 이 날에 갓이 다윗에게 이르러 그에게 아뢰되 올라가서 여부스 사람 아라우나의 타작 마당에서 야훼(여호와)를 위하여 제단을 쌓으소서 하매

memo

69. 다윗 왕이 아라우나의 타작 마당과 소를 산 값은?

① 은 30세겔　② 은 50세겔
③ 은 70세겔　④ 은 100세겔

70. 인구조사로 인한 재앙이 그치도록 다윗이 번제와 화목제를 드린 곳은?

① 실로　② 길갈
③ 예루살렘　④ 아라우나의 타작 마당

69. ② (삼하 24:23-24) 왕이여 아라우나가 이것을 다 왕께 드리나이다 … 왕이 아라우나에게 이르되 그렇지 아니하다 내가 값을 주고 네게서 사리라 값 없이는 내 하나님 야훼(여호와)께 번제를 드리지 아니하리라 하고 다윗이 은 오십 세겔로 타작 마당과 소를 사고

70. ④ (삼하 24:24-25) 왕이 아라우나에게 이르되 … 값 없이는 내 하나님 야훼(여호와)께 번제를 드리지 아니하리라 하고 다윗이 은 오십 세겔로 타작 마당과 소를 사고 그 곳에서 야훼(여호와)를 위하여 제단을 쌓고 번제와 화목제를 드렸더니 … 재앙이 그쳤더라

memo

주관식

1. 사울과 요나단의 전사 소식을 다윗에게 전해 준 청년은 어디 사람인가?

2. 다윗이 사울과 요나단의 죽음을 슬퍼하며 지어 부른 애가가 기록된 책은?

3. "다윗이 이 슬픈 노래로 사울과 그의 아들 요나단을 조상하고 … 내 형 요나단이여 내가 그대를 (　　　　)함은 그대는 내게 심히 아름다움이라 그대가 나를 (　　　　)함이 기이하여 여인의 (　　　　)보다 더하였도다"

4. "사울과 요나단이 생전에 사랑스럽고 아름다운 자이러니 죽을 때에도 서로 떠나지 아니하였도다 그들은 (　　　　)보다 빠르고 (　　　　)보다 강하였도다"

1. **아말렉** (삼하 1:12–13) 사울과 그의 아들 요나단과 야훼(여호와)의 백성과 이스라엘 족속이 칼에 죽음으로 말미암아 저녁 때까지 슬퍼하여 울며 금식하니라 다윗이 그 소식을 전한 청년에게 묻되 너는 어디 사람이냐 대답하되 나는 아말렉 사람 곧 외국인의 아들이니이다 하니
2. **야살의 책** (삼하 1:17–18) 다윗이 이 슬픈 노래로 사울과 그의 아들 요나단을 조상하고 명령하여 그것을 유다 족속에게 가르치라 하였으니 곧 활 노래라 야살의 책에 기록되었으되
   * '야살'이란 '의로운 자'란 뜻이기 때문에 '야살의 책'은 '의로운 자의 책'이라고 할 수 있다. 이 책은 이스라엘 민족의 위대한 인물이나 큰 사건을 노래한 서사시를 수록한 고대 문서였을 것으로 생각된다.
3. **애통, 사랑, 사랑** (삼하 1:17–26 참조)
4. **독수리, 사자** (삼하 1:23 참조)

memo

5. 나발의 아내였다가 다윗의 아내가 된 여인은?

6. 다윗에게 기름을 부어 자기들의 왕으로 삼은 족속은?

7. 사울의 군사령관 이름은?

8. 다윗이 블레셋 사람의 포피 백 개로 정혼한 여인은?

9. 유모가 안고 도망할 때 떨어져 다리를 절게 된 요나단의 아들은?

10. 다윗이 집을 지을 때 사절들과 백향목과 목수와 석수를 보낸 사람은?

5. **아비가일** (삼하 2:2) 다윗이 그의 두 아내 이스르엘 여인 아히노암과 갈멜 사람 나발의 아내였던 아비가일을 데리고 그리로 올라갈 때에
6. **유다 족속** (삼하 2:5-7) 다윗이 길르앗 야베스 사람들에게 전령들을 보내 그들에게 이르되 … 이제 너희는 손을 강하게 하고 담대히 할지어다 너희 주 사울이 죽었고 또 유다 족속이 내게 기름을 부어 그들의 왕으로 삼았음이니라 하니라
7. **아브넬** (삼하 2:8) 사울의 군사령관 넬의 아들 아브넬이 이미 사울의 아들 이스보셋을 데리고 마하나임으로 건너가
8. **미갈** (삼하 3:14) 다윗이 사울의 아들 이스보셋에게 전령들을 보내 이르되 내 처 미갈을 내게로 돌리라 그는 내가 전에 블레셋 사람의 포피 백 개로 나와 정혼한 자니라 하니
9. **므비보셋** (삼하 4:4) 사울의 아들 요나단에게 다리 저는 아들 하나가 있었으니 이름은 므비보셋이라 전에 사울과 요나단이 죽은 소식이 이스르엘에서 올 때에 그의 나이가 다섯 살이었는데 그 유모가 안고 도망할 때 급히 도망하다가 아이가 떨어져 절게 되었더라
10. **두로 왕 히람** (삼하 5:11) 두로 왕 히람이 다윗에게 사절들과 백향목과 목수와 석수를 보내매 그들이 다윗을 위하여 집을 지으니

memo

11. 다윗은 '야훼(여호와)께서 웃사를 치신 곳'을 무엇이라고 불렀는가?

12. 웃사의 사건이 있은 후 야훼(여호와)의 궤를 둔 곳은?

13. "그 밤에 야훼(여호와)의 말씀이 나단에게 임하여 이르시되 … 네 집과 네 (　　　　)가 내 앞에서 영원히 보전되고 네 (　　　　)가 영원히 견고하리라 하셨다 하라 나단이 이 모든 말씀들과 이 모든 계시대로 다윗에게 말하니라"

14. "다윗이 다메섹 아람에 수비대를 두매 아람 사람이 다윗의 종이 되어 조공을 바치니라 다윗이 어디로 가든지 야훼(여호와)께서 (　　　　) 하시니라"

15. 다윗의 간음죄를 책망한 선지자는?

11. **베레스웃사** (삼하 6:8) 야훼(여호와)께서 웃사를 치시므로 다윗이 분하여 그 곳을 베레스웃사라 부르니 그 이름이 오늘까지 이르니라
12. **오벧에돔의 집** (삼하 6:8-10) 야훼(여호와)께서 웃사를 치시므로 … 다윗이 그 날에 야훼(여호와)를 두려워하여 이르되 야훼(여호와)의 궤가 어찌 내게로 오리요 하고 다윗이 야훼(여호와)의 궤를 옮겨 다윗 성 자기에게로 메어 가기를 즐겨하지 아니하고 가드 사람 오벧에돔의 집으로 메어 간지라
13. **나라, 왕위** (삼하 7:4-17 참조)
   * 일명 '다윗 언약'으로 불리는 본문에서 야훼(여호와)께서는 다윗에게 3가지 약속을 해 주셨다. 그것은 다윗의 이름을 위대하게 만들어 주리라는 것(9절), 다윗을 모든 원수에게서 벗어나 편히 쉬게 하리라는 것(11절), 그리고 다윗의 후손을 세워 그의 나라를 견고하게 하리라는 것이다(12절).
14. **이기게** (삼하 8:6 참조)
15. **나단** (삼하 12:1-9) 야훼(여호와)께서 나단을 다윗에게 보내시니 그가 다윗에게 가서 그에게 이르되 … 어찌하여 네가 야훼(여호와)의 말씀을 업신여기고 나 보기에 악을 행하였느냐 네가 칼로 헷 사람 우리아를 치되 암몬 자손의 칼로 죽이고 그의 아내를 빼앗아 네 아내로 삼았도다

memo

16. 상수리나무에 걸려 아직 살아 있는 압살롬의 심장을 찌른 사람은?

17. 압살롬이 자기 이름을 전할 아들이 없음을 한탄하여 세운 비석의 이름은?

18. 기브온 사람들이 죽인 사울 자손 7명의 시체를 지킨 여인은?

19. "이르되 야훼(여호와)는 나의 (   )이시요 나의 (   )시요 나를 위하여 나를 건지시는 자시요 내가 피할 나의 반석의 하나님이시요 나의 방패시요 나의 (   )의 뿔이시요 나의 높은 망대시요 그에게 피할 나의 피난처시요 나의 구원자시라 나를 폭력에서 구원하셨도다"

16. 요압 (삼하 18:14-15) 요압이 … 작은 창 셋을 가지고 가서 상수리나무 가운데서 아직 살아 있는 압살롬의 심장을 찌르니 요압의 무기를 든 청년 열 명이 압살롬을 에워싸고 쳐죽이니라

* 요압은 '압살롬을 너그러이 대우하라'(삼하 18:5 참조)는 다윗 왕의 명령을 거스리고 상수리나무에 걸려 아직 살아 있는 압살롬의 심장을 찌른 것이다.

17. 압살롬의 기념비 (삼하 18:18) 압살롬이 살았을 때에 자기를 위하여 한 비석을 마련하여 세웠으니 이는 그가 자기 이름을 전할 아들이 내게 없다고 말하였음이더라 그러므로 자기 이름을 기념하여 그 비석에 이름을 붙였으며 그 비석이 왕의 골짜기에 있고 이제까지 그것을 압살롬의 기념비라 일컫더라

* 압살롬은 3명의 아들이 있었으나(삼하 14:27 참조) 모두 일찍 죽었기 때문에 비석을 세워 자기 명예를 후대에 전하려고 했던 것으로 여겨진다.

18. 리스바 (삼하 21:10) 아야의 딸 리스바가 굵은 베를 가져다가 자기를 위하여 바위 위에 펴고 곡식 베기 시작할 때부터 하늘에서 비가 시체에 쏟아지기까지 그 시체에 낮에는 공중의 새가 앉지 못하게 하고 밤에는 들짐승이 범하지 못하게 한지라

* 리스바는 사울의 첩이다(삼하 3:7 참조).

19. 반석, 요새, 구원 (삼하 22:2-3 참조)

memo

20. "이는 다윗의 마지막 말이라 이새의 아들 다윗이 말함이여 높이 세워진 자, 야곱의 하나님께로부터 기름 부음 받은 자, 이스라엘의 노래 잘 하는 자가 말하노라 (   )이 나를 통하여 말씀하심이여 그의 말씀이 내 혀에 있도다"

21. 요압이 다윗 왕에게 보고한 인구의 수는?

20. **야훼(여호와)의 영** (삼하 23:1-2 참조)
21. **이스라엘 사람 80만 명, 유다 사람 50만 명** (삼하 24:9) 요압이 백성의 수를 왕께 보고하니 곧 이스라엘에서 칼을 빼는 담대한 자가 팔십만 명이요 유다 사람이 오십만 명이었더라

열왕기상 1 Kings

연대 및 저자

B.C. 600년경 기록된 것으로 추정되며, 저자가 누구인지 알 수 없지만
예레미야로 추정하기도 한다.

중심 내용

본서는 솔로몬의 즉위, 통치, 성전 건축에 대해 기록하고 있으며,
솔로몬 이후 남북으로 분열된 왕국의 여러 왕들의 통치에 대해서도 다루고 있다.

특징

1. 전반부에서 성전 예배를 중심으로 한 신정 정치를 부각시키고 있다.
2. 왕국 분열의 원인이 우상숭배에 있음을 강조한다.
3. 신앙의 여부에 따라 평화와 축복이 결정되는 것을 보여 준다.

내용 분해

1. 통일 왕국 시대 (1:1–11:43)

1) 솔로몬의 왕위 계승 (1:1–2:46)
2) 솔로몬의 통치 (3:1–8:66)
3) 솔로몬의 타락과 징계 (9:1–11:43)

2. 분열 왕국 시대 (12:1–22:53)

1) 왕국의 분열 (12:1–14:31)
2) 남 왕국의 두 왕과 북 왕국의 다섯 왕 (15:1–16:28)
3) 북 왕국 아합의 통치 (16:29–22:40)
4) 남 왕국 여호사밧의 통치 (22:41–50)
5) 북 왕국 아하시야의 통치 (22:51–53)

memo

객관식

1. 열왕기상과 관계없는 것은?
   ① 솔로몬의 즉위, 통치, 성전 건축에 대해 기록하고 있다
   ② 이스라엘 통일 왕국 시대의 통치만 다루고 있다
   ③ 분열 왕국 여러 왕들의 통치를 다루고 있다
   ④ 왕국의 분열 원인이 우상숭배에 있음을 강조한다

2. 열왕기상이 기록된 연대로 추정되는 때는?
   ① B.C. 300년경 ② B.C. 400년경
   ③ B.C. 500년경 ④ B.C. 600년경

3. 다윗 왕이 늙었을 때 시중든 여인은?
   ① 미갈 ② 밧세바 ③ 아비가일 ④ 아비삭

4. 압살롬 다음에 태어난 자로서 스스로 왕이 되려고 한 다윗의 아들은?
   ① 여호야다 ② 아도니야 ③ 아비에셀 ④ 아비아달

1. ② 열왕기상은 솔로몬의 즉위, 통치, 성전 건축에 대해 기록하고 있으며, 솔로몬 이후 분열 왕국 여러 왕들의 통치에 대해서도 다루고 있다. 또한 성전 예배를 중심으로 한 신정 정치를 부각시키고, 왕국의 분열 원인이 우상숭배에 있음을 강조함과 동시에 신앙의 여부에 따라 평화와 축복이 결정되는 것을 보여 준다.
2. ④ 열왕기상은 B.C. 600년경 기록된 것으로 추정된다.
3. ④ (왕상 1:1-4) 다윗 왕이 나이가 많아 늙으니 이불을 덮어도 따뜻하지 아니한지라 그의 시종들이 … 수넴 여자 아비삭을 얻어 왕께 데려왔으니 이 처녀는 심히 아름다워 그가 왕을 받들어 시중들었으나 왕이 잠자리는 같이 하지 아니하였더라
4. ② (왕상 1:5-6) 그 때에 학깃의 아들 아도니야가 스스로 높여서 이르기를 내가 왕이 되리라 하고 자기를 위하여 병거와 기병과 호위병 오십 명을 준비하니 그는 압살롬 다음에 태어난 자요 용모가 심히 준수한 자라
   * 아도니야는 다윗이 헤브론에서 학깃을 통해 낳은 아들로서 다윗의 넷째 아들인데(삼하 3:2-5 참조), 다윗의 총애를 받았을 뿐만 아니라 요압과 아비아달이 그를 도왔기 때문에(왕상 1:5-7 참조) 교만해져서 스스로 왕이 되려고 했던 것 같다.

memo

5. 아도니야의 반역을 도왔던 사람은?
① 요압과 아비아달　② 아브넬과 여호야다
③ 아비아달과 아비에셀　④ 요압과 브나야

6. 솔로몬에게 기름을 부어 이스라엘 왕으로 삼으라는 다윗의 명령을 받은 사람은?
① 사독과 요압　② 요압과 나단
③ 요압과 아비에셀　④ 사독과 나단

7. 사독이 솔로몬에게 기름을 부은 곳은?
① 예루살렘　② 실로　③ 기혼　④ 헤브론

8. 기름 부음 받은 솔로몬을 두려워하여 제단 뿔을 잡은 사람은?
① 아도니야　② 요압　③ 아비아달　④ 아비에셀

5. ① (왕상 1:7-8) 아도니야가 스루야의 아들 요압과 제사장 아비아달과 모의하니 그들이 따르고 도우나 제사장 사독과 여호야다의 아들 브나야와 선지자 나단과 시므이와 레이와 다윗의 용사들은 아도니야와 같이 하지 아니하였더라
6. ④ (왕상 1:32-34) 다윗 왕이 이르되 … 내 아들 솔로몬을 내 노새에 태우고 기혼으로 인도하여 내려가고 거기서 제사장 사독과 선지자 나단은 그에게 기름을 부어 이스라엘 왕으로 삼고 너희는 뿔나팔을 불며 솔로몬 왕은 만세수를 하옵소서 하고
7. ③ (왕상 1:38-39) 제사장 사독과 선지자 나단과 여호야다의 아들 브나야와 그렛 사람과 블렛 사람이 … 기혼으로 가서 제사장 사독이 성막 가운데에서 기름 담은 뿔을 가져다가 솔로몬에게 기름을 부으니
8. ① (왕상 1:50) 아도니야도 솔로몬을 두려워하여 일어나 가서 제단 뿔을 잡으니

memo

9. 다윗의 유언이 아닌 것은?
   ① 야훼(여호와)의 명령을 지켜 그 길로 행하라
   ② 모든 형제들과 잘 지내라
   ③ 왕권을 거스른 역신들을 처벌하라
   ④ 왕권을 도운 공신들을 예우하라

10. 다윗이 이스라엘을 다스린 기간은?
   ① 7년 ② 33년 ③ 40년 ④ 50년

11. 다윗 왕을 시중들던 아비삭을 아내로 삼으려 한 사람은?
   ① 여호야다 ② 요압 ③ 아비아달 ④ 아도니야

12. 솔로몬이 아비아달의 제사장 직분을 파면한 것은 누구의 집에 대한 예언이 응한 것인가?
   ① 엘리 ② 사독 ③ 여호야다 ④ 아사랴

9. ②

다윗의 유언

하나님과의 관계	야훼(여호와)의 명령을 지켜 그 길로 행하라	왕상 2:1-4
인간과의 관계	왕권을 거스른 역신들을 처벌하라	왕상 2:5-6, 8-9
	왕권을 도운 공신들을 예우하라	왕상 2:7

10. ③ (왕상 2:11) 다윗이 이스라엘 왕이 된 지 사십 년이라 헤브론에서 칠 년 동안 다스렸고 예루살렘에서 삼십삼 년 동안 다스렸더라

11. ④ (왕상 2:13-17) 학깃의 아들 아도니야가 솔로몬의 어머니 밧세바에게 … 내가 한 가지 소원을 당신에게 구하오니 … 솔로몬 왕에게 말씀하여 그가 수넴 여자 아비삭을 내게 주어 아내를 삼게 하소서 왕이 당신의 청을 거절하지 아니하리이다

* 고대 근동 지방에서 선왕의 첩을 취하는 일은 왕의 후계자만이 할 수 있는 일이었다. 따라서 아도니야가 다윗의 첩으로 볼 수 있는 아비삭을 아내로 삼으려고 한 것은 솔로몬에게 돌아간 왕권을 탈취하려는 데 그 목적이 있었던 것이다.

12. ① (왕상 2:26-27) 왕이 … 아비아달을 쫓아내어 야훼(여호와)의 제사장 직분을 파면하니 야훼(여호와)께서 실로에서 엘리의 집에 대하여 하신 말씀을 응하게 함이더라

* 아비아달이 제사장직에서 파면된 것은 야훼(여호와)께서 엘리의 집에 하신 예언(삼상 2:27-36 참조)이 성취된 것일 뿐만 아니라 엘르아살 계열이 대대로 제사장직을 이어받게 되리라는 예언도 성취된 것이다(민 25:11-13 참조).

memo

13. 솔로몬이 일천 번제를 드린 곳은?

① 예루살렘 ② 실로 ③ 헤브론 ④ 기브온

14. 솔로몬이 일천 번제를 드린 후 꿈에 나타나신 야훼(여호와)께 구한 것은?

① 장수 ② 지혜 ③ 부귀 ④ 권세

15. 솔로몬에게 와서 아기의 친어머니를 가려 달라고 한 여인은?

① 제사장의 딸들 ② 성전에서 봉사하는 여인들
③ 서기관의 부인들 ④ 창기들

16. 솔로몬 왕국의 군사령관은?

① 여호사밧 ② 엘리호렙 ③ 브나야 ④ 아도니람

13. ④ (왕상 3:4) 이에 왕이 제사하러 기브온으로 가니 거기는 산당이 큼이라 솔로몬이 그 제단에 일천 번제를 드렸더니

14. ② (왕상 3:4-11) 솔로몬이 그 제단에 일천 번제를 드렸더니 기브온에서 밤에 야훼(여호와)께서 솔로몬의 꿈에 나타나시니라 … 하나님이 그에게 이르시되 네가 이것을 구하도다 자기를 위하여 장수하기를 구하지 아니하며 부도 구하지 아니하며 자기 원수의 생명을 멸하기도 구하지 아니하고 오직 송사를 듣고 분별하는 지혜를 구하였으니

15. ④ (왕상 3:16-17) 그 때에 창기 두 여자가 왕에게 와서 그 앞에 서며 한 여자는 말하되 내 주여 나와 이 여자가 한집에서 사는데 내가 그와 함께 집에 있으며 해산하였더니

16. ③

솔로몬 왕국의 관료들

제사장	사독, 아비아달, 아사리아, 사붓	왕상 4:2, 4, 5
사관	여호사밧	왕상 4:3
서기관	엘리호렙, 아히야	왕상 4:3
군사령관	브나야	왕상 4:4
두령	아사리아	왕상 4:5
궁내대신	아히살	왕상 4:6
노동 감독관	아도니람	왕상 4:6

memo

17. 솔로몬이 말한 잠언과 노래의 수는?
① 잠언 3,000가지, 노래 1,005편
② 잠언 1,005가지, 노래 3,000편
③ 잠언 1,000가지, 노래 1,005편
④ 잠언 1,005가지, 노래 1,000편

18. 성전을 건축하는 솔로몬에게 백향목 재목과 잣나무 재목을 보내 준 사람은?
① 아람 왕 벤하닷 ② 두로 왕 히람
③ 아람 왕 하사엘 ④ 시날 왕 아므라벨

19. 솔로몬 당시 벌목을 잘했던 사람은?
① 암몬 사람 ② 아람 사람
③ 시돈 사람 ④ 엘람 사람

20. 솔로몬이 성전 건축을 위해 동원한 이스라엘 역군의 수는?
① 3만 명 ② 7만 명 ③ 8만 명 ④ 10만 명

17. ① (왕상 4:30-32) 솔로몬의 지혜가 동쪽 모든 사람의 지혜와 애굽의 모든 지혜보다 뛰어난지라 … 그가 잠언 삼천 가지를 말하였고 그의 노래는 천다섯 편이며
18. ② (왕상 5:1-10) 솔로몬이 기름 부음을 받고 그의 아버지를 이어 왕이 되었다 함을 두로 왕 히람이 듣고 … 솔로몬의 모든 원대로 백향목 재목과 잣나무 재목을 주매
19. ③ (왕상 5:2-6) 이에 솔로몬이 히람에게 사람을 보내어 이르되 … 당신은 명령을 내려 나를 위하여 레바논에서 백향목을 베어내게 하소서 … 우리 중에는 시돈 사람처럼 벌목을 잘하는 자가 없나이다
20. ① (왕상 5:13) 이에 솔로몬 왕이 온 이스라엘 가운데서 역군을 불러일으키니 그 역군의 수가 삼만 명이라

솔로몬이 성전 건축을 위해 동원한 역군들

역군	3만 명	왕상 5:13
총감독(아도니람)	1명	왕상 5:14
짐꾼	7만 명	왕상 5:15
돌을 뜨는 자	8만 명	왕상 5:15
감독 관리	3,300명	왕상 5:16

memo

21. 솔로몬의 성전 건축을 위해 감독을 맡은 사람은?

① 히람　② 아도니람　③ 브살렐　④ 오홀리압

22. 솔로몬은 이스라엘이 출애굽 한 지 몇 년째에 성전 건축을 시작했는가?

① 430년　② 440년　③ 480년　④ 490년

23. 솔로몬이 성전을 건축한 기간은?

① 3년　② 5년　③ 7년　④ 13년

24. 솔로몬이 자기의 왕궁을 건축한 기간은?

① 10년　② 11년　③ 12년　④ 13년

25. 솔로몬이 성전의 놋 기구들을 제작하기 위해 두로에서 데려온 사람은?

① 오홀리압　② 벤훌　③ 브살렐　④ 히람

21. ② (왕상 5:14) 솔로몬이 그들을 한 달에 만 명씩 번갈아 레바논으로 보내매 그들이 한 달은 레바논에 있고 두 달은 집에 있으며 아도니람은 감독이 되었고

22. ③ (왕상 6:1) 이스라엘 자손이 애굽 땅에서 나온 지 사백팔십 년이요 솔로몬이 이스라엘 왕이 된 지 사 년 시브월 곧 둘째 달에 솔로몬이 야훼(여호와)를 위하여 성전 건축하기를 시작하였더라

23. ③ (왕상 6:38) 열한째 해 불월 곧 여덟째 달에 그 설계와 식양대로 성전 건축이 다 끝났으니 솔로몬이 칠 년 동안 성전을 건축하였더라

24. ④ (왕상 7:1) 솔로몬이 자기의 왕궁을 십삼 년 동안 건축하여 그 전부를 준공하니라

25. ④ (왕상 7:13-14) 솔로몬 왕이 사람을 보내어 히람을 두로에서 데려오니 그는 납달리 지파 과부의 아들이요 그의 아버지는 두로 사람이니 놋쇠 대장장이라 이 히람은 모든 놋 일에 지혜와 총명과 재능을 구비한 자이더니 솔로몬 왕에게 와서 그 모든 공사를 하니라

* 히람은 두로 왕 히람(왕상 5:1 참조)과 같은 이름을 가진 자로서 놋 세공에 탁월한 재능을 지녔기 때문에 솔로몬이 성전의 기구들을 만들기 위해 두로 왕 히람에게 요청하여 데려온 사람이다(대하 2:3-14 참조). 한편 '히람'이라는 이름은 '후람'으로도 불렸다(대하 2:3, 11-13; 4:11, 16 참조).

memo

26. 솔로몬이 성전으로 옮기고자 한 언약궤가 본래 있었던 곳은?

① 시온 ② 길갈 ③ 세겜 ④ 호렙

27. 솔로몬이 성전 완공 후 지성소로 옮긴 언약궤 안에 있었던 것은?

① 아론의 싹 난 지팡이 ② 만나 항아리

③ 두 돌판 ④ 두루마리 성경

28. 솔로몬의 성전 봉헌 기도 내용이 아닌 것은?

① 다윗에게 하신 말씀을 지켜 주시기를 간구함

② 자신에게 하신 말씀을 지켜 주시기를 간구함

③ 자신과 백성이 기도할 때 응답해 주시기를 간구함

④ 백성이 죄를 회개할 때 용서해 주시기를 간구함

26. ① (왕상 8:1) 이에 솔로몬이 야훼(여호와)의 언약궤를 다윗 성 곧 시온에서 메어 올리고자 하여 이스라엘 장로와 모든 지파의 우두머리 곧 이스라엘 자손의 족장들을 예루살렘에 있는 자기에게로 소집하니

27. ③ (왕상 8:9) 그 궤 안에는 두 돌판 외에 아무것도 없으니 이것은 이스라엘 자손이 애굽 땅에서 나온 후 야훼(여호와)께서 저희와 언약을 맺으실 때에 모세가 호렙에서 그 안에 넣은 것이더라

* 본래 언약궤 안에는 '십계명 두 돌판' 외에도 '만나를 담은 금 항아리'와 '아론의 싹난 지팡이'가 있었다(히 9:4 참조). 그러나 솔로몬이 성전을 완공한 후 법궤를 지성소에 안치시킬 때는 십계명 두 돌판 외에 아무것도 없었는데, 이는 엘리 제사장 때에 법궤를 블레셋에게 탈취당했을 때(삼상 4:3-11 참조) 유실된 것으로 추측된다.

28. ②

솔로몬의 성전 봉헌 기도

다윗에게 하신 말씀을 지켜 주시기를 간구함	왕상 8:23-26
자신과 백성이 기도할 때 응답해 주시기를 간구함	왕상 8:27-30
백성이 죄를 회개할 때 용서해 주시기를 간구함	왕상 8:31-40, 46-53
이방인의 기도도 응답하여 주시기를 간구함	왕상 8:41-43
전쟁에 나가는 자의 기도에 응답해 주시기를 간구함	왕상 8:44-45

memo

29. 솔로몬이 성전 봉헌식 때 드린 제사는?

① 번제 ② 화목제 ③ 속죄제 ④ 속건제

30. 솔로몬이 성전 봉헌식을 절기로 지킨 기간은?

① 7일 ② 14일 ③ 21일 ④ 40일

31. 솔로몬이 야훼(여호와)의 성전과 자신의 왕궁을 건축한 기간은?

① 7년 ② 13년 ③ 20년 ④ 30년

32. 성전과 궁전 건축 재료를 제공해 준 것에 대한 보상으로 솔로몬이 히람에게 준 땅은?

① 갈릴리 땅의 성읍 20곳 ② 여리고 땅의 성읍 20곳
③ 헤브론 땅의 성읍 20곳 ④ 라기스 땅의 성읍 20곳

33. 솔로몬이 준 성읍들이 눈에 들지 않아 히람이 붙인 땅의 이름은?

① 가불 ② 시돈 ③ 사르단 ④ 오빌

29. ② (왕상 8:63) 솔로몬이 화목제의 희생제물을 드렸으니 곧 야훼(여호와)께 드린 소가 이만 이천 마리요 양이 십이만 마리라 이와 같이 왕과 모든 이스라엘 자손이 야훼(여호와)의 성전의 봉헌식을 행하였는데

30. ② (왕상 8:65) 그 때에 솔로몬이 칠 일과 칠 일 도합 십사 일간을 우리 하나님 야훼(여호와) 앞에서 절기로 지켰는데 하맛 어귀에서부터 애굽 강까지의 온 이스라엘의 큰 회중이 모여 그와 함께 하였더니

31. ③ (왕상 9:10) 솔로몬이 두 집 곧 야훼(여호와)의 성전과 왕궁을 이십 년 만에 건축하기를 마치고

* 성전을 건축하는 데 7년(왕상 6:38 참조), 왕궁을 건축하는 데 13년이 걸려(왕상 7:1 참조) 총 20년 만에 건축을 마쳤다.

32. ① (왕상 9:11) 갈릴리 땅의 성읍 스무 곳을 히람에게 주었으니 이는 두로 왕 히람이 솔로몬에게 그 온갖 소원대로 백향목과 잣나무와 금을 제공하였음이라

33. ① (왕상 9:12-13) 히람이 두로에서 와서 솔로몬이 자기에게 준 성읍들을 보고 눈에 들지 아니하여 이르기를 내 형제여 내게 준 이 성읍들이 이러한가 하고 이름하여 가불 땅이라 하였더니 그 이름이 오늘까지 있느니라

* 두로 왕 히람이 솔로몬에게 궁정에서 필요한 음식물을 요청한 것으로 보아(왕상 5:9, 11 참조) 그에게 필요한 땅은 농경지였는데 솔로몬이 산지를 주었기 때문에 히람의 눈에 들지 않았을 것으로 추측된다. 한편 '가불'이란 말은 '무가치한'이라는 뜻으로 베니게어에서 온 말이다. 히람은 이 성읍이 무익하다는 이유로 솔로몬에게 되돌려주었으며, 솔로몬은 그 성읍들을 재건하여 이스라엘 자손이 거주하게 하였다(대하 8:2 참조).

memo

34. 솔로몬이 건축한 곳이 아닌 것은?

① 게셀 ② 벧호론 ③ 바알랏 ④ 실로

35. 솔로몬이 건축 공사 때 노역을 시킨 노예가 아닌 족속은?

① 아모리 사람 ② 헷 사람

③ 아낙 사람 ④ 브리스 사람

36. 솔로몬 왕이 배들을 지은 곳은?

① 엘롯 ② 에시온게벨 ③ 두로 ④ 욥바

37. 솔로몬이 매년 세입금으로 받은 금의 무게는?

① 금 500 달란트 ② 금 555 달란트

③ 금 600 달란트 ④ 금 666 달란트

38. 솔로몬 왕의 후궁과 첩의 수는?

① 후궁 700명, 첩 300명 ② 후궁 300명, 첩 700명

③ 후궁 500명, 첩 300명 ④ 후궁 300명, 첩 500명

34. ④ (왕상 9:17-19) 솔로몬이 게셀과 아래 벧호론을 건축하고 또 바알랏과 그 땅의 들에 있는 다드몰과 … 또 예루살렘과 레바논과 그가 다스리는 온 땅에 건축하고자 하던 것을 다 건축하였는데

35. ③ (왕상 9:20-21) 이스라엘 자손이 아닌 아모리 사람과 헷 사람과 브리스 사람과 히위 사람과 여부스 사람 중 남아 있는 모든 사람 곧 이스라엘 자손이 다 멸하지 못하므로 그 땅에 남아 있는 그들의 자손들을 솔로몬이 노예로 역군을 삼아 오늘까지 이르렀으되

* 이스라엘이 가나안을 정복할 때 다 쫓아내지 못했던 가나안 토착민들(삿 1:21-36 참조)은 이스라엘이 가나안을 정복한 이후 노예 신분으로 살았는데, 솔로몬이 이들에게 노역을 시킨 것이다. 이들은 주로 짐을 나르거나 채석공으로 일하였으며, 그 수는 약 15만 명 정도였다(왕상 5:15 참조).

36. ② (왕상 9:26) 솔로몬 왕이 에돔 땅 홍해 물 가의 엘롯 근처 에시온게벨에서 배들을 지은지라

* 에시온게벨은 아카바 만 최북단에 있는 아름답고 큰 항구 도시였다.

37. ④ (왕상 10:14) 솔로몬의 세입금의 무게가 금 육백육십육 달란트요

* '세입금'은 백성들에게서 거두어 들이는 세금(삼상 8:10-17 참조) 외에도 주변 국가들의 조공, 무역상들의 통행 관세 등이 포함된 것으로 추정된다.

38. ① (왕상 11:3) 왕은 후궁이 칠백 명이요 첩이 삼백 명이라 그의 여인들이 왕의 마음을 돌아서게 하였더라

memo

39. 시돈 사람이 숭배한 여신의 이름은?
① 밀곰 ② 아세라 ③ 아스다롯 ④ 몰록

40. 솔로몬 왕 때 이스라엘을 대적하고 미워한 수리아 왕은?
① 하닷 ② 시혼 ③ 르손 ④ 엘리아다

41. 솔로몬 왕을 대적한 신하는?
① 여로보암 ② 아히야 ③ 여호사밧 ④ 브나야

42. 야훼(여호와)께서 여로보암에게 이스라엘 열 지파를 주실 것을 예언한 선지자는?
① 엘리사 ② 엘리야 ③ 갓 ④ 아히야

43. 모압 사람들이 섬긴 신은?
① 몰렉 ② 아스다롯 ③ 밀곰 ④ 그모스

39. ③ (왕상 11:5) 이는 시돈 사람의 여신 아스다롯을 따르고 암몬 사람의 가증한 밀곰을 따름이라
40. ③ (왕상 11:25) 솔로몬의 일평생에 하닷이 끼친 환난 외에 르손이 수리아 왕이 되어 이스라엘을 대적하고 미워하였더라
41. ① (왕상 11:26) 솔로몬의 신하 느밧의 아들 여로보암이 또한 손을 들어 왕을 대적하였으니 그는 에브라임 족속인 스레다 사람이요 그의 어머니의 이름은 스루아이니 과부더라
42. ④ (왕상 11:30-31) 아히야가 자기가 입은 새 옷을 잡아 열두 조각으로 찢고 여로보암에게 이르되 너는 열 조각을 가지라 이스라엘의 하나님 야훼(여호와)의 말씀이 내가 이 나라를 솔로몬의 손에서 찢어 빼앗아 열 지파를 네게 주고
43. ④ (왕상 11:33) 이는 그들이 나를 버리고 시돈 사람의 여신 아스다롯과 모압의 신 그모스와 암몬 자손의 신 밀곰을 경배하며

memo

44. 여로보암이 자신을 죽이려 하는 솔로몬을 피해 도망간 곳은?

① 암몬 ② 애굽 ③ 모압 ④ 랍바

45. 솔로몬의 뒤를 이어 이스라엘 왕이 된 사람은?

① 요시야 ② 르호보암 ③ 아도니야 ④ 여로보암

46. 이스라엘 백성이 르호보암을 왕으로 삼고자 하여 모인 곳은?

① 세겜 ② 여리고 ③ 예루살렘 ④ 기브온

47. 하나님께서 동족상잔의 비극을 막기 위해 르호보암에게 보낸 선지자는?

① 엘리야 ② 엘리사 ③ 스마야 ④ 아히야

48. 여로보암이 북 왕국의 수도로 정한 곳은?

① 실로 ② 여리고 ③ 세겜 ④ 기브온

44. ② (왕상 11:40) 이러므로 솔로몬이 여로보암을 죽이려 하매 여로보암이 일어나 애굽으로 도망하여 애굽 왕 시삭에게 이르러 솔로몬이 죽기까지 애굽에 있으니라

45. ② (왕상 11:43) 솔로몬이 그의 조상들과 함께 자매 그의 아버지 다윗의 성읍에 장사되고 그의 아들 르호보암이 대신하여 왕이 되니라

46. ① (왕상 12:1) 르호보암이 세겜으로 갔으니 이는 온 이스라엘이 그를 왕으로 삼고자 하여 세겜에 이르렀음이더라

47. ③ (왕상 12:22-24) 하나님의 말씀이 하나님의 사람 스마야에게 임하여 이르시되 솔로몬의 아들 유다 왕 르호보암과 유다와 베냐민 온 족속과 또 그 남은 백성에게 말하여 이르기를 … 너희 형제 이스라엘 자손과 싸우지 말고 각기 집으로 돌아가라

48. ③ (왕상 12:25) 여로보암이 에브라임 산지에 세겜을 건축하고 거기서 살며 또 거기서 나가서 부느엘을 건축하고

* 부느엘은 '브니엘'이라고도 불리는 곳으로(창 32:30 참조) 군사적 요충지였다. 그렇기 때문에 수도 세겜을 방어하기 위해 여로보암이 부느엘을 건축했을 것이다.

memo

49. 여로보암의 가문에서 유일하게 야훼(여호와)를 향해 선한 뜻을 품어 묘실에 들어가게 된 사람은?

① 나답 ② 아비야 ③ 스가랴 ④ 아히야

50. 여로보암의 아들이 죽을 것과 그 가문에 대한 심판을 예언한 선지자는?

① 요시야 ② 미가 ③ 엘리사 ④ 아히야

51. 여로보암이 북 왕국 이스라엘을 다스린 기간은?

① 20년 ② 22년 ③ 24년 ④ 26년

52. 유다 왕 르호보암의 어머니는 어디 사람인가?

① 암몬 ② 헷 ③ 에돔 ④ 시돈

53. 르호보암 왕 때 예루살렘을 치고 보물과 금 방패를 다 빼앗아 간 사람은?

① 하사엘 ② 벤하닷 ③ 시삭 ④ 예후

49. ② (왕상 14:1-13) 그 때에 여로보암의 아들 아비야가 병든지라 … 온 이스라엘이 그를 위하여 슬퍼하며 장사하려니와 여로보암에게 속한 자는 오직 이 아이만 묘실에 들어가리니 이는 여로보암의 집 가운데에서 그가 이스라엘의 하나님 야훼(여호와)를 향하여 선한 뜻을 품었음이니라

50. ④ (왕상 14:5-10) 야훼(여호와)께서 아히야에게 이르시되 여로보암의 아내가 자기 아들이 병 들었으므로 네게 물으러 오나니 너는 이러이러하게 대답하라 … 여로보암에게 속한 사내는 이스라엘 가운데 매인 자나 놓인 자나 다 끊어 버리되 거름 더미를 쓸어 버림 같이 여로보암의 집을 말갛게 쓸어 버릴지라

51. ② (왕상 14:20) 여로보암이 왕이 된 지 이십이 년이라 그가 그의 조상들과 함께 자매 그의 아들 나답이 대신하여 왕이 되니라

52. ① (왕상 14:21) 솔로몬의 아들 르호보암은 유다 왕이 되었으니 르호보암이 왕위에 오를 때에 나이가 사십일 세라 … 그의 어머니의 이름은 나아마요 암몬 사람이더라

53. ③ (왕상 14:25-26) 르호보암 왕 제오년에 애굽의 왕 시삭이 올라와서 예루살렘을 치고 야훼(여호와)의 성전의 보물과 왕궁의 보물을 모두 빼앗고 또 솔로몬이 만든 금 방패를 다 빼앗은지라

memo

54. 르호보암의 뒤를 이어 왕이 된 사람은?
① 시므리 ② 아히야 ③ 나답 ④ 아비얌

55. 일생 동안 유다의 아사 왕과 전쟁을 한 이스라엘 왕은?
① 시므리 ② 바아사 ③ 나답 ④ 아합

56. 여로보암의 아들 나답을 죽이고 왕이 된 사람은?
① 바아사 ② 아비야 ③ 스가랴 ④ 예후

57. 야훼(여호와) 보시기에 악을 행한 바아사의 집을 꾸짖은 선지자는?
① 나단 ② 예후 ③ 스바냐 ④ 엘리사

58. 이스라엘의 엘라 왕을 죽이고 칠 일 동안 왕이 된 사람은?
① 시므리 ② 바아사 ③ 스가랴 ④ 아르사

59. 이스라엘 왕 오므리가 성읍을 건축하고 수도로 삼은 곳은?
① 기브온 ② 예루살렘 ③ 사마리아 ④ 디르사

54. ④ (왕상 14:31) 르호보암이 그의 조상들과 함께 자니 그의 조상들과 함께 다윗 성에 장사되니라 그의 어머니의 이름은 나아마요 암몬 사람이더라 그의 아들 아비얌이 대신하여 왕이 되니라
* '아비얌'은 '아비야'로 표기하기도 한다(대하 12:16 참조). 여로보암의 아들 '아비야'(왕상 14:1 참조)와 동명이인이다.

55. ② (왕상 15:16) 아사와 이스라엘의 왕 바아사 사이에 일생 동안 전쟁이 있으니라

56. ① (왕상 15:28) 유다의 아사 왕 셋째 해에 바아사가 나답을 죽이고 대신하여 왕이 되고
* 바아사가 나답을 죽이고 대신하여 왕이 된 것은 선지자 아히야의 예언대로 여로보암의 가문이 완전히 멸망한 것을 보여준다(왕상 14:5–11 참조).

57. ② (왕상 16:7) 야훼(여호와)의 말씀이 하나니의 아들 선지자 예후에게도 임하사 바아사와 그의 집을 꾸짖으심은 그가 여로보암의 집과 같이 야훼(여호와) 보시기에 모든 악을 행하며 그의 손의 행위로 야훼(여호와)를 노엽게 하였음이며 또 그의 집을 쳤음이더라

58. ① (왕상 16:9–15) 엘라가 디르사에 있어 왕궁 맡은 자 아르사의 집에서 마시고 취할 때에 … 시므리가 들어가서 그를 쳐죽이고 그를 대신하여 왕이 되니 … 시므리가 디르사에서 칠 일 동안 왕이 되니라 그 때에 백성들이 블레셋 사람에게 속한 깁브돈을 향하여 진을 치고 있더니

59. ③ (왕상 16:23–24) 유다의 아사 왕 제삼십일년에 오므리가 이스라엘의 왕이 되어 … 세멜에게서 사마리아 산을 사고 그 산 위에 성읍을 건축하고 그 건축한 성읍 이름을 그 산 주인이었던 세멜의 이름을 따라 사마리아라 일컬었더라

memo

60. 오므리의 뒤를 이어 이스라엘의 왕이 된 사람은?
① 시므리 ② 아합 ③ 바아사 ④ 예후

61. 아합 왕 때 여리고 성을 건축하다 두 아들을 잃은 사람은?
① 바아사 ② 아르사 ③ 엣바알 ④ 히엘

62. 엘리야 선지자가 활동하던 때 이스라엘 왕은?
① 하닷 ② 엣바알 ③ 르손 ④ 아합

63. 그릿 시냇가에 숨어 있는 엘리야에게 떡과 고기를 가져다 준 새는?
① 까마귀 ② 비둘기 ③ 참새 ④ 독수리

64. 이세벨이 야훼(여호와)의 선지자들을 멸할 때 50명씩 굴에 숨기고 떡과 물을 먹인 사람은?
① 사렙다 과부 ② 오바댜
③ 예후 ④ 벤하닷

60. ② (왕상 16:29) 유다의 아사 왕 제삼십팔년에 오므리의 아들 아합이 이스라엘의 왕이 되니라 오므리의 아들 아합이 사마리아에서 이십이 년 동안 이스라엘을 다스리니라

61. ④ (왕상 16:29-34) 오므리의 아들 아합이 이스라엘의 왕이 되니라 … 그 시대에 벧엘 사람 히엘이 여리고를 건축하였는데 그가 그 터를 쌓을 때에 맏아들 아비람을 잃었고 그 성문을 세울 때에 막내 아들 스굽을 잃었으니 야훼(여호와)께서 눈의 아들 여호수아를 통하여 하신 말씀과 같이 되었더라

* 이 사건은 야훼(여호와)께서 여호수아를 통하여 하신 말씀이 약 500년이 지난 후 성취된 것이다(수 6:26 참조).

62. ④ (왕상 17:1) 길르앗에 우거하는 자 중에 디셉 사람 엘리야가 아합에게 말하되 내가 섬기는 이스라엘의 하나님 야훼(여호와)께서 살아 계심을 두고 맹세하노니 내 말이 없으면 수 년 동안 비도 이슬도 있지 아니하리라 하니라

63. ① (왕상 17:2-6) 야훼(여호와)의 말씀이 엘리야에게 임하여 이르시되 … 그가 야훼(여호와)의 말씀과 같이 하여 곧 가서 요단 앞 그릿 시냇가에 머물매 까마귀들이 아침에도 떡과 고기를, 저녁에도 떡과 고기를 가져왔고 그가 시냇물을 마셨으나

64. ② (왕상 18:3-4) 아합이 왕궁 맡은 자 오바댜를 불렀으니 이 오바댜는 야훼(여호와)를 지극히 경외하는 자라 이세벨이 야훼(여호와)의 선지자들을 멸할 때에 오바댜가 선지자 백 명을 가지고 오십 명씩 굴에 숨기고 떡과 물을 먹였더라

memo

65. 갈멜 산에서 엘리야와 대결한 바알의 선지자는 몇 명이었는가?
① 350명 ② 400명 ③ 450명 ④ 850명

66. 엘리야가 사환을 갈멜 산에 몇 번째 보냈을 때 큰 비가 내렸는가?
① 3번째 ② 5번째 ③ 7번째 ④ 10번째

67. 야훼(여호와)께서 엘리야에게 '기름을 부으라'고 명하시지 않은 사람은?
① 하사엘 ② 예후 ③ 엘리사 ④ 벤하닷

68. 야훼(여호와)께서 바알에게 무릎을 꿇지 않고 입 맞추지 않은 자 몇 명을 남긴다고 하셨는가?
① 5,000명 ② 6,000명 ③ 7,000명 ④ 8,000명

69. 아람의 벤하닷 왕이 거느린 왕의 수는?
① 30명 ② 32명 ③ 34명 ④ 36명

65. ③ (왕상 18:20-22) 아합이 이에 이스라엘의 모든 자손에게로 사람을 보내 선지자들을 갈멜 산으로 모으니라 … 엘리야가 백성에게 이르되 야훼(여호와)의 선지자는 나만 홀로 남았으나 바알의 선지자는 사백오십 명이로다

66. ③ (왕상 18:43-45) 그의 사환에게 이르되 올라가 바다쪽을 바라보라 그가 올라가 … 일곱 번째 이르러서는 그가 말하되 바다에서 사람의 손 만한 작은 구름이 일어나나이다 … 조금 후에 구름과 바람이 일어나서 하늘이 캄캄해지며 큰 비가 내리는지라 아합이 마차를 타고 이스르엘로 가니

67. ④ (왕상 19:15-16) 야훼(여호와)께서 그에게 이르시되 너는 … 하사엘에게 기름을 부어 아람의 왕이 되게 하고 너는 또 님시의 아들 예후에게 기름을 부어 이스라엘의 왕이 되게 하고 … 엘리사에게 기름을 부어 너를 대신하여 선지자가 되게 하라

68. ③ (왕상 19:18) 그러나 내가 이스라엘 가운데에 칠천 명을 남기리니 다 바알에게 무릎을 꿇지 아니하고 다 바알에게 입맞추지 아니한 자니라

69. ② (왕상 20:1) 아람의 벤하닷 왕이 그의 군대를 다 모으니 왕 삼십이 명이 그와 함께 있고 또 말과 병거들이 있더라 이에 올라가서 사마리아를 에워싸고 그 곳을 치며

* 당시 아람은 여러 개의 작은 도시 국가들로 이루어져 있었는데, 그중에 다메섹 왕 벤하닷이 주도권을 잡자 32명의 왕들은 벤하닷에게 조공과 병역을 바쳤다.

memo

70. 아합 왕 때 사마리아 성을 에워싸고 친 아람의 왕은?
① 호세아　② 벤하닷　③ 아하시아　④ 하사엘

71. 아합은 아람에게 빼앗긴 길르앗 라못을 되찾기 위해 누구에게 협조를 구했는가?
① 여호사밧　② 엘리야　③ 아하시아　④ 여호람

72. 아합은 길르앗 라못에 가서 싸워야 할지의 여부를 몇 명의 선지자에게 물었는가?
① 약 300명　② 약 400명　③ 약 500명　④ 약 600명

73. 아합이 자신에 대하여 흉한 일만 예언한다고 미워한 선지자는?
① 이사야　② 미가야　③ 잇도　④ 오뎃

74. 아합이 길르앗 라못 전쟁에서 패할 것을 예언한 선지자는?
① 엘리야　② 엘리사　③ 미가야　④ 시드기야

70. ② (왕상 20:1-3) 아람의 벤하닷 왕이 … 사마리아를 에워싸고 그 곳을 치며 사자들을 성 안에 있는 이스라엘의 아합 왕에게 보내 이르기를 … 네 은금은 내 것이요 네 아내들과 네 자녀들의 아름다운 자도 내 것이니라 하매

71. ① (왕상 22:3-4) 이스라엘의 왕이 … 우리가 어찌 아람의 왕의 손에서 도로 찾지 아니하고 잠잠히 있으리요 하고 여호사밧에게 이르되 당신은 나와 함께 길르앗 라못으로 가서 싸우시겠느냐

72. ② (왕상 22:6) 이스라엘의 왕이 이에 선지자 사백 명쯤 모으고 그들에게 이르되 내가 길르앗 라못에 가서 싸우랴 말랴 그들이 이르되 올라가소서 주께서 그 성읍을 왕의 손에 넘기시리이다

73. ② (왕상 22:8) 이스라엘의 왕이 여호사밧 왕에게 이르되 아직도 이믈라의 아들 미가야 한 사람이 있으니 그로 말미암아 야훼(여호와)께 물을 수 있으나 그는 내게 대하여 길한 일은 예언하지 아니하고 흉한 일만 예언하기로 내가 그를 미워하나이다

74. ③ (왕상 22:19-23) 미가야가 이르되 그런즉 왕은 야훼(여호와)의 말씀을 들으소서 … 야훼(여호와)께서 거짓말하는 영을 왕의 이 모든 선지자의 입에 넣으셨고 또 야훼(여호와)께서 왕에 대하여 화를 말씀하셨나이다

memo

75. 상아궁을 건축한 이스라엘 왕은?

① 여로보암 ② 시므리 ③ 오므리 ④ 아합

76. 여호사밧이 오빌로 금을 구하러 보낸 배가 파선한 곳은?

① 다시스 ② 에시온게벨

③ 오빌 ④ 베니게

77. 여호사밧의 뒤를 이어 왕이 된 사람은?

① 여호람 ② 여호아하스

③ 여호야김 ④ 여호야긴

75. ④ (왕상 22:39) 아합의 남은 행적과 그가 행한 모든 일과 그가 건축한 상아궁과 그가 건축한 모든 성읍은 이스라엘 왕 역대지략에 기록되지 아니하였느냐

76. ② (왕상 22:48) 여호사밧이 다시스의 선박을 제조하고 오빌로 금을 구하러 보내려 하였더니 그 배가 에시온게벨에서 파선하였으므로 가지 못하게 되매

77. ① (왕상 22:50) 여호사밧이 그의 조상들과 함께 자매 그의 조상 다윗 성에 그의 조상들과 함께 장사되고 그의 아들 여호람이 대신하여 왕이 되니라

memo

주관식

1. 열왕기상을 기록한 사람은?

2. 늙어 쇠약해진 다윗 왕을 위해 데려온 처녀는?

3. 다윗을 저주했던 시므이는 어느 지파 사람인가?

4. 다윗 왕을 시중들던 아비삭을 아내로 삼으려다 죽임을 당한 사람은?

5. "솔로몬이 애굽의 왕 바로와 더불어 (   ) 관계를 맺어 그의 딸을 맞이하고 다윗 성에 데려다가 두고 자기의 왕궁과 야훼(여호와)의 성전과 예루살렘 주위의 성의 공사가 끝나기를 기다리니라"

1. **알 수 없지만 예레미야로 추정하기도 한다.**
2. **아비삭** (왕상 1:1-3) 다윗 왕이 나이가 많아 늙으니 이불을 덮어도 따뜻하지 아니한지라 … 이스라엘 사방 영토 내에 아리따운 처녀를 구하던 중 수넴 여자 아비삭을 얻어 왕께 데려왔으니
3. **베냐민 지파** (왕상 2:8) 바후림 베냐민 사람 게라의 아들 시므이가 너와 함께 있나니 그는 내가 마하나임으로 갈 때에 악독한 말로 나를 저주하였느니라
4. **아도니야** (왕상 2:22-25) 솔로몬 왕이 그의 어머니에게 대답하여 이르되 어찌하여 아도니야를 위하여 수넴 여자 아비삭을 구하시나이까 … 야훼(여호와)께서 살아 계심을 두고 맹세하노니 아도니야는 오늘 죽임을 당하리라 하고 여호야다의 아들 브나야를 보내매 그가 아도니야를 쳐서 죽였더라
5. **혼인** (왕상 3:1 참조)

memo

6. 솔로몬이 기브온 산당에서 드린 제사는?

7. 기브온에서 일천 번제를 드려 지혜롭고 총명한 마음을 얻은 왕은?

8. "솔로몬이 사는 동안에 유다와 이스라엘이 단에서부터 브엘세바에 이르기까지 각기 포도나무 아래와 무화과나무 아래에서 ( ) 살았더라"

9. "솔로몬의 ( )가 동쪽 모든 사람의 지혜와 애굽의 모든 지혜보다 뛰어난지라 그는 모든 사람보다 ( ) 예스라 사람 에단과 마홀의 아들 헤만과 갈골과 다르다보다 나으므로 그의 이름이 사방 모든 나라에 들렸더라"

10. 평생 다윗을 사랑한 사람으로서 솔로몬이 왕이 되었다 함을 듣고 신하들을 보낸 사람은?

6. **일천 번제** (왕상 3:4) 이에 왕이 제사하러 기브온으로 가니 거기는 산당이 큼이라 솔로몬이 그 제단에 일천 번제를 드렸더니
7. **솔로몬** (왕상 3:4-12) 이에 왕이 제사하러 기브온으로 가니 거기는 산당이 큼이라 솔로몬이 그 제단에 일천 번제를 드렸더니 … 내가 네 말대로 하여 네게 지혜롭고 총명한 마음을 주노니
8. **평안히** (왕상 4:25 참조)
   * '단'은 북이스라엘의 최북단에 위치해 있으며, '브엘세바'는 남유다의 최남단에 위치해 있다. 따라서 '단에서부터 브엘세바에 이르기까지'란 말은 이스라엘과 유다의 전 영토를 가리킨다(삿 20:1; 삼상 3:20 참조). 또한 포도나무와 무화과나무는 풍요와 번영을 의미하는(사 36:16; 슥 3:10 참조) 이스라엘의 대표적인 과일 나무이므로 '포도나무 아래와 무화과나무 아래에서 평안히 살았다'는 것은 백성들이 태평성대를 누렸음을 의미한다.
9. **지혜, 지혜로워서** (왕상 4:30-31 참조)
10. **두로 왕 히람** (왕상 5:1) 솔로몬이 기름 부음을 받고 그의 아버지를 이어 왕이 되었다 함을 두로 왕 히람이 듣고 그의 신하들을 솔로몬에게 보냈으니 이는 히람이 평생에 다윗을 사랑하였음이라

memo

11. 솔로몬이 성전 건축에 필요한 자재와 기술자를 공급받기 위해 약조를 맺은 사람은?

12. 솔로몬은 왕이 된 지 몇 년째에 성전 건축을 시작하였는가?

13. 솔로몬이 건축한 성전의 주랑 앞에 세운 두 기둥의 이름은?

14. 솔로몬의 명성을 듣고 시험하기 위해 찾아온 사람은?

15. "솔로몬 왕이 마시는 그릇은 다 (   )이요 레바논 나무 궁의 그릇들도 다 (   )이라 은 기물이 없으니 솔로몬의 시대에 은을 귀히 여기지 아니함은"

11. 히람 (왕상 5:10-12) 솔로몬의 모든 원대로 백향목 재목과 잣나무 재목을 주매 솔로몬이 히람에게 그의 궁정의 음식물로 … 해마다 그와 같이 주었더라 … 히람과 솔로몬이 친목하여 두 사람이 함께 약조를 맺었더라

12. 4년 (왕상 6:1) 이스라엘 자손이 애굽 땅에서 나온 지 사백팔십 년이요 솔로몬이 이스라엘 왕이 된 지 사 년 시브월 곧 둘째 달에 솔로몬이 야훼(여호와)를 위하여 성전 건축하기를 시작하였더라

13. 야긴과 보아스 (왕상 7:21) 이 두 기둥을 성전의 주랑 앞에 세우되 오른쪽 기둥을 세우고 그 이름을 야긴이라 하고 왼쪽의 기둥을 세우고 그 이름을 보아스라 하였으며

* '주랑'이란 성전 입구가 있는 동쪽에 위치한 부속 건물로서 일종의 현관 역할을 하였다. 한편 '야긴'은 '그가 세우실 것이다'라는 뜻이며, '보아스'는 '그에게 능력이 있다'라는 뜻이다. 따라서 이 두 기둥의 이름은 하나님께서 세우신 성전의 영원성과 능력을 상징하기 위해 붙여진 것으로 추정된다.

14. 스바의 여왕 (왕상 10:1-2) 스바의 여왕이 야훼(여호와)의 이름으로 말미암은 솔로몬의 명성을 듣고 와서 어려운 문제로 그를 시험하고자 하여 예루살렘에 이르니 수행하는 자가 심히 많고 향품과 심히 많은 금과 보석을 낙타에 실었더라 그가 솔로몬에게 나아와 자기 마음에 있는 것을 다 말하매

15. 금, 정금 (왕상 10:21 참조)

memo

16. “솔로몬 왕이 바로의 딸 외에 (   )의 많은 여인을 사랑하였으니 곧 모압과 암몬과 에돔과 시돈과 헷 여인이라”

17. “솔로몬의 나이가 많을 때에 그의 여인들이 그의 마음을 돌려 (   )을 따르게 하였으므로 왕의 마음이 그의 아버지 다윗의 마음과 같지 아니하여 그의 하나님 야훼(여호와) 앞에 온전하지 못하였으니”

18. 솔로몬이 이스라엘을 다스린 기간은?

19. “내 아버지께서 너희에게 무거운 멍에를 메게 하였으나 이제 나는 너희의 멍에를 더욱 무겁게 할지라 내 아버지는 채찍으로 너희를 징계하였으나 나는 (   ) 채찍으로 너희를 징계하리라 하소서”

20. “르호보암 왕이 (   ) 아도람을 보냈더니 온 이스라엘이 그를 돌로 쳐죽인지라 르호보암 왕이 급히 수레에 올라 예루살렘으로 도망하였더라”

16. **이방** (왕상 11:1 참조)
17. **다른 신들** (왕상 11:4 참조)
18. **40년** (왕상 11:42) 솔로몬이 예루살렘에서 온 이스라엘을 다스린 날 수가 사십 년이라
19. **전갈** (왕상 12:11 참조)
    * 여기서 르호보암이 말한 ‘전갈’은 실제 전갈을 말하는 것이기보다는 비유적인 표현으로서 ‘백성들을 솔로몬보다 더 탄압하겠다’는 것을 나타낸다.
20. **역군의 감독** (왕상 12:18 참조)
    * 르호보암이 아도람을 백성들에게 보낸 것은 부역에 대해 반감을 가지고 있는 백성들을 달래 보려는 조치였지만, 백성들은 아도람이 강제 노동의 감독이었기 때문에 돌로 쳐죽인 것이다.

memo

21. 여로보암이 두 금송아지를 만들어 둔 곳은?

22. "르호보암과 여로보암 사이에 항상 (　　　　)이 있으니라"

23. 이스라엘의 아합 왕이 아내로 삼은 여자는?

24. 오므리의 아들로서 그의 이전의 이스라엘의 모든 왕보다 심히 야훼(여호와)를 노하시게 한 왕은?

25. 그릿 시내가 마르자 야훼(여호와)께서 엘리야에게 어디로 가서 머물라고 하셨는가?

21. **벧엘과 단** (왕상 12:25-29) 여로보암이 에브라임 산지에 세겜을 건축하고 거기서 살며 … 두 금송아지를 만들고 무리에게 말하기를 너희가 다시는 예루살렘에 올라갈 것이 없도다 이스라엘아 이는 너희를 애굽 땅에서 인도하여 올린 너희의 신들이라 하고 하나는 벧엘에 두고 하나는 단에 둔지라
22. **전쟁** (왕상 14:30 참조)
23. **이세벨** (왕상 16:30-31) 오므리의 아들 아합이 그의 이전의 모든 사람보다 야훼(여호와) 보시기에 악을 더욱 행하여 … 시돈 사람의 왕 엣바알의 딸 이세벨을 아내로 삼고 가서 바알을 섬겨 예배하고
    * '엣바알'은 '바알이 그와 함께 있다'라는 뜻이다. 한편 이세벨의 부친 엣바알은 본래 바알 신전의 제사장이었는데 히람의 후손인 펠레스 왕을 암살한 후 시돈의 왕이 되었다.
24. **아합** (왕상 16:30-33) 오므리의 아들 아합이 그의 이전의 모든 사람보다 야훼(여호와) 보시기에 악을 더욱 행하여 … 아세라 상을 만들었으니 그는 그 이전의 이스라엘의 모든 왕보다 심히 이스라엘 하나님 야훼(여호와)를 노하시게 하였더라
25. **사르밧** (왕상 17:7-9) 땅에 비가 내리지 아니하므로 얼마 후에 그 시내가 마르니라 야훼(여호와)의 말씀이 엘리야에게 임하여 이르시되 너는 일어나 시돈에 속한 사르밧으로 가서 거기 머물라 내가 그 곳 과부에게 명령하여 네게 음식을 주게 하였느니라

memo

26. 엘리야의 말에 순종하여 가루와 기름이 떨어지지 않는 기적을 체험한 여인은?

27. 사르밧 과부의 죽은 아들을 살려 준 선지자는?

28. 엘리야가 바알과 아세라 선지자들과 대결한 곳은?

29. "엘리야가 모든 백성에게 가까이 나아가 이르되 너희가 어느 때까지 둘 사이에서 머뭇머뭇 하려느냐 (　　　　)가 만일 하나님이면 그를 따르고 (　　　　)이 만일 하나님이면 그를 따를지니라 하니 백성이 말 한마디도 대답하지 아니하는지라"

30. "야곱의 아들들의 지파의 수효를 따라 엘리야가 돌 (　　　　)개를 취하니 이 야곱은 옛적에 야훼(여호와)의 말씀이 임하여 이르시기를 네 이름을 이스라엘이라 하리라 하신 자더라"

26. 사르밧 과부 (왕상 17:8-16) 야훼(여호와)의 말씀이 엘리야에게 임하여 이르시되 너는 일어나 시돈에 속한 사르밧으로 가서 거기 머물라 내가 그 곳 과부에게 명령하여 네게 음식을 주게 하였느니라 … 그가 가서 엘리야의 말대로 하였더니 … 통의 가루가 떨어지지 아니하고 병의 기름이 없어지지 아니하니라

27. 엘리야 (왕상 17:8-23) 야훼(여호와)의 말씀이 엘리야에게 임하여 이르시되 너는 일어나 시돈에 속한 사르밧으로 가서 거기 머물라 … 엘리야가 그 아이를 안고 다락에서 방으로 내려가서 그의 어머니에게 주며 이르되 보라 네 아들이 살아났느니라

28. 갈멜 산 (왕상 18:19) 그런즉 사람을 보내 온 이스라엘과 이세벨의 상에서 먹는 바알의 선지자 사백오십 명과 아세라의 선지자 사백 명을 갈멜 산으로 모아 내게로 나아오게 하소서

29. 야훼(여호와), 바알 (왕상 18:21 참조)

30. 열두 (왕상 18:31 참조)

memo

31. 엘리야가 바알의 선지자들을 죽인 곳은?

32. "야훼(여호와)의 (　　　　　)이 엘리야에게 임하매 그가 허리를 동이고 이스르엘로 들어가는 곳까지 아합 앞에서 달려갔더라"

33. 이세벨을 피해 도망하던 엘리야는 어디에 앉아 죽기를 구했는가?

34. 엘리야가 로뎀 나무 아래에서 천사가 준 음식을 먹고 40주야를 가서 이른 곳은?

35. "하사엘의 (　　　　)을 피하는 자를 예후가 죽일 것이요 예후의 (　　　　)을 피하는 자를 엘리사가 죽이리라"

31. **기손 시내** (왕상 18:40) 엘리야가 그들에게 이르되 바알의 선지자를 잡되 그들 중 하나도 도망하지 못하게 하라 하매 곧 잡은지라 엘리야가 그들을 기손 시내로 내려다가 거기서 죽이니라
32. **능력** (왕상 18:46 참조)
33. **로뎀 나무 아래** (왕상 19:3-4) 그가 이 형편을 보고 일어나 자기의 생명을 위해 도망하여 … 한 로뎀 나무 아래에 앉아서 자기가 죽기를 원하여 이르되 야훼(여호와)여 넉넉하오니 지금 내 생명을 거두시옵소서 나는 내 조상들보다 낫지 못하니이다 하고
34. **호렙 산** (왕상 19:5-8) 로뎀 나무 아래에 누워 자더니 천사가 그를 어루만지며 그에게 이르되 일어나서 먹으라 하는지라 … 이에 일어나 먹고 마시고 그 음식물의 힘을 의지하여 사십 주 사십 야를 가서 하나님의 산 호렙에 이르니라
35. **칼, 칼** (왕상 19:17 참조)
    * 본 절은 하사엘, 예후, 엘리사가 우상숭배로 범죄한 이스라엘을 심판하시는 하나님의 도구로 사용될 것을 가리킨다.

memo

36. "엘리야가 거기서 떠나 사밧의 아들 엘리사를 만나니 그가 (   )를 앞세우고 밭을 가는데 … 엘리야가 그리로 건너가서 겉옷을 그의 위에 던졌더니 그가 소를 버리고 엘리야에게로 달려가서 이르되 청하건대 나를 내 부모와 입맞추게 하소서 그리한 후에 내가 당신을 따르리이다"

37. 이세벨이 남편에게 주기 위해 빼앗은 포도원의 주인은?

38. "아합이 엘리야에게 이르되 내 대적자여 네가 나를 찾았느냐 대답하되 내가 찾았노라 네가 네 자신을 팔아 야훼(여호와) 보시기에 (   )을 행하였으므로 야훼(여호와)의 말씀이 내가 (   )을 네게 내려 너를 쓸어 버리되 네게 속한 남자는 이스라엘 가운데에 매인 자나 놓인 자를 다 멸할 것이요"

39. 이스라엘의 아합 왕이 유다의 여호사밧 왕과 함께 되찾으려고 했던 곳은?

36. **열두 겨릿소** (왕상 19:19-20 참조)
* '겨리'는 한 멍에를 멘 한 쌍의 소를 말한다. 엘리사는 24마리의 소를 가지고 밭을 갈 정도로 부유했지만 모든 것을 내려놓고 엘리야의 부름에 응했던 것이다.

37. **나봇** (왕상 21:1-15) 나봇에게 이스르엘에 포도원이 있어 사마리아의 왕 아합의 왕궁에서 가깝더니 … 이세벨이 아합에게 이르되 일어나 그 이스르엘 사람 나봇이 돈으로 바꾸어 주기를 싫어하던 나봇의 포도원을 차지하소서 나봇이 살아 있지 아니하고 죽었나이다

38. **악, 재앙** (왕상 21:20-21 참조)

39. **길르앗 라못** (왕상 22:3-4) 이스라엘의 왕이 그의 신하들에게 이르되 길르앗 라못은 본래 우리의 것인 줄을 너희가 알지 못하느냐 우리가 어찌 아람의 왕의 손에서 도로 찾지 아니하고 잠잠히 있으리요 하고 여호사밧에게 이르되 당신은 나와 함께 길르앗 라못으로 가서 싸우시겠느냐

memo

40. 아합 왕 때 길르앗 라못 전쟁에 관하여 야훼(여호와)께서 주신 말씀을 선포한 선지자는?

41. 길르앗 라못 전쟁에 관하여 예언한 미가야의 뺨을 때린 사람은?

40. 미가야 (왕상 22:14-20) 미가야가 이르되 야훼(여호와)께서 살아 계심을 두고 맹세하노니 야훼(여호와)께서 내게 말씀하시는 것 곧 그것을 내가 말하리라 하고 … 야훼(여호와)께서 말씀하시기를 누가 아합을 꾀어 그를 길르앗 라못에 올라가서 죽게 할꼬 하시니

41. 시드기야 (왕상 22:24) 그나아나의 아들 시드기야가 가까이 와서 미가야의 뺨을 치며 이르되 야훼(여호와)의 영이 나를 떠나 어디로 가서 네게 말씀하시더냐

열왕기하 2 Kings

연대 및 저자

B.C. 600년경 기록된 것으로 추정되며, 저자가 누구인지 알 수 없지만 예레미야로 추정하기도 한다.

중심 내용

본서는 유다와 이스라엘이 몰락해 가는 과정과 함께 회개하지 않으면 하나님의 심판이 임할 것이라는 선지자들의 경고를 다루고 있다.

특징

1. 선지자들을 통해 심판을 경고하고 있다.
2. 다윗은 남 왕국, 여로보암은 북 왕국 왕들에 대한 평가의 기준이다.
3. 예언서들의 역사적 배경이 나타나 있다.

내용 분해

1. 분열 왕국 (1:1–17:41)

1) 북 왕국 아하시야의 통치 (1:1–18)
2) 엘리사의 사역 (2:1–8:15)
3) 유다의 여호람부터 이스라엘의 멸망 (8:16–17:41)

2. 남 왕국 유다 (18:1–25:30)

1) 히스기야와 이사야 (18:1–20:21)
2) 므낫세와 아몬 (21:1–26)
3) 요시야 (22:1–23:30)
4) 남 왕국 유다의 멸망 (23:31–25:30)

memo

객관식

1. 열왕기하와 관계없는 것은?
① 예언서들의 역사적 배경이 잘 나타나 있다
② 유다와 이스라엘이 번영해 가는 과정을 다루고 있다
③ 선지자들을 통해 심판을 경고하고 있다
④ 다윗은 남 왕국, 여로보암은 북 왕국 왕들에 대한 평가의 기준이다

2. 열왕기하가 기록된 연대로 추정되는 때는?
① B.C. 400년경 ② B.C. 500년경
③ B.C. 600년경 ④ B.C. 700년경

3. 열왕기하를 기록한 사람은?
① 다윗 ② 솔로몬 ③ 르호보암 ④ 미상

4. 에그론의 신 바알세붑에게 병이 낫겠는지 물어본 이스라엘 왕은?
① 아마샤 ② 아하시야 ③ 호세아 ④ 오므리

1. ② 열왕기하는 유다와 이스라엘이 몰락해 가는 과정과 함께, 회개하지 않으면 하나님의 심판이 임할 것이라는 선지자들의 경고를 다루고 있다. 또한 예언서들의 역사적 배경이 잘 나타나 있으며, 다윗과 여로보암이 각각 남 유다와 북 이스라엘의 왕들에 대한 평가의 기준이라는 것을 보여 준다. 즉, 남 왕국은 다윗의 신실함을 기준으로 왕들을 평가하고 있으며, 북 왕국은 여로보암의 죄악을 기준으로 왕들을 평가하고 있다.
2. ③ 열왕기하는 B.C. 600년경 기록된 것으로 추정된다.
3. ④ 열왕기하의 저자는 누구인지 알 수 없지만 예레미야로 추정하기도 한다.
4. ② (왕하 1:2) 아하시야가 사마리아에 있는 그의 다락 난간에서 떨어져 병 들매 사자를 보내며 그들에게 이르되 가서 에그론의 신 바알세붑에게 이 병이 낫겠나 물어 보라 하니라

memo

5. 아하시야 왕이 죽을 것을 예언한 선지자는?
① 잇도 ② 스마야 ③ 엘리야 ④ 엘리사

6. 털이 많고 허리에 가죽 띠를 띠었던 선지자는?
① 엘리야 ② 엘리사 ③ 스마야 ④ 미가야

7. 엘리사가 엘리야와 동행한 지역이 아닌 곳은?
① 길갈 ② 그리심 산 ③ 벧엘 ④ 여리고

8. 엘리야를 통하여 나타난 성령의 역사가 갑절이나 있게 되기를 구한 선지자는?
① 아히야 ② 엘리사 ③ 미가야 ④ 잇도

9. 엘리야가 승천한 사실을 믿지 않고 찾아다닌 사람들은?
① 선지자의 제자들 ② 제사장들
③ 이스라엘 백성들 ④ 이스라엘 왕

5. ③ (왕하 1:3-4) 야훼(여호와)의 사자가 디셉 사람 엘리야에게 이르되 … 이스라엘에 하나님이 없어서 너희가 에그론의 신 바알세붑에게 물으러 가느냐 그러므로 … 네가 반드시 죽으리라 하셨다 하라 엘리야가 이에 가니라
6. ① (왕하 1:8) 그들이 그에게 대답하되 그는 털이 많은 사람인데 허리에 가죽 띠를 띠었더이다 하니 왕이 이르되 그는 디셉 사람 엘리야로다
7. ②

엘리사가 엘리야와 동행한 곳

길갈	왕하 2:1	여리고	왕하 2:4
벧엘	왕하 2:2	요단	왕하 2:6

8. ② (왕하 2:9) 건너매 엘리야가 엘리사에게 이르되 나를 네게서 데려감을 당하기 전에 내가 네게 어떻게 할지를 구하라 엘리사가 이르되 당신의 성령이 하시는 역사가 갑절이나 내게 있게 하소서 하는지라
9. ① (왕하 2:12-17) 엘리사가 보고 소리 지르되 내 아버지여 내 아버지여 이스라엘의 병거와 그 마병이여 하더니 다시 보이지 아니하는지라 … 선지자의 제자들이 … 오십 명을 보냈더니 사흘 동안을 찾되 발견하지 못하고

memo

10. 엘리사의 행적과 관계없는 것은?

① 겉옷으로 물을 치자 요단 강물이 갈라졌다

② 소금을 던져 물을 정화시켰다

③ 자신을 대머리라고 조롱하는 자들을 저주했다

④ 바알과 아세라 선지자들과 대결하여 승리했다

11. 엘리사가 물을 정화시키기 위해 사용한 재료는?

① 나뭇가지 ② 소금 ③ 쇠도끼 ④ 밀가루

10. ④

엘리사의 주요 행적과 이적

태어난 곳	아벨므홀라	왕상 19:16
겉옷으로 물을 치자 요단 강물이 갈라짐	요단 강	왕하 2:13-14
소금을 던져 물을 정화시킴	여리고	왕하 2:19-22
대머리라고 조롱하는 자들을 저주함	벧엘	왕하 2:23-25
초자연적인 방법으로 물을 얻게 됨	모압	왕하 3:16-20
선지 생도의 과부 집에 기름을 채워 줌	-	왕하 4:1-7
수넴 여인의 죽은 아들을 살려줌	수넴	왕하 4:8-37
국에 들어 있는 독을 제거함	길갈	왕하 4:38-41
소량의 음식으로 100명을 먹임	길갈	왕하 4:42-44
나아만 장군의 나병이 치유되게 함	요단 강	왕하 5:8-14
게하시에게 나병이 들게 함	-	왕하 5:26-27
물에 빠뜨린 쇠도끼를 떠오르게 함	요단 강	왕하 6:1-7
사환의 눈을 열어 야훼(여호와)의 군대를 보게 함	도단	왕하 6:13-17
아람 군대의 눈을 어둡게 함	도단	왕하 6:18-23
하사엘이 아람의 왕이 될 것을 예언함	다메섹	왕하 8:7-15
예후에게 기름을 붓도록 생도를 보냄	길르앗 라못	왕하 9:1-10
죽어 장사된 곳	사마리아(?)	왕하 13:20-21

11. ② (왕하 2:21-22) 엘리사가 물 근원으로 나아가서 소금을 그 가운데에 던지며 이르되 야훼(여호와)의 말씀이 내가 이 물을 고쳤으니 이로부터 다시는 죽음이나 열매 맺지 못함이 없을지니라 하셨느니라 하니 그 물이 엘리사가 한 말과 같이 고쳐져서 오늘에 이르렀더라

memo

12. 자신을 대머리라고 놀리는 아이들을 저주하여 죽게 한 선지자는?
① 엘리야 ② 엘리사 ③ 나단 ④ 잇도

13. 아합 왕에게 조공을 바치다가 아합이 죽자 이스라엘을 배반한 나라는?
① 암몬 ② 에돔 ③ 모압 ④ 아람

14. 이스라엘과의 전투에서 불리해지자 맏아들을 번제로 드린 왕은?
① 에돔 왕 ② 모압 왕 ③ 소돔 왕 ④ 아람 왕

12. ② (왕하 2:23-24) 엘리사가 거기서 벧엘로 올라가더니 그가 길에서 올라갈 때에 작은 아이들이 … 대머리여 올라가라 하는지라 엘리사가 … 야훼(여호와)의 이름으로 저주하매 곧 수풀에서 암곰 둘이 나와서 아이들 중의 사십이 명을 찢었더라

13. ③ (왕하 3:4-5) 모압 왕 메사는 양을 치는 자라 새끼 양 십만 마리의 털과 숫양 십만 마리의 털을 이스라엘 왕에게 바치더니 아합이 죽은 후에 모압 왕이 이스라엘 왕을 배반한지라

* 모압은 다윗 시대 이후로 이스라엘의 속국으로서 조공을 바쳐 오다가(삼하 8:2 참조) 아합이 죽자 이스라엘을 배반했다.

14. ② (왕하 3:26-27) 모압 왕이 전세가 극렬하여 당하기 어려움을 보고 … 맏아들을 데려와 성 위에서 번제를 드린지라 이스라엘에게 크게 격노함이 임하매 그들이 떠나 각기 고국으로 돌아갔더라

* '그모스'를 섬기는 모압 사람들은 자녀를 그모스에게 불살라 바치면 소원이 이루어진다고 믿었기 때문에 모압 왕 메사도 자기 맏아들을 그모스에게 번제로 드렸던 것이다.

memo

15. 엘리사의 말대로 모든 그릇에 기름을 가득 채워 그 기름을 팔아서 빚을 갚은 여인은?
① 수넴 여인　② 사르밧 과부
③ 드고아 여인　④ 선지자 제자의 아내

16. 수넴 여인의 죽은 아들은 살려 준 선지자는?
① 엘리사　② 아히야　③ 갓　④ 나단

17. 국에 들어 있는 죽음의 독을 제거한 선지자는?
① 엘리야　② 엘리사　③ 사무엘　④ 이사야

18. 엘리사가 보리떡 20개와 자루에 담은 채소로 먹인 사람의 수는?
① 50명　② 100명　③ 150명　④ 200명

19. 엘리사를 통해 나병을 고침 받은 사람은?
① 요압　② 하사엘　③ 나아만　④ 요람

15. ④ (왕하 4:1-7) 선지자의 제자들의 아내 중의 한 여인이 엘리사에게 … 여인이 물러가서 그의 두 아들과 함께 문을 닫은 후에 그들은 그릇을 그에게로 가져오고 그는 부었더니 그릇에 다 찬지라 … 너는 가서 기름을 팔아 빚을 갚고 남은 것으로 너와 네 두 아들이 생활하라 하였더라

16. ① (왕하 4:35-36) 엘리사가 … 아이 위에 올라 엎드리니 아이가 일곱 번 재채기 하고 눈을 뜨는지라 엘리사가 게하시를 불러 저 수넴 여인을 불러오라 하니 곧 부르매 여인이 들어가니 엘리사가 이르되 네 아들을 데리고 가라 하니라

17. ② (왕하 4:40-41) 무리가 국을 먹다가 … 솥에 죽음의 독이 있나이다 하고 능히 먹지 못하는지라 엘리사가 이르되 그러면 가루를 가져오라 하여 솥에 던지고 이르되 퍼다가 무리에게 주어 먹게 하라 하매 이에 솥 가운데 독이 없어지니라

18. ② (왕하 4:42-44) 보리떡 이십 개와 또 자루에 담은 채소를 하나님의 사람에게 드린지라 그가 이르되 무리에게 주어 먹게 하라 그 사환이 이르되 내가 어찌 이것을 백 명에게 주겠나이까 하나 엘리사는 또 이르되 무리에게 주어 먹게 하라 … 그가 그들 앞에 주었더니 야훼(여호와)께서 말씀하신 대로 먹고 남았더라

19. ③ (왕하 5:10-14) 엘리사가 사자를 그에게 보내 이르되 너는 가서 요단 강에 몸을 일곱 번 씻으라 네 살이 회복되어 깨끗하리라 하는지라 … 나아만이 이에 내려가서 하나님의 사람의 말대로 요단 강에 일곱 번 몸을 잠그니 그의 살이 어린 아이의 살 같이 회복되어 깨끗하게 되었더라

memo

20. 나아만이 나병을 고침 받은 후에도 계속 섬기겠다고 한 신은?
① 림몬 ② 몰렉 ③ 바알 ④ 그모스

21. 아람 왕이 엘리사를 잡기 위해 군사를 보내 에워싼 성읍은?
① 길르앗 ② 도단 ③ 사마리아 ④ 유다

22. 야훼(여호와)께서 엘리사의 기도를 들으시고 누구의 눈을 어둡게 하셨는가?
① 모압 사람들 ② 도단 사람들
③ 사마리아 사람들 ④ 아람 사람들

23. 엘리사가 눈이 어두워진 아람 군대를 인도하여 간 곳은?
① 길갈 ② 사마리아 ③ 도단 ④ 두로

20. ① (왕하 5:15-18) 나아만이 모든 군대와 함께 하나님의 사람에게로 도로 와서 그의 앞에 서서 이르되 … 내가 림몬의 신당에서 몸을 굽히오니 내가 림몬의 신당에서 몸을 굽힐 때에 야훼(여호와)께서 이 일에 대하여 당신의 종을 용서하시기를 원하나이다 하니

21. ② (왕하 6:8-14) 그 때에 아람 왕이 … 너희는 가서 엘리사가 어디 있나 보라 내가 사람을 보내어 그를 잡으리라 왕에게 아뢰어 이르되 보라 그가 도단에 있도다 하나이다 왕이 이에 말과 병거와 많은 군사를 보내매 그들이 밤에 가서 그 성읍을 에워쌌더라

22. ④ (왕하 6:18) 아람 사람이 엘리사에게 내려오매 엘리사가 야훼(여호와)께 기도하여 이르되 원하건대 저 무리의 눈을 어둡게 하옵소서 하매 엘리사의 말대로 그들의 눈을 어둡게 하신지라

23. ② (왕하 6:18-19) 아람 사람이 엘리사에게 내려오매 … 엘리사가 그들에게 이르되 이는 그 길이 아니요 이는 그 성읍도 아니니 나를 따라 오라 내가 너희를 인도하여 너희가 찾는 사람에게로 나아가리라 하고 그들을 인도하여 사마리아에 이르니라

* 엘리사를 잡기 위해 도단 성으로 간 아람 사람들이 엘리사의 인도를 받아 약 19km나 떨어진 사마리아로 간 것은 그들의 판단력이 어둡게 되었기 때문이다.

memo

24. 아람 사람을 사로잡았으나 떡과 물을 준 후 돌려보낸 선지자는?
① 이사야 ② 예레미야 ③ 엘리사 ④ 엘리야

25. 아람의 침공으로 발생한 사마리아의 식량난이 해결된다는 엘리사의 말을 불신한 사람은?
① 한 장관 ② 한 제사장
③ 선지자의 제자들 ④ 이스라엘 백성

26. 아람 군대가 도망간 것을 왕궁에 가서 알린 사람들은?
① 헷 사람들 ② 나병환자들
③ 사마리아 사람들 ④ 도단 사람들

27. 엘리사는 이스라엘에 몇 년 동안 기근이 임할 것을 예언했는가?
① 5년 ② 6년 ③ 7년 ④ 8년

28. 수넴 여인이 엘리사의 말을 듣고 기근을 피해 우거한 곳은?
① 모압 ② 아람 ③ 애굽 ④ 블레셋

24. ③ (왕하 6:18-22) 아람 사람이 엘리사에게 내려오매 … 이스라엘 왕이 그들을 보고 엘리사에게 이르되 내 아버지여 내가 치리이까 내가 치리이까 하니 대답하되 치지 마소서 … 떡과 물을 그들 앞에 두어 먹고 마시게 하고 그들의 주인에게로 돌려보내소서 하는지라

25. ① (왕하 7:1-2) 엘리사가 … 사마리아 성문에서 고운 밀가루 한 스아를 한 세겔로 매매하고 보리 두 스아를 한 세겔로 매매하리라 … 한 장관이 하나님의 사람에게 대답하여 이르되 야훼(여호와)께서 하늘에 창을 내신들 어찌 이런 일이 있으리요 하더라 엘리사가 이르되 네가 네 눈으로 보리라 그러나 그것을 먹지는 못하리라 하니라

26. ② (왕하 7:9) 나병환자들이 그 친구에게 서로 말하되 우리가 이렇게 해서는 아니되겠도다 오늘은 아름다운 소식이 있는 날이거늘 우리가 침묵하고 있도다 만일 밝은 아침까지 기다리면 벌이 우리에게 미칠지니 이제 떠나 왕궁에 가서 알리자 하고

27. ③ (왕하 8:1) 엘리사가 이전에 아들을 다시 살려 준 여인에게 이르되 너는 일어나서 네 가족과 함께 거주할 만한 곳으로 가서 거주하라 야훼(여호와)께서 기근을 부르셨으니 그대로 이 땅에 칠 년 동안 임하리라 하니
* '이전에 아들을 다시 살려 준 여인'이란 수넴 여인을 말한다(왕하 4:32-37 참조).

28. ④ (왕하 8:1-2) 엘리사가 이전에 아들을 다시 살려 준 여인에게 이르되 … 야훼(여호와)께서 기근을 부르셨으니 그대로 이 땅에 칠 년 동안 임하리라 하니 여인이 … 가족과 함께 가서 블레셋 사람들의 땅에 칠 년을 우거하다가

memo

29. 아람 왕 벤하닷을 죽이고 대신하여 왕이 된 사람은?
① 하사엘 ② 요람 ③ 여호람 ④ 아하시야

30. 하사엘이 아람 왕이 될 것을 예언한 선지자는?
① 엘리야 ② 엘리사 ③ 아히야 ④ 스마야

31. 이스라엘 왕 아합의 딸을 아내로 삼은 유다 왕은?
① 여호람 ② 요아스 ③ 아하스 ④ 요시야

32. 여호람이 악을 행하였으나 야훼(여호와)께서 유다를 멸하시지 않은 것은 누구를 위함인가?
① 아브라함 ② 다윗 ③ 솔로몬 ④ 여호사밧

33. 여호람 왕 때 유다를 배반한 나라는?
① 암몬 ② 모압 ③ 에돔 ④ 블레셋

29. ① (왕하 8:7–15) 엘리사가 다메섹에 갔을 때에 아람 왕 벤하닷이 병 들었더니 … 왕이 하사엘에게 이르되 너는 손에 예물을 가지고 가서 하나님의 사람을 맞이하고 내가 이 병에서 살아나겠는지 그를 통하여 야훼(여호와)께 물으라 … 하사엘이 이불을 물에 적시어 왕의 얼굴에 덮으매 왕이 죽은지라 그가 대신하여 왕이 되니라

30. ② (왕하 8:13) 하사엘이 이르되 당신의 개 같은 종이 무엇이기에 이런 큰일을 행하오리이까 하더라 엘리사가 대답하되 야훼(여호와)께서 네가 아람 왕이 될 것을 내게 알게 하셨느니라 하더라

31. ① (왕하 8:16–18) 유다의 왕 여호사밧의 아들 여호람이 왕이 되니라 여호람이 왕이 될 때에 나이가 삼십이 세라 … 그가 이스라엘 왕들의 길을 가서 아합의 집과 같이 하였으니 이는 아합의 딸이 그의 아내가 되었음이라 그가 야훼(여호와) 보시기에 악을 행하였으나

32. ② (왕하 8:17–19) 여호람이 왕이 될 때에 … 그가 야훼(여호와) 보시기에 악을 행하였으나 야훼(여호와)께서 그의 종 다윗을 위하여 유다 멸하기를 즐겨하지 아니하셨으니 이는 그와 그의 자손에게 항상 등불을 주겠다고 말씀하셨음이더라

33. ③ (왕하 8:20) 여호람 때에 에돔이 유다의 손에서 배반하여 자기 위에 왕을 세운 고로

memo

34. 길르앗 라못에서 아람 왕 하사엘과 더불어 싸운 왕은?

① 아하시야와 요람 ② 요람과 예후

③ 여로보암과 아하시야 ④ 아하시야와 예후

35. 엘리사의 제자를 통해 이스라엘 왕으로 기름 부음을 받은 사람은?

① 요담 ② 예후 ③ 여로보암 ④ 바아사

36. 예후가 죽인 자가 아닌 사람은?

① 요람 ② 아하시야 ③ 이세벨 ④ 아달랴

37. 예후가 아합에게 속한 자들을 진멸한 것은 누구의 예언대로 된 일인가?

① 엘리야 ② 나단 ③ 갓 ④ 엘리사

38. 야훼(여호와)께서는 예후의 왕위가 몇 대까지 이어질 것이라고 하셨는가?

① 3대 ② 4대 ③ 5대 ④ 6대

34. ① (왕하 8:27–28) 아하시야가 … 아합의 집의 사위가 되었음이러라 그가 아합의 아들 요람과 함께 길르앗 라못으로 가서 아람 왕 하사엘과 더불어 싸우더니 아람 사람들이 요람에게 부상을 입힌지라

35. ② (왕하 9:1–3) 선지자 엘리사가 선지자의 제자 중 하나를 불러 이르되 … 예후를 찾아 들어가서 … 야훼(여호와)의 말씀이 내가 네게 기름을 부어 이스라엘 왕으로 삼노라 하셨느니라 하고 곧 문을 열고 도망하되 지체하지 말지니라 하니

36. ④

예후가 죽인 사람

북 왕국 왕 요람	왕하 9:24	아합의 자손 70명	왕하 10:1, 11
남 왕국 왕 아하시야	왕하 9:27	아하시야의 형제 42명	왕하 10:13-14
아합의 아내 이세벨	왕하 9:30-37	바알 숭배자들	왕하 10:21-25

37. ① (왕하 10:11–17) 예후가 아합의 집에 속한 이스르엘에 남아 있는 자를 다 죽이고 … 사마리아에 이르러 거기에 남아 있는 바 아합에게 속한 자들을 죽여 진멸하였으니 야훼(여호와)께서 엘리야에게 이르신 말씀과 같이 되었더라

38. ② (왕하 10:30) 야훼(여호와)께서 예후에게 이르시되 네가 나보기에 정직한 일을 행하되 잘 행하여 내 마음에 있는 대로 아합 집에 다 행하였은즉 네 자손이 이스라엘 왕위를 이어 사대를 지내리라 하시니라

memo

39. 유다 왕 아하시야의 어머니로서 왕의 자손을 모두 죽이고 나라를 다스린 여인은?

① 이세벨　② 슬로밋　③ 아달랴　④ 여디다

40. 아달랴가 왕의 자손을 모두 죽일 때 요아스를 빼내어 죽임을 당하지 않게 한 사람은?

① 여호나답　② 시므릿　③ 시므앗　④ 여호세바

41. 요아스가 야훼(여호와)의 성전에 숨어 있었던 기간은?

① 3년　② 4년　③ 5년　④ 6년

42. 요아스에게 기름을 부어 왕으로 삼은 제사장은?

① 여호야다　② 아사랴　③ 아히멜렉　④ 사독

43. 요아스가 왕이 될 때의 나이는?

① 5세　② 6세　③ 7세　④ 8세

39. ③ (왕하 11:1-3) 아하시야의 어머니 아달랴가 그의 아들이 죽은 것을 보고 일어나 왕의 자손을 모두 멸절하였으나 … 요아스가 그와 함께 야훼(여호와)의 성전에 육 년을 숨어 있는 동안에 아달랴가 나라를 다스렸더라

40. ④ (왕하 11:2) 요람 왕의 딸 아하시야의 누이 여호세바가 아하시야의 아들 요아스를 왕자들이 죽임을 당하는 중에서 빼내어 그와 그의 유모를 침실에 숨겨 아달랴를 피하여 죽임을 당하지 아니하게 한지라

41. ④ (왕하 11:3) 요아스가 그와 함께 야훼(여호와)의 성전에 육 년을 숨어 있는 동안에 아달랴가 나라를 다스렸더라

42. ① (왕하 11:9-12) 백부장들이 … 제사장 여호야다에게 나아오매 … 여호야다가 왕자를 인도하여 내어 왕관을 씌우며 율법책을 주고 기름을 부어 왕으로 삼으매 무리가 박수하며 왕의 만세를 부르니라

43. ③ (왕하 11:21) 요아스가 왕이 될 때에 나이가 칠 세였더라

memo

44. 요아스 왕이 유다를 통치한 기간은?
① 10년 ② 20년 ③ 30년 ④ 40년

45. 요아스 왕이 정직하게 행하도록 교훈하였던 제사장은?
① 아사랴 ② 여호야다 ③ 사독 ④ 아히멜렉

46. 백성이 헌금한 돈을 성전 수리에 사용하게 한 유다 왕은?
① 요아스 ② 여호아하스 ③ 여호야김 ④ 여호야긴

47. 아람 왕 하사엘이 예루살렘을 공격하려 하자 성전 곳간과 왕궁에 있는 금을 하사엘에게 보낸 왕은?
① 여로보암 ② 여호아하스 ③ 요아스 ④ 예후

48. 요아스 왕을 반역하고 죽인 사람은?
① 왕의 신복 ② 제사장 ③ 군 사령관 ④ 백성

49. 이스라엘이 아람을 칠 것을 나타내는 상징으로 요아스가 땅을 친 횟수는?
① 3번 ② 4번 ③ 5번 ④ 6번

44. ④ (왕하 12:1) 예후의 제칠년에 요아스가 왕이 되어 예루살렘에서 사십 년간 통치하니라 그의 어머니의 이름은 시비아라 브엘세바 사람이더라

45. ② (왕하 12:2) 요아스는 제사장 여호야다가 그를 교훈하는 모든 날 동안에는 야훼(여호와) 보시기에 정직히 행하였으되

46. ① (왕하 12:7) 요아스 왕이 대제사장 여호야다와 제사장들을 불러 이르되 너희가 어찌하여 성전의 파손한 데를 수리하지 아니하였느냐 이제부터는 너희가 아는 사람에게서 은을 받지 말고 그들이 성전의 파손한 데를 위하여 드리게 하라

47. ③ (왕하 12:17-18) 그 때에 아람 왕 하사엘이 올라와서 가드를 쳐서 점령하고 예루살렘을 향하여 올라오고자 하므로 유다의 왕 요아스가 … 성전 곳간과 왕궁에 있는 금을 다 가져다가 아람 왕 하사엘에게 보냈더니 하사엘이 예루살렘에서 떠나갔더라

48. ① (왕하 12:20-21) 요아스의 신복들이 일어나 반역하여 실라로 내려가는 길 가의 밀로 궁에서 그를 죽였고 그를 쳐서 죽인 신복은 시므앗의 아들 요사갈과 소멜의 아들 여호사바드였더라 … 그의 아들 아마샤가 그를 대신하여 왕이 되니라

49. ① (왕하 13:18-19) 엘리사가 또 이스라엘 왕에게 이르되 땅을 치소서 하는지라 이에 세 번 치고 그친지라 하나님의 사람이 노하여 이르되 왕이 대여섯 번을 칠 것이니이다 그리하였더면 왕이 아람을 진멸하기까지 쳤으리이다 그런즉 이제는 왕이 아람을 세 번만 치리이다 하니라

memo

50. 소금 골짜기에서 에돔 사람 만 명을 죽인 왕은?
① 요아스 ② 아마샤 ③ 여로보암 ④ 요람

51. 이스라엘 왕 요아스가 벧세메스에서 사로잡은 유다 왕은?
① 아마샤 ② 요람 ③ 예후 ④ 여호아하스

52. 이스라엘 왕 여로보암 2세 때 활동한 북 왕국의 선지자는?
① 엘리야 ② 이사야 ③ 다니엘 ④ 요나

53. 나병이 들어 죽을 때까지 별궁에 거한 유다 왕은?
① 아사랴 ② 히스기야 ③ 아합 ④ 요담

54. 예후 왕가의 마지막 왕을 죽이고 왕이 된 사람은?
① 아마샤 ② 야베스 ③ 살룸 ④ 스가랴

50. ② (왕하 14:7) 아마샤가 소금 골짜기에서 에돔 사람 만 명을 죽이고 또 전쟁을 하여 셀라를 취하고 이름을 욕드엘이라 하였더니 오늘까지 그러하니라
* '소금 골짜기'란 사해의 찬물이 분출되어 소금 능선을 이루고 있었기 때문에 붙여진 이름이다.

51. ① (왕하 14:13) 이스라엘 왕 요아스가 벧세메스에서 아하시야의 손자 요아스의 아들 유다 왕 아마샤를 사로잡고 예루살렘에 이르러 예루살렘 성벽을 에브라임 문에서부터 성 모퉁이 문까지 사백 규빗을 헐고

52. ④ (왕하 14:25) 이스라엘의 하나님 야훼(여호와)께서 그의 종 가드헤벨 아밋대의 아들 선지자 요나를 통하여 하신 말씀과 같이 여로보암이 이스라엘 영토를 회복하되 하맛 어귀에서부터 아라바 바다까지 하였으니

53. ① (왕하 15:3-5) 아사랴가 … 산당은 제거하지 아니하였으므로 … 야훼(여호와)께서 왕을 치셨으므로 그가 죽는 날까지 나병환자가 되어 별궁에 거하고 왕자 요담이 왕궁을 다스리며 그 땅의 백성을 치리하였더라

54. ③ (왕하 15:10-12) 야베스의 아들 살룸이 그를 반역하여 백성 앞에서 쳐죽이고 대신하여 왕이 되니라 스가랴의 남은 사적은 이스라엘 왕 역대지략에 기록되니라 야훼(여호와)께서 예후에게 말씀하여 이르시기를 네 자손이 사 대 동안 이스라엘 왕위에 있으리라 하신 그 말씀대로 과연 그렇게 되니라

memo

55. 예후 왕가의 마지막 왕은?

① 아사랴 ② 스가랴 ③ 요아스 ④ 야베스

56. 야베스의 아들 살룸을 쳐죽이고 이스라엘의 왕이 된 사람은?

① 살룸 ② 므나헴 ③ 브가히야 ④ 호세아

57. 앗수르 왕 불에게 침공을 당하자 은 천 달란트를 바친 이스라엘 왕은?

① 요아스 ② 므나헴 ③ 아마샤 ④ 여로보암 2세

58. 이스라엘 왕 베가 때에 백성을 사로잡아간 앗수르 왕은?

① 불 ② 살만에셀 ③ 산헤립 ④ 디글랏 빌레셀

59. 베가를 쳐서 죽이고 이스라엘의 마지막 왕이 된 사람은?

① 호세아 ② 브가히야 ③ 므나헴 ④ 살룸

60. 자기 아들을 불 가운데로 지나가게 했던 유다 왕은?

① 아마샤 ② 웃시야 ③ 아하스 ④ 요담

55. ② (왕하 15:11-12) 스가랴의 남은 사적은 이스라엘 왕 역대지략에 기록되니라 야훼(여호와)께서 예후에게 말씀하여 이르시기를 네 자손이 사 대 동안 이스라엘 왕위에 있으리라 하신 그 말씀대로 과연 그렇게 되니라

* 예후 왕조는 예후의 후손인 여호아하스, 요아스, 여로보암, 스가랴가 이스라엘을 통치하는 것을 끝으로 마감되었다.

56. ② (왕하 15:14) 가디의 아들 므나헴이 디르사에서부터 사마리아로 올라가서 야베스의 아들 살룸을 거기에서 쳐죽이고 대신하여 왕이 되니라

57. ② (왕하 15:19) 앗수르 왕 불이 와서 그 땅을 치려 하매 므나헴이 은 천 달란트를 불에게 주어서 그로 자기를 도와 주게 함으로 나라를 자기 손에 굳게 세우고자 하여

58. ④ (왕하 15:29) 이스라엘 왕 베가 때에 앗수르 왕 디글랏 빌레셀이 와서 이욘과 아벨벳 마아가와 야노아와 게데스와 하솔과 길르앗과 갈릴리와 납달리 온 땅을 점령하고 그 백성을 사로잡아 앗수르로 옮겼더라

59. ① (왕하 15:30) 웃시야의 아들 요담 제이십년에 엘라의 아들 호세아가 반역하여 르말랴의 아들 베가를 쳐서 죽이고 대신하여 왕이 되니라

60. ③ (왕하 16:1-3) 르말랴의 아들 베가 제십칠년에 유다의 왕 요담의 아들 아하스가 왕이 되니 … 야훼(여호와)께서 이스라엘 자손 앞에서 쫓아내신 이방 사람의 가증한 일을 따라 자기 아들을 불 가운데로 지나가게 하며

memo

61. 아람과 이스라엘의 공격을 받고 앗수르 왕 디글랏 빌레셀에게 도움을 요청한 유다 왕은?

① 아하스 ② 웃시야 ③ 요아스 ④ 여호람

62. 아하스 왕이 다메섹에서 보낸 우상 제단의 구조와 제도대로 제단을 만든 제사장은?

① 사독 ② 우리야 ③ 여호야다 ④ 힐기야

63. 앗수르 왕 살만에셀의 종이 되어 조공을 바친 이스라엘 왕은?

① 므나헴 ② 브가히야 ③ 베가 ④ 호세아

64. 호세아 왕 때 사마리아를 점령하고 이스라엘 사람을 앗수르로 끌고 간 왕은?

① 살만에셀 ② 디글랏 빌레셀

③ 산헤립 ④ 에살핫돈

61. ① (왕하 16:7) 아하스가 앗수르 왕 디글랏 빌레셀에게 사자를 보내 이르되 나는 왕의 신복이요 왕의 아들이라 이제 아람 왕과 이스라엘 왕이 나를 치니 청하건대 올라와 그 손에서 나를 구원하소서 하고

62. ② (왕하 16:10-11) 아하스 왕이 … 다메섹에 갔다가 거기 있는 제단을 보고 아하스 왕이 그 제단의 모든 구조와 제도의 양식을 그려 제사장 우리야에게 보냈더니 아하스 왕이 다메섹에서 돌아오기 전에 … 제사장 우리야가 제단을 만든지라

* 제사장 우리야는 하나님을 두려워하기보다는 아하스 왕을 기쁘게 하기 위해 왕의 명령대로 우상의 제단을 만들었던 것이다.

63. ④ (왕하 17:1-3) 호세아가 사마리아에서 이스라엘 왕이 되어 구 년간 다스리며 … 앗수르의 왕 살만에셀이 올라오니 호세아가 그에게 종이 되어 조공을 드리더니

64. ① (왕하 17:3-6) 앗수르의 왕 살만에셀이 올라오니 호세아가 그에게 종이 되어 조공을 드리더니 … 앗수르 왕이 사마리아를 점령하고 이스라엘 사람을 사로잡아 앗수르로 끌어다가 고산 강 가에 있는 할라와 하볼과 메대 사람의 여러 고을에 두었더라

* 이스라엘은 B.C. 722년에 앗수르에게 멸망하기 전 3차에 걸쳐 앗수르의 침입을 당하였는데, 그 와중에 여러 성읍의 백성들이 앗수르에 포로로 잡혀갔다(왕하 15:29; 16:9 참조).

memo

65. 호세아가 앗수르를 배반하여 조공을 드리지 않았다는 이유로 앗수르 왕이 3년간 에워싼 성읍은?
① 예루살렘 ② 도단 ③ 사마리아 ④ 벧엘

66. 앗수르 왕이 이스라엘 사람을 사로잡아다 둔 고을이 아닌 곳은?
① 할라 ② 하볼 ③ 메대 사람의 고을 ④ 도단

67. 사마리아에 거주한 사람들이 섬긴 신에 대한 설명으로 맞지 않는 것은?
① 바벨론 사람들은 숙곳브놋을 섬겼다
② 굿 사람들은 네르갈을 섬겼다
③ 하맛 사람들은 아시마를 섬겼다
④ 아와 사람들은 아드람멜렉과 아남멜렉을 섬겼다

68. 이스라엘 자손이 모세가 만든 놋뱀을 향하여 분향하므로 그것을 부순 왕은?
① 아하스 ② 웃시야 ③ 히스기야 ④ 므낫세

65. ③ (왕하 17:4-5) 그가 … 해마다 하던 대로 앗수르 왕에게 조공을 드리지 아니하매 앗수르 왕이 호세아가 배반함을 보고 그를 옥에 감금하여 두고 … 사마리아로 올라와 그 곳을 삼 년간 에워쌌더라

66. ④ (왕하 17:6) 호세아 제구 년에 앗수르 왕이 사마리아를 점령하고 이스라엘 사람을 사로잡아 앗수르로 끌어다가 고산 강 가에 있는 할라와 하볼과 메대 사람의 여러 고을에 두었더라

67. ④

사마리아에 거주한 사람들이 섬긴 신

바벨론 사람들	숙곳브놋	왕하 17:30
굿 사람들	네르갈	왕하 17:30
하맛 사람들	아시마	왕하 17:30
아와 사람들	닙하스, 다르닥	왕하 17:31
스발와임 사람들	아드람멜렉, 아남멜렉	왕하 17:31

68. ③ (왕하 18:3-4) 히스기야가 … 여러 산당들을 제거하며 주상을 깨뜨리며 아세라 목상을 찍으며 모세가 만들었던 놋뱀을 이스라엘 자손이 이 때까지 향하여 분향하므로 그것을 부수고 느후스단이라 일컬었더라
* '느후스단'은 '놋 조각'이란 뜻이다.

memo

69. 히스기야 왕 때 유다의 성읍들을 쳐서 점령한 앗수르 왕은?
① 시삭 ② 느고 ③ 소 ④ 산헤립

70. 히스기야 왕을 치기 위해 앗수르 왕이 보낸 자가 아닌 사람은?
① 다르단 ② 랍사리스 ③ 시삭 ④ 랍사게

71. 앗수르 왕이 보낸 사람들에게 히스기야 왕 대신 나간 자가 아닌 사람은?
① 엘리야김 ② 아삽 ③ 셉나 ④ 요아

72. 앗수르 왕이 보낸 자로서 유다 말로 백성들에게 항복을 요구한 사람은?
① 다르단 ② 살만에셀 ③ 랍사게 ④ 디글랏 빌레셀

73. 유다의 히스기야 왕 때 활동한 남 왕국의 선지자는?
① 스바냐 ② 이사야 ③ 예레미야 ④ 나훔

69. ④ (왕하 18:13) 히스기야 왕 제십사년에 앗수르의 왕 산헤립이 올라와서 유다 모든 견고한 성읍들을 쳐서 점령하매
70. ③ (왕하 18:17) 앗수르 왕이 다르단과 랍사리스와 랍사게로 하여금 대군을 거느리고 라기스에서부터 예루살렘으로 가서 히스기야 왕을 치게 하매 그들이 예루살렘으로 올라가니라
71. ② (왕하 18:17-18) 앗수르 왕이 다르단과 랍사리스와 랍사게로 하여금 대군을 거느리고 … 그들이 왕을 부르매 힐기야의 아들로서 왕궁의 책임자인 엘리야김과 서기관 셉나와 아삽의 아들 사관 요아가 그에게 나가니
72. ③ (왕하 18:28-30) 랍사게가 드디어 일어서서 유다 말로 크게 소리 질러 불러 이르되 너희는 대왕 앗수르 왕의 말씀을 들으라 … 히스기야가 너희에게 야훼(여호와)를 의뢰하라 함을 듣지 말라
73. ② (왕하 19:1-2) 히스기야 왕이 듣고 그 옷을 찢고 굵은 베를 두르고 야훼(여호와)의 전에 들어가서 왕궁의 책임자인 엘리야김과 서기관 셉나와 제사장 중 장로들에게 굵은 베를 둘려서 아모스의 아들 선지자 이사야에게로 보내매

memo

74. 앗수르 왕이 립나와 싸우는 중에 앗수르를 공격한 나라는?
① 구스 ② 아람 ③ 암몬 ④ 바벨론

75. 야훼(여호와)께서 앗수르의 공격으로부터 예루살렘 성을 보호하시는 이유는?
① 하나님과 다윗을 위해 ② 하나님과 히스기야를 위해
③ 다윗과 히스기야를 위해 ④ 히스기야와 유다 백성을 위해

76. 앗수르 왕 산헤립이 살해된 곳은?
① 그의 신 바알의 신전 ② 그의 신 아세라의 신전
③ 그의 신 몰록의 신전 ④ 그의 신 니스록의 신전

77. 앗수르 왕 산헤립의 뒤를 이어 왕이 된 사람은?
① 아드람멜렉 ② 사레셀 ③ 에살핫돈 ④ 랍사게

78. 기도를 통해 연장된 히스기야 왕의 생명은?
① 10년 ② 15년 ③ 20년 ④ 25년

74. ① (왕하 19:8-9) 랍사게가 돌아가다가 … 립나로 가서 앗수르 왕을 만났으니 왕이 거기서 립나와 싸우는 중이더라 앗수르 왕은 구스 왕 디르하가가 당신과 싸우고자 나왔다 함을 듣고

75. ① (왕하 19:32-34) 그러므로 야훼(여호와)께서 앗수르 왕을 가리켜 이르시기를 그가 … 오던 길로 돌아가고 이 성에 이르지 못하리라 하셨으니 이는 야훼(여호와)의 말씀이시라 내가 나와 나의 종 다윗을 위하여 이 성을 보호하여 구원하리라 하셨나이다 하였더라

76. ④ (왕하 19:36-37) 앗수르 왕 산헤립이 떠나 돌아가서 니느웨에 거주하더니 그가 그의 신 니스록의 신전에서 경배할 때에 아드람멜렉과 사레셀이 그를 칼로 쳐죽이고

* '니스록'은 독수리 형상을 한 앗수르의 신이다. 그러나 이를 신전 이름으로 이해하는 사람도 있다. 한편 아드람멜렉과 사레셀은 에살핫돈과 함께 산헤립의 아들로서 왕권을 찬탈하기 위해 아버지를 살해했으나 에살핫돈에 밀려 아라랏으로 도망쳤다고 한다.

77. ③ (왕하 19:36-37) 앗수르 왕 산헤립이 떠나 돌아가서 니느웨에 거주하더니 … 아드람멜렉과 사레셀이 그를 칼로 쳐죽이고 아라랏 땅으로 그들이 도망하매 그 아들 에살핫돈이 대신하여 왕이 되니라

78. ② (왕하 20:5-6) 너는 … 히스기야에게 이르기를 왕의 조상 다윗의 하나님 야훼(여호와)의 말씀이 내가 네 기도를 들었고 네 눈물을 보았노라 내가 너를 낫게 하리니 네가 삼 일 만에 야훼(여호와)의 성전에 올라가겠고 내가 네 날에 십오 년을 더할 것이며

memo

79. 야훼(여호와)께서 히스기야의 병을 낫게 하실 징표로 주신 것은?
① 해시계 위의 해 그림자를 10도 뒤로 물러가게 하심
② 해시계 위의 해 그림자를 10도 앞으로 나아가게 하심
③ 해시계 위의 해 그림자를 15도 뒤로 물러가게 하심
④ 해시계 위의 해 그림자를 15도 앞으로 나아가게 하심

80. 히스기야가 병 들었다 함을 듣고 편지와 예물을 보낸 바벨론 왕은?
① 아닥사스다 ② 느부갓네살
③ 고레스 ④ 브로닥발라단

81. 바벨론 왕이 보낸 사절단에게 왕궁의 보물고와 군기고를 다 보여 준 유다 왕은?
① 히스기야 ② 웃시야 ③ 아하스 ④ 요담

82. 히스기야의 뒤를 이어 유다의 왕이 된 사람은?
① 요시야 ② 므낫세 ③ 여호아하스 ④ 여호야김

79. ① (왕하 20:8-11) 히스기야가 이사야에게 이르되 야훼(여호와)께서 나를 낫게 하시고 삼 일 만에 야훼(여호와)의 성전에 올라가게 하실 무슨 징표가 있나이까 하니 … 아하스의 해시계 위에 나아갔던 해 그림자를 십도 뒤로 물러가게 하셨더라

80. ④ (왕하 20:12) 그 때에 발라단의 아들 바벨론의 왕 브로닥발라단이 히스기야가 병 들었다 함을 듣고 편지와 예물을 그에게 보낸지라

81. ① (왕하 20:12-13) 바벨론의 왕 브로닥발라단이 히스기야가 병 들었다 함을 듣고 편지와 예물을 그에게 보낸지라 히스기야가 사자들의 말을 듣고 자기 보물고의 금은과 향품과 보배로운 기름과 그의 군기고와 창고의 모든 것을 … 보이지 아니한 것이 없더라

82. ② (왕하 20:21) 히스기야가 그의 조상들과 함께 자고 그의 아들 므낫세가 대신하여 왕이 되니라

memo

83. 므낫세 왕이 유다를 다스린 기간은?
① 45년간 ② 50년간 ③ 55년간 ④ 60년간

84. 요시야가 유다의 왕위에 오를 때의 나이는?
① 7세 ② 8세 ③ 9세 ④ 10세

85. 요시야 왕 때 성전을 수리하다 성전에서 율법책을 발견한 대제사장은?
① 여호야다 ② 아마랴 ③ 힐기야 ④ 아사랴

86. 대제사장 힐기야가 성전에서 발견한 율법책을 왕 앞에서 읽은 서기관은?
① 스라야 ② 스와 ③ 셉나 ④ 사반

87. 요시야 왕의 관료가 아닌 사람은?
① 힐기야 ② 사반 ③ 아사야 ④ 사독

83. ③ (왕하 21:1) 므낫세가 왕이 될 때에 나이가 십이 세라 예루살렘에서 오십오 년간 다스리니라 그의 어머니의 이름은 헵시바더라
* 므낫세 왕은 유다 왕들 중 가장 오랫동안 다스린 왕이다.

84. ② (왕하 22:1) 요시야가 왕위에 오를 때에 나이가 팔 세라 예루살렘에서 삼십일 년간 다스리니라 그의 어머니의 이름은 여디다요 보스갓 아다야의 딸이더라

85. ③ (왕하 22:8) 대제사장 힐기야가 서기관 사반에게 이르되 내가 야훼(여호와)의 성전에서 율법책을 발견하였노라 하고 힐기야가 그 책을 사반에게 주니 사반이 읽으니라

86. ④ (왕하 22:8-10) 대제사장 힐기야가 서기관 사반에게 이르되 내가 야훼(여호와)의 성전에서 율법책을 발견하였노라 하고 힐기야가 그 책을 사반에게 주니 … 서기관 사반이 왕에게 말하여 이르되 제사장 힐기야가 내게 책을 주더이다 하고 사반이 왕의 앞에서 읽으매

87. ④ (왕하 22:12) 왕이 제사장 힐기야와 사반의 아들 아히감과 미가야의 아들 악볼과 서기관 사반과 왕의 시종 아사야에게 명령하여 이르되

요시야 왕의 관료들

제사장	힐기야	왕하 22:12
서기관	사반	왕하 22:12
시종	아사야	왕하 22:12

memo

88. 요시야 왕의 관료들은 성전에서 발견한 율법책을 가지고 누구를 찾아갔는가?

① 여선지자 드보라　　② 여선지 훌다
③ 여선지 노아댜　　④ 선지자 오뎃

89. 사람들이 자기 자녀를 불로 태워 제물로 드리는 신은?

① 몰록　② 아스다록　③ 바알　④ 아세라

90. 유다의 요시야 왕을 죽인 사람은?

① 앗수르 왕 디글랏빌레셀　　② 앗수르 왕 불
③ 애굽 왕 바로 느고　　④ 애굽 왕 시삭

91. 애굽 왕에 의해 폐위된 후 애굽으로 잡혀가 죽은 유다 왕은?

① 여호아하스　　② 여호야김
③ 여호야긴　　④ 시드기야

88. ② (왕하 22:13-14) 너희는 가서 나와 백성과 온 유다를 위하여 이 발견한 책의 말씀에 대하여 야훼(여호와)께 물으라 … 이에 제사장 힐기야와 또 아히감과 악볼과 사반과 아사야가 여선지 훌다에게로 나아가니

89. ① (왕하 23:10) 왕이 또 힌놈의 아들 골짜기의 도벳을 더럽게 하여 어떤 사람도 몰록에게 드리기 위하여 자기의 자녀를 불로 지나가지 못하게 하고

90. ③ (왕하 23:29) 요시야 당시에 애굽의 왕 바로 느고가 앗수르 왕을 치고자 하여 유브라데 강으로 올라가므로 요시야 왕이 맞서 나갔더니 애굽 왕이 요시야를 므깃도에서 만났을 때에 죽인지라

91. ① (왕하 23:32-34) 여호아하스가 그의 조상들의 모든 행위대로 야훼(여호와) 보시기에 악을 행하였더니 바로 느고가 그를 하맛 땅 립나에 가두어 예루살렘에서 왕이 되지 못하게 하고 … 애굽으로 잡아갔더니 그가 거기서 죽으니라

memo

92. 유다의 여호야김 왕 때 유다를 침공한 바벨론 왕은?
① 아닥사스다 ② 느부갓네살
③ 고레스 ④ 브로닥발라단

93. 바벨론 느부갓네살 왕에게 사로잡혀간 유다 왕은?
① 아몬 ② 여호야긴 ③ 아하스 ④ 여호아하스

94. 두 눈이 뽑힌 채 놋 사슬에 결박되어 바벨론으로 끌려간 유다 왕은?
① 므낫세 ② 여호야긴 ③ 여호아하스 ④ 시드기야

95. 느부갓네살이 바벨론으로 사로잡아 가지 않고 유다 땅에 남긴 백성을 관할하게 한 사람은?
① 스라야 ② 그달리야 ③ 요하난 ④ 야아사니야

92. ② (왕하 24:1) 여호야김 시대에 바벨론의 왕 느부갓네살이 올라오매 여호야김이 삼 년간 섬기다가 돌아서 그를 배반하였더니

바벨론 느부갓네살 왕의 유다 침공

1차	여호야김 왕 때	왕하 24:1
2차	여호야긴 왕 때	왕하 24:10-17
3차	시드기야 왕 때	왕하 25:1-21

93. ② (왕하 24:10–15) 그 때에 바벨론의 왕 느부갓네살의 신복들이 예루살렘에 올라와서 그 성을 에워싸니라 그의 신복들이 에워쌀 때에 바벨론의 왕 느부갓네살도 그 성에 이르니 … 그가 여호야긴을 바벨론으로 사로잡아 가고

94. ④ (왕하 25:5–7) 갈대아 군대가 그 왕을 뒤쫓아가서 여리고 평지에서 그를 따라 잡으매 왕의 모든 군대가 그를 떠나 흩어진지라 … 그들이 시드기야의 아들들을 그의 눈앞에서 죽이고 시드기야의 두 눈을 빼고 놋 사슬로 그를 결박하여 바벨론으로 끌고 갔더라

95. ② (왕하 25:22) 유다 땅에 머물러 있는 백성은 곧 바벨론 왕 느부갓네살이 남긴 자라 왕이 사반의 손자 아히감의 아들 그달리야가 관할하게 하였더라

memo

96. 그달리야를 쳐서 죽인 사람은?

① 스바냐 ② 이스마엘 ③ 사반 ④ 스라야

97. 여호야긴 왕을 석방하고 친절하게 대해 준 바벨론 왕은?

① 고레스 ② 브로닥발라단
③ 에윌므로닥 ④ 아닥사스다

96. ② (왕하 25:25) 칠월에 왕족 엘리사마의 손자 느다니야의 아들 이스마엘이 부하 열 명을 거느리고 와서 그달리야를 쳐서 죽이고 또 그와 함께 미스바에 있는 유다 사람과 갈대아 사람을 죽인지라

97. ③ (왕하 25:27-30) 유다의 왕 여호야긴이 사로잡혀 간 지 삼십칠 년 곧 바벨론의 왕 에윌므로닥이 … 여호야긴을 옥에서 내놓아 그 머리를 들게 하고 그에게 좋게 말하고 … 그가 쓸 것은 날마다 왕에게서 받는 양이 있어서 종신토록 끊이지 아니하였더라

memo

주관식

1. 회오리 바람으로 하늘로 올라간 선지자는?

2. "엘리사가 보고 소리 지르되 내 아버지여 내 아버지여 이스라엘의 (   )와 그 (   )이여 하더니 다시 보이지 아니하는지라 이에 엘리사가 자기의 옷을 잡아 둘로 찢고"

3. "하루는 엘리사가 (   )에 이르렀더니 거기에 한 귀한 여인이 그를 간권하여 음식을 먹게 하였으므로 엘리사가 그 곳을 지날 때마다 음식을 먹으러 그리로 들어갔더라"

4. 엘리사를 대접하여 아들을 낳은 여인은?

5. 나아만에게서 은과 옷을 받아 징벌로 나병에 걸린 사람은?

1. **엘리야** (왕하 2:11) 두 사람이 길을 가며 말하더니 불수레와 불말들이 두 사람을 갈라놓고 엘리야가 회오리 바람으로 하늘로 올라가더라
   * 회오리 바람으로 하늘로 올라갔다는 것은, 엘리야가 하나님께서 임재하신 가운데 승천하였음을 가리킨다.
2. **병거, 마병** (왕하 2:12 참조)
   * 엘리사가 엘리야를 '이스라엘의 병거와 마병'이라고 부른 것은 엘리야가 당시 이스라엘을 지키는 최고의 무기인 병거와 같은 능력의 소유자였음을 상징적으로 표현한 것이다.
3. **수넴** (왕하 4:8 참조)
4. **수넴 여인** (왕하 4:8-17) 하루는 엘리사가 수넴에 이르렀더니 거기에 한 귀한 여인이 그를 간권하여 음식을 먹게 하였으므로 … 엘리사가 이르되 한 해가 지나 이 때쯤에 네가 아들을 안으리라 하니 … 엘리사가 여인에게 말한 대로 아들을 낳았더라
5. **게하시** (왕하 5:23-27) 나아만이 이르되 바라건대 두 달란트를 받으라 하고 그를 강권하여 은 두 달란트를 두 전대에 넣어 매고 옷 두 벌을 아울러 두 사환에게 지우매 그들이 게하시 앞에서 지고 가니라 … 엘리사가 이르되 … 나아만의 나병이 네게 들어 네 자손에게 미쳐 영원토록 이르리라 하니 게하시가 그 앞에서 물러나오매 나병이 발하여 눈같이 되었더라

memo

6. 선지자의 제자들이 나무를 베다 물에 떨어뜨린 쇠도끼를 떠오르게 한 사람은?

7. "기도하여 이르되 야훼(여호와)여 원하건대 그의 눈을 열어서 보게 하옵소서 하니 야훼(여호와)께서 그 청년의 눈을 여시매 그가 보니 (   )과 (   )가 산에 가득하여 엘리사를 둘렀더라"

8. 열왕기하 6장에서, 엘리사 시대에 사마리아 성 사람들은 누구의 공격을 받아 크게 주리게 되었는가?

9. "우리가 드디어 내 (   )을 삶아 먹었더니 이튿날에 내가 그 여인에게 이르되 네 아들을 내놓아라 우리가 먹으리라 하나 그가 그의 아들을 숨겼나이다 하는지라"

6. **엘리사** (왕하 6:1–6) 선지자의 제자들이 … 나무를 벨 때에 쇠도끼가 물에 떨어진지라 이에 외쳐 이르되 아아, 내 주여 이는 빌려온 것이니이다 하니 하나님의 사람이 이르되 어디 빠졌느냐 하매 그 곳을 보이는지라 엘리사가 나뭇가지를 베어 물에 던져 쇠도끼를 떠오르게 하고
7. **불말, 불병거** (왕하 6:17 참조)
8. **아람 왕 벤하닷** (왕하 6:24–25) 이 후에 아람 왕 벤하닷이 그의 온 군대를 모아 올라와서 사마리아를 에워싸니 아람 사람이 사마리아를 에워싸므로 성중이 크게 주려서 나귀 머리 하나에 은 팔십 세겔이요 비둘기 똥 사분의 일 갑에 은 다섯 세겔이라 하니
9. **아들** (왕하 6:29 참조)

   * 당시 사마리아 성의 식량난은 어미가 자식을 잡아먹을 정도로 심했는데, 이러한 비극은 성경의 예언이 그대로 성취된 결과였다(레 26:29; 신 28:53, 57 참조). 한편 이러한 비극은 바벨론이 유다를 침입했을 때에도 있었다(애 4:10 참조).

memo

10. “이는 (   )께서 아람 군대로 병거 소리와 말 소리와 큰 군대의 소리를 듣게 하셨으므로 아람 사람이 서로 말하기를 이스라엘 왕이 우리를 치려 하여 헷 사람의 왕들과 애굽 왕들에게 값을 주고 그들을 우리에게 오게 하였다 하고 해질 무렵에 일어나서 도망하되 그 장막과 말과 나귀를 버리고 진영을 그대로 두고 목숨을 위하여 (   )하였음이라”

11. “아하시야가 왕이 될 때에 나이가 이십이 세라 예루살렘에서 일 년을 통치하니라 그의 어머니의 이름은 아달랴라 이스라엘 왕 (   )의 손녀이더라”

12. 예후가 그의 장관에게 요람의 시체를 던지라고 한 곳은?

13. 아달랴가 왕의 자손을 모두 죽일 때 살아남은 왕자는?

10. **주, 도망** (왕하 7:6-7 참조)
11. **오므리** (왕하 8:26 참조)
12. **나봇의 밭** (왕하 9:24-25) 예후가 힘을 다하여 활을 당겨 요람의 두 팔 사이를 쏘니 화살이 그의 염통을 꿰뚫고 나오매 … 예후가 그의 장관 빗갈에게 이르되 그 시체를 가져다가 이스르엘 사람 나봇의 밭에 던지라 … 야훼(여호와)께서 이같이 그의 일을 예언하셨느니라
13. **요아스** (왕하 11:1-2) 아하시야의 어머니 아달랴가 … 왕의 자손을 모두 멸절하였으나 … 여호세바가 아하시야의 아들 요아스를 왕자들이 죽임을 당하는 중에서 빼내어 그와 그의 유모를 침실에 숨겨 아달랴를 피하여 죽임을 당하지 아니하게 한지라

memo

14. “(　　　　　)가 죽을 병이 들매 이스라엘의 왕 요아스가 그에게로 내려와 자기의 얼굴에 눈물을 흘리며 이르되 내 아버지여 내 아버지여 이스라엘의 병거와 마병이여 하매”

15. “엘리사가 죽으니 그를 장사하였고 해가 바뀌매 모압 도적 떼들이 그 땅에 온지라 마침 사람을 장사하는 자들이 그 도적 떼를 보고 그의 시체를 엘리사의 묘실에 들이던지매 시체가 (　　　　　)의 뼈에 닿자 곧 회생하여 일어섰더라”

16. “유다의 왕 요아스의 아들 아마샤 제십오년에 이스라엘의 왕 요아스의 아들 (　　　　　)이 사마리아에서 왕이 되어 사십일 년간 다스렸으며”

17. 여로보암 왕이 하맛 어귀에서부터 아라바 바다까지 영토를 회복할 것이라고 예언한 선지자는?

18. 유다의 요담 왕 어머니는 누구의 딸인가?

14. 엘리사 (왕하 13:14 참조)

15. 엘리사 (왕하 13:20-21 참조)

* 죽은 사람이 엘리사의 시신에 닿자 살아난 이적은 아람이나 모압 같은 주변국들의 침략을 받아 약해진 이스라엘이 엘리사의 예언(왕하 13:17 참조)과 같이 그들을 무찌르고 다시 회복될 것을 나타낸다(왕하 13:25 참조).

16. 여로보암 (왕하 14:23 참조)

* 여기서 여로보암은 여로보암 2세를 가리킨다(왕하 13:13 참조).

17. 요나 (왕하 14:25) 이스라엘의 하나님 야훼(여호와)께서 그의 종 가드헤벨 아밋대의 아들 선지자 요나를 통하여 하신 말씀과 같이 여로보암이 이스라엘 영토를 회복하되 하맛 어귀에서부터 아라바 바다까지 하였으니

18. 사독 (왕하 15:32-33) 이스라엘의 왕 르말랴의 아들 베가 제이년에 유다 왕 웃시야의 아들 요담이 왕이 되니 나이가 이십오 세라 예루살렘에서 십육 년간 다스리니라 그의 어머니의 이름은 여루사라 사독의 딸이더라

* 이 ‘사독’이 다윗과 솔로몬 시대의 대제사장 사독(삼하 20:25; 왕상 1:8 참조)의 후손인지는 확실하지 않다.

memo

19. 다메섹에 있는 우상 제단의 구조와 제도를 모방하여 제단을 만들게 한 유다 왕은?

20. "너는 돌아가서 내 백성의 주권자 (　　　　)에게 이르기를 왕의 조상 다윗의 하나님 야훼(여호와)의 말씀이 내가 네 기도를 들었고 네 눈물을 보았노라 내가 너를 낫게 하리니 네가 삼 일 만에 야훼(여호와)의 성전에 올라가겠고"

21. 이사야가 히스기야의 상처를 치유하기 위해 사용한 것은?

22. "히스기야의 남은 사적과 그의 모든 업적과 (　　　)와 (　　　)를 만들어 물을 성 안으로 끌어들인 일은 유다 왕 역대지략에 기록되지 아니하였느냐"

19. **아하스** (왕하 16:10-11) 아하스 왕이 앗수르의 왕 디글랏 빌레셀을 만나러 다메섹에 갔다가 거기 있는 제단을 보고 아하스 왕이 그 제단의 모든 구조와 제도의 양식을 그려 제사장 우리야에게 보냈더니 … 제사장 우리야가 제단을 만든지라
20. **히스기야** (왕하 20:5 참조)
21. **무화과 반죽** (왕하 20:5-7) 너는 … 히스기야에게 이르기를 왕의 조상 다윗의 하나님 야훼(여호와)의 말씀이 내가 네 기도를 들었고 네 눈물을 보았노라 내가 너를 낫게 하리니 … 이사야가 이르되 무화과 반죽을 가져오라 하매 무리가 가져다가 그 상처에 놓으니 나으니라
22. **저수지, 수도** (왕하 20:20 참조)
   * 히스기야 왕은 앗수르의 침입에 대비하여 수로를 건설하고 기혼 샘물을 예루살렘 성 안으로 끌어들였다(대하 32:2-8 참조).

memo

23. 바알과 아세라와 일월 성신을 위해 만든 그릇들을 성전에서 내다가 불사른 유다 왕은?

24. 유다의 요시야 왕이 전사한 곳은?

25. 애굽 왕 바로 느고가 개명해 준 엘리아김의 이름은?

26. 바벨론 왕이 여호야긴 대신 유다 왕으로 세운 사람은?

27. 예루살렘을 함락시킨 느부갓네살 왕의 시위대장은?

23. **요시야** (왕하 23:4) 왕이 대제사장 힐기야와 모든 부제사장들과 문을 지킨 자들에게 명령하여 바알과 아세라와 하늘의 일월 성신을 위하여 만든 모든 그릇들을 야훼(여호와)의 성전에서 내다가 예루살렘 바깥 기드론 밭에서 불사르고 그것들의 재를 벧엘로 가져가게 하고
* 왕하 22:2 참조

24. **므깃도** (왕하 23:29) 요시야 당시에 애굽의 왕 바로 느고가 앗수르 왕을 치고자 하여 유브라데 강으로 올라가므로 요시야 왕이 맞서 나갔더니 애굽 왕이 요시야를 므깃도에서 만났을 때에 죽인지라

25. **여호야김** (왕하 23:34) 바로 느고가 요시야의 아들 엘리아김을 그의 아버지 요시야를 대신하여 왕으로 삼고 그의 이름을 고쳐 여호야김이라 하고

26. **시드기야** (왕하 24:15-17) 그가 여호야긴을 바벨론으로 사로잡아 가고 … 여호야긴의 숙부 맛다니야를 대신하여 왕으로 삼고 그의 이름을 고쳐 시드기야라 하였더라

27. **느부사라단** (왕하 25:8-9) 바벨론 왕 느부갓네살의 열아홉째 해 오월 칠일에 바벨론 왕의 신복 시위대장 느부사라단이 예루살렘에 이르러 야훼(여호와)의 성전과 왕궁을 불사르고 예루살렘의 모든 집을 귀인의 집까지 불살랐으며

역대상 1 Chronicles

연대 및 저자

B.C. 450년경 기록된 것으로 추정되며, 저자가 누구인지 알 수 없지만 에스라로 추정하기도 한다.

중심 내용

본서는 아담부터 바벨론 포로 귀환 후까지의 계보와 함께 성전 건축을 위한 다윗의 준비 작업을 다루고 있다.

특징

1. 다윗의 혈통을 중심으로 하는 유다의 역사를 기록하고 있다.
2. 다윗의 군사적 승리와 신앙적 업적을 강조하고 있다.
3. 유다의 종교적인 역사에 초점을 맞추고 있다.

내용 분해

1. 계보 (1:1–9:44)

1) 아담부터 아브라함까지 (1:1–27)
2) 아브라함부터 야곱까지 (1:28–54)
3) 야곱부터 다윗까지 (2:1–55)
4) 다윗부터 포로기까지 (3:1–24)
5) 이스라엘 12지파의 계보 (4:1–8:40)
6) 남은 자들의 계보 (9:1–34)
7) 사울의 계보 (9:35–44)

2. 다윗의 통치 (10:1–29:30)

1) 다윗의 즉위 (10:1–12:40)
2) 언약궤 안치 (13:1–17:27)
3) 다윗의 업적 (18:1–20:8)
4) 다윗의 성전 건축 준비 (21:1–27:34)
5) 다윗의 마지막 생애 (28:1–29:30)

memo

객관식

1. 역대상의 내용과 관계없는 것은?
   ① 아담부터 바벨론 포로 귀환 후까지의 계보를 다루고 있다
   ② 성전 건축을 위한 다윗의 준비 작업을 다루고 있다
   ③ 다윗의 혈통을 중심으로 하는 유다의 역사를 다루고 있다
   ④ 북이스라엘의 종교적인 역사에 초점을 맞추고 있다

2. 역대상이 기록된 연대로 추정되는 때는?
   ① B.C. 400년경　　② B.C. 450년경
   ③ B.C. 500년경　　④ B.C. 550년경

3. 역대상을 기록한 사람은?
   ① 사무엘　② 솔로몬　③ 미상　④ 르호보암

4. 노아의 아들인 야벳의 자손이 아닌 사람은?
   ① 고멜　② 마대　③ 두발　④ 미스라임

1. ④ 역대상은 아담부터 바벨론 포로 귀환 후까지의 계보와 함께 성전 건축을 위한 다윗의 준비 작업을 다루고 있다. 또한 다윗의 혈통을 중심으로 하는 유다의 역사와 다윗의 군사적 승리, 신앙적 업적 등을 다루면서 유다의 종교적인 역사에 초점을 맞추고 있다.
2. ② 역대상은 B.C. 450년경 기록된 것으로 추정된다.
3. ③ 역대상의 저자는 누구인지 알 수 없지만 에스라로 추정하기도 한다.
4. ④ (대상 1:5) 야벳의 자손은 고멜과 마곡과 마대와 야완과 두발과 메섹과 디라스요
   * '야벳'은 노아의 막내 아들이다(창 5:32 참조).

memo

5. 노아의 아들인 함의 자손이 아닌 사람은?
① 구스 ② 미스라임 ③ 붓 ④ 고멜

6. 구스가 낳은 아들로서 세상에서 첫 영걸이었던 사람은?
① 스바 ② 하윌라 ③ 니므롯 ④ 삽다

7. 노아의 아들인 셈의 자손이 아닌 사람은?
① 엘람 ② 앗수르 ③ 아르박삿 ④ 미스라임

8. 땅이 나뉘게 된 때는?
① 메섹 때 ② 아르박삿 때 ③ 벨렉 때 ④ 셀라 때

9. 이스라엘(야곱)의 열두 아들에 속하지 않는 사람은?
① 르우벤 ② 시므온 ③ 레위 ④ 베레스

10. 유다의 아들이 아닌 사람은?
① 에르 ② 헤스론 ③ 오난 ④ 셀라

5. ④ (대상 1:8) 함의 자손은 구스와 미스라임과 붓과 가나안이요
* '함'은 노아의 둘째 아들이다(창 5:32 참조).

6. ③ (대상 1:10) 구스가 또 니므롯을 낳았으니 세상에서 첫 영걸이며
* 니므롯은 바벨론에 왕국을 건립하고 후에 앗수르까지 점령한 영걸이었다(창 10:6–12 참조). 한편 '니므롯'은 '대적자'라는 뜻이며, '영걸'은 '폭력으로 통치하는 자', '강력한 권세를 지닌 자'란 뜻을 가지고 있다.

7. ④ (대상 1:17) 셈의 자손은 엘람과 앗수르와 아르박삿과 룻과 아람과 우스와 훌과 게델과 메섹이라
* '셈'은 노아의 큰 아들이다(창 5:32 참조).

8. ③ (대상 1:19) 에벨은 두 아들을 낳아 하나의 이름을 벨렉이라 하였으니 이는 그 때에 땅이 나뉘었음이요 그의 아우의 이름은 욕단이며
* '벨렉'은 '분할'이란 뜻으로, 하나님께서 그 시대 사람들의 말을 혼잡하게 하여 땅을 나누신 사건(창 11:9 참조)에서 유래하였다.

9. ④ (대상 2:1–2) 이스라엘의 아들은 이러하니 르우벤과 시므온과 레위와 유다와 잇사갈과 스불론과 단과 요셉과 베냐민과 납달리와 갓과 아셀이더라

10. ② (대상 2:3) 유다의 아들은 에르와 오난과 셀라니 이 세 사람은 가나안 사람 수아의 딸이 유다에게 낳아 준 자요 유다의 맏아들 에르는 야훼(여호와) 보시기에 악하였으므로 야훼(여호와)께서 죽이셨고

memo

11. 이새의 아들이 아닌 사람은?
① 엘리압 ② 아비나답 ③ 시므아 ④ 헤스론

12. 헤스론의 자손으로서 길르앗 땅에서 스물세 성읍을 가진 사람은?
① 마길 ② 스굽 ③ 야일 ④ 시므아

13. 다윗이 헤브론에서 7년 6개월을 다스리는 동안 낳은 아들은 몇 명인가?
① 5명 ② 6명 ③ 7명 ④ 8명

14. 요시야의 아들이 아닌 사람은?
① 요하난 ② 여호야김 ③ 시드기야 ④ 여호사밧

11. ④ (대상 2:13-15) 이새는 맏아들 엘리압과 둘째로 아비나답과 셋째로 시므아와 넷째로 느다넬과 다섯째로 랏대와 여섯째로 오셈과 일곱째로 다윗을 낳았으며
* 이새의 딸은 스루야와 아비가일이다(대상 2:16 참조).

12. ③ (대상 2:21-22) 그 후에 헤스론이 육십 세에 길르앗의 아버지 마길의 딸에게 장가 들어 동침하였더니 그가 스굽을 헤스론에게 낳아 주었으며 스굽은 야일을 낳았고 야일은 길르앗 땅에서 스물세 성읍을 가졌더니
* 야일은 가나안 정복 때 그술 족속과 마아갓 족속의 경계에까지 이르는 아르곱 온 지방을 정복하고 그곳 이름을 하봇야일이라 칭하였는데(신 3:14; 민 32:41 참조), 스물세 성읍은 야일이 그때 빼앗은 것이다.

13. ②

다윗이 헤브론에서 낳은 아들(대상 3:1-4)

첫째	암논(아히노암의 아들)	넷째	아도니야(학깃의 아들)
둘째	다니엘(아비가일의 아들)	다섯째	스바댜(아비달의 아들)
셋째	압살롬(마아가의 아들)	여섯째	이드르암(에글라의 아들)

14. ④ (대상 3:15) 요시야의 아들들은 맏아들 요하난과 둘째 여호야김과 셋째 시드기야와 넷째 살룸이요
* 왕위 즉위 순서는 요시야 ▶ 살룸(본명은 여호아하스) ▶ 여호야김(본명은 엘리아김) ▶ 여호야긴(다른 이름은 여고냐, 고니야) ▶ 시드기야(본명은 맛다니야) 순이다.

memo

15. 아버지의 침상을 더럽힌 르우벤 대신 장자의 명분을 얻은 사람은?
① 베냐민 ② 레위 ③ 요셉 ④ 시므온

16. 르우벤 자손의 지도자로서 앗수르 왕 디글랏빌레셀에게 사로잡힌 자는?
① 시므이 ② 브에라 ③ 스마야 ④ 바알

17. 우상을 숭배한 죄로 앗수르에 포로로 잡혀간 지파는?
① 르우벤, 갓, 므낫세 반 지파
② 르우벤, 레위, 므낫세 반 지파
③ 르우벤, 유다, 므낫세 반 지파
④ 르우벤, 베냐민, 므낫세 반 지파

18. 레위의 아들이 아닌 사람은?
① 게르손 ② 그핫 ③ 므라리 ④ 아므람

15. ③ (대상 5:1) 르우벤은 장자라도 그의 아버지의 침상을 더럽혔으므로 장자의 명분이 이스라엘의 아들 요셉의 자손에게로 돌아가서 족보에 장자의 명분대로 기록되지 못하였느니라
* 르우벤은 야곱의 첩이었던 빌하와 통간하는(창 35:22 참조) 죄를 범했기 때문에 장자의 명분을 요셉에게 빼앗기고 말았다(창 49:3–4 참조).

16. ② (대상 5:6) 그의 아들은 브에라이니 그는 르우벤 자손의 지도자로서 앗수르 왕 디글랏빌레셀에게 사로잡힌 자라
* 앗수르는 3차에 걸쳐 팔레스틴을 원정하였는데, 이 사건은 3차 원정 때 일어난 일이다. 이때 디글랏빌레셀 3세는 북이스라엘의 성읍 대부분을 정복하여 백성들을 포로로 잡아갔다(왕하 15:29 참조).

17. ① (대상 5:25–26) 그들이 … 그 땅 백성의 신들을 간음하듯 섬긴지라 그러므로 이스라엘 하나님이 앗수르 왕 불의 마음을 일으키시며 앗수르 왕 디글랏빌레셀의 마음을 일으키시매 곧 르우벤과 갓과 므낫세 반 지파를 사로잡아 할라와 하볼과 하라와 고산 강 가에 옮긴지라

18. ④ (대상 6:1) 레위의 아들들은 게르손과 그핫과 므라리요
* 대상 6:1–15은 레위 지파의 후손들을 아론부터 여호사닥(바벨론 포로 때)까지 제사장을 중심으로 기록하고 있다.

memo

19. 아므람의 자녀가 아닌 사람은?

① 아론 ② 이스할 ③ 모세 ④ 미리암

20. 솔로몬이 예루살렘에 세운 성전에서 제사장의 직분을 행한 사람은?

① 아히둡 ② 엘리 ③ 요하난 ④ 아사랴

21. 다윗이 기랏여아림에 두었던 언약궤를 예루살렘으로 옮긴 후 제일 먼저 한 일은?

① 군대를 정비함 ② 번제를 드림

③ 찬송하는 자들을 세움 ④ 회막의 봉사자를 세움

22. 다윗 때 회막 앞에서 찬송하는 직무를 맡지 않은 사람은?

① 헤만 ② 아삽 ③ 야시엘 ④ 에단

19. ② (대상 6:3) 아므람의 자녀는 아론과 모세와 미리암이요 아론의 자녀는 나답과 아비후와 엘르아살과 이다말이며

20. ④ (대상 6:10) 요하난은 아사랴를 낳았으니 이 아사랴는 솔로몬이 예루살렘에 세운 성전에서 제사장의 직분을 행한 자이며

* 이스라엘 백성이 광야에서 생활할 때에는 성막이 그들의 예배와 생활의 중심지였으나, 가나안 정착 후 솔로몬이 완성한 성전에서 아사랴가 제사장 직무를 수행하면서부터는 예루살렘 성전이 그들의 예배와 삶의 중심지가 되었다.

21. ③ (대상 6:31-32) 언약궤가 평안을 얻었을 때에 다윗이 야훼(여호와)의 성전에서 찬송하는 직분을 맡긴 자들은 아래와 같았더라 솔로몬이 예루살렘에서 야훼(여호와)의 성전을 세울 때까지 그들이 회막 앞에서 찬송하는 일을 행하되 그 계열대로 직무를 행하였더라

* 다윗은 사무엘 때에 블레셋과의 전쟁에서 빼앗겼다가 기랏여아림에 두었던 언약궤를 예루살렘으로 옮긴 후 제일 먼저 성전에서 찬송하는 자들을 세웠다.

22. ③

다윗이 성전에서 찬송하는 직분을 맡긴 자들

헤만	그핫의 자손	대상 6:33
아삽	베레갸의 아들	대상 6:39
에단	므라리의 자손	대상 6:44

memo

23. 번제단과 향단 위에 분향하고 제사를 드리며 지성소의 모든 일을 하는 사람은?
    ① 아므람과 그의 자손들　② 아론과 그의 자손들
    ③ 모세와 그의 자손들　④ 미리암과 그의 자손들

24. 눈의 아들 여호수아가 속한 지파는?
    ① 므낫세　② 에브라임　③ 유다　④ 레위

25. 사울의 아들이 아닌 사람은?
    ① 요나단　② 말기수아　③ 아비나답　④ 미가

26. 다음 중 요나단의 아들은?
    ① 말기수아　② 아비나답　③ 므립바알　④ 미가

23. ② (대상 6:49) 아론과 그의 자손들은 번제단과 향단 위에 분향하며 제사를 드리며 지성소의 모든 일을 하여 하나님의 종 모세의 모든 명령대로 이스라엘을 위하여 속죄하니
24. ② (대상 7:23-27) 그리고 에브라임이 그의 아내와 동침하매 임신하여 아들을 낳으니 … 그의 아들은 눈이요 그의 아들은 여호수아더라
25. ④ (대상 8:33) 넬은 기스를 낳고 기스는 사울을 낳고 사울은 요나단과 말기수아와 아비나답과 에스바알을 낳았으며
26. ③ (대상 8:34) 요나단의 아들은 므립바알이라 므립바알은 미가를 낳았고

memo

27. 바벨론에서 귀환하여 처음으로 예루살렘에 거주한 자가 아닌 사람들은?
① 제사장들 ② 레위 사람들
③ 느디님 사람들 ④ 마온 사람들

28. 힐기야의 아들로서 바벨론에서 귀환하여 하나님의 성전을 맡은 제사장은?
① 아사랴 ② 므술람 ③ 므라욧 ④ 아히둡

29. 바벨론에서 귀환한 후 성전에서 찬송하는 일을 맡은 자는?
① 느디님 사람들 ② 베냐민 족속
③ 레위 우두머리 ④ 므라리 자손

30. 블레셋 사람들과의 싸움에서 죽은 사울의 아들이 아닌 사람은?
① 요나단 ② 아비나답 ③ 말기수아 ④ 에스바알

27. ④ (대상 9:1-2) 유다가 범죄함으로 말미암아 바벨론으로 사로잡혀 갔더니 그들의 땅 안에 있는 성읍에 처음으로 거주한 이스라엘 사람들은 제사장들과 레위 사람들과 느디님 사람들이라
* '느디님 사람들'은 레위인을 도와 성전에서 봉사했던 자들로서, 주로 나무 패는 일과 물 긷는 일을 했을 것으로 추정된다.

28. ① (대상 9:10-11) 제사장 중에서는 여다야와 여호야립과 야긴과 하나님의 성전을 맡은 자 아사랴이니 그는 힐기야의 아들이요 므술람의 손자요 사독의 증손이요 므라욧의 현손이요 아히둡의 오대손이며

29. ③ (대상 9:33) 또 찬송하는 자가 있으니 곧 레위 우두머리라 그들은 골방에 거주하면서 주야로 자기 직분에 전념하므로 다른 일은 하지 아니하였더라
* 다윗 당시 찬송의 직분을 맡았던 레위인들은 에단, 아삽, 헤만의 자손들로서(대상 6:33, 39, 44 참조), 이들의 후손은 바벨론에서 귀환한 후에도 계속 찬송하는 직분을 수행했다(느 11:22 참조).

30. ④ (대상 10:1-2) 블레셋 사람들과 이스라엘이 싸우더니 … 블레셋 사람들이 사울과 그 아들들을 추격하여 블레셋 사람들이 사울의 아들 요나단과 아비나답과 말기수아를 죽이고

memo

31. 사울과 그의 아들들의 시체를 상수리나무 아래에 장사하고 7일간 금식한 사람들은?
① 느디님 사람들 ② 길르앗야베스 사람들
③ 블레셋 사람들 ④ 아말렉 사람들

32. 야훼(여호와)께서 사울을 죽이시고 그 나라를 다윗에게 넘겨 주신 이유가 아닌 것은?
① 사울이 야훼(여호와)께 범죄하였기 때문이다
② 사울이 야훼(여호와)의 말씀을 지키지 않았기 때문이다
③ 사울이 전쟁을 많이 하였기 때문이다
④ 사울이 신접한 자에게 가르치기를 청했기 때문이다

33. 다윗이 여부스 원주민을 쫓아내고 정복한 곳은?
① 예루살렘 ② 헤브론 ③ 애굽 ④ 바벨론

31. ② (대상 10:11-12) 길르앗야베스 모든 사람이 블레셋 사람들이 사울에게 행한 모든 일을 듣고 용사들이 다 일어나서 사울의 시체와 그의 아들들의 시체를 거두어 야베스로 가져다가 그 곳 상수리나무 아래에 그 해골을 장사하고 칠일간 금식하였더라
* 길르앗야베스는 요단 동편에 있는 므낫세 반 지파의 성읍으로서(수 17:5-6 참조), 과거 암몬 왕 나하스가 이곳을 공격했을 때 사울이 이곳 사람들을 구출해 주었다(삼상 11:1-15 참조). 이러한 사울의 은혜에 보답하기 위해 길르앗야베스 사람들은 사울과 그의 아들들의 시체를 가져다가 장사지내 주었던 것이다.

32. ③ (대상 10:13-14) 사울이 죽은 것은 야훼(여호와)께 범죄하였기 때문이라 그가 야훼(여호와)의 말씀을 지키지 아니하고 또 신접한 자에게 가르치기를 청하고 야훼(여호와)께 묻지 아니하였으므로 야훼(여호와)께서 그를 죽이시고 그 나라를 이새의 아들 다윗에게 넘겨 주셨더라

33. ① (대상 11:4-5) 다윗이 온 이스라엘과 더불어 예루살렘 곧 여부스에 이르니 여부스 땅의 주민들이 거기에 거주하였더라 여부스 원주민이 다윗에게 이르기를 네가 이리로 들어오지 못하리라 하나 다윗이 시온 산 성을 빼앗았으니 이는 다윗 성이더라
* 여부스는 예루살렘의 다른 이름으로, 다윗이 예루살렘을 정복하기 전에 여부스 사람들이 그곳에 거주하고 있었기 때문에 붙여진 이름일 것으로 추측된다. 한편 예루살렘은 이스라엘의 중심부에 위치하였고, 천혜의 방어 요새지였으며, 수자원이 충분하였을 뿐만 아니라(수 15:7-8 참조) 성전 건축의 최적소로 여겨졌기 때문에 다윗은 즉위 초기에 이곳을 정복하여 수도로 삼고자 했던 것이다.

memo

34. 성령에 감동된 사람으로서 다윗이 군대 지휘관을 삼은 사람은?
① 아히에셀 ② 아마새 ③ 요아스 ④ 스마아

35. 다윗이 헤브론에서 왕으로 추대될 때 나아온 유다 지파의 수는?
① 4,800명 ② 5,800명 ③ 6,800명 ④ 7,800명

36. 다윗은 이스라엘의 왕이 된 후 어디에 있는 야훼(여호와)의 궤를 예루살렘으로 옮기려 하였는가?
① 가드 ② 기랏여아림 ③ 세겜 ④ 단

34. ② (대상 12:16-18) 베냐민과 유다 자손 중에서 요새에 이르러 다윗에게 나오매 … 그 때에 성령이 삼십 명의 우두머리 아마새를 감싸시니 이르되 … 당신의 하나님이 당신을 도우심이니이다 한지라 다윗이 그들을 받아들여 군대 지휘관을 삼았더라

* '아마새'는 압살롬의 군대 지휘관이었으나 후에 다윗의 군대 지휘관으로 발탁된 아마사(삼하 17:25; 19:11-13 참조)와 동일 인물로 추정된다.

35. ③

다윗에게 나아온 용사들
(사울이 죽은 후 다윗이 헤브론에서 온 이스라엘의 지지를 받아 왕으로 추대될 때 모여든 각 지파별 용사들)

유다 지파	6,800명	대상 12:24
시므온 지파	7,100명	대상 12:25
레위 지파	4,600명	대상 12:26
아론의 집(제사장 가문)	3,700명	대상 12:27
사독과 그의 가문의 지휘관	22명	대상 12:28
베냐민 지파	3,000명	대상 12:29
에브라임 지파	20,800명	대상 12:30
므낫세 반 지파	18,000명	대상 12:31
잇사갈 지파	200명	대상 12:32
스불론 지파	50,000명	대상 12:33
납달리 지파(지휘관)	1,000명	대상 12:34
납달리 지파(방패와 창을 가지고 따르는 자)	37,000명	대상 12:34
단 지파	28,600명	대상 12:35
아셀 지파	40,000명	대상 12:36
요단 동편 르우벤, 갓, 므낫세 반 지파	120,000명	대상 12:37

36. ② (대상 13:6) 다윗이 온 이스라엘을 거느리고 바알라 곧 유다에 속한 기랏여아림에 올라가서 야훼(여호와) 하나님의 궤를 메어오려 하니 이는 야훼(여호와)께서 두 그룹 사이에 계시므로 그러한 이름으로 일컬음을 받았더라

memo

37. 하나님의 궤를 멜 수 있는 사람은?
① 르우벤 지파 사람 ② 시므온 지파 사람
③ 잇사갈 지파 사람 ④ 레위 지파 사람

38. 언약궤 운반에 동원된 그핫 자손의 수는?
① 100명 ② 120명 ③ 200명 ④ 220명

39. 레위 사람의 지도자가 아닌 사람은?
① 우리엘 ② 아사야 ③ 아마새 ④ 스마야

37. ④ (대상 15:2) 다윗이 이르되 레위 사람 외에는 하나님의 궤를 멜 수 없나니 이는 야훼(여호와)께서 그들을 택하사 야훼(여호와)의 궤를 메고 영원히 그를 섬기게 하셨음이라 하고

38. ②

언약궤 운반에 동원된 사람들

그핫 자손	지도자 우리엘	120명	대상 15:5
므라리 자손	지도자 아사야	220명	대상 15:6
게르솜 자손	지도자 요엘	130명	대상 15:7
엘리사반 자손	지도자 스마야	200명	대상 15:8
헤브론 자손	지도자 엘리엘	80명	대상 15:9
웃시엘 자손	지도자 암미나답	112명	대상 15:10

39. ③ (대상 15:11-12) 다윗이 제사장 사독과 아비아달을 부르고 또 레위 사람 우리엘과 아사야와 요엘과 스마야와 엘리엘과 암미나답을 불러 그들에게 이르되 너희는 레위 사람의 지도자이니

memo

40. 언약궤가 성으로 들어올 때 다윗이 춤추는 것을 보고 업신여긴 사람은?
① 미갈 ② 우리엘 ③ 요엘 ④ 스마야

41. 하나님의 궤가 다윗 성으로 들어온 후 다윗이 하나님께 드린 제사는?
① 번제와 화목제 ② 번제와 소제
③ 번제와 속죄제 ④ 번제와 속건제

42. 다윗이 야훼(여호와)의 궤 앞에서 찬양하는 자의 우두머리로 세운 사람은?
① 스가랴 ② 여이엘 ③ 아삽 ④ 스미라못

43. 다윗이 하닷에셀의 성읍에서 빼앗은 놋으로 만든 것이 아닌 것은?
① 놋대야 ② 놋기둥 ③ 놋그릇 ④ 놋투구

44. 다윗이 소바 왕 하닷에셀을 무찔렀다 함을 듣고 아들을 보내 다윗에게 문안한 왕은?
① 도우 ② 하도람 ③ 하눈 ④ 야일

40. ① (대상 15:29) 야훼(여호와)의 언약궤가 다윗 성으로 들어올 때에 사울의 딸 미갈이 창으로 내다보다가 다윗 왕이 춤추며 뛰노는 것을 보고 그 마음에 업신여겼더라
41. ① (대상 16:1) 하나님의 궤를 메고 들어가서 다윗이 그것을 위하여 친 장막 가운데에 두고 번제와 화목제를 하나님께 드리니라
42. ③ (대상 16:4–5) 또 레위 사람을 세워 야훼(여호와)의 궤 앞에서 섬기며 이스라엘 하나님 야훼(여호와)를 칭송하고 감사하며 찬양하게 하였으니 아삽은 우두머리요 그 다음은 스가랴와 여이엘과 스미라못과 여히엘과 맛디디아와 엘리압과 브나야와 오벧에돔과 여이엘이라
43. ④ (대상 18:7–8) 다윗이 하닷에셀의 신하들이 가진 금 방패를 빼앗아 예루살렘으로 가져오고 또 하닷에셀의 성읍 디브핫과 군에서 심히 많은 놋을 빼앗았더니 솔로몬이 그것으로 놋대야와 기둥과 놋그릇들을 만들었더라
44. ① (대상 18:9–10) 하맛 왕 도우가 다윗이 소바 왕 하닷에셀의 온 군대를 쳐서 무찔렀다 함을 듣고 그의 아들 하도람을 보내서 다윗 왕에게 문안하고 축복하게 하니

memo

45. 소금 골짜기에서 에돔 사람 18,000명을 쳐죽인 사람은?
① 스루야 ② 아비새 ③ 도우 ④ 하도람

46. 문상하러 온 다윗의 신하들의 수염을 깎고 의복을 잘라 돌려보낸 암몬 왕은?
① 나하스 ② 도우 ③ 하눈 ④ 하도람

47. 다윗이 아람의 보병 4만 명과 함께 죽인 아람 군대 지휘관은?
① 소박 ② 하닷에셀 ③ 하눈 ④ 하도람

48. 이스라엘이 블레셋과 전쟁할 때 골리앗의 아우 라흐미를 죽인 사람은?
① 야일 ② 엘하난 ③ 요압 ④ 요나단

49. 이스라엘이 가드에서 전쟁할 때 손과 발에 가락이 스물넷인 사람을 죽인 사람은?
① 시므아 ② 요압 ③ 요나단 ④ 엘하난

45. ② (대상 18:12) 스루야의 아들 아비새가 소금 골짜기에서 에돔 사람 만 팔천 명을 쳐죽인지라
* '소금 골짜기'는 사해의 남쪽에 위치한 골짜기로 추정된다.

46. ③ (대상 19:2-4) 다윗의 신하들이 암몬 자손의 땅에 이르러 하눈에게 나아가 문상하매 … 하눈이 이에 다윗의 신하들을 잡아 그들의 수염을 깎고 그 의복을 볼기 중간까지 자르고 돌려보내매

47. ① (대상 19:18) 아람 사람이 이스라엘 앞에서 도망한지라 다윗이 아람 병거 칠천 대의 군사와 보병 사만 명을 죽이고 또 군대 지휘관 소박을 죽이매

48. ② (대상 20:5) 다시 블레셋 사람들과 전쟁할 때에 야일의 아들 엘하난이 가드 사람 골리앗의 아우 라흐미를 죽였는데 이 사람의 창자루는 베틀채 같았더라

49. ③ (대상 20:6-7) 또 가드에서 전쟁할 때에 그 곳에 키 큰 자 하나는 손과 발에 가락이 여섯씩 모두 스물넷이 있는데 그도 키가 큰 자의 소생이라 그가 이스라엘을 능욕하므로 다윗의 형 시므아의 아들 요나단이 그를 죽이니라

memo

50. 사탄의 충동으로 이스라엘을 계수한 사람은?

① 다윗 ② 솔로몬 ③ 요압 ④ 아비새

51. 요압이 다윗에게 보고한 이스라엘 백성의 수는?

① 155만 명 ② 156만 명 ③ 157만 명 ④ 158만 명

52. 요압이 인구조사에 대한 다윗의 명령을 마땅치 않게 여겨 계수하지 않은 지파는?

① 르우벤과 시므온 지파 ② 시므온과 유다 지파
③ 유다와 레위 지파 ④ 레위와 베냐민 지파

53. 야훼(여호와)께서 인구조사를 한 다윗에게 제시하신 세 가지 징벌이 아닌 것은?

① 삼년 기근
② 적군에게 패하여 석 달을 쫓길 일
③ 사흘 동안의 전염병
④ 열흘 동안의 금식

50. ① (대상 21:1) 사탄이 일어나 이스라엘을 대적하고 다윗을 충동하여 이스라엘을 계수하게 하니라

51. ③ (대상 21:5) 요압이 백성의 수효를 다윗에게 보고하니 이스라엘 중에 칼을 뺄 만한 자가 백십만 명이요 유다 중에 칼을 뺄 만한 자가 사십칠만 명이라

52. ④ (대상 21:6) 요압이 왕의 명령을 마땅치 않게 여겨 레위와 베냐민 사람은 계수하지 아니하였더라
* 요압은 인구조사에 대한 다윗의 명령에 불만을 품고 있던 차에 과거 인구조사 때 레위 지파가 조사 대상에서 제외된 선례(민 1:49 참조)가 있어서 레위 지파를 계수하지 않았으며, 베냐민 지파의 영토 안에는 예루살렘 성과 기브온 성막이 있었기 때문에 그들도 인구조사의 대상에서 제외시켰던 것이다.

53. ④ (대상 21:12) 혹 삼년 기근이든지 혹 네가 석 달을 적군에게 패하여 적군의 칼에 쫓길 일이든지 혹 야훼(여호와)의 칼 곧 전염병이 사흘 동안 이 땅에 유행하며 야훼(여호와)의 천사가 이스라엘 온 지경을 멸할 일이든지라고 하셨나니 내가 무슨 말로 나를 보내신 이에게 대답할지를 결정하소서 하니

memo

54. 다윗이 인구조사를 실시한 결과 전염병으로 죽은 사람의 수는?
① 5만 명 ② 6만 명 ③ 7만 명 ④ 8만 명

55. 다윗이 야훼(여호와)의 성막과 번제단이 있는 기브온 산당에 가지 못하고 오르난의 타작 마당에서 제사 드린 이유는?
① 야훼(여호와)의 천사의 칼이 두려워서
② 야훼(여호와)께서 응답하지 않는 곳이라서
③ 하나님의 사자가 가지 말라고 지시해서
④ 길이 험하고 멀어서

56. 아론의 아들인 엘르아살과 이다말 계열에서 나온 제사장은 모두 몇 명인가?
① 12명 ② 24명 ③ 36명 ④ 48명

57. 다윗이 신령한 노래의 직무를 맡긴 자손이 아닌 것은?
① 아삽의 자손 ② 헤만의 자손
③ 여두둔의 자손 ④ 요압의 자손

54. ③ (대상 21:13-14) 다윗이 갓에게 … 야훼(여호와)께서는 긍휼이 심히 크시니 내가 그의 손에 빠지고 사람의 손에 빠지지 아니하기를 원하나이다 하는지라 이에 야훼(여호와)께서 이스라엘 백성에게 전염병을 내리시매 이스라엘 백성 중에서 죽은 자가 칠만 명이었더라

55. ① (대상 21:29-30) 옛적에 모세가 광야에서 지은 야훼(여호와)의 성막과 번제단이 그 때에 기브온 산당에 있었으나 다윗이 야훼(여호와)의 천사의 칼을 두려워하여 감히 그 앞에 가서 하나님께 묻지 못하더라

* 다윗은, 오르난의 타작 마당에서 제사 드리지 않고 기브온 산당으로 가서 제사 드리는 것은 야훼(여호와)의 사자를 무시하는 일이 되어 야훼(여호와)의 사자가 다시 온역을 내릴까 봐 두려워했던 것 같다.

56. ② (대상 24:1-4) 아론 자손의 계열들이 이러하니라 … 엘르아살 자손의 우두머리가 열여섯 명이요 이다말 자손은 그 조상들의 가문을 따라 여덟 명이라

* 아론의 아들들 가운데 엘르아살 계열의 우두머리 수가 이다말 계열의 우두머리 수보다 더 많았음을 보여 준다.

57. ④ (대상 25:1) 다윗이 군대 지휘관들과 더불어 아삽과 헤만과 여두둔의 자손 중에서 구별하여 섬기게 하되 수금과 비파와 제금을 잡아 신령한 노래를 하게 하였으니 그 직무대로 일하는 자의 수효는 이러하니라

memo

58. 하나님께서 헤만에게 주신 자녀는 몇 명인가?

① 7명 ② 17명 ③ 27명 ④ 37명

59. 신령한 노래의 직무를 맡은 사람들의 가족은 각각 몇 명씩 참여하였는가?

① 10명 ② 12명 ③ 14명 ④ 16명

60. 왕을 섬기는 관원들의 각 반열은 몇 명씩인가?

① 14,000명 ② 24,000명 ③ 34,000명 ④ 44,000명

58. ② (대상 25:5) 이는 다 헤만의 아들들이니 나팔을 부는 자들이며 헤만은 하나님의 말씀을 가진 왕의 선견자라 하나님이 헤만에게 열네 아들과 세 딸을 주셨더라

* '왕의 선견자'란 하나님과 왕 사이에서 하나님의 계시를 전달해 주는 자를 가리킨다. 한편 성경에는 아삽과 여두둔도 선견자로 기록되어 있는데(대하 29:30; 35:15 참조), 이들은 전문적인 선지자라기보다는 하나님의 영에 감동된 찬송시를 통해 왕에게 하나님의 뜻을 전달한 것으로 보인다.

59. ② (대상 25:9-31) 첫째로 제비 뽑힌 자는 아삽의 아들 중 요셉이요 둘째는 그달리야이니 그와 그의 형제들과 아들들 십이 명이요 … 스물넷째는 로맘디에셀이니 그의 아들들과 형제들과 십이 명이었더라

* 다윗이 조직한 찬양대의 직무 순서 : 24계열을 모두 아삽과 여두둔과 헤만의 아들들로 구성한 것은 그들이 찬양대원으로 소집된 4천 명의 레위인들 중 가장 탁월한 자들이었기 때문이다.

1	요셉	아삽의 아들	대상 25:9
2	그달리야	여두둔의 아들	대상 25:9
3	삭굴	아삽의 아들	대상 25:10
4	이스리	여두둔의 아들	대상 25:11
5	느다냐	아삽의 아들	대상 25:12
6	북기야	헤만의 아들	대상 25:13
7	여사렐라	아삽의 아들	대상 25:14
8	여사야	여두둔의 아들	대상 25:15
9	맛다냐	헤만의 아들	대상 25:16
10	시므이	여두둔의 아들	대상 25:17
11	아사렐	헤만의 아들	대상 25:18
12	하사뱌	여두둔의 아들	대상 25:19

memo

61. 다윗이 성전 건축을 위해 드린 금과 은의 양은?
① 금 1천, 은 5천 달란트 ② 금 2천, 은 6천 달란트
③ 금 3천, 은 7천 달란트 ④ 금 4천, 은 8천 달란트

62. 솔로몬이 왕으로 기름 부음을 받을 때 함께 기름 부음 받은 제사장은?
① 사독 ② 아비아달 ③ 아히야 ④ 힐기야

63. 다윗 왕의 행적이 처음부터 끝까지 기록된 글이 아닌 것은?
① 사무엘의 글 ② 나단의 글
③ 갓의 글 ④ 사독의 글

13	수바엘	헤만의 아들	대상 25:20
14	맛디디야	여두둔의 아들	대상 25:21
15	여레못	헤만의 아들	대상 25:22
16	하나냐	헤만의 아들	대상 25:23
17	요스브가사	헤만의 아들	대상 25:24
18	하나니	헤만의 아들	대상 25:25
19	말로디	헤만의 아들	대상 25:26
20	엘리아다	헤만의 아들	대상 25:27
21	호딜	헤만의 아들	대상 25:28
22	깃달디	헤만의 아들	대상 25:29
23	마하시옷	헤만의 아들	대상 25:30
24	로맘디에셀	헤만의 아들	대상 25:31

60. ② (대상 27:1) 이스라엘 자손의 모든 가문의 우두머리와 천부장과 백부장과 왕을 섬기는 관원들이 그들의 숫자대로 반이 나누이니 각 반열이 이만 사천 명씩이라 일 년 동안 달마다 들어가며 나왔으니

61. ③ (대상 29:1-4) 다윗 왕이 온 회중에게 이르되 … 내 마음이 내 하나님의 성전을 사모하므로 내가 사유한 금, 은으로 내 하나님의 성전을 위하여 드렸노니 곧 오빌의 금 삼천 달란트와 순은 칠천 달란트라 모든 성전 벽에 입히며

62. ① (대상 29:22) 이 날에 무리가 크게 기뻐하여 야훼(여호와) 앞에서 먹으며 마셨더라 무리가 다윗의 아들 솔로몬을 다시 왕으로 삼아 기름을 부어 야훼(여호와)께 돌려 주권자가 되게 하고 사독에게도 기름을 부어 제사장이 되게 하니라

* 다윗 왕 때 대제사장은 사독과 아비아달이다. 그런데 아비아달이 아도니야의 음모에 가담했다가 대제장직을 파면당했기 때문에(왕상 2:26-27 참조) 솔로몬 왕 때에는 사독만 제사장이었다.

63. ④ (대상 29:29) 다윗 왕의 행적은 처음부터 끝까지 선견자 사무엘의 글과 선지자 나단의 글과 선견자 갓의 글에 다 기록되고

memo

주관식

1. "유다의 며느리 (　　　　　)이 유다에게 베레스와 세라를 낳아 주었으니 유다의 아들이 모두 다섯이더라"

2. 다윗이 헤브론에서 낳은 맏아들의 이름은?

3. "솔로몬의 아들은 르호보암이요 그의 아들은 (　　　　　)요 그의 아들은 아사요 그의 아들은 (　　　　　)이요"

4. "(　　　　　)가 이스라엘 하나님께 아뢰어 이르되 주께서 내게 복을 주시려거든 나의 지역을 넓히시고 주의 손으로 나를 도우사 나로 환난을 벗어나 내게 근심이 없게 하옵소서 하였더니 하나님이 그가 구하는 것을 (　　　　　)하셨더라"

5. "마길은 훕빔과 숩빔의 누이 마아가라 하는 이에게 장가들었더라 므낫세의 둘째 아들의 이름은 슬로브핫이니 슬로브핫은 (　　　　　)만 낳았으며"

1. **다말** (대상 2:4 참조)
   * 다말은 시아버지 유다가 그의 셋째 아들 셀라가 장성하면 자신의 남편으로 줄 것이라고 했던 약속을 지키지 않자 창기로 변장하고 유다와 상관하여 쌍둥이 아들 베레스와 세라를 낳았는데, 베레스의 혈통에서 메시아가 탄생하셨나(창 38:1–30; 마 1:3–16 참조).
2. **암논** (대상 3:1) 다윗이 헤브론에서 낳은 아들들은 이러하니 맏아들은 암논이라 이스르엘 여인 아히노암의 소생이요 둘째는 다니엘이라 갈멜 여인 아비가일의 소생이요
3. **아비야, 여호사밧** (대상 3:10 참조)
4. **야베스, 허락** (대상 4:10 참조)
5. **딸들** (대상 7:15 참조)
   * 므낫세의 둘째 아들로 기록된 슬로브핫은 실제로는 므낫세의 현손인데 왜 여기서 므낫세의 둘째 아들로 기록되었는지는 알 수 없다(수 17:3 참조). 한편 슬로브핫은 딸만 다섯을 둔 채 상속자를 두지 못하고 광야에서 죽었다(민 26:33; 27:1–3 참조).

memo

6. 이스라엘의 초대 왕 사울의 아버지는?

7. "온 이스라엘이 그 계보대로 계수되어 그들은 이스라엘 왕조실록에 기록되니라 유다가 (   )함으로 말미암아 바벨론으로 사로잡혀 갔더니"

8. 온 이스라엘이 다윗에게 기름을 부어 왕으로 삼은 곳은?

9. 다윗이 시온 산 성을 빼앗고 그곳에 살았기 때문에 붙여진 성의 이름은?

10. 요압의 아우로서 창을 휘둘러 300명을 죽인 사람은?

11. "하나님의 궤를 새 수레에 싣고 (   )의 집에서 나오는데 웃사와 아히오는 수레를 몰며"

6. **기스** (대상 8:33) 넬은 기스를 낳고 기스는 사울을 낳고 사울은 요나단과 말기수아와 아비나답과 에스바알을 낳았으며
7. **범죄** (대상 9:1 참조)
8. **헤브론** (대상 11:1–3) 온 이스라엘이 헤브론에 모여 다윗을 보고 이르되 우리는 왕의 가까운 혈족이니이다 … 헤브론에서 다윗이 그들과 야훼(여호와) 앞에 언약을 맺으매 그들이 다윗에게 기름을 부어 이스라엘의 왕으로 삼으니 야훼(여호와)께서 사무엘을 통하여 전하신 말씀대로 되었더라
   * 여기서 '온 이스라엘'은 유다 지파를 포함한 이스라엘 전체를 의미한다.
9. **다윗 성** (대상 11:5–7) 다윗이 시온 산 성을 빼앗았으니 이는 다윗 성이더라 … 다윗이 그 산성에 살았으므로 무리가 다윗 성이라 불렀으며
10. **아비새** (대상 11:20) 요압의 아우 아비새는 그 세 명 중 우두머리라 그가 창을 휘둘러 삼백 명을 죽이고 그 세 명 가운데에 이름을 얻었으니
11. **아비나답** (대상 13:7 참조)

memo

12. 야훼(여호와)의 궤를 손으로 붙들었다가 죽은 사람은?

13. 다윗이 웃사가 죽은 곳을 가리켜 부른 이름은?

14. 다윗이 웃사의 사건으로 하나님을 두려워하여 언약궤를 메어 간 곳은?

15. 하나님의 궤가 오벧에돔의 집에 머무른 기간은?

16. 다윗이 블레셋을 치고 하나님이 물을 쪼갬 같이 대적을 흩으셨다 하여 붙인 지명은?

12. **웃사** (대상 13:9-10) 기돈의 타작 마당에 이르러서는 소들이 뛰므로 웃사가 손을 펴서 궤를 붙들었더니 웃사가 손을 펴서 궤를 붙듦으로 말미암아 야훼(여호와)께서 진노하사 치시매 그가 거기 하나님 앞에서 죽으니라
   * 손으로 야훼(여호와)의 궤를 붙잡은 것은 하나님의 거룩하심을 훼손하는 행위로서 신성모독죄에 해당된다(민 4:15 참조).
13. **베레스 웃사** (대상 13:11) 야훼(여호와)께서 웃사의 몸을 찢으셨으므로 다윗이 노하여 그 곳을 베레스 웃사라 부르니 그 이름이 오늘까지 이르니라
14. **오벧에돔의 집** (대상 13:12-13) 그 날에 다윗이 하나님을 두려워하여 이르되 내가 어떻게 하나님의 궤를 내 곳으로 오게 하리요 하고 다윗이 궤를 옮겨 … 가드 사람 오벧에돔의 집으로 메어가니라
15. **석 달** (대상 13:14) 하나님의 궤가 오벧에돔의 집에서 그의 가족과 함께 석 달을 있으니라 야훼(여호와)께서 오벧에돔의 집과 그의 모든 소유에 복을 내리셨더라
16. **바알브라심** (대상 14:10-11) 다윗이 하나님께 물어 이르되 내가 블레셋 사람들을 치러 올라가리이까 … 다윗이 거기서 그들을 치고 다윗이 이르되 하나님이 물을 쪼갬 같이 내 손으로 내 대적을 흩으셨다 하므로 그 곳 이름을 바알브라심이라 부르니라

memo

17. 하나님의 궤를 다윗 성으로 옮겨 온 후 다윗이 항상 하나님의 언약궤 앞에서 나팔을 불게 한 제사장은?

18. "야훼(여호와)께 (   )하라 그는 (   )하시며 그의 (   )하심이 영원함이로다"

19. "그 밤에 하나님의 말씀이 (   )에게 임하여 이르시되 가서 내 종 다윗에게 말하기를 야훼(여호와)의 말씀이 너는 내가 거할 집을 건축하지 말라"

20. "야훼(여호와)여 우리 귀로 들은 대로는 주와 같은 이가 없고 (   ) 외에는 (   )이 없나이다"

21. "야훼(여호와)여 오직 주는 하나님이시라 주께서 이 좋은 것으로 주의 종에게 허락하시고 이제 주께서 종의 (   )에 복을 주사 주 앞에 영원히 두시기를 기뻐하시나이다 야훼(여호와)여 주께서 복을 주셨사오니 이 (   )을 영원히 누리리이다 하니라"

17. 브나야와 야하시엘 (대상 16:6) 제사장 브나야와 야하시엘은 항상 하나님의 언약궤 앞에서 나팔을 부니라
18. 감사, 선, 인자 (대상 16:34 참조)
19. 나단 (대상 17:3-4 참조)
20. 주, 하나님 (대상 17:20 참조)
21. 왕조, 복 (대상 17:26-27 참조)
* 본 절은 하나님의 언약에 대한 다윗의 감사 기도이다.

memo

22. "다윗이 다메섹 아람에 수비대를 두매 ( ) 사람이 다윗의 종이 되어 조공을 바치니라 다윗이 어디로 가든지 야훼(여호와)께서 ( ) 하시니라"

23. 다윗이 하닷에셀의 성읍에서 빼앗은 놋으로 성전 기구를 만든 왕은?

24. "아람 사람이 이스라엘 앞에서 도망한지라 다윗이 아람 병거 칠천 대의 군사와 보병 사만 명을 죽이고 또 군대 지휘관 소박을 죽이매 하닷에셀의 부하들이 자기가 이스라엘 앞에서 패하였음을 보고 다윗과 더불어 화친하여 섬기고 그 후로는 아람 사람이 ( ) 자손 돕기를 원하지 아니하였더라"

25. 다윗의 인구조사 명령을 마땅치 않게 여긴 사람은?

26. 다윗이 성전 건축을 준비할 때 백향목을 많이 수운하여 온 사람은?

22. **아람, 이기게** (대상 18:6 참조)
23. **솔로몬** (대상 18:7–8) 다윗이 하닷에셀의 신하들이 가진 금 방패를 빼앗아 예루살렘으로 가져오고 또 하닷에셀의 성읍 디브핫과 군에서 심히 많은 놋을 빼앗았더니 솔로몬이 그것으로 놋대야와 기둥과 놋그릇들을 만들었더라
* 다윗이 하닷에셀의 성읍에서 많은 놋을 빼앗은 이유는 성전에서 사용할 기구들을 만들기 위함이었다(대하 4:1–18 참조).
24. **암몬** (대상 19:18–19 참조)
25. **요압** (대상 21:2–3) 다윗이 요압과 백성의 지도자들에게 이르되 … 이스라엘을 계수하고 돌아와 내게 보고하여 그 수효를 알게 하라 하니 요압이 아뢰되 … 내 주께서 어찌하여 이 일을 명령하시나이까 어찌하여 이스라엘이 범죄하게 하시나이까 하나
26. **시돈 사람과 두로 사람** (대상 22:3–4) 다윗이 또 문짝 못과 거멀 못에 쓸 철을 많이 준비하고 … 또 백향목을 무수히 준비하였으니 이는 시돈 사람과 두로 사람이 백향목을 다윗에게로 많이 수운하여 왔음이라
* '수운'(輸運)이란 여객이나 화물을 실어 나르는 것을 말한다.

memo

27. "다윗이 솔로몬에게 이르되 내 아들아 나는 내 하나님 야훼(여호와)의 이름을 위하여 성전을 건축할 마음이 있었으나 야훼(여호와)의 말씀이 내게 임하여 이르시되 너는 ( )를 심히 많이 흘렸고 크게 전쟁하였느니라 네가 내 앞에서 땅에 ( )를 많이 흘렸은즉 내 이름을 위하여 성전을 건축하지 못하리라"

28. "보라 한 아들이 네게서 나리니 그는 온순한 사람이라 내가 그로 주변 모든 대적에게서 평온을 얻게 하리라 그의 이름을 ( )이라 하리니 이는 내가 그의 생전에 평안과 안일함을 이스라엘에게 줄 것임이니라"

29. 레위 지파에 속하지만 성전 밖에서 이스라엘의 일을 다스리는 관원과 재판관이 된 사람들은?

30. 다윗이 인구조사에 포함하지 않은 나이는?

31. 다윗 왕의 재산 중 곳간을 맡은 사람은?

27. **피, 피** (대상 22:7-8 참조)
28. **솔로몬** (대상 22:9 참조)
29. **그나냐와 그의 아들들** (대상 26:29) 이스할 자손 중에 그나냐와 그의 아들들은 성전 밖에서 이스라엘의 일을 다스리는 관원과 재판관이 되었고
30. **20세 이하** (대상 27:23) 이스라엘 사람의 이십 세 이하의 수효는 다윗이 조사하지 아니하였으니 이는 야훼(여호와)께서 전에 말씀하시기를 이스라엘 사람을 하늘의 별 같이 많게 하리라 하셨음이라
31. **아스마웻** (대상 27:25) 아디엘의 아들 아스마웻은 왕의 곳간을 맡았고 웃시야의 아들 요나단은 밭과 성읍과 마을과 망대의 곳간을 맡았고

memo

32. “이새의 아들 다윗이 온 이스라엘의 왕이 되어 이스라엘을 다스린 기간은 (   ) 년이라 헤브론에서 (   ) 년간 다스렸고 예루살렘에서 (   ) 년을 다스렸더라”

32. 사십, 칠, 삼십삼 (대상 29:26-27 참조)

역대하 2 Chronicles

연대 및 저자

B.C. 450년경 기록된 것으로 추정되며, 저자가 누구인지 알 수 없지만 에스라로 추정하기도 한다.

중심 내용

본서는 솔로몬 때부터 바벨론에 포로로 잡혀가기까지의 유다의 역사와 성전 건축에 대하여 다루고 있다.

특징

1. 솔로몬의 통치를 중심으로 하는 신정 통치를 강조하고 있다.
2. 제사장적 관점에서 성전과 제사장을 강조하고 있다.
3. 예루살렘 성전을 봉헌한 것에 초점을 맞추고 있다.

내용 분해

1. 솔로몬의 통치 (1:1–9:31)

1) 솔로몬의 등극 (1:1–17)
2) 성전 건축 (2:1–7:22)
3) 솔로몬의 통치 (8:1–9:28)
4) 솔로몬의 죽음 (9:29–31)

2. 유다 왕들의 통치 (10:1–36:23)

1) 르호보암과 아비야의 치리 (10:1–13:22)
2) 아사와 여호사밧의 치리 (14:1–20:37)
3) 여호람과 아하시야의 치리 (21:1–22:9)
4) 아달랴와 요아스의 치리 (22:10–24:27)
5) 아마샤와 웃시야의 치리 (25:1–26:23)
6) 요담과 아하스의 치리 (27:1–28:27)
7) 히스기야와 므낫세의 치리 (29:1–33:20)
8) 아몬과 요시야의 치리 (34:1–35:27)
9) 여호아하스와 여호야김의 치리 (36:1–8)
10) 여호야긴과 시드기야의 치리 (36:9–21)
11) 고레스의 칙령 (36:22–23)

memo

객관식

1. 역대하의 내용과 관계없는 것은?
   ① 다윗의 통치를 중심으로 하는 유다의 역사를 다루고 있다
   ② 솔로몬의 통치를 중심으로 하는 신정 통치를 강조하고 있다
   ③ 제사장적 관점에서 성전과 제사장을 강조하고 있다
   ④ 예루살렘 성전을 봉헌한 것에 초점을 맞추고 있다

2. 역대하를 기록한 연대는?
   ① B.C. 450년경 ② B.C. 500년경
   ③ B.C. 550년경 ④ B.C. 600년경

3. 역대하를 기록한 사람은?
   ① 다윗 ② 미상 ③ 솔로몬 ④ 여로보암

4. 솔로몬이 천 마리의 제물로 번제를 드린 곳은?
   ① 예루살렘 ② 시온 성
   ③ 솔로몬 성전 ④ 기브온 산당

1. ① 역대하는 솔로몬 때부터 바벨론 포로로 잡혀가기까지의 유다의 역사와 성전 건축에 대하여 다루고 있으며, 솔로몬의 통치를 중심으로 하는 신정 통치를 강조하고 있다. 아울러 제사장적 관점에서 성전과 제사장을 강조하면서, 예루살렘 성전을 봉헌한 것에 초점을 맞추고 있다.
2. ① 역대하는 B.C. 450년경 기록된 것으로 추정된다.
3. ② 역대하의 저자는 누구인지 알 수 없지만 에스라로 추정하기도 한다.
4. ④ (대하 1:3-6) 솔로몬이 온 회중과 함께 기브온 산당으로 갔으니 하나님의 회막 곧 야훼(여호와)의 종 모세가 광야에서 지은 것이 거기에 있음이라 … 야훼(여호와) 앞 곧 회막 앞에 있는 놋 제단에 솔로몬이 이르러 그 위에 천 마리 희생으로 번제를 드렸더라

memo

5. 야훼(여호와)께서 솔로몬에게 주신 것이 아닌 것은?

① 부 ② 재물 ③ 영광 ④ 장수

6. 은금을 돌같이 흔하게 소유했던 왕은?

① 사울 ② 다윗 ③ 솔로몬 ④ 히스기야

7. 솔로몬이 말들과 병거를 사 온 곳은?

① 애굽 ② 아람 ③ 암몬 ④ 구스

8. 솔로몬이 성전을 건축한 목적은?

① 자기 왕위를 위하여

② 이스라엘 백성을 위하여

③ 야훼(여호와)의 이름을 위하여

④ 온 인류를 위하여

9. 솔로몬이 성전 건축을 시작한 때는?

① 즉위 1년 ② 즉위 4년 ③ 즉위 5년 ④ 즉위 6년

5. ④ (대하 1:7-12) 그 날 밤에 하나님이 솔로몬에게 나타나 그에게 이르시되 … 내가 네게 지혜와 지식을 주고 부와 재물과 영광도 주리니 네 전의 왕들도 이런 일이 없었거니와 네 후에도 이런 일이 없으리라 하시니라

6. ③ (대하 1:14-15) 솔로몬이 … 예루살렘에서 은금을 돌 같이 흔하게 하고 백향목을 평지의 뽕나무 같이 많게 하였더라

7. ① (대하 1:16-17) 솔로몬의 말들은 애굽과 구에에서 사들였으니 … 애굽에서 사들인 병거는 … 헷 사람들의 모든 왕들과 아람 왕들을 위하여 그들의 손으로 되팔기도 하였더라

* 당시 애굽은 말과 병거의 주요 수출국이었다. 한편 솔로몬은 애굽에서 말과 병거를 사들인 후 그보다 비싼 가격으로 헷 사람과 아람 사람들에게 되팔기도 하였다.

8. ③ (대하 2:1) 솔로몬이 야훼(여호와)의 이름을 위하여 성전을 건축하고 자기 왕위를 위하여 궁궐 건축하기를 결심하니라

9. ② (대하 3:1-2) 솔로몬이 예루살렘 모리아 산에 야훼(여호와)의 전 건축하기를 시작하니 … 솔로몬이 왕위에 오른 지 넷째 해 둘째 달 둘째 날 건축을 시작하였더라

* 솔로몬이 즉위한 지 4년째 되는 해에 성전 건축을 시작한 것은 그동안 그의 정치적 기반을 다지고 성전 건축에 필요한 것들을 준비하기 위함이었을 것으로 보인다.

memo

10. 솔로몬이 성전을 완공한 후 지성소에 안치시킨 언약궤 안에 있던 것은?
① 두 돌판 ② 아론의 싹 난 지팡이
③ 만나를 담은 금 항아리 ④ 은그릇과 금그릇

11. 솔로몬의 성전 봉헌 기도 내용이 아닌 것은?
① 다윗 왕조의 보존을 위한 기도
② 솔로몬 왕조의 번영을 위한 기도
③ 이스라엘 백성을 위한 기도
④ 전쟁의 승리와 징계로부터의 회복을 위한 기도

12. 솔로몬의 봉헌 기도를 하나님께서 열납하신 증거로 나타난 것은?
① 비 ② 불 ③ 우레 ④ 구름

10. ① (대하 5:1-10) 솔로몬이 야훼(여호와)의 전을 위하여 만드는 모든 일을 마친지라 … 궤 안에는 두 돌판 외에 아무것도 없으니 이것은 이스라엘 자손이 애굽에서 나온 후 야훼(여호와)께서 그들과 언약을 세우실 때에 모세가 호렙에서 그 안에 넣은 것이더라
* 솔로몬이 성전을 완공한 후 언약궤를 지성소에 안치시킬 때 십계명 두 돌판밖에 없었던 것으로 미루어 보아 만나를 담은 금 항아리와 아론의 싹 난 지팡이는 엘리 제사장 때 블레셋과 전쟁을 하는 동안 언약궤를 이리저리 옮기는 중에 분실된 것으로 추정된다(삼상 4:11; 5:1 참조).

11. ②

솔로몬의 성전 봉헌 기도

다윗 왕조의 보존을 위한 기도	대하 6:12-17
이스라엘 백성을 위한 기도	대하 6:18-31
이방 백성을 위한 기도	대하 6:32-33
전쟁의 승리와 징계로부터의 회복을 위한 기도	대하 6:34-39

12. ② (대하 7:1) 솔로몬이 기도를 마치매 불이 하늘에서부터 내려와서 그 번제물과 제물들을 사르고 야훼(여호와)의 영광이 그 성전에 가득하니

memo

13. 솔로몬이 성전 낙성식을 거행한 후 지킨 절기는?
① 유월절 ② 부림절 ③ 장막절 ④ 오순절

14. 솔로몬이 야훼(여호와)의 전과 자기의 궁궐을 건축한 기간은?
① 10년 ② 20년 ③ 30년 ④ 40년

15. 솔로몬이 건축한 성읍이 아닌 것은?
① 다드몰 ② 벧호론 ③ 바알랏 ④ 헤브론

16. 솔로몬이 건축 사업을 할 때 역꾼으로 삼은 족속이 아닌 것은?
① 헷 족속 ② 브리스 족속
③ 여부스 족속 ④ 암몬 족속

13. ③ (대하 7:8-9) 그 때에 솔로몬이 칠 일 동안 절기를 지켰는데 … 여덟째 날에 무리가 한 성회를 여니라 제단의 낙성식을 칠 일 동안 행한 후 이 절기를 칠 일 동안 지키니라
* '한 성회'란 7월 15일부터 7일 동안 지키는 장막절을 의미한다(민 29:12-38 참조). 장막절은 광야에서의 장막 생활을 기념하는 절기인데, 솔로몬은 7일 동안 성전 낙성식을 거행한 후 곧이어 1주일 동안 장막절을 지켰다.

14. ② (대하 8:1) 솔로몬이 야훼(여호와)의 전과 자기의 궁궐을 이십 년 동안에 건축하기를 마치고

15. ④ (대하 8:3-6) 솔로몬이 … 다드몰을 건축하고 하맛에서 모든 국고성들을 건축하고 또 윗 벧호론과 아랫 벧호론을 건축하되 성벽과 문과 문빗장이 있게 하여 견고한 성읍으로 만들고 또 바알랏과 자기에게 있는 모든 국고성들과 모든 병거성들과 마병의 성들을 건축하고

16. ④ (대하 8:7-8) 이스라엘이 아닌 헷 족속과 아모리 족속과 브리스 족속과 히위 족속과 여부스 족속의 남아 있는 모든 자 곧 이스라엘 자손이 다 멸하지 않았으므로 그 땅에 남아 있는 그들의 자손들을 솔로몬이 역꾼으로 삼아 오늘에 이르렀으되

memo

17. 바로의 딸이 다윗의 왕궁에 살지 못한 이유는?
① 이방인은 왕궁에 들어갈 수 없기 때문에
② 여인은 부정하기 때문에
③ 야훼(여호와)의 궤가 이른 곳은 다 거룩하기 때문에
④ 결혼한 여인은 거룩하지 못하기 때문에

18. 솔로몬의 세입금의 무게는?
① 금 444 달란트 ② 금 555 달란트
③ 금 666 달란트 ④ 금 777 달란트

19. 솔로몬 시대에 활동한 선지자가 아닌 사람은?
① 나단 ② 미가야 ③ 아히야 ④ 잇도

20. 솔로몬이 온 이스라엘을 다스린 기간은?
① 20년 ② 30년 ③ 40년 ④ 50년

21. 솔로몬의 뒤를 이어 왕이 된 사람은?
① 여로보암 ② 르호보암 ③ 아사 ④ 아합

17. ③ (대하 8:11) 솔로몬이 바로의 딸을 데리고 다윗 성에서부터 그를 위하여 건축한 왕궁에 이르러 이르되 내 아내가 이스라엘 왕 다윗의 왕궁에 살지 못하리니 이는 야훼(여호와)의 궤가 이른 곳은 다 거룩함이니라 하였더라
* 이방인은 하나님의 성전에 들어갈 수 없었는데(겔 44:9 참조), 성전이 건축되기 전에는 언약궤가 안치되어 있는 다윗 성이 성전의 역할을 했기 때문에 바로의 딸이 다윗의 왕궁에 들어갈 수 없었던 것이다.
18. ③ (대하 9:13) 솔로몬의 세입금의 무게가 금 육백육십육 달란트요
* 솔로몬의 세입금은 백성에게서 거둬들인 세금 외에 주변 국가의 공물과 무역 관세 등을 모두 포함한 것으로 볼 수 있다. 한편 금 666 달란트를 무게 단위로 환산하면 약 23톤에 해당된다.
19. ② (대하 9:29) 이 외에 솔로몬의 시종 행적은 선지자 나단의 글과 실로 사람 아히야의 예언과 선견자 잇도의 묵시 책 곧 잇도가 느밧의 아들 여로보암에 대하여 쓴 책에 기록되지 아니하였느냐
20. ③ (대하 9:30) 솔로몬이 예루살렘에서 온 이스라엘을 다스린 지 사십 년이라
21. ② (대하 9:31) 솔로몬이 그의 조상들과 함께 자매 그의 아버지 다윗의 성에 장사되고 그의 아들 르호보암이 대신하여 왕이 되니라

memo

22. 여로보암이 솔로몬의 낯을 피해 도망간 곳은?

① 애굽 ② 앗수르 ③ 바벨론 ④ 모압

23. 온 이스라엘 백성과 함께 르호보암을 찾아가 노역을 경감시켜 줄 것을 요구한 사람은?

① 나단 ② 여로보암 ③ 요압 ④ 잇도

24. 르호보암 왕이 보내어 백성들에게 갔다가 돌에 맞아 죽은 역꾼의 감독은?

① 야핫 ② 오바댜 ③ 하도람 ④ 무술람

25. 르호보암이 유다와 베냐민 족속을 모아 여로보암과 싸우려고 할 때 중지시킨 선지자는?

① 나단 ② 아히야 ③ 오뎃 ④ 스마야

22. ① (대하 10:2) 느밧의 아들 여로보암이 전에 솔로몬 왕의 낯을 피하여 애굽으로 도망하여 있었더니 이 일을 듣고 여로보암이 애굽에서부터 돌아오매

* 여로보암은 아히야 선지자의 예언(왕상 11:30-32 참조)을 통하여 장차 자신이 이스라엘 10지파를 통치할 것을 알았는데, 그 사실이 사전에 솔로몬에게 발각되어 애굽으로 망명하였던 것이다(왕상 11:40 참조).

23. ② (대하 10:3-4) 여로보암과 온 이스라엘이 와서 르호보암에게 말하여 이르되 왕의 아버지께서 우리의 멍에를 무겁게 하였으나 왕은 이제 왕의 아버지께서 우리에게 시킨 고역과 메운 무거운 멍에를 가볍게 하소서 그리하시면 우리가 왕을 섬기겠나이다

24. ③ (대하 10:18) 르호보암 왕이 역꾼의 감독 하도람을 보냈더니 이스라엘 자손이 저를 돌로 쳐 죽인지라 르호보암 왕이 급히 수레에 올라 예루살렘으로 도망하였더라

* '하도람'은 '아도니람'(왕상 4:6 참조)이라고도 불리는 자로서, 시기적으로 다윗 시대의 아도람(삼하 20:24 참조)과는 다른 인물로 추측된다.

25. ④ (대하 11:1-4) 르호보암이 예루살렘에 이르러 유다와 베냐민 족속을 모으니 택한 용사가 십팔만 명이라 이스라엘과 싸워 나라를 회복하여 르호보암에게 돌리려 하더니 야훼(여호와)의 말씀이 하나님의 사람 스마야에게 임하여 이르시되 … 너희는 올라가지 말라 너희 형제와 싸우지 말고 각기 집으로 돌아가라 이 일이 내게로 말미암아 난 것이라 하셨다 하라 하신지라

memo

26. 이스라엘의 제사장들과 레위인들이 여로보암을 떠나 르호보암에게 돌아온 이유가 아닌 것은?

① 여로보암이 강제 노역을 시켰기 때문이다
② 여로보암과 그의 아들들이 그들을 해임했기 때문이다
③ 제사장의 직분을 행하지 못하게 했기 때문이다
④ 여로보암이 우상을 위하여 친히 제사장들을 세웠기 때문이다

27. 여로보암이 시행한 우상숭배의 산물이 아닌 것은?

① 산당 ② 곤충 우상
③ 숫염소 우상 ④ 송아지 우상

28. 르호보암에 대한 설명 중 잘못된 것은?

① 아내 18명 ② 첩 60명 ③ 아들 28명 ④ 딸 80명

29. 르호보암이 그의 후계자로 세운 사람은?

① 아사 ② 여호사밧 ③ 아비야 ④ 여호람

26. ①

제사장들과 레위인들이 르호보암에게 돌아온 이유

여로보암과 그의 아들들이 그들을 해임했기때문이다	대하 11:14
제사장의 직분을 행하지 못하게 했기 때문이다	대하 11:14
여로보암이 우상을 위하여 친히 제사장들을 세웠기 때문이다	대하 11:15

27. ② (대하 11:15) 여로보암이 여러 산당과 숫염소 우상과 자기가 만든 송아지 우상을 위하여 친히 제사장들을 세움이라
28. ④ (대하 11:21) 르호보암은 아내 열여덟 명과 첩 예순 명을 거느려 아들 스물여덟 명과 딸 예순 명을 낳았으나 압살롬의 딸 마아가를 모든 처첩보다 더 사랑하여
29. ③ (대하 11:22) 르호보암은 마아가의 아들 아비야를 후계자로 세웠으니 이는 그의 형제들 가운데 지도자로 삼아 왕으로 세우고자 함이었더라

memo

30. 르호보암 왕 때 유다가 애굽 왕 시삭의 침공을 받게 된 원인은?
① 르호보암 왕이 정치를 잘못했기 때문에
② 르호보암과 온 백성이 야훼(여호와)의 율법을 버리고 범죄했기 때문에
③ 유다가 애굽에 조공을 바치지 않았기 때문에
④ 유다의 군사력이 약해졌기 때문에

31. 야훼(여호와)께서 유다를 조금 구원하시고 애굽 왕 시삭의 종이 되게 하신 이유는?
① 야훼(여호와)께서 유다 백성을 시험하시기 위해
② 유다 백성이 야훼(여호와)께 온전히 순종하지 않았기 때문에
③ 유다 백성이 야훼(여호와)께 온전히 회개하지 않았기 때문에
④ 야훼(여호와)를 섬기는 것과 세상 나라들을 섬기는 것을 비교시키기 위해

32. 애굽 왕 시삭이 예루살렘을 치고 빼앗아 간 것이 아닌 것은?
① 야훼(여호와)의 전 보물 ② 왕궁의 보물
③ 다윗 왕가의 족보 ④ 솔로몬이 만든 금 방패

30. ② (대하 12:1-2) 르호보암의 나라가 견고하고 세력이 강해지매 그가 야훼(여호와)의 율법을 버리니 온 이스라엘이 본받은지라 그들이 야훼(여호와)께 범죄하였으므로 르호보암 왕 제오년에 애굽 왕 시삭이 예루살렘을 치러 올라오니

31. ④ (대하 12:7-8) 야훼(여호와)의 말씀이 스마야에게 임하여 이르시되 그들이 스스로 겸비하였으니 내가 멸하지 아니하고 저희를 조금 구원하여 … 그들이 시삭의 종이 되어 나를 섬기는 것과 세상 나라들을 섬기는 것이 어떠한지 알게 되리라 하셨더라

* '조금 구원하여'라는 말은 야훼(여호와)께서 유다를 애굽 왕 시삭으로부터 완전히 해방시켜 주시지는 않겠다는 뜻이다. 따라서 유다는 멸망하지는 않았지만 애굽에 조공을 바치는 신세가 되었다.

32. ③ (대하 12:9) 애굽 왕 시삭이 올라와서 예루살렘을 치고 야훼(여호와)의 전 보물과 왕궁의 보물을 모두 빼앗고 솔로몬이 만든 금 방패도 빼앗은지라

memo

33. 유다 왕 아비야가 이스라엘 왕 여로보암과의 전쟁에서 이긴 이유는?
① 유다 백성이 열심히 싸웠기 때문이다
② 유다 백성이 하나님 야훼(여호와)를 의지하였기 때문이다
③ 유다 왕 아비야가 지혜롭고 총명했기 때문이다
④ 유다의 군사력이 월등했기 때문이다

34. 유다의 아사 왕 때 평안함을 누리게 된 이유가 아닌 것은?
① 아사가 하나님 보시기에 선과 정의를 행했기 때문이다
② 아사가 이방의 제단, 산당, 주상, 아세라 상을 없앴기 때문이다
③ 아사가 백성들로 야훼(여호와)를 찾고 율법을 행하게 했기 때문이다
④ 아사가 선행과 구제 사업에 힘썼기 때문이다

35. 아사 왕의 종교개혁에 영향을 끼친 선지자는?
① 오뎃 ② 나단 ③ 스마야 ④ 잇도

33. ② (대하 13:15-18) 하나님이 여로보암과 온 이스라엘을 아비야와 유다 앞에서 치시니 … 엎드러진 자들이 오십만 명이었더라 그 때에 이스라엘 자손이 항복하고 유다 자손이 이겼으니 이는 그들이 그들의 조상들의 하나님 야훼(여호와)를 의지하였음이라

34. ④ (대하 14:2-5) 아사가 그의 하나님 야훼(여호와) 보시기에 선과 정의를 행하여 이방 제단과 산당을 없애고 주상을 깨뜨리며 아세라 상을 찍고 유다 사람에게 명하여 그 조상들의 하나님 야훼(여호와)를 찾게 하며 그의 율법과 명령을 행하게 하고 또 유다 모든 성읍에서 산당과 태양상을 없애매 나라가 그 앞에서 평안함을 누리니라

35. ① (대하 15:8) 아사가 이 말 곧 선지자 오뎃의 예언을 듣고 마음을 강하게 하여 가증한 물건들을 유다와 베냐민 온 땅에서 없애고 또 에브라임 산지에서 빼앗은 성읍들에서도 없애고 또 야훼(여호와)의 낭실 앞에 있는 야훼(여호와)의 제단을 재건하고

memo

36. 아사 왕의 종교개혁에 해당되지 않는 것은?
① 유다와 베냐민 땅에서 가증한 물건들을 없앴다
② 야훼(여호와)의 낭실 앞에 있는 야훼(여호와)의 제단을 재건했다
③ 마음과 목숨을 다하여 야훼(여호와)를 찾기로 언약했다
④ 백성을 단결시키고 군사력을 강화했다

37. 이스라엘 사람들이 유다로 이주하는 것을 막기 위해 라마를 건축한 왕은?
① 나답 ② 바아사 ③ 엘라 ④ 시므리

38. 바아사의 공격을 받고 아람 왕 벤하닷에게 도움을 요청한 유다 왕은?
① 아비야 ② 아사 ③ 여호사밧 ④ 여호람

36. ④

아사 왕의 종교개혁

유다와 베냐민 땅에서 가증한 물건들을 없앴다	대하 15:8
야훼(여호와)의 낭실 앞에 있는 야훼(여호와)의 제단을 재건했다	대하 15:8
소 칠백 마리와 양 칠천 마리로 야훼(여호와)께 제사를 지냈다	대하 15:11
마음과 목숨을 다하여 야훼(여호와)를 찾기로 언약했다	대하 15:12
야훼(여호와)를 찾지 않고 우상을 숭배하는 자는 죽이기로 했다	대하 15:13
아세라 목상을 만든 모친 마아가 태후의 자리를 폐했다	대하 15:16
아세라 목상을 찍고 빻아 기드론 시냇가에서 불살랐다	대하 15:16

37. ② (대하 16:1) 아사 왕 제삼십육년에 이스라엘 왕 바아사가 유다를 치러 올라와서 라마를 건축하여 사람을 유다 왕 아사에게 왕래하지 못하게 하려 한지라
* 바아사는 이스라엘 백성이 아사의 명성을 듣고 유다로 이주하는 것을 막기 위해(대하 15:9 참조) 라마를 건축하여 요새화하고 경비를 강화하였다.

38. ② (대하 16:1-3) 바아사가 유다를 치러 올라와서 라마를 건축하여 사람을 유다 왕 아사에게 왕래하지 못하게 하려 한지라 아사가 야훼(여호와)의 전 곳간과 왕궁 곳간의 은금을 내어다가 다메섹에 사는 아람 왕 벤하닷에게 보내며 … 와서 이스라엘 왕 바아사와 세운 약조를 깨뜨려 그가 나를 떠나게 하라 하매

memo

39. 아사가 야훼(여호와) 대신 아람 왕을 의지했기 때문에 전쟁이 있을 것이라고 예언한 선견자는?
① 하나니　② 잇도　③ 예후　④ 갓

40. 발이 병들어 위독할 때 야훼(여호와)께 구하지 아니하고 의원들에게 구한 유다 왕은?
① 아비야　② 아사　③ 여호사밧　④ 여호람

41. 전심으로 야훼(여호와)를 섬기며 산당과 아세라 목상을 유다에서 제거한 왕은?
① 아사　② 아합　③ 여호사밧　④ 여호람

42. 제사장들을 보내 야훼(여호와)의 율법을 백성들에게 가르치게 한 유다 왕은?
① 르호보암　② 아비야　③ 아사　④ 여호사밧

43. 유다 왕 여호사밧에게 길르앗 라못을 함께 공격하자고 말한 이스라엘 왕은?
① 시므리　② 오므리　③ 아합　④ 아하시야

39. ① (대하 16:7-9) 그 때에 선견자 하나니가 유다 왕 아사에게 나와서 그에게 이르되 왕이 아람 왕을 의지하고 왕의 하나님 야훼(여호와)를 의지하지 아니하였으므로 … 이 후부터는 왕에게 전쟁이 있으리이다 하매

40. ② (대하 16:12) 아사가 왕이 된 지 삼십구 년에 그의 발이 병들어 매우 위독했으나 병이 있을 때에 그가 야훼(여호와)께 구하지 아니하고 의원들에게 구하였더라

41. ③ (대하 17:1-6) 아사의 아들 여호사밧이 대신하여 왕이 되어 스스로 강하게 하여 이스라엘을 방어하되 … 그가 전심으로 야훼(여호와)의 길을 걸어 산당들과 아세라 목상들도 유다에서 제거하였더라

42. ④ (대하 17:1-9) 아사의 아들 여호사밧이 대신하여 왕이 되어 … 제사장 엘리사마와 여호람을 보내었더니 그들이 야훼(여호와)의 율법책을 가지고 유다에서 가르치되 그 모든 유다 성읍들로 두루 다니며 백성들을 가르쳤더라

43. ③ (대하 18:3) 이스라엘 왕 아합이 유다 왕 여호사밧에게 이르되 당신이 나와 함께 길르앗 라못으로 가시겠느냐 하니 여호사밧이 대답하되 나는 당신과 다름이 없고 내 백성은 당신의 백성과 다름이 없으니 당신과 함께 싸우리이다 하는지라

memo

44. 길르앗 라못에서 아합 왕이 전사할 것을 예언한 선지자는?
① 미가야 ② 시드기야 ③ 엘리야 ④ 오뎃

45. 참 선지자 미가야의 뺨을 친 거짓 선지자는?
① 시드기야 ② 아히야 ③ 오뎃 ④ 잇도

46. 아합과 동맹을 맺고 전쟁을 일으킨 여호사밧의 행위를 책망한 선견자는?
① 오뎃 ② 예후 ③ 갓 ④ 미가야

47. 선견자 예후의 질책을 받아들이고 백성들을 야훼(여호와)께로 돌아오게 한 왕은?
① 여호사밧 ② 여호람 ③ 아사 ④ 솔로몬

44. ① (대하 18:18–22) 미가야가 이르되 … 야훼(여호와)께서 말씀하시기를 누가 이스라엘 왕 아합을 꾀어 그에게 길르앗 라못에 올라가서 죽게 할까 하시니 하나는 이렇게 하겠다 하고 하나는 저렇게 하겠다 하였는데 … 야훼(여호와)께서 왕에게 대하여 재앙을 말씀하셨나이다 하니

45. ① (대하 18:23) 그나아나의 아들 시드기야가 가까이 와서 미가야의 뺨을 치며 이르되 야훼(여호와)의 영이 나를 떠나 어디로 가서 네게 말씀하더냐 하는지라

46. ② (대하 19:2) 하나니의 아들 선견자 예후가 나가서 여호사밧 왕을 맞아 이르되 왕이 악한 자를 돕고 야훼(여호와)를 미워하는 자들을 사랑하는 것이 옳으니이까 그러므로 야훼(여호와)께로부터 진노하심이 왕에게 임하리이다

47. ① (대하 19:2–4) 하나니의 아들 선견자 예후가 나가서 여호사밧 왕을 맞아 이르되 왕이 악한 자를 돕고 야훼(여호와)를 미워하는 자들을 사랑하는 것이 옳으니이까 … 여호사밧이 예루살렘에 살더니 … 민간에 두루 다니며 그들을 그들의 조상들의 하나님 야훼(여호와)께로 돌아오게 하고

memo

48. 모압과 암몬과 마온이 침입했을 때 여호사밧과 유다 백성이 취한 행동이 아닌 것은?

① 여호사밧이 두려워하여 야훼(여호와)께로 낯을 향하여 간구하였다

② 여호사밧이 온 유다 백성에게 금식하라고 공포하였다

③ 유다 사람이 모든 성읍에서 모여와 야훼(여호와)께 간구하였다

④ 여호사밧과 유다 백성이 연합군과 맞서 싸웠다

49. 모압과 암몬과의 싸움에서 여호사밧과 유다 백성이 승리할 것을 예언한 사람은?

① 미가야 ② 오뎃 ③ 예후 ④ 야하시엘

50. 노래하는 자들에게 예복을 입히고 야훼(여호와)를 찬송하게 함으로 전쟁에서 승리한 왕은?

① 아사 ② 여호사밧 ③ 여호람 ④ 아하시야

48. ④

연합군의 침입을 받은 여호사밧과 유다 백성이 취한 행동

여호사밧이 두려워하여 야훼(여호와)께로 낯을 향하여 간구하였다	대하 20:3
여호사밧이 온 유다 백성에게 금식하라고 공포하였다	대하 20:3
유다 사람이 모든 성읍에서 모여와 야훼(여호와)께 간구하였다	대하 20:4

49. ④ (대하 20:15-17) 야하시엘이 이르되 온 유다와 예루살렘 주민과 여호사밧 왕이여 … 이 전쟁에는 너희가 싸울 것이 없나니 대열을 이루고 서서 너희와 함께 한 야훼(여호와)가 구원하는 것을 보라 … 내일 그들을 맞서 나가라 야훼(여호와)가 너희와 함께 하리라 하셨느니라 하매

50. ② (대하 20:20-22) 이에 백성들이 아침에 일찍이 일어나서 드고아 들로 나가니라 나갈 때에 여호사밧이 … 노래하는 자들을 택하여 거룩한 예복을 입히고 … 찬송이 시작될 때에 야훼(여호와)께서 복병을 두어 유다를 치러 온 암몬 자손과 모압과 세일 산 주민들을 치게 하시므로 그들이 패하였으니

memo

51. 여호사밧과 유다 백성이 모압과 암몬과의 싸움에서 승리한 후 야훼(여호와)를 송축한 골짜기는?
① 스바다 ② 브라가 ③ 소금 ④ 므깃도

52. 유다 왕 여호사밧이 배를 만들어 다시스로 보내기 위해 교제한 이스라엘의 악한 왕은?
① 아합 ② 여호람 ③ 아하시야 ④ 예후

53. 야훼(여호와)께서 여호사밧 왕이 만든 배를 파하실 것을 예언한 사람은?
① 도다와후 ② 미가야 ③ 엘리에셀 ④ 오뎃

54. 여호사밧의 뒤를 이어 왕이 된 후 자신의 아우들을 모두 죽인 사람은?
① 여호람 ② 아하시야 ③ 아달랴 ④ 요아스

55. 에돔과 립나가 유다 왕 여호람을 배반한 이유는?
① 여호람의 군사력이 약해졌기 때문이다
② 여호람이 야훼(여호와)를 버렸기 때문이다
③ 여호람이 다른 나라와 동맹을 맺었기 때문이다
④ 여호람이 병들었기 때문이다

51. ② (대하 20:25-26) 여호사밧과 그의 백성이 가서 적군의 물건을 탈취할새 본즉 그 가운데에 재물과 의복과 보물이 많이 있으므로 … 무리가 브라가 골짜기에 모여서 거기서 야훼(여호와)를 송축한지라 그러므로 오늘날까지 그 곳을 브라가 골짜기라 일컫더라

52. ③ (대하 20:35-36) 유다 왕 여호사밧이 나중에 이스라엘 왕 아하시야와 교제하였는데 아하시야는 심히 악을 행하는 자였더라 두 왕이 서로 연합하고 배를 만들어 다시스로 보내고자 하여 에시온게벨에서 배를 만들었더니

53. ③ (대하 20:37) 마레사 사람 도다와후의 아들 엘리에셀이 여호사밧을 향하여 예언하여 이르되 왕이 아하시야와 교제하므로 야훼(여호와)께서 왕이 지은 것들을 파하시리라 하더니 이에 그 배들이 부서져서 다시스로 가지 못하였더라

54. ① (대하 21:1-4) 여호사밧이 그의 조상들과 함께 누우매 … 그의 아들 여호람이 대신하여 왕이 되니라 … 여호람이 그의 아버지의 왕국을 다스리게 되어 세력을 얻은 후에 그의 모든 아우들과 이스라엘 방백들 중 몇 사람을 칼로 죽였더라

55. ② (대하 21:10) 이와 같이 에돔이 배반하여 유다의 지배하에서 벗어났더니 오늘까지 그러하였으며 그 때에 립나도 배반하여 여호람의 지배 하에서 벗어났으니 이는 그가 그의 조상들의 하나님 야훼(여호와)를 버렸음이더라

memo

56. 유다 왕 여호람의 우상숭배에 대한 징벌을 선포한 선지자는?
① 엘리야 ② 엘리사 ③ 이사야 ④ 미가

57. 유다 왕 여호람의 막내 아들로서 왕위를 계승한 사람은?
① 아달랴 ② 요아스 ③ 아하시야 ④ 아마샤

58. 아하시야 왕의 어머니 아달랴가 유다 왕국의 씨를 진멸할 때 살아남은 왕자는?
① 아마샤 ② 웃시야 ③ 요담 ④ 요아스

59. 요아스와 유모를 침실에 숨겨 아달랴를 피하게 한 사람은?
① 여호사브앗 ② 마할랏 ③ 마아가 ④ 훌다

60. 요아스가 하나님의 전에 숨어 지낸 기간은?
① 5년 ② 6년 ③ 7년 ④ 8년

56. ① (대하 21:11-15) 여호람이 또 유다 여러 산에 산당을 세워 예루살렘 주민으로 음행하게 하고 또 유다를 미혹하게 하였으므로 선지자 엘리야가 여호람에게 글을 보내어 … 너는 창자에 중병이 들고 그 병이 날로 중하여 창자가 빠져 나오리라 하셨다 하였더라

57. ③ (대하 22:1) 예루살렘 주민이 여호람의 막내 아들 아하시야에게 왕위를 계승하게 하였으니 이는 전에 아라비아 사람들과 함께 와서 진을 치던 부대가 그의 모든 형들을 죽였음이라 그러므로 유다 왕 여호람의 아들 아하시야가 왕이 되었더라

58. ④ (대하 22:10-11) 아하시야의 어머니 아달랴가 … 유다 집의 왕국의 씨를 모두 진멸하였으나 왕의 딸 여호사브앗이 아하시야의 아들 요아스를 왕자들이 죽임을 당하는 중에서 몰래 빼내어 그와 그의 유모를 침실에 숨겨 아달랴를 피하게 하였으므로 아달랴가 그를 죽이지 못하였더라

59. ① (대하 22:11) 왕의 딸 여호사브앗이 아하시야의 아들 요아스를 왕자들이 죽임을 당하는 중에서 몰래 빼내어 그와 그의 유모를 침실에 숨겨 아달랴를 피하게 하였으므로 아달랴가 그를 죽이지 못하였더라 여호사브앗은 여호람 왕의 딸이요 아하시야의 누이요 제사장 여호야다의 아내이더라

60. ② (대하 22:12) 요아스가 그들과 함께 하나님의 전에 육 년을 숨어 있는 동안에 아달랴가 나라를 다스렸더라

memo

61. 유다 왕 요아스가 왕위에 오를 때의 나이는?
① 7세 ② 17세 ③ 27세 ④ 37세

62. 제사장 여호야다의 아들로서 요아스 왕의 우상숭배를 책망하다 죽임을 당한 사람은?
① 시므리 ② 여우엘 ③ 스가랴 ④ 맛다냐

63. 제사장 여호야다가 베푼 은혜를 저버리고 그의 아들을 죽인 유다 왕은?
① 아달랴 ② 아마샤 ③ 웃시야 ④ 요아스

64. 아마샤가 부왕을 죽인 신하들만 죽이고 그들의 자녀들은 죽이지 않은 이유는?
① 신하들의 간청이 있어서
② 다른 나라에 노예로 팔기 위해서
③ 아마샤의 마음이 착하고 여려서
④ 모세의 율법책에 기록한 대로 순종하기 위해서

61. ① (대하 24:1) 요아스가 왕위에 오를 때에 나이가 칠 세라 예루살렘에서 사십 년 동안 다스리니라 그의 어머니의 이름은 시비아요 브엘세바 사람이더라
62. ③ (대하 24:20-21) 이에 하나님의 영이 제사장 여호야다의 아들 스가랴를 감동시키시매 그가 백성 앞에 높이 서서 … 너희가 야훼(여호와)를 버렸으므로 야훼(여호와)께서도 너희를 버리셨느니라 하나 무리가 함께 꾀하고 왕의 명령을 따라 그를 야훼(여호와)의 전 뜰 안에서 돌로 쳐죽였더라
63. ④ (대하 24:22) 요아스 왕이 이와 같이 스가랴의 아버지 여호야다가 베푼 은혜를 기억하지 아니하고 그의 아들을 죽이니 그가 죽을 때에 이르되 야훼(여호와)는 감찰하시고 신원하여 주옵소서 하니라
64. ④ (대하 25:2-4) 아마샤가 … 그의 부왕을 죽인 신하들을 죽였으나 그들의 자녀들은 죽이지 아니하였으니 이는 모세의 율법책에 기록된 대로 함이라 곧 야훼(여호와)께서 명령하여 이르시기를 자녀로 말미암아 아버지를 죽이지 말 것이요 아버지로 말미암아 자녀를 죽이지 말 것이라 오직 각 사람은 자기의 죄로 말미암아 죽을 것이니라 하셨더라

memo

65. 아마샤가 전장에 나갈 때 은 100 달란트로 고용한 용사는?
① 10만 명 ② 20만 명 ③ 30만 명 ④ 40만 명

66. 에돔과의 전쟁에서 승리한 후 세일 자손의 신들을 섬기다 야훼(여호와)의 진노를 산 유다 왕은?
① 요아스 ② 아마샤 ③ 웃시야 ④ 요담

67. 벧세메스에서 이스라엘 왕 요아스와 싸워 패한 유다 왕은?
① 아하시야 ② 아달랴 ③ 아마샤 ④ 아사랴

68. 유다 왕으로서 매우 강성하여 이름이 애굽 변방까지 퍼졌던 왕은?
① 웃시야 ② 요담 ③ 아하스 ④ 히스기야

69. 나라가 강성해지자 교만하여 향단에 분향하려다 나병에 걸린 유다 왕은?
① 요아스 ② 아마샤 ③ 웃시야 ④ 아하스

70. 웃시야 왕이 향단에 분향하려는 것을 만류한 제사장은?
① 여호야다 ② 아사랴 ③ 스가랴 ④ 힐기야

65. ① (대하 25:5-6) 아마샤가 유다 사람들을 모으고 … 이십 세 이상으로 계수하여 창과 방패를 잡고 능히 전장에 나갈 만한 자 삼십만 명을 얻고 또 은 백 달란트로 이스라엘 나라에서 큰 용사 십만 명을 고용하였더니
66. ② (대하 25:14-15) 아마샤가 에돔 사람들을 죽이고 돌아올 때에 세일 자손의 신들을 가져와서 자기의 신으로 세우고 그것들 앞에 경배하며 분향한지라 그러므로 야훼(여호와)께서 아마샤에게 진노하사
67. ③ (대하 25:21-22) 이스라엘 왕 요아스가 올라와서 유다 왕 아마샤와 더불어 유다의 벧세메스에서 대면하였더니 유다가 이스라엘 앞에서 패하여 각기 장막으로 도망한지라
68. ① (대하 26:8) 암몬 사람들이 웃시야에게 조공을 바치매 웃시야가 매우 강성하여 이름이 애굽 변방까지 퍼졌더라
69. ③ (대하 26:16-19) 그가 강성하여지매 그의 마음이 교만하여 … 성전에 들어가서 향단에 분향하려 한지라 … 웃시야가 손으로 향로를 잡고 분향하려 하다가 화를 내니 그가 제사장에게 화를 낼 때에 야훼(여호와)의 전 안 향단 곁 제사장들 앞에서 그의 이마에 나병이 생긴지라
70. ② (대하 26:17-18) 제사장 아사랴가 … 웃시야 왕 곁에 서서 그에게 이르되 웃시야여 야훼(여호와)께 분향하는 일은 왕이 할 바가 아니요 오직 분향하기 위하여 구별함을 받은 아론의 자손 제사장들이 할 바니 성소에서 나가소서

memo

71. 다메섹 신들에게 제사하여 도움을 받으려 했으나 그 신이 망하게 한 유다 왕은?
① 요아스 ② 아마샤 ③ 웃시야 ④ 아하스

72. 히스기야가 온 이스라엘과 유다에 편지를 보내어 지키게 한 절기는?
① 무교절 ② 초실절 ③ 오순절 ④ 유월절

73. 제사장들과 레위 사람들의 축복과 기도 소리가 야훼(여호와)의 처소에 이른 때는?
① 르호보암 왕 때 ② 여호사밧 왕 때
③ 히스기야 왕 때 ④ 요아스 왕 때

74. 산헤립의 신하가 예루살렘 성을 점령하려 할 때 히스기야 왕이 한 일은?
① 바벨론 왕에게 지원을 요청했다
② 아람 왕에게 지원을 요청했다
③ 앗수르 왕 산헤립에게 항복하였다
④ 이사야 선지자와 함께 하늘을 향하여 부르짖어 기도하였다

71. ④ (대하 28:22-23) 이 아하스 왕이 … 자기를 친 다메섹 신들에게 제사하여 이르되 아람 왕들의 신들이 그들을 도왔으니 나도 그 신에게 제사하여 나를 돕게 하리라 하였으나 그 신이 아하스와 온 이스라엘을 망하게 하였더라

72. ④ (대하 30:1) 히스기야가 온 이스라엘과 유다에 사람을 보내고 또 에브라임과 므낫세에 편지를 보내어 예루살렘 야훼(여호와)의 전에 와서 이스라엘 하나님 야훼(여호와)를 위하여 유월절을 지키라 하니라
* 히스기야 왕이 북이스라엘에까지 편지를 보내 유월절에 참여할 것을 촉구한 것은 남북 왕국이 동일하게 하나님의 백성임을 인정하고 공동체 의식을 갖도록 하기 위함이었다.

73. ③ (대하 30:24-27) 유다 왕 히스기야가 수송아지 천 마리와 양 칠천 마리를 회중에게 주었고 … 그 때에 제사장들과 레위 사람들이 일어나서 백성을 위하여 축복하였으니 그 소리가 하늘에 들리고 그 기도가 야훼(여호와)의 거룩한 처소 하늘에 이르렀더라

74. ④ (대하 32:18-20) 산헤립의 신하가 유다 방언으로 크게 소리 질러 예루살렘 성 위에 있는 백성을 놀라게 하고 괴롭게 하여 그 성을 점령하려 하였는데 … 히스기야 왕이 아모스의 아들 선지자 이사야와 더불어 하늘을 향하여 부르짖어 기도하였더니

memo

75. 히스기야 왕 때 야훼(여호와)께서 앗수르 왕의 진영 사람들을 멸하신 방법은?
① 천재지변을 통해 멸하셨다
② 한 천사를 보내어 멸하셨다
③ 앗수르 왕의 신하를 통해 멸하셨다
④ 아람 군대를 동원하여 멸하셨다

76. 히스기야가 형통할 때 야훼(여호와)께서 그의 마음을 시험하기 위해 보낸 사람은?
① 바벨론 왕 ② 바벨론 방백들
③ 앗수르 왕 ④ 앗수르 방백들

77. 므낫세 왕이 자기 아들을 불 가운데로 지나가게 한 곳은?
① 싯딤 골짜기 ② 에스골 골짜기
③ 힌놈의 아들 골짜기 ④ 엘라 골짜기

78. 요시야는 몇 세에 왕위에 올랐는가?
① 6세 ② 7세 ③ 8세 ④ 9세

75. ② (대하 32:21-22) 야훼(여호와)께서 한 천사를 보내어 앗수르 왕의 진영에서 모든 큰 용사와 대장과 지휘관들을 멸하신지라 … 이와 같이 야훼(여호와)께서 히스기야와 예루살렘 주민을 앗수르 왕 산헤립의 손과 모든 적국의 손에서 구원하여 내사 사면으로 보호하시매

76. ② (대하 32:30-31) 히스기야가 그의 모든 일에 형통하였더라 그러나 바벨론 방백들이 히스기야에게 사신을 보내어 그 땅에서 나타난 이적을 물을 때에 하나님이 히스기야를 떠나시고 그의 심중에 있는 것을 다 알고자 하사 시험하셨더라
* 히스기야는 기적적으로 병 고침을 받은 것에 대하여 묻는 바벨론 방백들에게 자신의 부귀와 영광을 교만하게 자랑함으로 (왕하 20:12-15 참조) 하나님의 시험에 실패하고 말았지만, 회개한 결과 하나님의 진노를 그의 생전에는 보지 않게 되었다 (대하 32:25-26 참조).

77. ③ (대하 33:1-6) 므낫세가 … 힌놈의 아들 골짜기에서 그의 아들들을 불 가운데로 지나가게 하며 또 점치며 사술과 요술을 행하며 신접한 자와 박수를 신임하여 야훼(여호와) 보시기에 악을 많이 행하여 야훼(여호와)를 진노하게 하였으며

78. ③ (대하 34:1) 요시야가 왕위에 오를 때에 나이가 팔 세라 예루살렘에서 삼십일 년 동안 다스리며

memo

79. 요시야가 야훼(여호와)의 전 수리를 위해 보낸 사람이 아닌 사람은?
① 사반 ② 마아세야 ③ 요아하스 ④ 요아

80. 요시야 왕 당시 유다의 대제사장은?
① 힐기야 ② 여호야다 ③ 아마랴 ④ 아사랴

81. 힐기야가 야훼(여호와)의 전에서 발견한 율법책을 요시야 왕 앞에서 읽은 사람은?
① 아히감 ② 압돈 ③ 아사야 ④ 사반

82. 요시야 왕이 므깃도에서 전사한 이유는?
① 애굽 왕 느고의 군사력이 막강했기 때문이다
② 요시야가 하나님의 말씀을 듣지 않았기 때문이다
③ 요시야가 신하들의 말을 듣지 않았기 때문이다
④ 유다 백성이 하나님께 범죄했기 때문이다

79. ③ (대하 34:8) 요시야가 왕위에 있은 지 열여덟째 해에 그 땅과 성전을 정결하게 하기를 마치고 그의 하나님 야훼(여호와)의 전을 수리하려 하여 아살랴의 아들 사반과 시장 마아세야와 서기관 요아하스의 아들 요아를 보낸지라

80. ① (대하 34:8-9) 요시야가 왕위에 있은 지 열여덟째 해에 … 그들이 대제사장 힐기야에게 나아가 전에 하나님의 전에 헌금한 돈을 그에게 주니 이 돈은 … 모든 이스라엘 사람과 온 유다와 베냐민과 예루살렘 주민들에게서 거둔 것이라

* 힐기야는 솔로몬 시대의 대제사장 사독의 아들 살룸의 현손으로(대상 6:12-13 참조), 요시야 왕의 종교개혁에 앞장선 사람이며(왕하 23:4; 대하 35:8 참조) 에스라의 조상이다(스 7:1-2 참조).

81. ④ (대하 34:18-19) 서기관 사반이 또 왕에게 아뢰어 이르되 제사장 힐기야가 내게 책을 주더이다 하고 사반이 왕 앞에서 그것을 읽으매 왕이 율법의 말씀을 듣자 곧 자기 옷을 찢더라

82. ② (대하 35:22-24) 요시야가 몸을 돌이켜 떠나기를 싫어하고 오히려 변장하고 그와 싸우고자 하여 하나님의 입에서 나온 느고의 말을 듣지 아니하고 므깃도 골짜기에 이르러 싸울 때에 … 그가 죽으니 그의 조상들의 묘실에 장사되니라

* 요시야는 애굽 왕 느고에 대한 적대감에 사로잡혀 하나님의 입에서 나온 느고의 말을 듣지 아니하고 싸우다가 결국 전사하고 말았다.

memo

83. 요시야 왕의 죽음을 슬퍼하며 애가를 지은 선지자는?
① 엘리야 ② 엘리사 ③ 예레미야 ④ 이사야

84. 애굽 왕 느고가 왕위를 폐하고 애굽으로 잡아간 유다 왕은?
① 요시야 ② 여호아하스
③ 여호야김 ④ 여호야긴

85. 포로가 된 유다 왕과 그를 잡아간 나라의 왕이 잘못 연결된 것은?
① 여호아하스 – 애굽 왕 느고
② 여호야김 – 앗수르 왕 디글랏 빌레셀
③ 여호야긴 – 바벨론 왕 느부갓네살
④ 시드기야 – 바벨론 왕 느부갓네살

86. 유다 왕 시드기야에게 하나님의 말씀을 선포한 선지자는?
① 예레미야 ② 아모스 ③ 이사야 ④ 미가

83. ③ (대하 35:23–25) 활 쏘는 자가 요시야 왕을 쏜지라 … 그가 죽으니 그의 조상들의 묘실에 장사되니라 온 유다와 예루살렘 사람들이 요시야를 슬퍼하고 예레미야는 그를 위하여 애가를 지었으며

84. ② (대하 36:2–4) 여호아하스가 왕위에 오를 때에 나이가 이십삼 세더라 … 애굽 왕이 예루살렘에서 그의 왕위를 폐하고 … 그의 형제 엘리아김을 세워 유다와 예루살렘 왕으로 삼고 그의 이름을 고쳐 여호야김이라 하고 그의 형제 여호아하스를 애굽으로 잡아갔더라

85. ②

포로가 된 유다 왕들과 그들을 잡아간 나라의 왕들

여호아하스	애굽 왕 느고	대하 36:2-4
여호야김	바벨론 왕 느부갓네살	대하 36:5-6
여호야긴	바벨론 왕 느부갓네살	대하 36:9-10
시드기야	바벨론 왕 느부갓네살	대하 36:11-20

86. ① (대하 36:11–12) 시드기야가 왕위에 오를 때에 나이가 이십일 세라 예루살렘에서 십일 년 동안 다스리며 그의 하나님 야훼(여호와) 보시기에 악을 행하고 선지자 예레미야가 야훼(여호와)의 말씀으로 일러도 그 앞에서 겸손하지 아니하였으며

memo

87. 유다 왕국의 마지막 왕은?

① 여호아하스 ② 여호야김 ③ 여호야긴 ④ 시드기야

88. 유다 왕국을 멸망시킨 나라는?

① 애굽 ② 앗수르 ③ 바벨론 ④ 암몬

89. 유다 백성이 바벨론에서 포로 생활을 한 기간은?

① 40년 ② 50년 ③ 60년 ④ 70년

90. 유다 백성이 귀환하여 예루살렘 성전을 건축할 수 있도록 조서를 내린 사람은?

① 바벨론 왕 느부갓네살 ② 애굽 왕 느고
③ 앗수르 왕 산헤립 ④ 바사 왕 고레스

87. ④ (대하 36:11-20) 시드기야가 왕위에 오를 때에 나이가 이십일 세라 … 하나님이 갈대아 왕의 손에 그들을 다 넘기시매 … 무리가 거기서 갈대아 왕과 그의 자손의 노예가 되어 바사국이 통치할 때까지 이르니라

88. ③ (대하 36:17-20) 하나님이 갈대아 왕의 손에 그들을 다 넘기시매 그가 와서 그들의 성전에서 칼로 청년들을 죽이며 … 칼에서 살아 남은 자를 그가 바벨론으로 사로잡아가매 무리가 거기서 갈대아 왕과 그의 자손의 노예가 되어 바사국이 통치할 때까지 이르니라

89. ④ (대하 36:17-21) 하나님이 갈대아 왕의 손에 그들을 다 넘기시매 그가 와서 그들의 성전에서 칼로 청년들을 죽이며 … 토지가 황폐하여 땅이 안식년을 누림 같이 안식하여 칠십 년을 지냈으니 야훼(여호와)께서 예레미야의 입으로 하신 말씀이 이루어졌더라

90. ④ (대하 36:23) 바사 왕 고레스가 이같이 말하노니 하늘의 신 야훼(여호와)께서 세상 만국을 내게 주셨고 나에게 명령하여 유다 예루살렘에 성전을 건축하라 하셨나니 너희 중에 그의 백성된 자는 다 올라갈지어다 너희 하나님 야훼(여호와)께서 함께 하시기를 원하노라 하였더라

memo

주관식

1. “다윗의 아들 솔로몬의 왕위가 견고하여 가며 그의 하나님 야훼(여호와)께서 그와 (　　　) 하사 심히 (　　　)하게 하시니라”

2. “솔로몬이 온 회중과 함께 기브온 산당으로 갔으니 하나님의 (　　　) 곧 야훼(여호와)의 종 모세가 광야에서 지은 것이 거기에 있음이라”

3. 백성을 재판하기 위해 하나님께 지혜와 지식을 구한 왕은?

4. 솔로몬이 말들을 수입한 곳은?

5. 솔로몬은 성전 건축 재료를 구하기 위해 누구에게 사절단을 보냈는가?

1. **함께, 창대** (대하 1:1 참조)
2. **회막** (대하 1:3 참조)
   * 모세가 광야에서 지은 회막은 본래 실로에 있었는데(수 18:1 참조) 아벡 전투에서 이스라엘이 블레셋에게 언약궤를 빼앗긴 뒤(삼상 4:1-11 참조) 놉으로 옮겨졌으며(삼상 21:1 참조), 사울 때에 기브온으로 옮겨져 솔로몬 때까지 그곳에 있었다(대상 16:39; 21:29 참조). 한편 법궤는 다윗에 의해 예루살렘으로 옮겨졌지만 모세의 번제단은 여전히 기브온 회막에 있었기 때문에 공식 종교 행사는 기브온 산당에서 행해졌다(대상 16:39-40 참조). 따라서 당시에는 기브온 산당이 하나님께 제사를 드리기에 적법한 장소였다.
3. **솔로몬** (대하 1:8-10) 솔로몬이 하나님께 말하되 … 주께서 나를 땅의 티끌 같이 많은 백성의 왕으로 삼으셨사오니 주는 이제 내게 지혜와 지식을 주사 이 백성 앞에서 출입하게 하옵소서 이렇게 많은 주의 백성을 누가 능히 재판하리이까 하니
4. **애굽과 구에** (대하 1:16) 솔로몬의 말들은 애굽과 구에에서 사들였으니 왕의 무역상들이 떼로 값을 정하여 산 것이며
5. **두로 왕 후람** (대하 2:3-4) 솔로몬이 사절을 두로 왕 후람에게 보내어 이르되 당신이 전에 내 아버지 다윗에게 백향목을 보내어 그가 거주하실 궁궐을 건축하게 한 것 같이 내게도 그리 하소서 이제 내가 나의 하나님 야훼(여호와)의 이름을 위하여 성전을 건축하여 구별하여 드리고

memo

6. “솔로몬이 예루살렘 (　　　　)에 야훼(여호와)의 전 건축하기를 시작하니 그 곳은 전에 야훼(여호와)께서 그의 아버지 다윗에게 나타나신 곳이요 여부스 사람 오르난의 타작 마당에 다윗이 정한 곳이라”

7. 솔로몬이 건축한 야훼(여호와)의 성전 앞에 세운 두 기둥의 이름은?

8. “솔로몬이 야훼(여호와)의 전을 위하여 만드는 모든 일을 마친지라 이에 솔로몬이 그의 아버지 다윗이 드린 은과 금과 모든 기구를 가져다가 하나님의 전 (　　　)에 두었더라”

9. 호렙에서 언약궤 안에 두 돌판을 넣은 사람은?

6. **모리아 산** (대하 3:1 참조)
7. **야긴과 보아스** (대하 3:1–17) 솔로몬이 예루살렘 모리아 산에 야훼(여호와)의 전 건축하기를 시작하니 그 곳은 전에 야훼(여호와)께서 그의 아버지 다윗에게 나타나신 곳이요 … 두 기둥을 성전 앞에 세웠으니 왼쪽에 하나요 오른쪽에 하나라 오른쪽 것은 야긴이라 부르고 왼쪽 것은 보아스라 불렀더라
 * ‘야긴’은 ‘하나님께서 설립하셨다’라는 뜻이며, ‘보아스’는 ‘그의 능력으로’라는 뜻이다. 따라서 이 두 기둥을 성전 앞에 세운 것은 성전이 하나님의 권능으로 세워졌다는 것을 상징하기 위함이었을 것이다.
8. **곳간** (대하 5:1 참조)
 * 성전 건축을 마친 뒤 남은 자재를 곳간에 두었다는 것은 다윗이 그만큼 성전 건축 자재를 많이 준비해 두었다는 것을 보여 준다.
9. **모세** (대하 5:10) 궤 안에는 두 돌판 외에 아무것도 없으니 이것은 이스라엘 자손이 애굽에서 나온 후 야훼(여호와)께서 그들과 언약을 세우실 때에 모세가 호렙에서 그 안에 넣은 것이더라
 * ‘호렙’은 모세가 하나님께 소명을 받았던 곳으로(출 3:1 참조), 성경에서 시내 산과 동일한 곳으로 쓰였다(출 19–20장 참조). 한편 호렙 산은 본래 시내 산의 여러 봉우리 중 하나였던 것으로 추정된다.

memo

10. "나팔 부는 자와 노래하는 자들이 일제히 소리를 내어 야훼(여호와)를 찬송하며 감사하는데 나팔 불고 제금 치고 모든 악기를 울리며 소리를 높여 야훼(여호와)를 찬송하여 이르되 선하시도다 그의 자비하심이 영원히 있도다 하매 그 때에 야훼(여호와)의 전에 (　　　)이 가득한지라"

11. 솔로몬이 성전 낙성식을 행한 기간은?

12. 솔로몬의 명성을 듣고 그를 시험하기 위해 찾아온 사람은?

13. "솔로몬 왕이 마시는 그릇은 다 금이요 레바논 나무 궁의 그릇들도 다 순금이라 솔로몬의 시대에 (　　)을 귀하게 여기지 아니함은 왕의 배들이 후람의 종들과 함께 다시스로 다니며 그 배들이 삼 년에 일 차씩 다시스의 금과 은과 상아와 원숭이와 공작을 실어 옴이더라"

14. "르호보암이 (　　　)으로 갔으니 이는 온 이스라엘이 그를 왕으로 삼고자 하여 (　　　)에 이르렀음이더라"

10. **구름** (대하 5:13 참조)
* '구름'은 종종 하나님의 임재를 상징하는데(시 18:11; 사 4:5 참조), 여기서는 솔로몬의 성전을 야훼(여호와)께서 열납하셨음을 뜻한다.

11. **7일 동안** (대하 7:8-9) 그 때에 솔로몬이 칠 일 동안 절기를 지켰는데 … 여덟째 날에 무리가 한 성회를 여니라 제단의 낙성식을 칠 일 동안 행한 후 이 절기를 칠 일 동안 지키니라

12. **스바 여왕** (대하 9:1) 스바 여왕이 솔로몬의 명성을 듣고 와서 어려운 질문으로 솔로몬을 시험하고자 하여 예루살렘에 이르니 매우 많은 시종들을 거느리고 향품과 많은 금과 보석을 낙타에 실었더라 그가 솔로몬에게 나아와 자기 마음에 있는 것을 다 말하매

13. **은** (대하 9:20-21 참조)

14. **세겜, 세겜** (대하 10:1 참조)
* 당시 신정 국가인 이스라엘에서 하나님의 뜻에 의해 세워지는 왕이라 할지라도 백성들의 지지가 필요했기 때문에 르호보암은 북쪽 10지파의 지지를 얻기 위해 북쪽 지파들의 중심지였던 세겜(수 24:1; 삿 9:7 참조)에 갔던 것이다.

memo

15. “우리가 사람을 보내어 그를 불렀더라 여로보암과 온 이스라엘 이 와서 (   )에게 말하여 이르되 왕의 아버지께서 우리의 멍에를 무겁게 하였으나 왕은 이제 왕의 아버지께서 우리에게 시킨 고역과 메운 무거운 멍에를 가볍게 하소서 그리하시면 우리가 왕을 섬기겠나이다”

16. “왕이 이같이 백성의 말을 듣지 아니하였으니 이 일은 (   )께로 말미암아 난 것이라 야훼(여호와)께서 전에 실로 사람 아히야로 하여금 느밧의 아들 여로보암에게 이르신 말씀을 응하게 하심이더라”

17. 르호보암이 모든 처첩보다 더 사랑한 압살롬의 딸은?

18. “그 때에 유다 방백들이 시삭의 일로 예루살렘에 모였는지라 선지자 (   )가 르호보암과 방백들에게 나아와 이르되 야훼(여호와)께서 이같이 말씀하시기를 너희가 나를 버렸으므로 나도 너희를 버려 시삭의 손에 넘겼노라 하셨다 한지라”

15. 르호보암 (대하 10:3-4 참조)
16. 하나님 (대하 10:15 참조)
* 하나님께서는 솔로몬의 범죄에 대한 대가로 이스라엘을 나누기로 작정하신 일을 이루시기 위해 르호보암의 마음을 강퍅하게 하신 것이다.
17. 마아가 (대하 11:21) 르호보암은 아내 열여덟 명과 첩 예순 명을 거느려 아들 스물여덟 명과 딸 예순 명을 낳았으나 압살롬의 딸 마아가를 모든 처첩보다 더 사랑하여
18. 스마야 (대하 12:5 참조)

memo

19. "르호보암의 처음부터 끝까지의 행적은 선지자 스마야와 선견자 잇도의 (　　　　)에 기록되지 아니하였느냐 르호보암과 여로보암 사이에 항상 (　　　　)이 있으니라"

20. "이스라엘 하나님 야훼(여호와)께서 (　　　　) 언약으로 이스라엘 나라를 영원히 다윗과 그의 자손에게 주신 것을 너희가 알 것 아니냐"

21. "아사 왕이 온 유다 무리를 거느리고 바아사가 라마를 건축하던 돌과 재목을 운반하여다가 (　　　　)와 (　　　　)를 건축하였더라"

22. "야훼(여호와)께서 (　　　　)과 함께 하셨으니 이는 그가 그의 조상 다윗의 처음 길로 행하여 바알들에게 구하지 아니하고 오직 그의 아버지의 하나님께 구하며 그의 계명을 행하고 이스라엘의 행위를 따르지 아니하였음이라"

23. 이스라엘 왕 아합 가문과 혼인함으로 인척 관계를 맺은 유다 왕은?

19. 족보책, 전쟁 (대하 12:15 참조)
20. 소금 (대하 13:5 참조)
* '소금 언약'이란 소금과 같이 변하지 않는 언약을 말하는 것으로(레 2:13; 민 18:19 참조) 야훼(여호와)께서 다윗과 맺으신 언약을 가리킨다(삼하 7:4-17 참조).

21. 게바, 미스바 (대하 16:6 참조)
22. 여호사밧 (대하 17:3-4 참조)
23. 여호사밧 (대하 18:1) 여호사밧이 부귀와 영광을 크게 떨쳤고 아합 가문과 혼인함으로 인척 관계를 맺었더라

memo

24. "이스라엘 왕이 이르되 (　　　　　)를 잡아 시장 아몬과 왕자 요아스에게로 끌고 돌아가서 왕이 이같이 말하기를 이 놈을 옥에 가두고 내가 평안히 돌아올 때까지 고난의 떡과 고난의 물을 먹게 하라 하셨나이다 하니"

25. "(　　　　　)이 또 예루살렘에서 레위 사람들과 제사장들과 이스라엘 족장들 중에서 사람을 세워 야훼(여호와)께 속한 일과 예루살렘 주민의 모든 송사를 재판하게 하고 그들에게 명령하여 이르되 너희는 진실과 성심을 다하여 야훼(여호와)를 경외하라"

26. "여호사밧이 그의 아버지 아사의 길로 행하여 돌이켜 떠나지 아니하고 야훼(여호와) 보시기에 정직하게 행하였으나 (　　　　　)만은 철거하지 아니하였으므로 백성이 여전히 마음을 정하여 그들의 조상들의 하나님께로 돌아오지 아니하였더라"

27. 유다 왕 아달랴 때에 온 국민이 죽인 바알의 제사장은?

28. "(　　　　　)가 야훼(여호와)께서 보시기에 정직하게 행하기는 하였으나 온전한 마음으로 행하지 아니하였더라"

24. 미가야 (대하 18:25-26 참조)
25. 여호사밧 (대하 19:8-9 참조)
26. 산당 (대하 20:32-33 참조)
27. 맛단 (대하 23:13-17) 아달랴가 그의 옷을 찢으며 외치되 반역이로다 반역이로다 하매 … 온 국민이 바알의 신당으로 가서 그 신당을 부수고 그의 제단들과 형상들을 깨뜨리고 그 제단 앞에서 바알의 제사장 맛단을 죽이니라
28. 아마샤 (대하 25:2 참조)

memo

29. “웃시야가 그의 아버지 아마샤의 모든 행위대로 야훼(여호와) 보시기에 정직하게 행하며 하나님의 묵시를 밝히 아는 (   )가 사는 날에 하나님을 찾았고 그가 야훼(여호와)를 찾을 동안에는 하나님이 형통하게 하셨더라”

30. “히스기야 왕이 귀인들과 더불어 레위 사람을 명령하여 (   )과 선견자 (   )의 시로 야훼(여호와)를 찬송하게 하매 그들이 즐거움으로 찬송하고 몸을 굽혀 예배하니라”

31. “(   )가 온 유다에 이같이 행하되 그의 하나님 야훼(여호와) 보시기에 선과 정의와 진실함으로 행하였으니 그가 행하는 모든 일 곧 하나님의 전에 수종드는 일에나 율법에나 계명에나 그의 하나님을 찾고 한 마음으로 행하여 형통하였더라”

32. 야훼(여호와)의 경고를 무시하다 바벨론으로 끌려갔으나 회개함으로 다시 돌아와서 왕위에 앉게 된 유다 왕은?

29. **스가랴** (대하 26:4-5 참조)
30. **다윗, 아삽** (대하 29:30 참조)
31. **히스기야** (대하 31:20-21 참조)
32. **므낫세** (대하 33:10-13) 야훼(여호와)께서 므낫세와 그의 백성에게 이르셨으나 그들이 듣지 아니하므로 … 바벨론으로 끌고 간지라 … 크게 겸손하여 기도하였으므로 하나님이 그의 기도를 받으시며 그의 간구를 들으시사 그가 예루살렘에 돌아와서 다시 왕위에 앉게 하시매 므낫세가 그제서야 야훼(여호와)께서 하나님이신 줄을 알았더라

memo

33. 요시야 왕 때 야훼(여호와)의 전에서 율법책을 발견한 사람은?

34. 요시야 왕이 보낸 사람들에게 율법책에 대한 야훼(여호와)의 뜻을 전한 여선지자는?

35. "선지자 사무엘 이후로 이스라엘 가운데서 (   )을 이같이 지키지 못하였고 이스라엘 모든 왕들도 요시야가 제사장들과 레위 사람들과 모인 온 유다와 이스라엘 무리와 예루살렘 주민과 함께 지킨 것처럼은 (   )을 지키지 못하였더라"

36. 요시야가 애굽 왕 느고와 싸우다 전사한 곳은?

33. **힐기야** (대하 34:14-15) 무리가 야훼(여호와)의 전에 헌금한 돈을 꺼낼 때에 제사장 힐기야가 모세가 전한 야훼(여호와)의 율법책을 발견하고 힐기야가 서기관 사반에게 말하여 이르되 내가 야훼(여호와)의 전에서 율법책을 발견하였노라 하고 힐기야가 그 책을 사반에게 주매

34. **훌다** (대하 34:22-23) 이에 힐기야와 왕이 보낸 사람들이 여선지자 훌다에게로 나아가니 … 훌다가 그들에게 이르되 이스라엘의 하나님 야훼(여호와)께서 이같이 말씀하시기를 너희는 너희를 내게 보낸 사람에게 말하라 하시니라

35. **유월절, 유월절** (대하 35:18 참조)

* 요시야 왕 때 지킨 유월절은 참석 인원이나 제물의 수에 있어서 다윗, 솔로몬, 히스기야 왕 때보다도 월등했을 뿐만 아니라 율법의 규정을 준수함에 있어서도 철저했다.

36. **므깃도 골짜기** (대하 35:22-24) 요시야가 … 하나님의 입에서 나온 느고의 말을 듣지 아니하고 므깃도 골짜기에 이르러 싸울 때에 … 그가 죽으니 그의 조상들의 묘실에 장사되니라 온 유다와 예루살렘 사람들이 요시야를 슬퍼하고

memo

37. 애굽 왕이 여호아하스의 왕위를 폐하고 대신 세운 여호야김의 본명은?

38. "바사의 고레스 왕 원년에 야훼(여호와)께서 (   )의 입으로 하신 말씀을 이루시려고 야훼(여호와)께서 바사의 고레스 왕의 마음을 감동시키시매 그가 온 나라에 공포도 하고 조서도 내려 이르되"

37. **엘리아김** (대하 36:2–4) 여호아하스가 왕위에 오를 때에 나이가 이십삼 세더라 … 애굽 왕이 예루살렘에서 그의 왕위를 폐하고 … 그의 형제 엘리아김을 세워 유다와 예루살렘 왕으로 삼고 그의 이름을 고쳐 여호야김이라 하고 그의 형제 여호아하스를 애굽으로 잡아갔더라

* 고대 사회에서 이름을 짓는 것은 상대편에 대해 통치권을 주장하거나 선포하는 행위였다. 따라서 애굽 왕 느고가 유다 왕 여호아하스를 폐위시키고 엘리아김을 왕으로 세울 뿐만 아니라 그의 이름까지 고친 것은, 곧 애굽 왕 느고에게 유다에 대한 완전한 지배권이 있었다는 것을 보여 준다.

38. **예레미야** (대하 36:22 참조)

* '야훼(여호와)께서 예레미야의 입으로 하신 말씀'이란 유다 백성이 바벨론에서 포로 생활을 한 지 70년 만에 본국으로 귀환하게 될 것이라는 예언을 말한다(렘 25:11; 29:10–14 참조).

에스라 Ezra

연대 및 저자

B.C. 450년경 에스라에 의해 기록되었다.

중심 내용

본서는 바벨론에서 포로 생활을 하던 이스라엘 백성이
예루살렘으로 귀환하여 나라와 성전을 재건하는 내용을 다루고 있다.

특징

1. 성전 재건 과정을 부각시킴으로써 예배와 신앙을 강조한다.
2. 하나님께서 이스라엘과 맺은 언약을 잊지 않으셨음을 강조한다.
3. 포로 귀환과 성전 재건 사업이 하나님의 능력으로 진행됨을 강조한다.

내용 분해

1. 제1차 포로 귀환 (1:1–6:22)

1) 고레스의 칙령 (1:1–11)
2) 귀환한 백성 명단 (2:1–70)
3) 성전 재건 (3:1–6:15)
4) 성전 봉헌과 유월절 예식 (6:16–22)

2. 제2차 포로 귀환 (7:1–10:44)

1) 아닥사스다의 칙령과 예루살렘으로의 귀환 (7:1–8:36)
2) 예루살렘에서의 종교 개혁 (9:1–10:44)

memo

객관식

1. 에스라서와 관계없는 것은?
   ① 앗수르에서 포로 생활을 하던 유대인들의 삶을 다루고 있다
   ② 성전 재건 과정을 부각시킴으로써 예배와 신앙을 강조한다
   ③ 하나님께서 이스라엘과 맺은 언약을 잊지 않으셨음을 강조한다
   ④ 포로 귀환과 성전 재건 사업을 다루고 있다

2. 에스라서를 기록한 연대는?
   ① B.C. 350년경 ② B.C. 450년경
   ③ B.C. 550년경 ④ B.C. 650년경

3. 에스라서를 기록한 사람은?
   ① 힐기야 ② 사반 ③ 미상 ④ 에스라

4. 고레스는 어느 나라 왕인가?
   ① 애굽 ② 바벨론 ③ 앗수르 ④ 바사

1. ① 바벨론에서 포로 생활을 하던 이스라엘 백성이 예루살렘으로 귀환하여 나라와 성전을 재건하는 내용을 다루고 있는 에스라서는 성전 재건 과정을 부각시킴으로써 예배와 신앙을 강조하며, 하나님께서 이스라엘과 맺은 언약을 잊지 않으셨음을 강조한다. 뿐만 아니라 포로 귀환과 성전 재건 사업이 하나님의 능력으로 진행됨을 강조한다.
2. ② 에스라서는 B.C. 450년경 기록되었다.
3. ④ 에스라서는 에스라가 기록하였다.
4. ④ (스 1:1) 바사 왕 고레스 원년에 야훼(여호와)께서 예레미야의 입을 통하여 하신 말씀을 이루게 하시려고 바사 왕 고레스의 마음을 감동시키시매 그가 온 나라에 공포도 하고 조서도 내려 이르되

memo

5. 포로 생활하는 이스라엘 백성에게 첫 번째 귀환 명령을 내린 왕은?
① 다리오 ② 고레스 ③ 아닥사스다 ④ 느브갓네살

6. 바사 왕 고레스가 한 말이 아닌 것은?
① 이스라엘의 하나님은 참 신이시다
② 야훼(여호와)의 백성은 예루살렘으로 올라가서 야훼(여호와)의 성전을 건축하라
③ 야훼(여호와)는 바사에 계신 하나님이시다
④ 하나님의 성전을 위하여 예물을 기쁘게 드릴지니라

7. 야훼(여호와)의 성전 그릇을 예루살렘에서 옮겨다가 자기 신들의 신당에 두었던 왕은?
① 고레스 왕 ② 느부갓네살 왕
③ 아닥사스다 왕 ④ 다리오 왕

5. ② (스 1:2–3) 바사 왕 고레스는 말하노니 하늘의 하나님 야훼(여호와)께서 세상 모든 나라를 내게 주셨고 나에게 명령하사 유다 예루살렘에 성전을 건축하라 하셨나니 … 그의 백성 된 자는 다 유다 예루살렘으로 올라가서 이스라엘의 하나님 야훼(여호와)의 성전을 건축하라

6. ③

바사 왕 고레스가 한 말

야훼(여호와)께서 세상 모든 나라를 내게 주셨다	스 1:2
야훼(여호와)께서 나에게 명령하사 유다 예루살렘에 성전을 건축하라 하셨다	스 1:2
이스라엘의 하나님은 참 신이시다	스 1:3
야훼(여호와)의 백성은 예루살렘으로 올라가서 야훼(여호와)의 성전을 건축하라	스 1:3
야훼(여호와)는 예루살렘에 계신 하나님이시다	스 1:3
하나님의 성전을 위하여 예물을 기쁘게 드릴지니라	스 1:4

7. ② (스 1:7) 고레스 왕이 또 야훼(여호와)의 성전 그릇을 꺼내니 옛적에 느부갓네살이 예루살렘에서 옮겨다가 자기 신들의 신당에 두었던 것이라

memo

8. 이스라엘 백성이 바벨론에서 제1차 귀환할 때 함께 온 지도자가 아닌 사람은?

① 스룹바벨 ② 예수아 ③ 느헤미야 ④ 미드르닷

9. 스룹바벨과 함께 예루살렘으로 귀환한 이스라엘 백성의 수는?

① 42,360명 ② 43,360명
③ 44,360명 ④ 45,360명

10. 귀환한 이스라엘 족장들이 야훼(여호와)의 성전 터에 이르러 성전 재건을 위해 한 일은?

① 번제를 드림 ② 예물을 드림
③ 기도를 드림 ④ 찬양을 드림

11. 귀환한 이스라엘 자손이 처음으로 지킨 절기는?

① 유월절 ② 오순절 ③ 초막절 ④ 나팔절

8. ④ (스 2:1-2) 바벨론으로 갔던 자들의 자손들 중에서 놓임을 받고 … 각자의 성읍으로 돌아간 자 곧 스룹바벨과 예수아와 느헤미야와 스라야와 르엘라야와 모르드개와 빌산과 미스발과 비그왜와 르훔과 바아나 등과 함께 나온 이스라엘 백성의 명수가 이러하니

9. ① (스 2:1-64) 옛적에 바벨론 왕 느부갓네살에게 사로잡혀 바벨론으로 갔던 자들의 자손들 중에서 놓임을 받고 예루살렘과 유다 도로 돌아와 각기 각자의 성읍으로 돌아간 자 곧 스룹바벨과 … 함께 나온 이스라엘 백성의 명수가 이러하니 … 온 회중의 합계가 사만 이천삼백육십 명이요

10. ② (스 2:68-69) 어떤 족장들이 예루살렘에 있는 야훼(여호와)의 성전 터에 이르러 하나님의 전을 그 곳에 다시 건축하려고 예물을 기쁘게 드리되 힘 자라는 대로 공사하는 금고에 들이니 금이 육만 천 다릭이요 은이 오천 마네요 제사장의 옷이 백 벌이었더라

11. ③ (스 3:1-4) 이스라엘 자손이 각자의 성읍에 살았더니 일곱째 달에 이르러 일제히 예루살렘에 모인지라 … 규례대로 초막절을 지켜 번제를 매일 정수대로 날마다 드리고

memo

12. 귀환한 이스라엘 자손이 예루살렘 성전 공사를 시작한 때는?
① 하나님의 성전에 이른 지 이 년 첫째 달
② 하나님의 성전에 이른 지 이 년 둘째 달
③ 하나님의 성전에 이른 지 이 년 셋째 달
④ 하나님의 성전에 이른 지 이 년 넷째 달

13. 성전 공사를 감독하지 않은 사람은?
① 예수아와 그의 아들들 ② 갓미엘과 그의 아들들
③ 헤나닷 자손 ④ 므낫세 자손

14. 나이 많은 족장들이 성전의 기초가 놓임을 보고 대성통곡한 이유는?
① 솔로몬이 지은 첫 성전을 보았기 때문이다
② 재정적인 어려움이 있었기 때문이다
③ 백성들이 단합하지 않았기 때문이다
④ 성전 건축을 반대하는 자들이 많았기 때문이다

12. ② (스 3:8) 예루살렘에 있는 하나님의 성전에 이른 지 이 년 둘째 달에 … 사로잡혔다가 예루살렘에 돌아온 자들이 공사를 시작하고 이십 세 이상의 레위 사람들을 세워 야훼(여호와)의 성전 공사를 감독하게 하매
13. ④ (스 3:8-9) 이십 세 이상의 레위 사람들을 세워 야훼(여호와)의 성전 공사를 감독하게 하매 이에 예수아와 그의 아들들과 그의 형제들과 갓미엘과 그의 아들들과 유다 자손과 헤나닷 자손과 그의 형제 레위 사람들이 일제히 일어나 하나님의 성전 일꾼들을 감독하니라
14. ① (스 3:12) 제사장들과 레위 사람들과 나이 많은 족장들은 첫 성전을 보았으므로 이제 이 성전의 기초가 놓임을 보고 대성통곡하였으나 여러 사람은 기쁨으로 크게 함성을 지르니
* 나이 많은 족장들이 성전의 기초가 놓인 것을 보고 대성통곡한 이유는 파괴된 성전을 재건하게 된 것에 대한 감격과 함께 성전의 규모가 과거 솔로몬 성전에 비해 너무 보잘것없고(학 2:3 참조) 초라했기 때문이었다.

memo

15. 사마리아인들의 성전 건축 방해 행위에 해당되지 않는 것은?
① 유다 백성의 손을 약하게 하여 건축을 방해했다
② 관리들에게 뇌물을 주어 성전 건축 계획을 막았다
③ 성전 건축에 필요한 자재를 구하지 못하게 막았다
④ 아하수에로 왕에게 글을 올려 유다와 예루살렘 주민을 고발했다

16. 아닥사스다 왕에게 글을 올려 예루살렘 성전 건축을 방해한 사람은?
① 르훔과 심새 ② 르훔과 에살핫돈
③ 심새와 스알디엘 ④ 에살핫돈과 스가랴

17. 사마리아인들이 아닥사스다 왕에게 올린 글의 초본이 아닌 것은?
① 유다 사람들이 예루살렘에 패역하고 악한 성읍을 건축하고 있다
② 성전을 재건하는 자들을 귀양을 보내거나 가산을 몰수해야 한다
③ 성곽을 완공하면 조공과 관세와 통행세를 바치지 않을 것이다
④ 성곽이 준공되면 왕의 강 건너편 영지가 없어질 것이다

18. 르훔과 심새가 올린 글을 읽고 성전 공사를 중단시킨 왕은?
① 고레스 ② 아닥사스다 ③ 벨사살 ④ 다리오

15. ③

사마리아인들의 성전 건축 방해 행위

유다 백성의 손을 약하게 하여 건축을 방해했다	스 4:4
관리들에게 뇌물을 주어 성전 건축 계획을 막았다	스 4:5
아하수에로 왕에게 글을 올려 유다와 예루살렘 주민을 고발했다	스 4:6

16. ① (스 4:8) 방백 르훔과 서기관 심새가 아닥사스다 왕에게 올려 예루살렘 백성을 고발한 그 글에

17. ②

사마리아인들이 아닥사스다 왕에게 올린 글의 초본

유다 사람들이 예루살렘에 패역하고 악한 성읍을 건축하고 있다	스 4:12
성곽을 완공하면 조공과 관세와 통행세를 바치지 않을 것이다	스 4:13
성곽이 준공되면 왕의 강 건너편 영지가 없어질 것이다	스 4:16

18. ② (스 4:23) 아닥사스다 왕의 조서 초본이 르훔과 서기관 심새와 그의 동료 앞에서 낭독되매 그들이 예루살렘으로 급히 가서 유다 사람들을 보고 권력으로 억제하여 그 공사를 그치게 하니

memo

19. 예루살렘 성전 공사는 언제까지 중단되었는가?

① 바사 왕 다리오 2년까지　② 바사 왕 다리오 3년까지
③ 바사 왕 다리오 4년까지　④ 바사 왕 다리오 5년까지

20. 성전 건축을 다시 시작하도록 예언한 선지자는?

① 호세아와 요엘　② 아모스와 오바댜
③ 요나와 미가　④ 학개와 스가랴

21. 중단된 성전 건축 재개를 위해 다리오 왕에게 글을 올린 자가 아닌 사람은?

① 닷드내　② 스달보스내　③ 스가랴　④ 아바삭 사람

22. 다리오 왕이 고레스 왕 원년에 내린 조서를 찾은 곳은?

① 다윗 성　② 예루살렘 성
③ 수산 궁　④ 메대도 악메다 궁성

19. ① (스 4:23-24) 아닥사스다 왕의 조서 초본이 르훔과 서기관 심새와 그의 동료 앞에서 낭독되매 그들이 예루살렘으로 급히 가서 … 공사를 그치게 하니 이에 예루살렘에서 하나님의 성전 공사가 바사 왕 다리오 제이년까지 중단되니라

20. ④ (스 5:1-2) 선지자들 곧 선지자 학개와 잇도의 손자 스가랴가 … 유다 사람들에게 예언하였더니 … 스룹바벨과 요사닥의 아들 예수아가 일어나 예루살렘에 있던 하나님의 성전을 다시 건축하기 시작하매 하나님의 선지자들이 함께 있어 그들을 돕더니

21. ③ (스 5:6) 유브라데 강 건너편 총독 닷드내와 스달보스내와 그들의 동관인 유브라데 강 건너편 아바삭 사람이 다리오 왕에게 올린 글의 초본은 이러하니라

22. ④ (스 6:1-3) 이에 다리오 왕이 조서를 내려 … 조사하게 하여 메대도 악메다 궁성에서 한 두루마리를 찾았으니 거기에 기록하였으되 고레스 왕 원년에 조서를 내려 이르기를 예루살렘에 있는 하나님의 성전에 대하여 이르노니 이 성전 곧 제사 드리는 처소를 건축하되

memo

23. 성전 건축에 대하여 고레스 왕 원년에 내린 조서 내용이 아닌 것은?
① 하나님의 성전 지대를 견고히 쌓아라
② 성전의 높이와 너비는 육십 규빗으로 하라
③ 경비는 유다 백성이 낸 세금으로 충당하라
④ 성전 금, 은 그릇들을 돌려보내어 제자리에 두라

24. 성전 건축 재개를 위한 다리오 왕의 조서 내용이 아닌 것은?
① 성전 건축에 필요한 일꾼을 끊임없이 지원하라
② 거둔 세금 중에서 성전 건축 경비를 끊임없이 주라
③ 하나님께 드릴 번제 제물을 요구하는 대로 날마다 주라
④ 누구든지 명령을 변조하면 그의 집 들보 위에 매달아라

25. 예루살렘 성전 재건이 완공된 때는?
① 고레스 왕 3년 ② 다리오 왕 6년
③ 아닥사스다 왕 2년 ④ 아하수에로 왕 1년

23. ③

고레스 왕 원년에 내린 조서

하나님의 성전 지대를 견고히 쌓아라	스 6:3
성전의 높이와 너비는 육십 규빗으로 하라	스 6:3
경비는 다 왕실에서 낼 것이다	스 6:4
성전 금, 은 그릇들을 돌려보내어 제자리에 두라	스 6:5

24. ①

다리오 왕이 내린 조서

거둔 세금 중에서 성전 건축 경비를 끊임없이 주라	스 6:8
하나님께 드릴 번제 제물을 요구하는 대로 날마다 주라	스 6:9
누구든지 명령을 변조하면 그의 집 들보 위에 매달아라	스 6:11

25. ② (스 6:15) 다리오 왕 제육년 아달월 삼일에 성전 일을 끝내니라
* 이때는 스룹바벨이 성전 기초를 놓은 때(스 3:10 참조)로부터 20년이 지난 때였다. 결국 성전은 파괴된 지 70년 만에 다시 회복된 것이다.

memo

26. 성전 봉헌식을 행할 때 드려진 속죄제물이 아닌 것은?
① 수소 100마리 ② 숫양 200마리
③ 어린 양 400마리 ④ 숫염소 100마리

27. 에스라에 대한 설명 중 잘못된 것은?
① 스라야의 아들이다 ② 아사랴의 손자이다
③ 힐기야의 증손이다 ④ 아론의 14대손이다

28. 이스라엘 자손의 제2차 예루살렘 귀환이 시작된 때는?
① 아닥사스다 왕 제5년 ② 아닥사스다 왕 제6년
③ 아닥사스다 왕 제7년 ④ 아닥사스다 왕 제8년

29. 에스라가 인도한 제2차 예루살렘 귀환 때 걸린 기간은?
① 3개월 ② 4개월 ③ 5개월 ④ 6개월

30. '율례 학자요 학자 겸 제사장'인 사람은?
① 에스라 ② 느헤미야 ③ 스룹바벨 ④ 스가랴

26. ④ (스 6:17) 하나님의 성전 봉헌식을 행할 때에 수소 백 마리와 숫양 이백 마리와 어린 양 사백 마리를 드리고 또 이스라엘 지파의 수를 따라 숫염소 열두 마리로 이스라엘 전체를 위하여 속죄제를 드리고

27. ④ (스 7:1-5) 이 일 후에 바사 왕 아닥사스다가 왕위에 있을 때에 에스라라 하는 자가 있으니라 그는 스라야의 아들이요 아사랴의 손자요 힐기야의 증손이요 … 대제사장 아론의 십육대 손이라

28. ③ (스 7:7-8) 아닥사스다 왕 제칠년에 이스라엘 자손과 제사장들과 레위 사람들과 노래하는 자들과 문지기들과 느디님 사람들 중에 몇 사람이 예루살렘으로 올라올 때에 이 에스라가 올라왔으니 왕의 제칠년 다섯째 달이라

29. ② (스 7:7-9) 아닥사스다 왕 제칠년에 이스라엘 자손과 … 몇 사람이 예루살렘으로 올라올 때에 이 에스라가 올라왔으니 왕의 제칠년 다섯째 달이라 첫째 달 초하루에 바벨론에서 길을 떠났고 하나님의 선한 손의 도우심을 입어 다섯째 달 초하루에 예루살렘에 이르니라

30. ① (스 7:11-12) 야훼(여호와)의 계명의 말씀과 이스라엘에게 주신 율례 학자요 학자 겸 제사장인 에스라에게 아닥사스다 왕이 내린 조서의 초본은 아래와 같으니라 모든 왕의 왕 아닥사스다는 하늘의 하나님의 율법에 완전한 학자 겸 제사장 에스라에게

memo

31. 아닥사스 왕이 에스라에게 내린 조서의 내용과 다른 것은?
① 예루살렘으로 올라갈 뜻이 있는 자는 누구든지 데리고 가라
② 백성들에게 세금을 걷어 성전 제사에 필요한 대로 사용하라
③ 율법을 아는 자를 법관과 재판관을 삼아 백성을 재판하게 하라
④ 하나님과 왕의 명령을 준행하지 아니하는 자는 벌하라

32. 아닥사스다 왕이 성전 재건에 대한 하나님의 명령을 행하라고 한 이유는?
① 하나님의 진노가 두려웠기 때문이다
② 유다 백성의 지도자들이 두려웠기 때문이다
③ 유다 백성의 폭동이 염려되었기 때문이다
④ 그가 하나님을 잘 섬겼기 때문이다

33. 에스라가 제2차 예루살렘 귀환 전에 행한 일이 아닌 것은?
① 귀환에 필요한 경비를 모금했다
② 레위인들과 성전 봉사자들을 모집했다
③ 금식을 선포하고 기도했다
④ 헌물 관리자를 선정했다

31. ②

아닥사스다 왕이 내린 조서

예루살렘으로 올라갈 뜻이 있는 자는 누구든지 데리고 가라	스 7:13
바벨론에서 얻을 은금으로 성전 제사에 필요한 대로 사용하라	스 7:15-23
율법을 아는 자를 법관과 재판관을 삼아 백성을 재판하게 하라	스 7:25
하나님과 왕의 명령을 준행하지 아니하는 자는 벌하라	스 7:26

32. ① (스 7:23) 무릇 하늘의 하나님의 전을 위하여 하늘의 하나님이 명령하신 것은 삼가 행하라 어찌하여 진노가 왕과 왕자의 나라에 임하게 하랴

33. ①

에스라가 제2차 귀환 전에 행한 일

레위인들과 성전 봉사자들을 모집했다	스 8:15-20
금식을 선포하고 기도했다	스 8:21-23
헌물 관리자를 선정했다	스 8:24-30

memo

34. 제2차 귀환 전 에스라가 아하와 강 가에서 백성과 제사장들을 살폈을 때 한 사람도 없었던 지파는?

① 르우벤 지파 ② 시므온 지파
③ 유다 지파 ④ 레위 지파

35. 에스라가 아하와 강 가에서 백성들에게 선포한 것은?

① 전쟁 ② 금식 ③ 축복 ④ 자유

36. 에스라와 함께 제2차로 귀환한 자들이 하나님께 드린 제사는?

① 번제와 소제 ② 번제와 화목제
③ 번제와 속죄제 ④ 번제와 속건제

37. 예루살렘으로 귀환한 이스라엘 백성이 범한 죄는?

① 이방인의 딸을 아내와 며느리로 삼은 죄
② 십일조와 헌물을 바치지 않은 죄
③ 가나안의 우상을 들여와 숭배한 죄
④ 제사와 기도를 등한히 한 죄

34. ④ (스 8:15) 내가 무리를 아하와로 흐르는 강 가에 모으고 거기서 삼 일 동안 장막에 머물며 백성과 제사장들을 살핀즉 그 중에 레위 자손이 한 사람도 없는지라
* 레위 지파 자손은 그들의 업무가 너무 과중하다고 느꼈기 때문에 귀국을 꺼려했을 것이다.

35. ② (스 8:21) 그 때에 내가 아하와 강 가에서 금식을 선포하고 우리 하나님 앞에서 스스로 겸비하여 우리와 우리 어린 아이와 모든 소유를 위하여 평탄한 길을 그에게 간구하였으니

36. ③ (스 8:35) 사로잡혔던 자의 자손 곧 이방에서 돌아온 자들이 이스라엘의 하나님께 번제를 드렸는데 이스라엘 전체를 위한 수송아지가 열두 마리요 … 또 속죄제의 숫염소가 열두 마리니 모두 야훼(여호와)께 드린 번제물이라

37. ① (스 9:1-2) 이 일 후에 방백들이 내게 나아와 이르되 이스라엘 백성과 제사장들과 레위 사람들이 이 땅 백성들에게서 떠나지 아니하고 … 그들의 딸을 맞이하여 아내와 며느리로 삼아 거룩한 자손이 그 지방 사람들과 서로 섞이게 하는데 방백들과 고관들이 이 죄에 더욱 으뜸이 되었다 하는지라

memo

38. 귀환한 이스라엘 백성의 죄 때문에 옷을 찢고 머리털과 수염을 뜯으며 회개한 사람은?

① 에스라 ② 느헤미야 ③ 스가랴 ④ 학개

39. 에스라를 도와 이방인 아내와 그들의 소생을 내보내겠다고 말한 사람은?

① 예수아 ② 요사닥 ③ 스가냐 ④ 마아세야

40. 이방 여인을 아내로 삼은 자들을 조사한 기간은?

① 3개월 ② 4개월 ③ 5개월 ④ 6개월

41. 제사장 중에 이방 여인을 아내로 맞이한 자가 아닌 사람은?

① 요사닥의 아들 ② 마아세야

③ 예수아 ④ 엘리에셀

38. ① (스 9:3-5) 내가 이 일을 듣고 속옷과 겉옷을 찢고 머리털과 수염을 뜯으며 … 저녁 제사를 드릴 때에 내가 근심 중에 일어나서 속옷과 겉옷을 찢은 채 무릎을 꿇고 나의 하나님 야훼(여호와)를 향하여 손을 들고

39. ③ (스 10:2-4) 엘람 자손 중 여히엘의 아들 스가냐가 에스라에게 이르되 … 이 모든 아내와 그들의 소생을 다 내보내기로 우리 하나님과 언약을 세우고 율법대로 행할 것이라 이는 당신이 주장할 일이니 일어나소서 우리가 도우리니 힘써 행하소서 하니라

40. ① (스 10:16-17) 제사장 에스라가 그 종족을 따라 각각 지명된 족장들 몇 사람을 선임하고 열째 달 초하루에 앉아 그 일을 조사하여 첫째 달 초하루에 이르러 이방 여인을 아내로 맞이한 자의 일 조사하기를 마치니라

41. ③ (스 10:18) 제사장의 무리 중에 이방 여인을 아내로 맞이한 자는 예수아 자손 중 요사닥의 아들과 그의 형제 마아세야와 엘리에셀과 야립과 그달랴라

memo

주관식

1. "바사 왕 고레스 원년에 야훼(여호와)께서 (   )의 입을 통하여 하신 말씀을 이루게 하시려고 바사 왕 고레스의 마음을 감동시키시매 그가 온 나라에 공포도 하고 조서도 내려 이르되"

2. 예루살렘에 성전을 건축하라는 하나님의 명령을 받은 바사 왕은?

3. 고레스 왕이 신당에서 꺼내어 준 성전 그릇들을 예루살렘으로 가지고 간 사람은?

4. 고레스 왕의 명령대로 레바논에서 욥바 해변까지 운송해 온 성전 건축 재료는?

5. 학개와 스가랴의 예언을 듣고 하나님의 성전을 다시 건축하기 시작한 사람은?

1. **예레미야** (스 1:1 참조)
2. **고레스** (스 1:2) 바사 왕 고레스는 말하노니 하늘의 하나님 야훼(여호와)께서 세상 모든 나라를 내게 주셨고 나에게 명령하사 유다 예루살렘에 성전을 건축하라 하셨나니
3. **유다 총독 세스바살** (스 1:7–11) 고레스 왕이 또 야훼(여호와)의 성전 … 그릇들을 꺼내어 세어서 유다 총독 세스바살에게 넘겨주니 … 사로잡힌 자를 바벨론에서 예루살렘으로 데리고 갈 때에 세스바살이 그 그릇들을 다 가지고 갔더라
4. **백향목** (스 3:7) 이에 석수와 목수에게 돈을 주고 또 시돈 사람과 두로 사람에게 먹을 것과 마실 것과 기름을 주고 바사 왕 고레스의 명령대로 백향목을 레바논에서 욥바 해변까지 운송하게 하였더라
5. **스룹바벨과 예수아** (스 5:1–2) 선지자 학개와 잇도의 손자 스가랴가 … 예언하였더니 이에 스알디엘의 아들 스룹바벨과 요사닥의 아들 예수아가 일어나 예루살렘에 있던 하나님의 성전을 다시 건축하기 시작하매

memo

6. 고레스의 명령에 따라 예루살렘 성전 지대를 놓은 사람은?

7. 아닥스다 왕 때 중단된 성전 건축을 재개하도록 허락한 왕은?

8. 귀환한 이스라엘 자손이 성전 봉헌식을 행한 후 첫째 달 십사일에 지킨 절기는?

9. 에스라는 이스라엘 어느 지파에 속하는가?

10. 이스라엘 자손이 제2차로 예루살렘에 귀환할 때의 지도자는?

11. "(　　　　　)가 야훼(여호와)의 율법을 연구하여 준행하며 율례와 규례를 이스라엘에게 가르치기로 결심하였었더라"

6. **세스바살** (스 5:14–16) 고레스 왕이 그 신당에서 꺼내어 그가 세운 총독 세스바살이라고 부르는 자에게 내주고 … 이에 이 세스바살이 이르러 예루살렘 하나님의 성전 지대를 놓았고 그 때로부터 지금까지 건축하여 오나 아직도 마치지 못하였다 하였사오니
7. **다리오** (스 6:1–7) 이에 다리오 왕이 조서를 내려 … 하나님의 성전 공사를 막지 말고 유다 총독과 장로들이 하나님의 이 성전을 제자리에 건축하게 하라
8. **유월절** (스 6:16–19) 이스라엘 자손과 제사장들과 레위 사람들과 기타 사로잡혔던 자의 자손이 즐거이 하나님의 성전 봉헌식을 행하니 … 사로잡혔던 자의 자손이 첫째 달 십사일에 유월절을 지키되
9. **레위 지파** (스 7:1–5) 이 일 후에 바사 왕 아닥사스다가 왕위에 있을 때에 에스라라 하는 자가 있으니라 그는 … 대제사장 아론의 십육대 손이라
10. **에스라** (스 7:7–8) 아닥사스다 왕 제칠년에 이스라엘 자손과 제사장들과 레위 사람들과 노래하는 자들과 문지기들과 느디님 사람들 중에 몇 사람이 예루살렘으로 올라올 때에 이 에스라가 올라왔으니 왕의 제칠년 다섯째 달이라
11. **에스라** (스 7:10 참조)

memo

12. "모든 왕의 왕 (　　　　　)는 하늘의 하나님의 율법에 완전한 학자 겸 제사장 에스라에게 (　　　　　)를 내리노니 우리 나라에 있는 이스라엘 백성과 그들 제사장들과 레위 사람들 중에 예루살렘으로 올라갈 뜻이 있는 자는 누구든지 너와 함께 갈지어다"

13. 에스라가 귀환 길의 안전을 위해 금식을 선포하고 간구한 곳은?

12. **아닥사스다, 조서** (스 7:12-13 참조)
13. **아하와 강 가** (스 8:21) 그 때에 내가 아하와 강 가에서 금식을 선포하고 우리 하나님 앞에서 스스로 겸비하여 우리와 우리 어린 아이와 모든 소유를 위하여 평탄한 길을 그에게 간구하였으니

느헤미야 Nehemiah

연대 및 저자

B.C. 442–432년경 느헤미야에 의해 기록되었다.

중심 내용

본서는 제3차로 귀환한 느헤미야가 예루살렘에 정착하여 성벽을 재건하고 언약을 갱신하며 신앙을 개혁하는 내용을 다루고 있다.

특징

1. 예루살렘 정착 과정과 성벽 재건을 생생하게 묘사하고 있다.
2. 느헤미야 자신은 1인칭으로, 다른 사람은 3인칭으로 묘사하고 있다.
3. 에스라 시대와의 긴밀한 연결성을 보여 준다.

내용 분해

1. 예루살렘 성벽 재건 (1:1–6:19)

1) 느헤미야의 기도와 응답 (1:1–2:8)
2) 느헤미야의 활동 (2:9–3:32)
3) 성벽 재건에 대한 방해 세력 (4:1–5:19)
4) 성벽 재건 완성 (6:1–19)

2. 언약 갱신 (7:1–13:31)

1) 귀환자 명단 (7:1–73)
2) 에스라의 사역 (8:1–10:39)
3) 유대 거주자들의 명단 (11:1–12:26)
4) 성벽 봉헌 (12:27–47)
5) 느헤미야의 종교개혁 (13:1–31)

memo

객관식

1. 느헤미야서와 관계없는 것은?
   ① 예루살렘 정착 과정과 성벽 건축을 생생하게 묘사하고 있다
   ② 느헤미야 자신은 1인칭으로, 다른 사람은 3인칭으로 묘사한다
   ③ 에스더 시대와의 긴밀한 연결성을 보여 준다
   ④ 에스라 시대와의 긴밀한 연결성을 보여 준다

2. 느헤미야서를 기록한 연대는?
   ① B.C. 432–422년경　② B.C. 442–432년경
   ③ B.C. 452–442년경　④ B.C. 462–452년경

3. 느헤미야서를 기록한 사람은?
   ① 에스라　② 사반　③ 미상　④ 느헤미야

4. 다음 중 느헤미야와 관계없는 것은?
   ① 하가랴의 아들　② 수산 궁
   ③ 하나니의 형제　④ 바벨론 제국

1. ③ 예루살렘 정착 과정과 성벽 건축을 생생하게 묘사하고 있는 느헤미야서는 느헤미야 자신은 1인칭으로, 다른 사람은 3인칭으로 묘사하고 있으며, 에스라 시대와의 긴밀한 연결성을 보여 준다.
2. ② 느헤미야서는 B.C. 442–432년경 기록되었다.
3. ④ 느헤미야서는 느헤미야가 기록하였다.
4. ④ (느 1:1–2) 하가랴의 아들 느헤미야의 말이라 아닥사스다 왕 제이십년 기슬르월에 내가 수산 궁에 있는데 내 형제들 가운데 하나인 하나니가 두어 사람과 함께 유다에서 내게 이르렀기로 내가 그 사로잡힘을 면하고 남아 있는 유다와 예루살렘 사람들의 형편을 물은즉
   * '하나니'는 느헤미야의 친동생으로서 제2차 포로 귀환 때 예루살렘으로 돌아간 것으로 보인다. 그러나 느헤미야는 바사의 고위직에 있었기 때문에 계속 궁전에 남아 있었을 것으로 추측된다.

memo

5. 느헤미야가 들은 유다와 예루살렘에 관한 소식이 아닌 것은?
① 예루살렘 성은 허물어졌다
② 예루살렘 성문들은 불탔다
③ 예루살렘에 남아 있는 자들이 큰 자연재해를 당했다
④ 예루살렘에 남아 있는 자들이 큰 환난과 능욕을 받고 있다

6. 느헤미야 1장에서, 느헤미야가 유다와 예루살렘에 남아 있는 자들의 소식을 듣고 한 일은?
① 고레스 왕에게 도움을 요청했다
② 하나니를 방문할 계획을 세웠다
③ 슬퍼하며 하나님 앞에 금식하며 기도했다
④ 유다와 예루살렘 사람들을 돕기 위해 모금했다

7. 느헤미야가 아닥사스다 왕에게 예루살렘 성을 건축하게 해 달라고 요청한 때는?
① 아닥사스다 왕 제5년 니산월
② 아닥사스다 왕 제10년 니산월
③ 아닥사스다 왕 제15년 니산월
④ 아닥사스다 왕 제20년 니산월

5. ③ (느 1:2-3) 내가 그 사로잡힘을 면하고 남아 있는 유다와 예루살렘 사람들의 형편을 물은즉 그들이 내게 이르되 사로잡힘을 면하고 남아 있는 자들이 그 지방 거기에서 큰 환난을 당하고 능욕을 받으며 예루살렘 성은 허물어지고 성문들은 불탔다 하는지라

6. ③ (느 1:3-4) 그들이 내게 이르되 사로잡힘을 면하고 남아 있는 자들이 그 지방 거기에서 큰 환난을 당하고 능욕을 받으며 예루살렘 성은 허물어지고 성문들은 불탔다 하는지라 내가 이 말을 듣고 앉아서 울고 수일 동안 슬퍼하며 하늘의 하나님 앞에 금식하며 기도하여

7. ④ (느 2:1-5) 아닥사스다 왕 제이십년 니산월에 … 왕에게 아뢰되 왕이 만일 좋게 여기시고 종이 왕의 목전에서 은혜를 얻었사오면 나를 유다 땅 나의 조상들의 묘실이 있는 성읍에 보내어 그 성을 건축하게 하옵소서 하였는데

memo

8. 이스라엘 자손을 흥왕하게 하려는 사람이 왔다는 말을 듣고 근심한 사람은?
   ① 산발랏과 도비야 ② 산발랏과 아삽
   ③ 도비야와 게셈 ④ 아삽과 게셈

9. 느헤미야가 성벽을 건축하려는 것을 업신여기고 비웃은 자가 아닌 사람은?
   ① 호론 사람 산발랏 ② 암몬 사람 도비야
   ③ 아라비아 사람 게셈 ④ 스가냐의 아들 스마야

10. 예루살렘 성의 양문과 성벽 일부를 건축한 사람은?
   ① 대제사장 힐기야와 그의 형제 제사장들
   ② 대제사장 엘리아십과 그의 형제 제사장들
   ③ 대제사장 스라야와 그의 형제 제사장들
   ④ 대제사장 아마랴와 그의 형제 제사장들

8. ① (느 2:10) 호론 사람 산발랏과 종이었던 암몬 사람 도비야가 이스라엘 자손을 흥왕하게 하려는 사람이 왔다 함을 듣고 심히 근심하더라

9. ④ (느 2:18-19) 그들의 말이 일어나 건축하자 하고 모두 힘을 내어 이 선한 일을 하려 하매 호론 사람 산발랏과 종이었던 암몬 사람 도비야와 아라비아 사람 게셈이 이 말을 듣고 우리를 업신여기고 우리를 비웃어 이르되 너희가 하는 일이 무엇이냐 너희가 왕을 배반하고자 하느냐 하기로

10. ② (느 3:1) 그 때에 대제사장 엘리아십이 그의 형제 제사장들과 함께 일어나 양문을 건축하여 성별하고 문짝을 달고 또 성벽을 건축하여 함메아 망대에서부터 하나넬 망대까지 성별하였고
   * '양문'은 양의 산지인 동쪽, 특히 모압 지방에서 오는 양들을 사서 제물로 드리기 위해 끌어들이는 문으로서, 이곳에 양을 사고파는 시장이 있었기 때문에 양문이라고 불렸다.

memo

11. 예루살렘에 건축한 문의 이름이 아닌 것은?

① 양문　② 어문　③ 옛 문　④ 남문

12. 골짜기 문을 중수한 사람은?

① 하눈과 사노아 주민　② 골호세의 아들 살룬
③ 레갑의 아들 말기야　④ 아스북의 아들 느헤미야

13. 산발랏이 성을 건축한다는 말을 듣고 유다 사람을 비웃으며 한 말이 아닌 것은?

① 이 미약한 유다 사람들이 하는 일이 무엇인가
② 스스로 견고하게 하려는가
③ 불탄 돌을 흙무더기에서 다시 일으키려는가
④ 하나님께 은혜와 자비를 구하려는가

14. 유다 사람들이 건축하는 돌 성벽은 여우가 올라가도 곧 무너지리라고 말한 사람은?

① 산발랏　② 도비야　③ 게셈　④ 예수아

11. ④

예루살렘 성의 10개의 문

양문	느 3:1	샘문	느 3:15
어문	느 3:3	수문	느 3:26
옛 문	느 3:6	마문	느 3:28
골짜기 문	느 3:13	동문	느 3:29
분문	느 3:14	함밉갓 문	느 3:31

12. ① (느 3:13) 골짜기 문은 하눈과 사노아 주민이 중수하여 문을 세우며 문짝을 달고 자물쇠와 빗장을 갖추고 또 분문까지 성벽 천 규빗을 중수하였고

13. ④ (느 4:1-2) 산발랏이 우리가 성을 건축한다 함을 듣고 크게 분노하여 유다 사람들을 비웃으며 … 이 미약한 유다 사람들이 하는 일이 무엇인가, 스스로 견고하게 하려는가, 제사를 드리려는가, 하루에 일을 마치려는가 불탄 돌을 흙무더기에서 다시 일으키려는가 하고

14. ② (느 4:3) 암몬 사람 도비야는 곁에 있다가 이르되 그들이 건축하는 돌 성벽은 여우가 올라가도 곧 무너지리라 하더라

memo

15. 다음 중 예루살렘 성벽 건축을 방해한 자가 아닌 사람은?
① 산발랏과 도비야 ② 아라비아 사람들
③ 암몬 사람들 ④ 모압 사람들

16. 성벽 건축을 방해하려는 사람들에 대해 느헤미야가 취한 조치는?
① 아닥사스다 왕에게 도움을 요청했다
② 건축을 방해하려는 사람들에 대해 분노하였다
③ 건축을 방해하려는 사람들과 맞서 싸웠다
④ 하나님께 기도하며 파수꾼을 두어 주야로 방비했다

17. 성벽을 건축할 당시 백성들이 당한 문제가 아닌 것은?
① 식량난 ② 흉년
③ 과중한 세금 ④ 빚으로 인한 살인

18. 느헤미야의 조치에 대한 귀족들과 민장들의 반응은?
① 느헤미야의 말대로 행하겠다고 하였다
② 느헤미야의 말에 크게 반발하였다
③ 느헤미야의 말에 일부 반발하였다
④ 느헤미야의 말을 일부 수용하겠다고 하였다

15. ④ (느 4:7-8) 산발랏과 도비야와 아라비아 사람들과 암몬 사람들과 아스돗 사람들이 예루살렘 성이 중수되어 그 허물어진 틈이 메꾸어져 간다 함을 듣고 심히 분노하여다 함께 꾀하기를 예루살렘으로 가서 치고 그 곳을 요란하게 하자 하기로

16. ④ (느 4:7-9) 산발랏과 도비야와 아라비아 사람들과 암몬 사람들과 아스돗 사람들이 … 예루살렘으로 가서 치고 그 곳을 요란하게 하자 하기로 우리가 우리 하나님께 기도하며 그들로 말미암아 파수꾼을 두어 주야로 방비하는데

17. ④

성벽을 건축하던 당시 백성들이 당한 문제

식량난	느 5:2	과중한 세금	느 5:4
흉년	느 5:3	빚으로 인한 인신매매	느 5:5

18. ① (느 5:6-12) 내가 백성의 부르짖음과 이런 말을 듣고 크게 노하였으나 깊이 생각하고 귀족들과 민장들을 꾸짖어 … 그들이 말하기를 우리가 당신의 말씀대로 행하여 돌려보내고 그들에게서 아무것도 요구하지 아니하리이다

memo

19. 어려움에 처한 백성들을 위해 느헤미야가 취한 조치가 아닌 것은?
① 이자 받기를 그치게 하였다
② 꾸어 준 돈이나 양식의 백분의 일을 돌려보내게 하였다
③ 건축하는 일에 이방인들을 동원하였다
④ 총독의 녹을 먹지 않았다

20. 느헤미야가 유다 땅 총독으로 지낸 기간은?
① 10년 ② 12년 ③ 14년 ④ 16년

21. 산발랏과 게셈은 느헤미야를 해하기 위해 몇 번이나 만나려고 했는가?
① 1번 ② 3번 ③ 5번 ④ 7번

22. 도비야와 산발랏에게 뇌물을 받고 느헤미야에게 거짓 예언을 한 사람은?
① 게셈 ② 스마야 ③ 암몬 사람 ④ 아스돗 사람

19. ③

어려움에 처한 백성들을 위한 느헤미야의 조치

이자 받기를 그치게 하였다	느 5:10
꾸어 준 돈이나 양식의 백분의 일을 돌려보내게 하였다	느 5:11
총독의 녹을 먹지 않았다	느 5:14-15, 18
건축하는 일에 자기 사람들을 총동원하였다	느 5:16
유다 사람들과 민장들과 이방인들을 대접하였다	느 5:17

20. ② (느 5:14) 또한 유다 땅 총독으로 세움을 받은 때 곧 아닥사스다 왕 제이십년부터 제삼십이년까지 십이년 동안은 나와 내 형제들이 총독의 녹을 먹지 아니하였느니라

21. ③ (느 6:2-5) 산발랏과 게셈이 내게 사람을 보내어 이르기를 오라 우리가 오노 평지 한 촌에서 서로 만나자 하니 실상은 나를 해하고자 함이었더라 … 산발랏이 다섯 번째는 그 종자의 손에 봉하지 않은 편지를 들려 내게 보냈는데

22. ② (느 6:10-12) 이 후에 므헤다벨의 손자 들라야의 아들 스마야가 … 저들이 반드시 밤에 와서 너를 죽이리라 하기로 … 깨달은즉 그는 하나님께서 보내신 바가 아니라 도비야와 산발랏에게 뇌물을 받고 내게 이런 예언을 함이라

memo

23. 예루살렘 성벽 건축은 며칠 만에 완공되었는가?

① 22일 ② 32일 ③ 42일 ④ 52일

24. 예루살렘 영문의 관원으로서 충성스럽고 하나님을 경외함이 뛰어났던 사람은?

① 하나냐 ② 바로스 ③ 스바댜 ④ 아라

25. 바벨론에서 제1차로 귀환한 이스라엘 백성은 모두 몇 명인가?

① 32,360명 ② 42,360명

③ 52,360명 ④ 62,360명

26. 제1차 귀환한 이스라엘 백성이 여호수아 이후 가장 의미 있게 지킨 절기는?

① 유월절 ② 오순절 ③ 초막절 ④ 초실절

27. 제1차 귀환한 이스라엘 백성이 지킨 초막절에 날마다 율법책을 낭독한 사람은?

① 에스라 ② 맛디댜 ③ 스마 ④ 아나야

23. ④ (느 6:15) 성벽 역사가 오십이 일 만인 엘룰월 이십오일에 끝나매

24. ① (느 7:2) 내 아우 하나니와 영문의 관원 하나냐가 함께 예루살렘을 다스리게 하였는데 하나냐는 충성스러운 사람이요 하나님을 경외함이 무리 중에서 뛰어난 자라

* '영문'은 '성채' 또는 '요새'를 뜻한다. 따라서 '영문의 관원'이었던 하나냐는 예루살렘 성벽 중간중간에 있는 망대에 배치된 파수꾼들의 총책임자였을 것으로 생각된다.

25. ② (느 7:6-66) 옛적에 바벨론 왕 느부갓네살에게 사로잡혀 갔던 자들 중에서 놓임을 받고 예루살렘과 유다에 돌아와 각기 자기들의 성읍에 이른 자들 곧 … 온 회중의 합계는 사만 이천삼백육십 명이요

* 제1차 귀환자들은 이미 계수했는데(스 2:1-70 참조), 느헤미야가 귀환자들의 숫자를 재확인한 이유는 예루살렘 성벽이 완공되었음에도 그곳에 거주하는 백성이 매우 적었기 때문이다.

26. ③ (느 8:17) 사로잡혔다가 돌아온 회중이 다 초막을 짓고 그 안에서 거하니 눈의 아들 여호수아 때로부터 그날까지 이스라엘 자손이 이같이 행한 일이 없었으므로 이에 크게 기뻐하며

27. ① (느 8:17-18) 사로잡혔다가 돌아온 회중이 다 초막을 짓고 그 안에서 거하니 … 에스라는 첫날부터 끝날까지 날마다 하나님의 율법책을 낭독하고 무리가 이레 동안 절기를 지키고 여덟째 날에 규례를 따라 성회를 열었느니라

memo

28. 모든 백성이 하나님의 언약을 준수하기로 맹세한 내용이 아닌 것은?

① 이방인과 결혼하지 않겠다
② 안식일과 성일에는 상행위를 하지 않겠다
③ 해마다 땅을 쉬게 하고 모든 빚을 탕감하겠다
④ 성전세를 수납하여 하나님의 전을 위해 쓰게 하겠다

29. 성벽이 완공된 후 예루살렘에 거주하지 않은 사람들은?

① 백성의 지도자들
② 제비 뽑힌 십분의 일의 사람들
③ 자원하는 자들
④ 제비 뽑히지 않은 십분의 구의 사람들

30. 느헤미야 당시 아론 자손에게 쓸 것을 공급해 준 사람은?

① 바사 사람들 ② 레위 사람들
③ 베냐민 사람들 ④ 암몬 사람들

28. ③

하나님의 언약을 준수하기로 맹세한 내용

이방인과 결혼하지 않겠다	느 10:30
안식일과 성일에는 상행위를 하지 않겠다	느 10:31
안식년마다 땅을 쉬게 하고 모든 빚을 탕감하겠다	느 10:31
성전세를 수납하여 하나님의 전을 위해 쓰게 하겠다	느 10:32-33
소산의 처음 것과 십일조를 드리겠다	느 10:35-38

29. ④ (느 11:1-2) 백성의 지도자들은 예루살렘에 거주하였고 그 남은 백성은 제비 뽑아 십분의 일은 거룩한 성 예루살렘에서 거주하게 하고 그 십분의 구는 다른 성읍에 거주하게 하였으며 예루살렘에 거주하기를 자원하는 모든 자를 위하여 백성들이 복을 빌었느니라

30. ② (느 12:47) 스룹바벨 때와 느헤미야 때에는 온 이스라엘이 노래하는 자들과 문지기들에게 날마다 쓸 몫을 주되 그들이 성별한 것을 레위 사람들에게 주고 레위 사람들은 그것을 또 성별하여 아론 자손에게 주었느니라

memo

31. 모세의 책에 영원히 하나님의 총회에 들어오지 못한다고 기록된 사람은?
   ① 암몬과 아말렉 사람　② 암몬과 모압 사람
   ③ 모압과 아말렉 사람　④ 모압과 아람 사람

32. 십일조와 여러 제물과 기명들을 보관하는 방을 도비야에게 내준 제사장은?
   ① 여호야다　② 힐기야　③ 엘리아십　④ 아마랴

33. 느헤미야가 아닥사스다 왕에게 다녀온 때는?
   ① 아닥사스다 왕 12년　② 아닥사스다 왕 22년
   ③ 아닥사스다 왕 32년　④ 아닥사스다 왕 42년

34. 산발랏의 사위가 되었으므로 느헤미야가 쫓아낸 사람은?
   ① 대제사장 여호야다의 아들
   ② 대제사장 아사랴의 아들
   ③ 대제사장 엘리아십의 아들
   ④ 대제사장 엘리아십의 손자 요야다의 아들

31. ② (느 13:1) 그 날 모세의 책을 낭독하여 백성에게 들렸는데 그 책에 기록하기를 암몬 사람과 모압 사람은 영원히 하나님의 총회에 들어오지 못하리니
   * 암몬과 모압 사람들은 이스라엘 백성이 출애굽 한 후 광야 생활을 할 때 온갖 방법을 동원하여 이스라엘 백성을 괴롭혔기 때문에(민 20:14-24:25 참조) 영원히 하나님의 총회에 들어오지 못하게 하였던 것이다.

32. ③ (느 13:4-5) 이전에 우리 하나님의 전의 방을 맡은 제사장 엘리아십이 도비야와 연락이 있었으므로 도비야를 위하여 한 큰 방을 만들었으니 그 방은 원래 소제물과 … 거제물을 두는 곳이라

33. ③ (느 13:6) 그 때에는 내가 예루살렘에 있지 아니하였느니라 바벨론 왕 아닥사스다 삼십이년에 내가 왕에게 나아갔다가 며칠 후에 왕에게 말미를 청하고
   * 느헤미야가 바사 제국으로 돌아간 것은 아닥사스다 왕과 약속한 기간이 찼거나, 아닥사스다 왕의 호출을 받았기 때문일 것으로 추측된다. 한편 여기서 바사 왕인 아닥사스다를 '바벨론 왕'이라고 했는데, 이것은 바사가 바벨론을 정복한 후에도 바사 왕들에게 계속 사용한 표현으로서(스 5:13 참조) 바사 왕들이 바벨론의 왕들과 연관성이 있음을 과시하기 위해 붙여졌으며, 이는 패망한 바벨론 제국의 국력과 영향력이 얼마나 컸는가를 보여 주는 단적인 예라고 할 수 있다.

34. ④ (느 13:28) 대제사장 엘리아십의 손자 요야다의 아들 하나가 호론 사람 산발랏의 사위가 되었으므로 내가 쫓아내어 나를 떠나게 하였느니라
   * 대제사장의 손자인 요야다의 아들이 잡혼을 금지하는 율법을 어겼기 때문에 느헤미야가 쫓아냈던 것이다. 더구나 요야다의 아들이 결혼한 여자는 느헤미야의 원수인 산발랏의 딸이었기 때문에 느헤미야가 더 분노했을 것이다.

memo

주관식

1. '느헤미야'란 이름의 뜻은?

2. 느헤미야는 누구에게 유다와 예루살렘 사람들의 형편을 물었는가?

3. 느헤미야가 수산 궁에 있을 때 맡았던 직책은?

4. 느헤미야가 예루살렘에 다녀올 수 있도록 허락한 왕은?

5. 이스라엘 자손을 흥왕하게 하려는 사람이 왔다 함을 듣고 심히 근심한 사람은?

1. **'야훼(여호와)께서 위로하신다'라는 뜻이다.**
2. **하나니** (느 1:1–2) 하가랴의 아들 느헤미야의 말이라 … 내 형제들 가운데 하나인 하나니가 두어 사람과 함께 유다에서 내게 이르렀기로 내가 그 사로잡힘을 면하고 남아 있는 유다와 예루살렘 사람들의 형편을 물은즉
3. **왕의 술 관원** (느 1:1–11) 하가랴의 아들 느헤미야의 말이라 아닥사스다 왕 제이십 년 기슬르월에 내가 수산 궁에 있는데 … 그때에 내가 왕의 술 관원이 되었느니라
   * '왕의 술 관원'은 왕이 마시는 술을 관할하는 고위 관직자로서 왕의 음식과 침실을 관리할 뿐 아니라 왕을 경호하는 일을 하기도 했다. 따라서 느헤미야는 직분상 왕에게 큰 영향력을 미치는 위치에 있었던 것이다.
4. **아닥사스다** (느 2:1–6) 아닥사스다 왕 제이십 년 니산월에 … 왕에게 아뢰되 왕이 만일 좋게 여기시고 종이 왕의 목전에서 은혜를 얻었사오면 나를 유다 땅 나의 조상들의 묘실이 있는 성읍에 보내어 그 성을 건축하게 하옵소서 … 왕이 나를 보내기를 좋게 여기시기로 내가 기한을 정하고
5. **산발랏과 도비야** (느 2:10) 호론 사람 산발랏과 종이었던 암몬 사람 도비야가 이스라엘 자손을 흥왕하게 하려는 사람이 왔다 함을 듣고 심히 근심하더라

memo

6. "마문 위로부터는 (　　　　　)이 각각 자기 집과 마주 대한 부분을 중수하였고"

7. "성 모퉁이 성루에서 양문까지는 금장색과 (　　　　　)이 중수하였느니라"

8. 성을 건축한다는 말을 듣고 크게 분노하여 유다 사람들을 비웃고 조롱한 사람은?

9. "(　　　　　)하는 자는 각각 허리에 칼을 차고 건축하며 (　　　　　) 부는 자는 내 곁에 섰었느니라"

10. 느헤미야가 총독의 녹을 먹지 않은 기간은?

6. **제사장들** (느 3:28 참조)
7. **상인들** (느 3:32 참조)
8. **산발랏과 도비야** (느 4:1-3) 산발랏이 우리가 성을 건축한다 함을 듣고 크게 분노하여 유다 사람들을 비웃으며 … 암몬 사람 도비야는 곁에 있다가 이르되 그들이 건축하는 돌 성벽은 여우가 올라가도 곧 무너지리라 하더라
9. **건축, 나팔** (느 4:18 참조)
   * 느헤미야는 대적들의 무력 공격에 대비하여 예루살렘 성벽 공사가 끝날 때까지 백성들을 무장시킨 채 공사를 진행했다. 한편 나팔 부는 자를 세운 것은 위급한 일이 발생할 경우 흩어져서 일하는 백성들에게 알려 신속히 대처하기 위한 조처였다.
10. **12년** (느 5:14) 또한 유다 땅 총독으로 세움을 받은 때 곧 아닥사스다 왕 제이십 년부터 제삼십이년까지 십이 년 동안은 나와 내 형제들이 총독의 녹을 먹지 아니하였느니라

memo

11. 산발랏과 게셈이 느헤미야를 해하기 위해 만나자고 한 곳은?

12. 도비야와 산발랏처럼 느헤미야를 두렵게 하고자 한 여선지자는?

13. "성벽 역사가 오십이 일 만인 엘룰월 이십오일에 끝나매 우리의 모든 대적과 주위에 있는 이방 족속들이 이를 듣고 다 두려워하여 크게 낙담하였으니 그들이 우리 (   )께서 이 역사를 이루신 것을 앎이니라"

14. 성벽이 건축된 후 느헤미야는 누구에게 예루살렘을 다스리게 했는가?

15. "에스라가 위대하신 하나님 야훼(여호와)를 송축하매 모든 백성이 손을 들고 (   ) 하고 응답하고 몸을 굽혀 얼굴을 땅에 대고 야훼(여호와)께 경배하니라"

11. 오노 평지 (느 6:2) 산발랏과 게셈이 내게 사람을 보내어 이르기를 오라 우리가 오노 평지 한 촌에서 서로 만나자 하니 실상은 나를 해하고자 함이었더라

* '오노 평지'는 유대인들이 정착한 곳과 성벽 건축을 방해하는 사람들이 있는 곳의 중간 지대로서 이스라엘의 영토가 아니었다. 그래서 느헤미야는 그들이 자신을 유인하여 해하려고 한다고 생각했을 것이다.

12. 노아댜 (느 6:14) 내 하나님이여 도비야와 산발랏과 여선지 노아댜와 그 남은 선지자들 곧 나를 두렵게 하고자 한 자들의 소행을 기억하옵소서 하였노라

13. 하나님 (느 6:15-16 참조)

14. 하나니와 하나냐 (느 7:1-2) 성벽이 건축되매 문짝을 달고 문지기와 노래하는 자들과 레위 사람들을 세운 후에 내 아우 하나니와 영문의 관원 하나냐가 함께 예루살렘을 다스리게 하였는데 하나냐는 충성스러운 사람이요 하나님을 경외함이 무리 중에서 뛰어난 자라

15. 아멘 아멘 (느 8:6 참조)

memo

16. 에스라가 낭독한 율법의 뜻을 깨달은 백성들의 반응은?

17. 느헤미야 당시 모세의 율법을 가르친 제사장 겸 학사는?

18. 느헤미야가 예루살렘 성벽을 건축한 후 예루살렘에 붙인 수식어는?

19. 성벽이 완공된 후 자원하여 예루살렘에 거주하는 자들을 위해 백성들이 한 일은?

20. "예루살렘에 거주한 (　　　　　) 자손은 모두 사백육십팔 명이니 다 용사였느니라"

16. **울었다** (느 8:8-9) 하나님의 율법책을 낭독하고 그 뜻을 해석하여 백성에게 그 낭독하는 것을 다 깨닫게 하니 백성이 율법의 말씀을 듣고 다 우는지라

17. **에스라** (느 8:9) 총독 느헤미야와 제사장 겸 학사 에스라와 백성을 가르치는 레위 사람들이 모든 백성에게 이르기를 오늘은 너희 하나님 야훼(여호와)의 성일이니 슬퍼하지 말며 울지 말라 하고

18. **거룩한 성** (느 11:1) 백성의 지도자들은 예루살렘에 거주하였고 그 남은 백성은 제비 뽑아 십분의 일은 거룩한 성 예루살렘에서 거주하게 하고 그 십분의 구는 다른 성읍에 거주하게 하였으며
    * 느헤미야가 예루살렘을 '거룩한 성'이라고 부른 이유는 하나님의 임재를 상징하는 성전이 예루살렘에 있었기 때문이다.

19. **복을 빌었다** (느 11:2) 예루살렘에 거주하기를 자원하는 모든 자를 위하여 백성들이 복을 빌었느니라
    * 예루살렘에 거주하기를 자원하는 자들은 자신의 이익보다 이스라엘 공동체의 이익을 우선시하는 사람들이었기 때문에 백성들이 그들을 위하여 복을 빌었던 것이다.

20. **베레스** (느 11:6 참조)

memo

21. “스룹바벨 때와 느헤미야 때에는 온 이스라엘이 노래하는 자들과 문지기들에게 (　　　　) 쓸 몫을 주되 그들이 성별한 것을 레위 사람들에게 주고 레위 사람들은 그것을 또 성별하여 아론 자손에게 주었느니라”

22. “그때에 내가 또 본즉 유다 사람이 아스돗과 암몬과 모압 여인을 맞아 (　　　　)로 삼았는데”

23. 느헤미야가 이방 여인과 결혼하여 범죄에 빠진 예로 든 사람은?

21. **날마다** (느 12:47 참조)
22. **아내** (느 13:23 참조)
23. **솔로몬 왕** (느 13:26) 또 이르기를 옛적에 이스라엘 왕 솔로몬이 이 일로 범죄하지 아니하였느냐 … 하나님이 그를 왕으로 삼아 온 이스라엘을 다스리게 하셨으나 이방 여인이 그를 범죄하게 하였나니

에스더 Esther

연대 및 저자

B.C. 470년경 기록되었으며, 저자가 누구인지는 알 수 없다.

중심 내용

본서는 하나님의 역사로 에스더와 모르드개가 하만의 유다인 학살 음모를 물리치고 민족을 구함으로 존귀하게 되는 내용을 다루고 있다.

특징

1. '하나님'이란 표현이 없지만 하나님의 섭리를 다루고 있다.
2. 룻기와 더불어 여성의 이름으로 명명된 책이다.
3. 부림절의 역사적 기원을 밝히고 있다.

내용 분해

1. 위기에 처한 유다인 (1:1–4:17)

1) 왕후가 된 에스더 (1:1–2:23)
2) 하만의 음모 (3:1–4:17)

2. 유다인의 승리 (5:1–10:3)

1) 하만을 물리친 모르드개 (5:1–7:10)
2) 이스라엘의 승리 (8:1–10:3)

memo

객관식

1. 에스더서와 관계없는 것은?
① 에스더와 모르드개가 민족을 구한 내용을 다루고 있다
② '하나님'이란 표현이 없지만 하나님의 섭리를 다루고 있다
③ 룻기와 더불어 여성의 이름으로 명명된 책이다
④ 오순절의 역사적 기원을 밝히고 있다

2. 에스더서를 기록한 연대는?
① B.C. 270년경 ② B.C. 370년경
③ B.C. 470년경 ④ B.C. 570년경

3. 에스더서를 기록한 사람은?
① 에스라 ② 느헤미야 ③ 에스더 ④ 미상

4. 에스더서의 내용은 어느 왕 때의 일인가?
① 고레스 ② 아닥사스다
③ 아하수에로 ④ 아세스

1. ④ 에스더서는 하나님의 역사로 에스더와 모르드개가 하만의 유다인 학살 음모를 물리치고 민족을 구함으로 존귀하게 되는 내용을 다루고 있으며, '하나님'이란 표현이 없지만 하나님의 섭리를 잘 나타내 주고 있다. 또한 룻기와 더불어 여성의 이름으로 명명된 책이며, 부림절의 역사적 기원을 밝히고 있다.
2. ③ 에스더서는 B.C. 470년경 기록되었다.
3. ④ 에스더서는 누가 기록했는지 알 수 없다.
4. ③ (에 1:1) 이 일은 아하수에로 왕 때에 있었던 일이니 아하수에로는 인도로부터 구스까지 백이십칠 지방을 다스리는 왕이라

memo

5. 아하수에로 왕이 지방관과 신하들을 위하여 잔치를 베푼 기간은?

① 150일 ② 160일 ③ 170일 ④ 180일

6. 아하수에로 왕 당시 바사와 메대의 일곱 지방관이 아닌 사람은?

① 가르스나 ② 하만 ③ 세달 ④ 아드마다

7. 와스디 왕후의 자리를 다른 사람에게 주자고 한 지방관은?

① 므무간 ② 가르스나 ③ 세달 ④ 아드마다

8. 모르드개에 대한 설명으로 잘못된 것은?

① 유다인이다 ② 베냐민 자손이다

③ 기스의 증손이다 ④ 사울의 손자이다

9. 부모가 죽어 고아가 된 에스더를 자기 딸 같이 양육한 사람은?

① 헤게 ② 모르드개 ③ 세달 ④ 므무간

10. 에스더를 왕후 후보로 간택한 사람은?

① 빅단 ② 데레스 ③ 헤개 ④ 하만

5. ④ (에 1:2–4) 당시에 아하수에로 왕이 … 그의 모든 지방관과 신하들을 위하여 잔치를 베푸니 … 왕이 여러 날 곧 백팔십 일 동안에 그의 영화로운 나라의 부함과 위엄의 혁혁함을 나타내니라

6. ② (에 1:13–14) 왕이 사례를 아는 현자들에게 묻되 (왕이 규례와 법률을 아는 자에게 묻는 전례가 있는데 그 때에 왕에게 가까이 하여 왕의 기색을 살피며 나라 첫 자리에 앉은 자는 바사와 메대의 일곱 지방관 곧 가르스나와 세달과 아드마다와 다시스와 메레스와 마르스나와 므무간이라)

7. ① (에 1:16–19) 므무간이 왕과 지방관 앞에서 대답하여 이르되 왕후 와스디가 왕에게만 잘못했을 뿐 아니라 아하수에로 왕의 각 지방의 관리들과 뭇 백성에게도 잘못하였나이다 … 그 왕후의 자리를 그보다 나은 사람에게 주소서

8. ④ (에 2:5) 도성 수산에 한 유다인이 있으니 이름은 모르드개라 그는 베냐민 자손이니 기스의 증손이요 시므이의 손자요 야일의 아들이라

9. ② (에 2:7) 그의 삼촌의 딸 하닷사 곧 에스더는 부모가 없었으나 용모가 곱고 아리따운 처녀라 그의 부모가 죽은 후에 모르드개가 자기 딸 같이 양육하더라

10. ③ (에 2:8–9) 왕의 조서와 명령이 반포되매 처녀들이 도성 수산에 많이 모여 헤개의 수하에 나아갈 때에 에스더도 왕궁으로 이끌려 가서 궁녀를 주관하는 헤개의 수하에 속하니 헤개가 … 에스더와 그 궁녀들을 후궁 아름다운 처소로 옮기더라

memo

11. 에스더가 왕후 간택 과정에서 자기 민족을 밝히지 않은 이유는?
① 부끄러웠기 때문이다
② 모르드개가 말하지 말라 하였기 때문이다
③ 굳이 말할 필요가 없었기 때문이다
④ 아무도 묻지 않았기 때문이다

12. 모르드개와 에스더의 촌수는?
① 삼촌 ② 사촌 ③ 오촌 ④ 육촌

13. 에스더는 어느 나라 누구의 아내가 되었는가?
① 바벨론의 벨사살 왕 ② 바사의 아닥사스다 왕
③ 바사의 아하수에로 왕 ④ 바사의 고레스 왕

14. 바벨론에서 포로 생활을 하는 모르드개가 맡은 일은?
① 대궐 문을 지키는 일 ② 성전 문을 지키는 일
③ 감옥 문을 지키는 일 ④ 성읍 문을 지키는 일

11. ② (에 2:10) 에스더가 자기의 민족과 종족을 말하지 아니하니 이는 모르드개가 명령하여 말하지 말라 하였음이라
* 모르드개가 에스더에게 자기 민족을 밝히지 말라고 한 이유는 당시 바사 사람들이 유일신을 섬기는 유다인들에게 배타적이었기 때문이었을 것이다.

12. ② (에 2:15) 모르드개의 삼촌 아비하일의 딸 곧 모르드개가 자기의 딸 같이 양육하는 에스더가 차례대로 왕에게 나아갈 때에 궁녀를 주관하는 내시 헤개가 정한 것 외에는 다른 것을 구하지 아니하였으나 모든 보는 자에게 사랑을 받더라

13. ③ (에 2:16-17) 아하수에로 왕의 제칠년 시월 곧 데벳월에 에스더가 왕궁에 인도되어 들어가서 왕 앞에 나가니 왕이 모든 여자보다 에스더를 더 사랑하므로 … 왕이 그의 머리에 관을 씌우고 와스디를 대신하여 왕후로 삼은 후에

14. ① (에 2:19-21) 처녀들을 다시 모을 때에는 모르드개가 대궐 문에 앉았더라 … 모르드개가 대궐 문에 앉았을 때에 문을 지키던 왕의 내시 빅단과 데레스 두 사람이 원한을 품고 아하수에로 왕을 암살하려는 음모를 꾸미는 것을
* '대궐 문'은 정부의 중요한 위치에 있는 사람들이 백성을 다스리는 일을 하는 장소였다(신 21:18-19; 수 20:4 참조). 따라서 모르드개는 당시 정부의 관리였을 것으로 짐작된다.

memo

15. 아하수에로 왕을 암살하려는 음모를 알고 방지한 사람은?
① 모르드개 ② 하만 ③ 빅단 ④ 데레스

16. 아하수에로 왕을 암살하려는 음모를 꾸민 죄로 나무에 달리게 된 사람은?
① 가르스나와 세달 ② 아드마다와 다시스
③ 메레스와 마르스나 ④ 빅단과 데레스

17. 모르드개가 아하수에로 왕 암살 음모를 막은 일이 기록된 곳은?
① 열왕기 ② 궁중 일기 ③ 역대기 ④ 왕의 일기

18. 하만에 대한 설명으로 맞지 않은 것은?
① 유다인이다 ② 아각 사람이다
③ 함므다다의 아들이다 ④ 왕의 대신이다

19. 하만이 유다인을 진멸하기 위해 왕에게 바치겠다고 한 것은?
① 금 1만 달란트 ② 은 1만 달란트
③ 금 2만 달란트 ④ 은 2만 달란트

15. ① (에 2:21-22) 모르드개가 대궐 문에 앉았을 때에 문을 지키던 왕의 내시 빅단과 데레스 두 사람이 원한을 품고 아하수에로 왕을 암살하려는 음모를 꾸미는 것을 모르드개가 알고 왕후 에스더에게 알리니 에스더가 모르드개의 이름으로 왕에게 아뢴지라

16. ④ (에 2:21-23) 빅단과 데레스 두 사람이 원한을 품고 아하수에로 왕을 암살하려는 음모를 꾸미는 것을 모르드개가 알고 왕후 에스더에게 알리니 에스더가 모르드개의 이름으로 왕에게 아뢴지라 조사하여 실증을 얻었으므로 두 사람을 나무에 달고

17. ② (에 2:21-23) 아하수에로 왕을 암살하려는 음모를 꾸미는 것을 모르드개가 알고 … 조사하여 실증을 얻었으므로 두 사람을 나무에 달고 그 일을 왕 앞에서 궁중 일기에 기록하니라

18. ① (에 3:1) 그 후에 아하수에로 왕이 아각 사람 함므다다의 아들 하만의 지위를 높이 올려 함께 있는 모든 대신 위에 두니
* '아각 사람'은 사무엘에 의해 죽임을 당한 아말렉 왕 아각(삼상 15:33 참조)의 후손을 의미하는 것으로 보인다.

19. ② (에 3:8-9) 하만이 아하수에로 왕에게 아뢰되 한 민족이 왕의 나라 각 지방 백성 중에 흩어져 거하는데 … 왕이 옳게 여기시거든 조서를 내려 그들을 진멸하소서 내가 은 일만 달란트를 왕의 일을 맡은 자의 손에 맡겨 왕의 금고에 드리리이다 하니

memo

20. 모르드개가 유다인을 진멸하라는 조서가 내려진 것을 알고 행한 일이 아닌 것은?
① 자기의 옷을 찢었다 ② 굵은 베 옷을 입었다
③ 재를 뒤집어썼다 ④ 유다 백성을 소집했다

21. 모르드개가 재를 뒤집어쓰고 대성 통곡하는 이유를 알아보기 위해 에스더가 보낸 사람은?
① 빅다나 ② 데레스 ③ 하닥 ④ 하르보나

22. 에스더가 모르드개에게 요청한 금식 기간은?
① 밤낮 3일 ② 밤낮 4일 ③ 밤낮 5일 ④ 밤낮 6일

23. 에스더가 잔치에 왕과 함께 초대한 사람은?
① 모르드개 ② 하만 ③ 와스디 ④ 세레스

24. 하만이 모르드개를 매달기 위해 세운 나무의 높이는?
① 30규빗 ② 40규빗 ③ 50규빗 ④ 60규빗

20. ④ (에 4:1) 모르드개가 이 모든 일을 알고 자기의 옷을 찢고 굵은 베 옷을 입고 재를 뒤집어쓰고 성중에 나가서 대성 통곡하며
21. ③ (에 4:1-5) 모르드개가 이 모든 일을 알고 자기의 옷을 찢고 굵은 베 옷을 입고 재를 뒤집어쓰고 성중에 나가서 대성 통곡하며 … 에스더가 … 내시 하닥을 불러 명령하여 모르드개에게 가서 이것이 무슨 일이며 무엇 때문인가 알아보라 하매
22. ① (에 4:15-16) 에스더가 모르드개에게 회답하여 이르되 당신은 가서 수산에 있는 유다인을 다 모으고 나를 위하여 금식하되 밤낮 삼 일을 먹지도 말고 마시지도 마소서
23. ② (에 5:4) 에스더가 이르되 오늘 내가 왕을 위하여 잔치를 베풀었사오니 왕이 좋게 여기시거든 하만과 함께 오소서 하니
24. ③ (에 5:14) 그의 아내 세레스와 모든 친구들이 이르되 높이가 오십 규빗 되는 나무를 세우고 내일 왕에게 모르드개를 그 나무에 매달기를 구하고 왕과 함께 즐거이 잔치에 가소서 하니 하만이 그 말을 좋게 여기고 명령하여 나무를 세우니라

memo

25. 아하수에로 왕이 유다인을 진멸하려는 하만의 음모를 알게 된 때는?

① 에스더가 베푼 첫째 날 잔치 때
② 에스더가 베푼 둘째 날 잔치 때
③ 에스더가 베푼 셋째 날 잔치 때
④ 에스더가 베푼 넷째 날 잔치 때

26. 하만이 모르드개를 매달기 위해 세운 나무에 대하여 왕에게 말한 사람은?

① 하르보나 ② 하닥 ③ 함므다다 ④ 세레스

27. 모르드개를 매달려고 세운 나무에 달리게 된 사람은?

① 함므다다 ② 하닥 ③ 하만 ④ 세레스

28. 아하수에로 왕은 하만의 지위를 누구에게 주었는가?

① 에스더 ② 모르드개 ③ 세레스 ④ 하르보나

25. ② (에 7:2-6) 왕이 이 둘째 날 잔치에 술을 마실 때에 … 에스더에게 말하여 이르되 감히 이런 일을 심중에 품은 자가 누구며 그가 어디 있느냐 하니 에스더가 이르되 대적과 원수는 이 악한 하만이니이다 하니 하만이 왕과 왕후 앞에서 두려워하거늘

26. ① (에 7:9) 왕을 모신 내시 중에 하르보나가 왕에게 아뢰되 … 모르드개를 달고자 하여 하만이 높이가 오십 규빗 되는 나무를 준비하였는데 이제 그 나무가 하만의 집에 섰나이다 왕이 이르되 하만을 그 나무에 달라 하매

27. ③ (에 7:10) 모르드개를 매달려고 한 나무에 하만을 다니 왕의 노가 그치니라

28. ② (에 8:2) 왕이 하만에게서 거둔 반지를 빼어 모르드개에게 준지라 에스더가 모르드개에게 하만의 집을 관리하게 하니라

* 왕이 '반지를 빼어 신하에게 주는 것'은 자신의 권위를 신하에게 부여한다는 뜻이다(에 3:10 참조). 따라서 아하수에로 왕이 하만에게서 거둔 반지를 모르드개에게 준 것은 모르드개가 바사 제국 총리 대신의 자리에 오르게 된 것을 의미한다.

memo

29. 유다인들은 그들의 대적 하만의 아들 몇 명을 죽였는가?
① 3명 ② 5명 ③ 7명 ④ 10명

30. 유다인들이 부림절에 하는 일이 아닌 것은?
① 잔치를 베풀고 즐긴다 ② 서로 예물을 준다
③ 쓴 나물을 먹는다 ④ 가난한 자를 구제한다

31. 아하수에로 왕 때 유다인들이 대적을 진멸한 것을 기념하여 지키는 절기는?
① 오순절 ② 초막절 ③ 나팔절 ④ 부림절

32. 부림절을 지키도록 명령한 사람은?
① 아하수에로 왕과 에스더 ② 아하수에로 왕과 모르드개
③ 모르드개와 에스더 ④ 모르드개와 제사장

29. ④ (에 9:6-10) 유다인이 또 도성 수산에서 오백 명을 죽이고 진멸하고 … 유다인의 대적 하만의 열 아들을 죽였으나 그들의 재산에는 손을 대지 아니하였더라

유다인들이 죽인 대적의 수

수산 성에서	800명	에 9:6, 12, 15
하만의 아들	10명	에 9:10, 12
각 지방에서	75,000명	에 9:16

30. ③ (에 9:22) 이 달 이 날에 유다인들이 대적에게서 벗어나서 평안함을 얻어 슬픔이 변하여 기쁨이 되고 애통이 변하여 길한 날이 되었으니 이 두 날을 지켜 잔치를 베풀고 즐기며 서로 예물을 주며 가난한 자를 구제하라 하매
31. ④ (에 9:25-28) 하만과 그의 여러 아들을 나무에 달게 하였으므로 … 각 지방, 각 읍, 각 집에서 대대로 이 두 날을 기념하여 지키되 이 부림일을 유다인 중에서 폐하지 않게 하고 그들의 후손들이 계속해서 기념하게 하였더라
32. ③ (에 9:31) 정한 기간에 이 부림일을 지키게 하였으니 이는 유다인 모르드개와 왕후 에스더가 명령한 바와 유다인이 금식하며 부르짖은 것으로 말미암아 자기와 자기 자손을 위하여 정한 바가 있음이더라

memo

주관식

1. 인도로부터 구스까지 127개 지방을 다스린 바사 왕은?

2. 아하수에로 왕의 명령을 따르기 싫어하여 왕의 진노를 산 왕후는?

3. '에스더'의 다른 이름은?

4. 모르드개의 삼촌이자 에스더의 아버지는?

5. 아하수에로 왕 때 궁녀를 주관한 내시는?

1. **아하수에로** (에 1:1) 이 일은 아하수에로 왕 때에 있었던 일이니 아하수에로는 인도로부터 구스까지 백이십칠 지방을 다스리는 왕이라
   * 인도와 구스는 바사 제국의 동쪽과 서남쪽 경계 지역으로, 이는 당시 바사 제국이 전성기였음을 보여 준다. 한편 아하수에로 왕이 나라를 127개의 도로 세분화시킨 이유 중에는 세금 징수의 편의를 위한 목적이 포함된 것으로 보인다.
2. **와스디** (에 1:10-12) 제칠일에 왕이 주흥이 일어나서 … 왕후 와스디를 청하여 … 그러나 왕후 와스디는 내시가 전하는 왕명을 따르기를 싫어하니 왕이 진노하여 마음속이 불 붙는 듯하더라
3. **하닷사** (에 2:7) 그의 삼촌의 딸 하닷사 곧 에스더는 부모가 없었으나 용모가 곱고 아리따운 처녀라 그의 부모가 죽은 후에 모르드개가 자기 딸 같이 양육하더라
   * '하닷사'는 '화석류나무' 또는 '도금양나무'를 의미한다. 한편 '에스더'는 '별'을 뜻하는 페르시아어 '스타라'의 히브리어 음역으로 보인다.
4. **아비하일** (에 2:15) 모르드개의 삼촌 아비하일의 딸 곧 모르드개가 자기의 딸 같이 양육하는 에스더가 차례대로 왕에게 나아갈 때에 궁녀를 주관하는 내시 헤개가 정한 것 외에는 다른 것을 구하지 아니하였으나 모든 보는 자에게 사랑을 받더라
5. **헤개** (에 2:15) 모르드개의 삼촌 아비하일의 딸 곧 모르드개가 자기의 딸 같이 양육하는 에스더가 차례대로 왕에게 나아갈 때에 궁녀를 주관하는 내시 헤개가 정한 것 외에는 다른 것을 구하지 아니하였으나 모든 보는 자에게 사랑을 받더라

memo

6. “모르드개의 삼촌 아비하일의 딸 곧 모르드개가 자기의 딸 같이 양육하는 에스더가 차례대로 왕에게 나아갈 때에 궁녀를 주관하는 내시 헤개가 정한 것 외에는 다른 것을 구하지 아니하였으나 모든 보는 자에게 (　　　　)을 받더라”

7. 아하수에로 왕이 와스디를 대신하여 왕후로 삼은 여인은?

8. “아하수에로 왕의 제칠년 시월 곧 데벳월에 에스더가 왕궁에 인도되어 들어가서 왕 앞에 나가니 왕이 모든 여자보다 에스더를 더 (　　　　)하므로 그가 모든 처녀보다 왕 앞에 더 (　　　　)을 얻은지라 왕이 그의 머리에 관을 씌우고 와스디를 대신하여 왕후로 삼은 후에”

9. 하만이 ‘유다인 대학살의 날’을 정하기 위해 사용한 방법은?

10. “그들이 모르드개의 민족을 하만에게 알리므로 하만이 모르드개만 죽이는 것이 부족하다고 생각하고 아하수에로의 온 나라에 있는 유다인 곧 모르드개의 (　　　　)을 다 멸하고자 하더라”

6. **사랑** (에 2:15 참조)
7. **에스더** (에 2:16-17) 아하수에로 왕의 제칠년 시월 곧 데벳월에 에스더가 왕궁에 인도되어 들어가서 왕 앞에 나가니 왕이 모든 여자보다 에스더를 더 사랑하므로 그가 모든 처녀보다 왕 앞에 더 은총을 얻은지라 왕이 그의 머리에 관을 씌우고 와스디를 대신하여 왕후로 삼은 후에
8. **사랑, 은총** (에 2:16-17 참조)
9. **부르(제비뽑기)** (에 3:5-7) 하만이 모르드개가 무릎을 꿇지도 아니하고 절하지도 아니함을 보고 매우 노하더니 … 모르드개의 민족을 다 멸하고자 하더라 … 무리가 하만 앞에서 날과 달에 대하여 부르 곧 제비를 뽑아 열두째 달 곧 아달월을 얻은지라
   * ‘부르’는 ‘제비’ 또는 ‘추첨’을 뜻하는 페르시아어 ‘소스’를 번역한 히브리 말이다. 한편 제비뽑기는 신의 섭리를 알기 위해 페르시아나 히브리뿐만 아니라 고대 중근동 지방에서 보편적으로 사용한 방법이다.
10. **민족** (에 3:6 참조)

memo

11. 자기 민족을 구하기 위해 "죽으면 죽으리이다"라고 말한 사람은?

12. "왕이 이르되 왕후 에스더여 그대의 소원이 무엇이며 요구가 무엇이냐 (　　　　)의 절반이라도 그대에게 주겠노라 하니"

13. 모르드개를 매달기 위해 나무를 세운 사람은?

14. 아하수에로 왕이 밤에 잠이 오지 않아 읽은 책은?

15. "이에 왕이 (　　　　)에게 이르되 너는 네 말대로 속히 왕복과 말을 가져다가 대궐 문에 앉은 유다 사람 (　　　　)에게 행하되 무릇 네가 말한 것에서 조금도 빠짐이 없이 하라"

16. "왕이 (　　　　)과 함께 또 왕후 에스더의 잔치에 가니라"

11. **에스더** (에 4:15–16) 에스더가 모르드개에게 회답하여 이르되 … 나도 나의 시녀와 더불어 이렇게 금식한 후에 규례를 어기고 왕에게 나아가리니 죽으면 죽으리이다 하니라
12. **나라** (에 5:3 참조)
13. **하만** (에 5:14) 그의 아내 세레스와 모든 친구들이 이르되 높이가 오십 규빗 되는 나무를 세우고 내일 왕에게 모르드개를 그 나무에 매달기를 구하고 왕과 함께 즐거이 잔치에 가소서 하니 하만이 그 말을 좋게 여기고 명령하여 나무를 세우니라
14. **역대 일기** (에 6:1) 그 날 밤에 왕이 잠이 오지 아니하므로 명령하여 역대 일기를 가져다가 자기 앞에서 읽히더니
    * '역대 일기'란 연대기적으로 기록한 왕조실록을 말한다.
15. **하만, 모르드개** (에 6:10 참조)
16. **하만** (에 7:1 참조)

memo

17. "(   )가 푸르고 흰 조복을 입고 큰 금관을 쓰고 자색 가는 베 겉옷을 입고 왕 앞에서 나오니 수산 성이 즐거이 부르며 기뻐하고 유다인에게는 영광과 즐거움과 기쁨과 존귀함이 있는지라"

18. "왕의 어명이 이르는 각 지방, 각 읍에서 유다인들이 즐기고 기뻐하여 잔치를 베풀고 그 날을 명절로 삼으니 본토 백성이 유다인을 두려워하여 (   ) 되는 자가 많더라"

19. "각 지방 모든 지방관과 대신들과 총독들과 왕의 사무를 보는 자들이 (   )를 두려워하므로 다 유다인을 도우니 (   )가 왕궁에서 존귀하여 점점 창대하매 이 사람 (   )의 명성이 각 지방에 퍼지더라"

20. "에스더의 명령이 이 (   )에 대한 일을 견고하게 하였고 그 일이 책에 기록되었더라"

21. "왕의 능력 있는 모든 행적과 모르드개를 높여 존귀하게 한 사적이 (   )와 (   ) 왕들의 일기에 기록되지 아니하였느냐"

17. **모르드개** (에 8:15-16 참조)
18. **유다인** (에 8:17 참조)
19. **모르드개, 모르드개, 모르드개** (에 9:3-4 참조)
20. **부림** (에 9:32 참조)
21. **메대, 바사** (에 10:2 참조)

순복음영산신학원 · 목회대학원 교육과정

<table>
<tr><th>과정</th><th colspan="2">전공</th><th>구분</th><th>기간</th><th>응시 자격</th><th>비고</th></tr>
<tr><td rowspan="5">신학원
신학과</td><td colspan="2">신학</td><td rowspan="2">신입
(주/야)</td><td rowspan="2">4년</td><td rowspan="2">고졸 또는
동등 이상 자격자</td><td rowspan="2"></td></tr>
<tr><td colspan="2">목회상담학</td></tr>
<tr><td colspan="2">선교학</td><td rowspan="3">편입
(주/야)</td><td rowspan="3">3년
2년</td><td rowspan="3">4년제 대졸 또는
동등 이상 자격자,
2학년/3학년 편입</td><td rowspan="3">3학년 편입 시
본교 대학원 진학 필수</td></tr>
<tr><td colspan="2">찬양학</td></tr>
<tr><td colspan="2">멀티미디어학</td></tr>
<tr><td rowspan="6">대학원
목회
신학과</td><td rowspan="2">M.A.</td><td>목회신학</td><td rowspan="2">신입</td><td rowspan="2">2년</td><td rowspan="2">4년제 신학교 졸업자
또는 신학대학 졸업자</td><td rowspan="2"></td></tr>
<tr><td>멀티미디어학</td></tr>
<tr><td rowspan="2">M.DIV.</td><td>목회신학</td><td rowspan="2">신입
(야)</td><td rowspan="2">3년</td><td rowspan="2">4년제 정규대학 졸업자
또는 동등 이상의 자격자</td><td rowspan="2">사모학 전공은
미국 미드웨스턴 대학
사모학교 학점 인정</td></tr>
<tr><td>사모학</td></tr>
<tr><td rowspan="2">D.MIN.</td><td>목회신학</td><td>신입</td><td>3년</td><td>신학(목회)대학원 졸업자
또는 D.MIN. 연구 과정 이수자</td><td></td></tr>
<tr><td>연구 과정</td><td>신입</td><td>6개월
(1학기)</td><td>신학(목회)대학원 졸업자</td><td>전액 장학금 지원
정규 과정에서 학점 인정</td></tr>
</table>

※ 문의 02-711-0091

SPEEDY & DEEP 성경문제집 구약 1

초판 1쇄 발행 2015년 9월 1일
2쇄 발행 2023년 1월 25일

지은이 순복음영산신학원

발행인 이영훈
펴낸곳 교회성장연구소
주 간 김호성
편집인 김형근
책임편집 이강임
기획 · 편집 최윤선
디자인 김한희

등 록 제 12-177호
주 소 서울특별시 영등포구 은행로 59 4층
전 화 02-2036-7936
팩 스 02-2036-7910
홈페이지 www.pastor21.net

*책 값은 뒤표지에 있습니다.
*잘못된 책은 구입하신 곳에서 교환해드립니다.

ISBN | 978-89-8304-243-9 03230
ISBN | 978-89-8304-245-3 04230 (세트)

"무슨 일을 하든지 마음을 다하여 주께 하듯 하라"(골 3:23)

교회성장연구소는 모든 한국 교회가 건강한 교회 성장을 이루어 하나님 나라에 영광을 돌리는 일꾼으로 성장하는 것을 목적으로, 목회자의 사역은 물론 성도들의 영적 성장을 도울 수 있는 필독서를 출간하고 있다. 주를 섬기는 사명감을 바탕으로 모든 사역의 시작과 끝을 기도로 임하며 사람 중심이 아닌 하나님 중심으로 경영한다. "무슨 일을 하든지 마음을 다하여 주께 하듯 하라"는 말씀을 늘 마음에 새겨 하나님께서 주신 사명을 기쁨으로 감당한다.